novum pro

AF114465

JOSEF MONDL

**Band I: Ursprünge, Grundlagen und
Entstehung der chinesischen Identität
in der Vor-Qín-Zeit**

novum pro

Bibliografische Information
der Deutschen Nationalbibliothek:

Die Deutsche Nationalbibliothek
verzeichnet diese Publikation in
der Deutschen Nationalbibliografie.
Detaillierte bibliografische Daten
sind im Internet über
http://www.d-nb.de abrufbar.

Alle Rechte der Verbreitung,
auch durch Film, Funk und Fernsehen,
fotomechanische Wiedergabe,
Tonträger, elektronische Datenträger
und auszugsweisen Nachdruck,
sind vorbehalten.

Gedruckt in der Europäischen Union
auf umweltfreundlichem, chlor- und
säurefrei gebleichtem Papier.

© 2024 novum Verlag

ISBN 978-3-99146-735-9
Lektorat: Mag. Eva-Maria Peidelstein
Umschlagabbildung:
Wikimedia Commons, Yan Li
Umschlaggestaltung, Layout & Satz:
novum Verlag
Innenabbildungen: siehe
Bildquellennachweis S. 348

Die vom Autor zur Verfügung gestellten Abbildungen wurden in der
bestmöglichen Qualität gedruckt.

www.novumverlag.com

INHALT

Kapitel I – Einführung:
- A. Überblick, Zweck, Umfang;
- B. Historischer Kontext der chinesischen Vor-Qín-Periode;
- C. Bedeutung von kultureller Identität, Diplomatie, Überzeugungskraft und militärischen Strategien im alten China.

Kapitel II – Historische Entwicklung Chinas während der Vor-Qín-Zeit:
- A. Überblick;
- B. Wǔshì 五氏 [Fünf Clans] (Yǒucháo-Clan 有巢氏 [Volk der Nestbauer], Suìrén-Clan 燧人氏 [Volk der Feuermacher], Fúxī-Clan 伏羲氏, Shénnóng-Clan 神农氏) – Sānhuáng 三皇 [Drei Souveräne] – Wǔfāng Shàngdì 五方上帝 [die höchsten Gottheiten der fünf Richtungen];
- C. Xià-Dynastie 夏朝;
- D. Shāng-Dynastie 商朝 (Liste der Herrscher der Frühzeit der Shāng-Dynastie (1600–1300 v. Chr.) – vor der Verlegung der Hauptstadt nach Yīn 殷, Chronologie der Herrscher der Spätzeit der Shāng-Dynastie (1300–1251 v. Chr.) – nach der Verlegung der Hauptstadt nach Yīn 殷, Territorial- und Verwaltungskonzept der Shāng-Dynastie: Wángjī 王畿 und Wǔfú 五服);
- E. Zhōu-Dynastie 周朝 (Westliche Zhōu-Dynastie 西周: Chronologie der Westlichen Zhōu-Dynastie; Politische Fundamente der Zhōu: Tiānmìng 天命 [Mandat des Himmels] – Fēnfēng 分封 [Feudalsystem] – Zōngfǎ 宗法 [Lineagesystem] – Jǐngtián 井田 [Brunnenfeldsystem] – Lǐyuè 礼乐 [System der Riten und der Musik]. Östliche Zhou-Dynastie 东周: Frühlings- und Herbstperiode 春秋时期; Zeit der Streitenden Reiche 战国时期).

Kapitel III – Kulturelle Identität im alten China:
- A. Definition der kulturellen Identität und ihre Entwicklung in China;
- B. Grundlagen der kulturellen Identität im alten China (Schrift und Sprache, Glaube und Religion, Überzeugungen und Werte, Sitten und Gebräuche, Geografie und territoriale Identität, Entstehung des Begriffes Zhōngguó 中国 [Land der Mitte], geschichtliche Hintergründe, Die Nicht-Zhōu-Völker);
- C. Entstehung und Festigung charakteristischer Eigenschaften der kulturellen Identität (Gāngjiàn 刚健 [Stärke und Unerschütterlichkeit des Charakters], Héxié 和谐 [Harmonie] und Zhōngyōng 中庸 [Mitte und Maß], Zhèngdé 正德 [aufrechte Moral und tugendhaftes Verhalten], Lìyòng 利用 [Gewichtung der (eigenen) Vorteile] und Hòushēng 厚生 [Pflege von Körper und Geist für ein langes Leben], Tiānshí 天时 [die Zeit des Himmels – die natürliche Ordnung] – Dìlì 地利 [die Vorteile der Erde – vorteilhafte Bedingungen] – Rénhé 人和 [die Harmonie des Menschen – Unterstützung durch die Menschen], Tiānrén-Héyī 天人合一 [Einheit von Himmel (dem Universum) und Menschheit], Kollektivistische Kultur, Nicht-religiöse Kultur);
- D. Bedeutung der kulturellen Identität für die Gestaltung der politischen, sozialen und wirtschaftlichen Landschaft Chinas in der Vor-Qín-Zeit;
- E. Wichtige chinesische Kulturdimensionen und Rationalitäten im heutigen Kontext (Miànzi 面子 [Gesicht, Ruf, Reputation, Leumund], Guānxì 关系 [Verbindung oder Beziehung zwischen Personen], Rénqíng 人情 [menschliche und wechselseitige Gefühle und Emotionen], Kèqì 客气 [Bescheidenheit, Höflichkeit, Zuvorkommenheit]);
- F. Bedeutende kulturelle Errungenschaften und Artefakte aus der Vor-Qín-Zeit.

Abschluss und Vorausschau

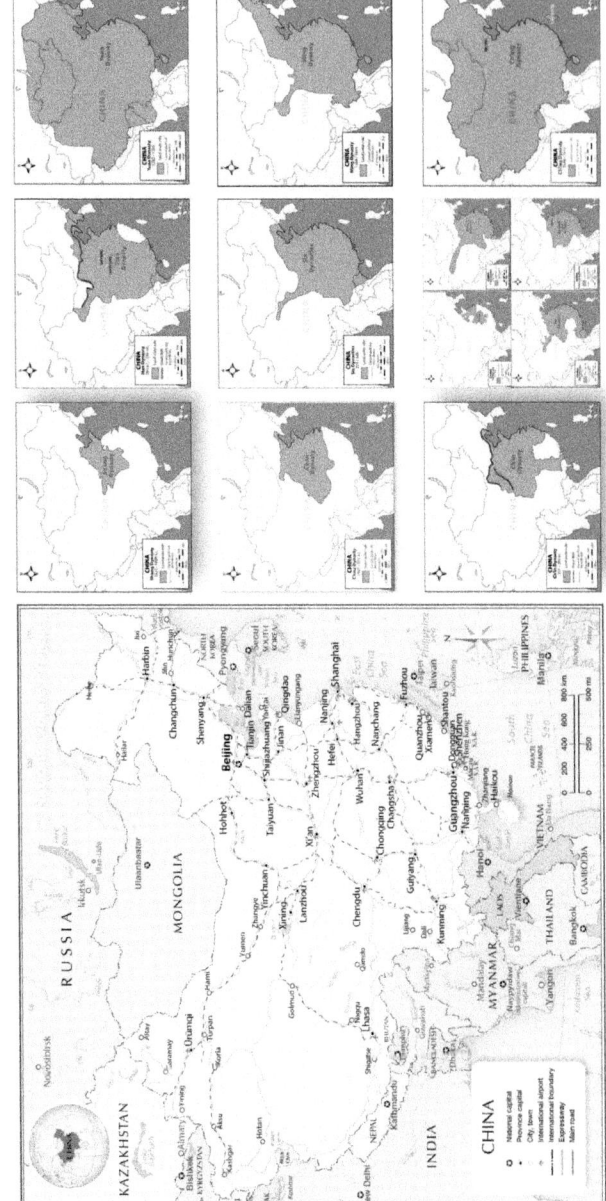

INHALTSVERZEICHNIS

Inhalt	5
Vorwort: Prof. Dr. Dr. Harro von Senger	11
Vorwort: Prof. Dr. Kuno Schedler	13
Einleitung	15
KAPITEL I: EINFÜHRUNG	22
A. Überblick, Zweck und Umfang	22
B. Historischer Kontext der chinesischen Vor-Qín-Periode (21. Jhdt. – 221 v. Chr.)	25
C. Bedeutung von kultureller Identität, Diplomatie, Überzeugungskraft und militärischen Strategien im alten China	35
Kapitel II: HISTORISCHE ENTWICKLUNG CHINAS WÄHREND DER VOR-QÍN-ZEIT	38
A. Überblick	38
B. Wǔshì 五氏 [Fünf Clans] – Sānhuáng 三皇 [Drei Souveräne] – Wǔdì 五帝 [Fünf Kaiser]	41
C. Xia-Dynastie 夏朝 (2070–1600 V. Chr.)	64
D. Shang-Dynastie 商朝 (1600–1046 V. Chr.)	69
E. Zhou-Dynastie 周朝 (1046–256 V. Chr.)	87
KAPITEL III: KULTURELLE IDENTITÄT IM ALTEN CHINA	195
Abschluss & Vorausschau	345
Abbildungverzeichnis	348
Index	353

VORWORT:
Prof. Dr. Dr. Harro von Senger

Von der wissenschaftlichen Arbeit von Josef Mondl habe ich auf einer Zürcher China-Tagung am 25.10.2018, auf der er einen Vortrag über das Thema «Gesellschaftspolitik als Herausforderung: Historischer Hintergrund und spezifische Charakteristika von ‚öffentlichem Raum' im Kontext Chinas" hielt, erstmals Kenntnis erhalten. In Einsiedeln haben wir uns dann am 18. 01. 2019 im Café Schefer zu einem vertiefenden Fachgespräch getroffen. So ist mir Josef Mondl als ein Wissenschaftler bekannt, der in mancherlei Hinsicht China in einer anderen Weise als ich betrachtet. Nun hat mir Herr Mondl das Inhaltsverzeichnis seines Werks 'Bīng 兵 – Band I: Ursprünge, Grundlagen und Entstehung der chinesischen Identität in der Vor-Qín-Zeit' vorgelegt und um ein Vorwort gebeten. Seiner Bitte leiste ich hiermit Folge, denn als Anhänger und Fortentwickler von Fritz Zwickys (1898-1974), des Glarner Astrophysikers, «Morphologie» – näher erläutert im Buch von Peter Wiesendanger und anderen «Die anderen 68er», Münster Verlag, Basel 2018, S. 237 ff. – begrüsse ich eine möglichst breit gespannte Fülle an Gesichtspunkten, unter denen China, dieses unendlich viele Facetten aufweisende Land, wahrgenommen und dargestellt wird.

In der Frühlings-und Herbstzeit (770–476 v.Chr.) und im Zeitalter der Streitenden Reiche (475–222 v.Chr.) – dieses Zeitalter steht im Mittelpunkt des vorliegenden Werks von Josef Mondl – gab es eine Vielzahl von Lehrrichtungen. Diesem Umstand entsprechend wurde seit der Qin- und Han-Zeit (221 v.Chr.–220 n.Chr.) der Ausdruck „hundert Schulen" verwendet (Yang Honglie: Zhongguo Falü Sixiang Shi [Geschichte des chinesischen Rechtsdenkens], Band 1, Taipeh 1964, S. 47). Die den Gedanken einer maximalen Menge zum Ausdruck bringende Zahl 100 sollte die blühende Vielfalt der Schulen umschreiben. Und so ist es zu begrüssen, wenn es in unserer Zeit und in unserer Weltgegend „hundert Schulen" gibt, die

die vielerlei Aspekte des Reichs der Mitte auf unterschiedliche Art und Weise beleuchten. Möge dem wissenschaftlichen Werk von Josef Mondl beschieden sein, sich zu einer der zeitgenössischen über China orientierenden „hundert Schulen" zu entwickeln.

Willerzell 20. 08. 2023
Prof. Dr. Dr. Harro von Senger,

VORWORT:
Prof. Dr. Kuno Schedler

Wie stark hat es Sie überrascht, dass sich das Freihandelsabkommen der Schweiz mit China nicht ganz so harmonisch entwickelte, wie die Schweizer Politik sich das vorgestellt hatte? Was denken Sie, weshalb Schweizer KMU das grosse Versprechen des chinesischen Marktes, mit seiner schier unbeschränkten Kaufkraft für die Schweizerische, einzigartige Technologie, nicht in langfristige Gewinne ummünzen können? Oder noch obskurer: Wie kommt es, dass ein hochrangiger Schweizer Diplomat in China auf einer Landkarte Taiwan und Hainan nicht auseinanderhalten kann?

Ich bin kein Experte für China, aber nach 10 Jahren Projektarbeit in China nehme ich solche Erlebnisse, die ich selbst erfahren durfte, nur noch mit einem gewissen Fatalismus zur Kenntnis. Unsere Unkenntnis und Naivität im Umgang mit China sind bisweilen erschütternd – noch irritierender ist hingegen die Selbstverständlichkeit, mit der die Chinesen erwarten, dass wir weder in der Lage noch willens sind, sie zu verstehen. Plakativ formuliert: Wer nicht mit Stäbchen essen kann, verliert deswegen sein Gesicht nicht, denn solche Fähigkeiten werden von Westlern schon gar nicht erwartet. Wer hingegen die chinesische Verhandlungstaktik wirklich versteht, wer sich ernsthaft für die Kultur und Gesellschaft Chinas interessiert, der verdient und bekommt Respekt.

Seine mehrtausendjährige Geschichte verleiht dem Chinesischen Reich eine tiefsitzende Stärke und ein unerschütterliches Selbstbewusstsein, mit einer kleinen Delle von zwei- bis dreihundert Jahren, in denen westliche Mächte das Land dominierten. Die Wurzeln der chinesischen Kultur liegen in einer Zeit, in der wir den europäischen Kontinent kaum historisch zur Kenntnis nehmen. Schon damals gab es ein Machtzentrum beim Kaiser, mit Vasallenstaaten um sich herum, und Barbaren, die nicht zu China gehörten. Heute ist China ein wirtschaftlicher und geopolitischer Gigant, dem wir Respekt zollen müssen. Deswegen müssen wir uns nicht als Barbaren fühlen, und wir tun gut daran, uns nicht wie Vasallen zu gebärden. Aber wir müssen China kennen und verstehen, wenn wir nicht die ewig Zweiten sein möchten.

In den zehn Jahren meiner Projekttätigkeit in China (2004–2014) war Josef Mondl mein Lehrer, der mir mit einer bewundernswerten Geduld das Land und die Kultur Chinas eröffnete. Er hat mir gezeigt, dass man China lieben kann, ohne sich ihm zu unterwerfen. Sein Sinn für die Geschichte und sein pragmatischer Zugang zur Gegenwart Chinas hat mir viele Fehltritte erspart – auch wenn mir dennoch etliche unterlaufen sind. Das heute vorliegende Buch damals zu lesen, hätte mir geholfen. Es ist mit seinen Zitaten und Originalquellen nicht ganz einfach zu lesen und es macht deutlich, dass auch die chinesische Geschichtsschreibung – wie unsere eigene in der Schweiz – voller faktischer Unklarheiten ist, die aus der Perspektive der Historikerin zu interpretieren sind. Dennoch schafft es so viel Klares, wenn wir es richtig in den Kontext setzen. Vor allem aber zeigt es, wie das kollektive Bewusstsein der chinesischen Zivilisation geprägt wurde. Letztlich sind es weniger die Fakten als die Geschichten aus der Vergangenheit, die eine Kultur ausmachen. Und davon gibt es in China viele, die wir Europäer kennen müssen, um China verstehen zu können.

St. Gallen, im September 2023
Prof. Dr. Kuno Schedler, Universität St. Gallen

EINLEITUNG

Begriffserklärung: Bīng 兵 [Soldat, Truppen, Armee, Waffe, militärische Angelegenheiten, Krieg; Taktik, Strategie]

Das Zeichen Bīng 兵 [Soldat, Truppen, Armee, Waffe, militärische Angelegenheiten, Krieg; Taktik, Strategie] findet sich erstmals auf den Orakelknochen der Shāng-Dynastie 商朝 (1600–1046 v. Chr.). Die Shāng-Zeit ist für das Verständnis der kulturellen Identität Chinas von zentraler Bedeutung, da sie eine entscheidende Periode in der Geschichte des Landes darstellt, in der die grundlegenden Elemente der chinesischen Kultur, einschließlich Schrift, Religion, Kunst und Staatsführung, Gestalt annahmen. Das Erbe der Shāng-Dynastie wirkt im modernen China weiter und dient als Quelle des kulturellen Stolzes und als Symbol der historischen Kontinuität.

Abb. 02 Bīng 兵 – Orakelknocheninschrift aus der späten Shāng-Periode

Die alte Form des Zeichens Bīng 兵 sieht aus wie zwei Hände, die einen Gegenstand bzw. ein 'Gerät' (Xiè 械) halten. Das Zeichen Bīng 兵 der Orakelknocheninschrift besteht in seiner Form aus einem oberen und einem unteren Teil: den oberen Teil bildet das Radikal[1] bzw. Klassifikationszeichen Jīn 斤, bestehend aus 4 Strichen, welches wie bereits in der Antike 'Axt' bzw. eine sehr scharfe Waffe bedeutet; den unteren Teil bildet das Radikal Nr. 55, Gǒng 廾, mit der Bedeutung 'vereinende Hände, zusammen, gemeinsam', stellt also die beiden Hände eines Menschen dar. In Kombination ergeben diese beiden Radikale das Zeichen Bīng 兵 mit der Bedeutung, dass eine scharfe Waffe mit beiden Händen gehalten wird.

Die Urform des Zeichens Bīng 兵 kann also verstanden werden wie zwei Hände, die eine Axt zum Holzhacken schwingen; oder ein 'Kampf-Gerät' (Wǔqì 武器), wie etwa eine Axt, eine Hellebarde, oder ein Speer, das durch eine Person im Nahkampf oder Kampf auf engstem Raum eingesetzt wurde. Jemand mit einer Waffe in der Hand war an einem Kampf beteiligt, daher wurde die Bedeutung des Zeichens Bīng 兵 auf Kämpfer, Krieger, Soldat, bzw. Truppen oder Armee erweitert.

Die meisten Gelehrten scheinen sich heute darin einig, dass die ursprüngliche Bedeutung von Bīng 兵 als 'Waffe' zu verstehen ist. So berichtet etwa Xúnzi 荀子 [Meister Xún][2] im Kapitel Yìbīng 议兵 [Debatte über die Grundsätze der Kriegsführung] darüber, dass *'an*

---

[1] Ein Bùshǒu 部首 [chinesisches Radikal (wörtlich: 'Abschnittskopf') oder eine Indexierungskomponente, von denen heute 214 in Verwendung sind, ist eine grafische Komponente eines chinesischen Zeichens, unter der das Zeichen traditionell in einem chinesischen Wörterbuch aufgeführt wird. Bei dieser Komponente handelt es sich häufig um einen semantischen Indikator, ähnlich einem Morphem, manchmal aber auch um eine phonetische Komponente oder sogar um einen künstlich extrahierten Teil des Zeichens. In einigen Fällen ist die ursprüngliche semantische oder phonologische Verbindung aufgrund von Veränderungen der Bedeutung oder der Aussprache des Zeichens im Laufe der Zeit unklar geworden.

[2] Xúnzi 荀子 [Meister Xún], ca. 313 – 238 v. Chr.), geboren als Xún Kuàng 荀況, war ein chinesischer Philosoph des Konfuzianismus während der späten Zeit der Streitenden Reiche 战国时代 (476-221 v. Chr.)

*den Klingen der Waffen (Bīng 兵) noch kein Blut zu sehen war'*³, als die mystischen Kaiser ⁴ Shùn 舜⁵, Dàyǔ 大禹⁶ und Chéng Tāng 成汤⁷ sowie die beiden Könige Wén von Zhōu 周文王⁸ und Wǔ von Zhōu 周武王⁹ entscheidende Kriege gegen fremde Völker führten.

Das Verständnis des Schriftzeichens Bīng 兵 ist für die Analyse verschiedener Aspekte der historischen Entwicklung Chinas, der kulturellen Identität, der Diplomatie, der Überzeugungskunst, der Kriegsführung und der Verhandlungsstrategien von entscheidender Bedeutung. So spiegelt es die Wichtigkeit von militärischer Macht und Kriegsführung in der historischen Entwicklung Chinas wider: Die Fähigkeit, militärische Kräfte einzusetzen und zu kontrollieren, spielte eine entscheidende Rolle für den Aufstieg und Fall verschiedener Staaten und Dynastien in Chinas Vor-Qín-Periode 先秦¹⁰; da

---

3 «Xúnzi 荀子 [Meister Xún] – Yìbīng 议兵 [Debatte über die Grundsätze der Kriegsführung]»: 'Die Menschen in der Nähe gewannen sie durch ihre Gutherzigkeit, jene in der Ferne sehnten sich nach ihrer Tugend und Güte; an den Klingen der Waffen war noch kein Blut zu sehen, und Menschen aus nah und fern kamen, um sich ihnen anzuschließen. So groß war die Fülle ihrer Tugend, und sie wirkte bis in die entferntesten Regionen aller Richtungen'. (故近者亲其善，远方慕其德，兵不血刃，远迩来服，德盛于此，施及四极。)

4 Kaiser Yáo 帝尧, auch bekannt als Táng Yáo 唐尧, soll von 2333-2234 v. Chr. regiert haben

5 Shùn 帝舜, soll irgendwann zwischen 2294 und 2184 v. Chr. gelebt haben

6 Dàyǔ 大禹 (ca. 2123-2025 v. Chr.), Nachname Sì 姒, Vorname Wén Mìng 文命, Xiàhòu-Clan 夏后氏, gebürtig aus Ānyì 安邑 (im heutigen Kreis Xià 夏县, Provinz Shānxī 山西省省), Gründungskönig der Xià-Dynastie 夏朝 (2070-1600 v. Chr.)

7 Chéng Tāng 成汤, genannt Zi Lǚ 子履, auf Orakelknochen als Dàyǐ 大乙 verzeichnet, war der erste König der Shāng-Dynastie

8 Wén von Zhōu 周文王 (1152-1050 v. Chr.), Geburtsname Jī Chāng 姬昌, war der Herzog von Zhōu während der späten Shāng-Dynastie; nach dem Tod seines Vaters wurde er der 'Herr des Westens' (Xī-Bó 西伯), weshalb er Xī-Bó Chāng 西伯昌 genannt wurde

9 König Wǔ von Zhōu Jī Fā 周武王姬发 (1076-1043 v. Chr.), in den Bronzeinschriften der Westlichen Zhōu-Dynastie oft König Wǔ 珷王 genannt, Gründungsmonarch der Westlichen Zhōu-Dynastie

10 Die Vor-Qín-Periode, auch als Prä-Qín-Zeit bekannt, bezieht sich im weitesten Sinne auf die historische Ära vom Paläolithikum bis zur Gründung der Qín-Dynastie 秦朝 221 v. Chr., und umfasst nach dieser Definition die antike Ära (historische

Bīng 兵 nicht nur für die materiellen Kriegsgeräte, sondern auch für das Konzept eines stehenden Heeres stand, welches ein Kennzeichen der zentralisierten Autorität und Regierung im alten China war, kann das Zeichen auch als Ausdruck der militärischen Fähigkeiten bei der Gestaltung der kulturellen Identität Chinas verstanden werden: es unterstreicht die Vorstellung, dass ein starkes Militär für die Aufrechterhaltung von Ordnung und Durchsetzung von Autorität unerlässlich war; in der Vor-Qín-Zeit umfasste die Diplomatie effektive Kriegs- und Verhandlungsstrategien, sowie die implizite oder explizite Androhung von militärischer Gewalt: Staaten und Herrscher mussten sowohl militärische Gewalt als auch diplomatisches Geschick einsetzen, um ihre Ziele zu erreichen. Bīng 兵 steht somit als Symbol für Stärke und Abschreckung in diplomatischen Beziehungen, und ein Verständnis des Konzepts leistet deshalb bei der Analyse der subtilen Machtdynamik, die bei diplomatischen Interaktionen bis heute im Spiel ist, wertvolle Unterstützung.

'孙子曰：兵者，国之大事，死生之地，存亡之道，不可不察也。'
[Sūnzi sagt: Jede militärische Auseinandersetzung ist eine Frage von überlebenswichtiger Bedeutung für einen Staat, eine Frage von Leben und Tod, der Weg zu Existenz oder Untergang, und bedarf somit stets einer sehr sorgfältigen Prüfung.][11]

Periode vor dem Erscheinen schriftlicher Aufzeichnungen, im Allgemeinen also auf die Ära vor der Xià-Dynastie 夏朝, d. h. vor etwa 4.000 Jahren), die drei antiken chinesischen Dynastien Xià 夏 (2070-1600 v. Chr.), Shāng 商 (1600-1046 v. Chr.) und Zhōu 周 (1046-256 v. Chr.); oder, enger gefasst, ausschließlich auf den historischen Zeitraum der sogenannten Westliche Zhōu-Periode 西周 (1045-771 v. Chr.), der Frühlings- und Herbstperiode 春秋时期 (770-476 v. Chr.), sowie auf die Zeit der Streitenden Reiche 战国时期 (475-221 v. Chr.)

11 'Sūnzi Bīngfǎ 孙子兵法 [Die Kunst des Krieges] – Kapitel 1: Shǐjì 始计 [Planung und Vorbereitung]': Sūnzi sagt: Krieg ist eine Frage von lebenswichtiger Bedeutung für den Staat, eine Frage von Leben und Tod, der Weg zum Überleben oder zum Ruin. Krieg ist also ein Thema, das einer sehr sorgfältigen Prüfung bedarf.' (孙子曰：兵者，国之大事，死生之地，存亡之道，不可不察也)

Dieser Ausdruck steht am Anfang des bekanntesten und wohl berühmtesten chinesischen Militärklassikers Sūnzǐ Bīngfǎ 孙子兵法, allgemein bekannt als 'Die Kunst des Krieges' von Sun Tzu, ein umfassender Leitfaden für Kriegsführung und Strategie, der sich nicht nur auf militärische Taktiken, sondern auch auf die psychologischen und politischen Aspekte unterschiedlicher Arten von Konflikten konzentriert. Mit dieser Aussage betont Sūnzǐ, dass das fundamentalste und oberste Prinzip eines umsichtigen Anführers und guter Staatsführung darin liegt, stets vorsichtig zu sein, umsichtig zu handeln, und nicht ohne vorherige umfassende Prüfung und Abwägung aller Faktoren sich auf eine (militärische) Auseinandersetzung einzulassen. Gleichzeitig unterstreicht dieses Zitat die entscheidende Rolle von Strategie und militärischer Stärke für das allgemeine Wohlergehen und Überleben einer Nation.

Im Zusammenhang mit der gegenwärtigen und künftigen Entwicklung Chinas bietet dieser Ausdruck wertvolle Einblicke in die langfristige strategische Entwicklungsrichtung des Landes:

1. Im Falle von Chinas wachsendem globalem Einfluss und seinen komplexen geopolitischen Beziehungen hat die Gewährleistung seiner nationalen Sicherheit und Stabilität höchste Priorität, und nur ein starkes und fähiges Militär kann seine Interessen und Souveränität gewährleisten.
2. Chinas außenpolitische Entscheidungen werden von seiner Militärstrategie beeinflusst. Das Verständnis dieses bereits in der Vor-Qín-Zeit geprägten Ausdrucks, welcher das Land über die Jahrtausende seiner weiteren Entwicklung bis heute bestimmt, erinnert Chinas Führung an die Notwendigkeit, seine internationalen Interaktionen sorgfältig zu bewerten und zu planen, da diese Entscheidungen tiefgreifende Folgen für das Überleben und den Wohlstand der Nation haben können.
3. Chinas Fähigkeit, Wirtschaftswachstum und Wohlstand aufrechtzuerhalten, hängt von seiner Sicherheit ab, da wirtschaftliche Entwicklung und militärische Stärke eng miteinander verknüpft sind. Somit ist sich die chinesische Regierung bewusst, dass Investitionen in Militärtechnologie, Verteidigungskapazitäten und

Cybersicherheit für den Schutz der wirtschaftlichen Interessen des Landes unerlässlich sind.
4. China strebt zunehmend nach einer bedeutenderen Rolle auf der Weltbühne und sieht sich dabei den Herausforderungen und dem Wettbewerb mit anderen Großmächten ausgesetzt. Chinas moderne Geschichte, einschließlich seiner Erfahrungen mit Imperialismus, Kolonialismus und den Opiumkriegen, vor allem das sogenannte Jahrhundert der Schande 百年国耻, welches die Zeit der Intervention und Unterwerfung der Qing-Dynastie 清朝 (1616–1912) und der Republik China 中华民国 (1912-1949) durch westliche Mächte und Japan von 1839 bis 1949 bezeichnet, hat seine Weltsicht und seine Einstellung zu globalen Angelegenheiten geprägt. Das Verständnis dieser Geschichte ist entscheidend, um Chinas Sensibilität für Fragen der Souveränität, der territorialen Integrität und des Nationalstolzes zu verstehen. Dabei ist sich die chinesische Führung stets bewusst, dass Wettbewerb und Konflikte in den internationalen Beziehungen unvermeidlich sind und China darauf vorbereitet sein muss, diese Herausforderungen klug zu meistern.

Das Zeichen Bīng 兵 verkörpert Chinas historisches Vertrauen in militärische Stärke, strategisches Denken und territoriale Verteidigung, unterstreicht aber auch die Bedeutung der Diplomatie und friedlicher Mittel zur Erreichung seiner außenpolitischen Ziele. Es dient als Symbol für das komplexe Zusammenspiel zwischen militärischen und diplomatischen Elementen in Chinas Ansatz für internationale Beziehungen im Laufe seiner Geschichte sowie dessen Relevanz für die Gesamtentwicklung und das Überleben einer Nation. Es erinnert die chinesische Führung daran, sich der Komplexität und der Herausforderungen in der sich verändernden globalen Landschaft bewusst zu sein und einen strategischen Ansatz zu verfolgen, der das weitere Wachstum und die Sicherheit des Landes gewährleistet.

In einer Welt, in der die Strömungen der Globalisierung und des kulturellen Austauschs so stark sind wie nie zuvor, kann die Bedeutung des Verständnisses der Fundamente unserer Geschichte nicht hoch genug eingeschätzt werden. Um das komplizierte Geflecht der menschlichen Zivilisation zu erfassen, muss man seinen Blick auf die Wiege der alten Weisheit und Kultur richten, wo die Wurzeln einer großen Nation zuerst gepflanzt wurden. In dem dreiteiligen Werk Bīng 兵 begeben wir uns auf eine Reise in das rätselhafte Reich der Vor-Qín-Zeit, wo die Grundlagen der chinesischen Identität geschmiedet wurden.

In diesem ersten Band wird tief in das Herz der chinesischen Vergangenheit eingetaucht und versucht, die verschlungenen Fäden von Geschichte und Kultur zu entwirren, die Chinas Identität geformt und ständig auf die Probe gestellt haben. Er bildet somit ein Zeugnis für das bleibende Erbe einer Zivilisation, deren Ursprünge sich bis in diese prägende Zeit zurückverfolgen lassen.

Dieses Grundlagenwissen ist eine unabdingbare Voraussetzung für das Verständnis der gegenwärtigen und zukünftigen Entwicklung Chinas im globalen Kontext. In einer Zeit zunehmender kultureller und politischer Divergenzen versucht dieses Buch, die Kluft zwischen Ost und West zu überbrücken, indem es das gegenseitige Verständnis fördert. Da die Welt an einem Scheideweg steht, an dem die Zukunft der Menschheit von Zusammenarbeit und nachhaltiger Entwicklung abhängt, werden sich die in diesem Band gewonnenen Erkenntnisse als unschätzbar wertvoll erweisen, um einen Weg zu einer gemeinsamen nachhaltigen Zukunft zu finden.

Auf dieser intellektuellen Odyssee laden wir die interessierte Leserschaft ein, mit uns gemeinsam die Geheimnisse des Chinas der Vor-Qín-Zeit und damit die Grundlagen dessen historischer und kultureller DNA zu lüften und zu erkunden, und damit zu erkennen, wie dessen Erbe unsere Welt bis heute prägt. Wir hoffen, mit den Seiten dieses Buches einen Beitrag zur Schaffung eines gemeinsamen Verständnisses zu leisten und dadurch eine harmonische und nachhaltige globale Zukunft für alle zu fördern.

KAPITEL I: **EINFÜHRUNG**

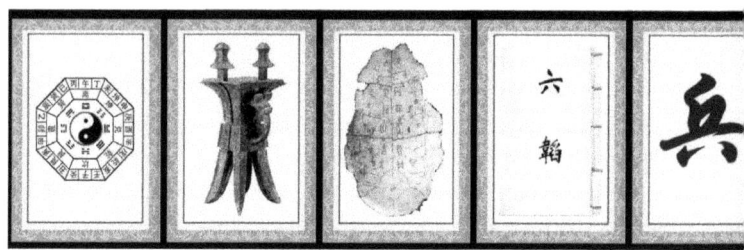

A. Überblick, Zweck und Umfang

Ziel dieses Buches ist es, die historischen Grundlagen und Ursprünge der kulturellen Identität, der historischen Entwicklung, der Diplomatie, der Überzeugungsarbeit und der militärischen Strategien in Chinas Vor-Qín-Periode 先秦[12] zu untersuchen. Der Schwerpunkt liegt dabei auf der Periode der Westlichen Zhōu-Dynastie 西周 (1045–771 v. Chr.), der Frühlings- und Herbstperiode 春秋时期 (770–476 v. Chr.) und der Zeit der Streitenden Reiche 战国时期 (475–221 v. Chr.).

---

12 Die Vor-Qín-Periode, auch als Prä-Qín-Zeit bekannt, bezieht sich im weitesten Sinne auf die historische Ära vom Paläolithikum bis zur Gründung der Qín-Dynastie 秦朝 221 v. Chr., und umfasst nach dieser Definition die antike Ära (historische Periode vor dem Erscheinen schriftlicher Aufzeichnungen, im Allgemeinen also auf die Ära vor der Xià-Dynastie 夏朝, d. h. vor etwa 4.000 Jahren), die drei antiken chinesischen Dynastien Xià 夏 (2070–1600 v. Chr.), Shāng 商 (1600–1046 v. Chr.) und Zhōu 周 (1046–256 v. Chr.) oder, enger gefasst, ausschließlich den historischen Zeitraum der Westlichen Zhōu-Dynastie 西周 (1045–771 v. Chr.), der Frühlings- und Herbstperiode 春秋时期 (770–476 v. Chr.) sowie die Zeit der Streitenden Reiche 战国时期 (475–221 v. Chr.).

Struktur, Aufbau und Inhalt dieses Buchs sollen ein umfassendes Verständnis für die spezifischen Merkmale und die Einzigartigkeit des ‚Chinesentums' ermöglichen, der chinesischen ‚Identität', die sich in diesem langen historischen Zeitraum herausgebildet hat.

Dieses Buch weist in zwei Richtungen. Erstens geht es um eine eingehende Analyse der kulturellen Identität, der historischen Entwicklung, der Diplomatie, der Überzeugungsarbeit und der militärischen Strategien im alten China. Hier liegt der Schwerpunkt auf der Betrachtung des Zeitraums der Zhōu-Dynastie 周朝 (1045–221 v. Chr.). Dazu gehört eine Untersuchung der wichtigsten Ereignisse und Persönlichkeiten, die die Geschichte Chinas während dieses entscheidenden Zeitraums geprägt haben, die Bedeutung der kulturellen Identität für die Gestaltung der politischen, sozialen und wirtschaftlichen Landschaft Chinas, die Rolle der Diplomatie und der Überzeugungsarbeit für die politische Formung und die historische Entwicklung militärischer Strategien im alten China, die maßgeblich für die Entstehung des strategischen Denkens Chinas verantwortlich waren und bis heute ihre charakteristischen Züge in der interkulturellen Kommunikation, Verhandlungsweise, Diplomatie und Strategiekunst bewahrt haben. Zweitens zielen die Darlegungen und Analysen in diesem Buch darauf ab, praktische Einsichten für einen Brückenschlag zwischen Chinesen und anderen Kulturen zu vermitteln, indem es interkulturelle Kompetenz in der alltäglichen Kommunikation entwickelt und stärkt. Das Buch will zeigen, wie ein besseres Verständnis der spezifischen Merkmale und der Einzigartigkeit der chinesischen Identität das gegenseitige Verständnis und Lernen zwischen dem chinesischen Kulturkreis und anderen Kulturlandschaften erleichtern kann.

Um dem westlichen Leser die einzigartigen Charakteristika der chinesischen Schrift und Sprache bei der Wiedergabe und Darlegung des historischen Kontextes der Vielfalt an aufgegriffenen Themen näherzubringen, werden chinesische Ausdrücke (Namen, Orte, Ereignisse etc.) bzw. Übersetzungen insbesondere aus Primärquellen möglichst wie folgt wiedergegeben:

- Zuerst wird der Ausdruck in Pīnyīn 拼音 geschrieben; dies ist die offizielle phonetische Umschrift des Hochchinesischen[13] (auch Mandarin genannt) in der Volksrepublik China, basierend auf dem lateinischen Alphabet, das 1957 vom Chinesischen Staatsrat genehmigt wurde.
- Da das Hochchinesische eine Tonalsprache ist, bei der jedes Zeichen bzw. jede Silbe mit einem bestimmten Tonhöhenverlauf gesprochen wird, geht eine Änderung der Tonhöhe in der Regel auch mit einer Änderung der Bedeutung der entsprechenden Spracheinheit einher. Dies ist in der geschriebenen Sprache nicht von Relevanz, da aus dem geschriebenen Zeichen dessen Bedeutung (vor allem im Kontext mit den weiteren Zeichen eines Ausdrucks oder Satzes) klar erkennbar ist. Hochchinesisch unterscheidet in betonten Silben zwischen vier Tönen; ein weiterer findet sich nur in unbetonten Silben, die einen leichten bzw. neutralen Ton aufweisen. Um jedoch ein Gefühl und Verständnis für die sprachliche Bedeutung zu erhalten, wird in diesem Buch jeder Pīnyīn-Ausdruck auch mit dem zugehörigen Tonzeichen versehen: (1) gleichbleibend hoch gesprochen, z. B. Mā 妈 [Mutter]; (2) ansteigend von einer mittleren Tonhöhe, ähnlich dem Ende eines Frageausdrucks, z. B. Má 麻 [Hanf]; (3) zuerst leicht abfallend, dann wieder ansteigend, z. B. Mǎ 马 [Pferd]; (4) abrupt von einem hohen Niveau abfallend, z. B. Mà 骂 [schimpfen]; (5) Tonhöhe nicht entschieden, z. B. Ma 吗 [steht als Fragepartikel am

---

13 Hochchinesisch ist die offizielle Amtssprache bzw. Standardsprache der Volksrepublik China, die in ihrer Form auf dem Peking-Dialekt des Mandarin, der sprecherreichsten unter den chinesischen Sprachen bzw. Dialektgruppen, basiert.

Ende eines Satzes]. Dies mag für den ungeübten Leser zu Beginn eine Herausforderung darstellen, ermöglicht jedoch ein Eindringen in die Besonderheiten der chinesischen Sprache.
- Neben dem Pīnyīn-Ausdruck findet sich das chinesische Zeichen bzw. die Zeichengruppe als sogenanntes ‚Kurzzeichen'. Diese vereinfachten Schriftzeichen (im Gegensatz zu den ‚Langzeichen', also den traditionellen, nicht vereinfachten Schriftzeichen) wurden 1950 in der Volksrepublik China eingeführt und zum offiziellen Standard erklärt.
- Schließlich findet sich in [Klammer] der ins Deutsche übersetzte Ausdruck, so eine Übersetzung nötig und sinnvoll ist.

B. Historischer Kontext der chinesischen Vor-Qín-Periode (21. Jhdt. – 221 v. Chr.)

Die traditionelle chinesische Geschichte beginnt in der Vor-Qín-Zeit (21. Jahrhundert v. Chr. (2100–2001 v. Chr.) – 221 v. Chr.). Diese bezieht sich auf den Zeitraum vor der Gründung der Qín-Dynastie 秦朝 im Jahr 221 v. Chr. und umfasst die historischen Etappen der legendären Wǔshì 五氏 [Fünf Clans][14], Yǒucháo-Shì 有巢氏[15], Suìrén-Shì 燧人氏[16], Fúxī-Shì 伏羲氏, Shénnóng-Shì 神农氏 [oder Yándì 炎帝 – Flammenkaiser] und Xuānyuán-Shì 轩辕氏 [oder Huángdì 黄帝 – Gelber

---

14 Wǔshì 五氏 [Fünf Clans] bezieht sich auf fünf große Persönlichkeiten bzw. Clans in Chinas prähistorischer Zivilisationsperiode. Gemäß der ‚Tabelle der Chinesischen Geschichte' (中国历史大系表) sind dies: Yǒucháo-Shì 有巢氏, Suìrén-Shì 燧人氏, Fúxī-Shì 伏羲氏, Shénnóng-Shì 神农氏, und Xuānyuán-Shì 轩辕氏.
15 Yǒucháo 有巢, auch bekannt als Dàcháo 大巢, Erfinder von Häusern und Gebäuden in der alten chinesischen Mythologie
16 Suìrén-Clan 燧人氏: Laut historischen Quellen war das erste Jahr des Herrschers Suì 4464 v. Chr., und die Herrschaft des Suìrén-Clans dauerte 110 Jahre, deren Herrschaft demnach von 4464 bis 4354 v. Chr., also etwa 6.482 bis 6.372 Jahre vor der heutigen Zeit.

Kaiser]), der mythologischen Herrscher[17], der Sānhuáng 三皇 [Drei Souveräne][18], der Wǔdì 五帝 [Fünf Kaiser][19], gefolgt von den Drei Dynastien[20]. Im engeren Sinne kann die Vor-Qín-Zeit als der Zeitraum von Chinas Eintritt in die Zivilisation bis zur Gründung der Qín Dynastie 221 v. Chr. verstanden werden, bezieht sich also hauptsächlich auf die Geschichte der Xià 夏朝 (2070–1600 v. Chr.), Shāng 商朝 (1600–1046 v. Chr.), Westlichen Zhōu 西周 (1046–771 v. Chr.), Frühlings- und Herbstperiode 春秋时期 (770–476 v. Chr.) sowie auf die Zeit der Streitenden Reiche 战国时代 (475-221 v. Chr.) und repräsentiert Ursprung und Gründungszeit der alten chinesischen Zivilisation.

Die chinesische Vor-Qín-Periode war für die chinesische Zivilisation eine Zeit immenser Veränderungen und Entwicklungen. In dieser Zeit kam es zum Aufstieg und Fall mehrerer Dynastien, zur Entstehung philosophischer Schulen und zu jahrhundertelangen erbitterten kriegerischen Auseinandersetzungen um die Vorherrschaft zwischen den vielen Regionalstaaten jener Zeit, die einen tiefgreifenden Einfluss auf die chinesische Kultur und Gesellschaft hatten.

Die Xià-Dynastie, von der man annimmt, dass sie von etwa 2070 bis 1600 v. Chr. bestanden hat, wird von vielen Historikern als die erste Dynastie der chinesischen Geschichte angesehen. Obwohl unter Gelehrten umstritten ist, ob sie tatsächlich existierte, gibt es doch verschiedene archäologische Beweise, die darauf hindeuten,

---

17 Mythologische Herrscher: Yáo 尧 (c. 2188–2089 v. Chr.), Shùn 舜 (c. 2187–2067 v. Chr.) und Dàyǔ 大禹 (c. 2123–2025 v. Chr., gilt als Gründer der Xià-Dynastie).

18 Sānhuáng 三皇 [Drei Souveräne]: Tiānhuáng 天皇 oder Fúxī 伏羲 [Himmelssouverän], Dìhuáng 地皇 oder Nǚwā 女娲 [Erdsouverän], Tàihuáng 泰皇 oder Shénnóng 神農 [Menschensouverän].

19 Wǔdì 五帝 [Fünf Kaiser]: Huángdì 黄帝 [Gelber Kaiser] (c. 2674–2575 v. Chr.), Zhuānxū 颛顼 (c. 2342–2245 v. Chr.), Dì Kù 帝喾 (c. 2245–2176 v. Chr.), Yáo 尧 (c. 2188–2089 v. Chr.) und Shùn 舜 (c. 2187–2067 v. Chr.).

20 Xià-Dynastie 夏朝 (2070–1600 v. Chr.), Shāng-Dynastie 商朝 (1600–1046 v. Chr.) und Zhōu-Dynastie 周朝 (1046–256 v. Chr.), unterteilt in Westliche Zhōu-Dynastie 西周 (1046–771 v. Chr.) und Östliche Zhōu-Dynastie 东周 (770–256 v. Chr.); die Östliche Zhōu wird wiederum in Frühlings- und Herbstperiode 春秋时期 (770–476 v. Chr.) und die Zeit der Streitenden Reiche 战国时期 (475–221 v. Chr.) unterteilt.

dass in China während dieser Zeit eine Zivilisation mit einer hoch entwickelten Kultur und Sozialstruktur existierte. Die Xià-Dynastie soll von Dàyǔ 大禹 [Yǔ der Große] gegründet worden sein, der die Überschwemmungen des Gelben Flusses unter Kontrolle gebracht, damit erst die gesellschaftliche, politische und wirtschaftliche Entwicklung ermöglicht und eine Periode der Stabilität und des Wohlstands herbeigeführt habe.

Die Shāng-Dynastie, die von ca. 1600 bis 1046 v. Chr. dauerte, war die erste Dynastie in China, für die es zuverlässige historische Aufzeichnungen gibt. Sie wurde von Chéng Tāng 成汤[21] gegründet, der den letzten Herrscher der Xià-Dynastie, König Jié von Xià 夏桀[22], stürzte. Die Shāng-Dynastie zeichnete sich durch eine zentralisierte Regierung und eine hoch entwickelte Sozialstruktur aus, mit dem König an der Spitze und einem Netzwerk von Adelsfamilien und Vasallen unter ihm.

Während der Shāng-Dynastie kam es in China zu bedeutenden technologischen Fortschritten, insbesondere im Bereich der Bronzemetallurgie. Auch ist die Shāng-Dynastie bekannt für ihre hochdekorativen Bronzegefäße, die für zeremonielle Zwecke verwendet wurden und Symbole für Macht und Status waren. In der Shāng-Dynastie wurde zudem ein Schriftsystem, die sogenannte Jiǎgǔwén 甲骨文 [Knochenpanzerschrift][23], weiterentwickelt, welches seine Ursprünge in der Xià-Dynastie gehabt haben dürfte und vor allem der Wahrsagerei und der Kommunikation mit den Ahnen diente.

---

21 Chéng Tāng 成汤 (ca. 1670–1587 v. Chr.), auch Shāng Tāng 商汤 bzw. Tiān Yǐ 天乙 genannt Zi Lǚ 子履, auf Orakelknochen als Dàyǐ 大乙 verzeichnet, war der erste König der Shāng-Dynastie.

22 König Jié von Xià 夏桀, 17. und letzter Herrscher der Xià-Dynastie, genannt Lǚ Guǐ 履癸, posthumer Name Jié 桀, galt als despotischer und tyrannischer Herrscher und wurde um 1600 v. Chr. von Chéng Tāng 成汤 besiegt, was das Ende der Xià-Dynastie bedeutete.

23 Jiǎgǔwén 甲骨文 [Knochenpanzerschrift], auch als Qìwén 契文 [geschnitzte Schrift], Jiǎgǔ-Bǔcí 甲骨卜辞 [Knochenpanzerorakelschrift], Yīnxū-Wénzì 殷墟文字 [Yīnxū-Schrift] oder Guījiǎshòugǔwén 龟甲兽骨文 [Schildkrötenpanzer- und Tierknochenschrift] bekannt, früheste Form der chinesischen Schriftsprache aus der Zeit der späten Shāng-Dynastie 商朝 (1600–1046 v. Chr.).

Abb. 04 König Chéng Tāng 商汤王, dargestellt von Mǎ Lín 马麟, chinesischer Hofmaler der Südlichen Sòng-Dynastie (1127–1279)

Die Shāng-Dynastie war durch eine stark hierarchische Sozialstruktur gekennzeichnet, mit dem König an der Spitze und dem einfachen Volk an der Basis. Der König galt als Vermittler zwischen den Göttern und dem Volk und war für die Durchführung aufwendiger religiöser Zeremonien verantwortlich, um den Wohlstand und das Wohlergehen seines Volkes zu gewährleisten. Die adligen Familien und Vasallen waren für die militärische Unterstützung des Königs und die Verwaltung ihrer jeweiligen Territorien zuständig. Die rigide Sozialstruktur war auch durch ein System von Menschenopfern gekennzeichnet, bei dem Sklaven und Kriegsgefangene geopfert wurden, um die Götter zu besänftigen. Dieses Opfersystem wurde als Mittel zur Aufrechterhaltung der sozialen Ordnung und zur Verhinderung von Rebellion angesehen.

Die Xià- und die Shāng-Dynastie bilden zwei der wichtigsten Epochen der chinesischen Geschichte und markieren den Beginn der chinesischen Vor-Qín-Periode. Die Xià-Dynastie ist zwar von Mythen und Legenden umwoben, zeichnet sich aber durch bedeutende kulturelle und technologische Errungenschaften aus. Die Shāng-Dynastie hingegen war die erste Dynastie, für die es verlässliche historische Aufzeichnungen gibt, und sie weist eine hoch entwickelte Sozialstruktur sowie ein System der Bronzemetallurgie und Schrift auf. Obwohl beide Dynastien auch ihre Schwächen und Mängel hatten, waren sie wichtige Meilensteine in der Entwicklung der chinesischen Zivilisation und Kultur.

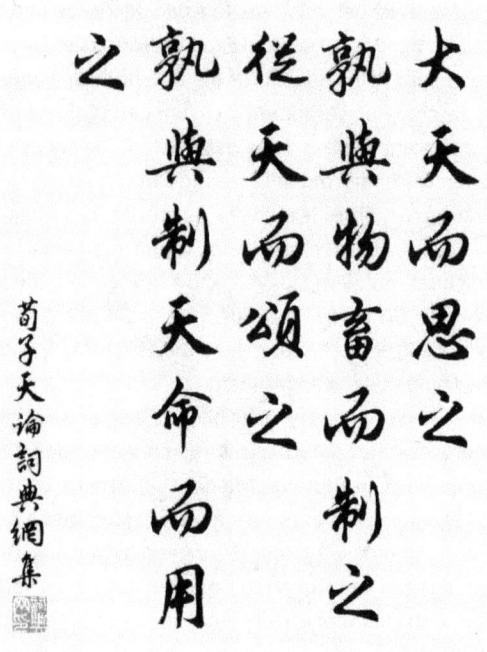

Abb. 05 Tiānmìng 天命 im Kapitel ‚Tiān-Lùn' 天论
[Abhandlung über den Himmel] bei ‚Xúnzi' 荀子 [Meister Xún]

Die Westliche Zhōu-Dynastie, die von 1046 bis 771 v. Chr. dauerte, markierte einen bedeutenden Meilenstein der Vor-Qín-Periode. Sie wurde von König Wǔ von Zhōu 周武王[24], der die Shāng-Dynastie stürzte, und seinem Bruder, Herzog Wén von Zhōu 周文公旦[25],

---

24 König Wǔ von Zhōu Jī Fā 周武王姬发 (1076–1043 v. Chr.), in den Bronzeinschriften der Westlichen Zhōu-Dynastie oft König Wǔ 珷王 genannt, Gründungsmonarch der Westlichen Zhōu-Dynastie.
25 Herzog Wén von Zhōu 周文公旦, gemeinhin bekannt als der Herzog von Zhōu 周公 (regierte 1042–1035 v. Chr.)

gegründet. Als wichtigstes Instrument für die Legitimation ihrer Machtübernahme führten sie Tiānmìng 天命 [Mandat des Himmels] ein, das göttliche Recht zu herrschen. Die Zhōu-Dynastie war durch eine zentralisierte Regierung und die Entwicklung des Fēnfēng- 分封制 oder Fēngjiàn-Systems 封建制度 [Feudalsystem][26], eine auf Blutlinien aufgebaute hierarchische Struktur, gekennzeichnet. Dabei herrschte der Zhōu Tiānzǐ 周天子 [Sohn des Himmels von Zhōu; Zhōu-König] über ein Netz von Vasallen oder Herzögen, die verschiedene Gebiete innerhalb des Königreichs kontrollierten. Die Vasallenherrscher wiederum waren für die Verwaltung ihrer Territorien und die militärische Unterstützung des Königs verantwortlich. Während der Westlichen Zhōu-Dynastie erlebte China bedeutende technologische Fortschritte, insbesondere in der Landwirtschaft. Es wurden eiserne Werkzeuge und Pflüge entwickelt, die die Effizienz der Landwirtschaft erhöhten und zu einer Steigerung der Nahrungsmittelproduktion führten. Dies wiederum führte zu einem Bevölkerungswachstum und zur Gründung neuer Siedlungen, Ortschaften und Städte.

Die Östliche Zhōu-Dynastie, die sich in die Frühlings- und Herbstperiode sowie die Periode der Streitenden Staaten gliedert, dauerte von 771 bis 221 v. Chr. und markierte das Ende der Prä-Qín-Periode. Die Frühlings- und Herbstperiode, von 771 bis 476 v. Chr., war eine Zeit der politischen Unruhen und Umwälzungen und des sozialen Wandels in China, gekennzeichnet durch die Zersplitterung der Fundamente der Zhōu-Dynastie, da die Macht des Königs schwand und die Feudalherren zunehmend Autonomie erhielten. Die Herrscher der verschiedenen Vasallenstaaten begannen, sich in territoriale Streitigkeiten und militärische Konflikte zu verwickeln, was zu einer Zeit politischer Instabilität und kriegerischer Auseinandersetzungen führte. Trotz der politischen Unruhen brachte die Frühlings- und Herbstperiode bedeutende kulturelle und geistige Entwicklungen. Der Aufstieg des Konfuzianismus, des Daoismus und des Legalismus in dieser Zeit hatte einen tiefgreifenden Einfluss auf die chinesische Philosophie und Kultur und prägte die chinesische

---

26 Fēnfēng-Zhì 分封制 [Feudalismus; Belehnungssystem].

Identität. Auch die chinesischen Klassiker wie das Shījīng 诗经 [Buch der Lieder][27] und das Shàngshū 尚书 [oder Shūjīng 书经, Buch der Urkunden][28] wurden in dieser Zeit geschrieben.

Die Zeit der Streitenden Reiche, die von 476 bis 221 v. Chr. dauerte, war eine Zeit intensiver Kriege und Konflikte in China. Die Zersplitterung der Zhōu-Dynastie setzte sich fort, und die sogenannten Zhànguó-Qīxióng 战国七雄 [Sieben mächtige Fürstentümer der Streitenden Reiche][29] lieferten sich eine Reihe erbitterter Kriege und Kämpfe um die Vorherrschaft. Trotz der ständigen Kriege gab es auch bedeutende kulturelle und intellektuelle Entwicklungen. Die Zhūzǐ-Bǎijiā 诸子百家 [Hundert Denkschulen][30], zu denen Konfuzianismus, Daoismus, Legalismus, Mohismus und andere gehörten, entstanden in dieser Zeit. Gleichzeitig sah diese Periode das Wirken herausragender Meister der Diplomatie, der Überredungskunst und der Kriegsstrategie wie Sūnzi 孙子 [Meister Sūn][31] und Wú Qǐ

---

27 Shījīng 诗经 [Buch der Lieder] – älteste Sammlung von chinesischen Gedichten, entstanden zwischen dem 10. und dem 7. Jahrhundert v. Chr., die eine Sammlung von 305 Liedern enthält, die in 160 Fēng 风 [Volkslieder], Xiǎoyǎ 小雅 [kleinere Festlieder], Dàyǎ 大雅 [größere Festlieder] und Sòng 颂 [Hymnen] unterteilt sind und das politische, soziale und kulturelle Leben der damaligen Zeit widerspiegeln.
28 Shàngshū 尚书 [oder Shūjīng 书经, Buch der Urkunden] – zählt seit der Hàn-Dynastie 汉朝 (206 v. Chr. – 220 n. Chr.) zu den sogenannten Wǔ-Jīng 五经 [Fünf Klassiker – fünf klassische Werke der chinesischen Literatur] und diente mit seinen Texten, deren Entstehungszeit bereits 1.000 Jahre zurücklag, mehr als 2.000 Jahre lang der chinesischen politischen Philosophie als Basis.
29 Zhànguó-Qīxióng 战国七雄 [Sieben mächtige Fürstentümer der Streitenden Reiche] – Qín 秦, Qí 齐, Chǔ 楚, Yàn 燕, Hán 韩, Zhào 赵, Wèy 魏.
30 Zhūzǐ-Bǎijiā 诸子百家 [Hundert Denkschulen] – Philosophien und Schulen, die vom 6. Jahrhundert bis 221 v. Chr. während der Frühlings- und Herbstzeit und der Zeit der Streitenden Reiche blühten.
31 Sūn Wǔ 孙武 (ca. 545 – ca. 470 v. Chr.), stammte aus Lè'ān 乐安 im Staat Qí 齐国 (nördlicher Teil der heutigen Provinz Shāndōng 山东省) am Ende der Frühlings- und Herbstperiode (770–476 v. Chr.); berühmter General, Militärexperte, Philosoph und Staatsmann, wurde er ehrerbietig als ‚Weiser des Krieges' oder Sūnzi 孙子 (Meister Sūn) bzw. Sūn Wǔzi 孙武子 sowie als ‚Weiser der Militärstrategen' tituliert und ist als ‚Lehrer von hundert Generationen von Militärstrategen' und ‚Begründer der fernöstlichen Militärwissenschaft' bekannt.

吴起[32] und sogenannter Meister des Yóushuì 游说 [Lobbying und Überredungskunst][33] wie des legendären Guǐgǔzi 鬼谷子 [Meister aus dem Dämonental][34]. Hier finden sich auch die Ursprünge der chinesischen Militärklassiker der Vor-Qín-Zeit wie Sūnzi Bīngfǎ 孙子兵法 [Sūnzis Kunst des Krieges][35] und Wúzi 吴子 [Meister Wú][36].

---

32 Wú Qǐ 吴起 (440–381 v. Chr.), militärischer Führer, Politiker, Reformer und Vertreter der militärischen Schule in der frühen Zeit der Streitenden Reiche.

33 Yóushuì 游说 [Lobbying und Überredungskunst] – bezieht sich auf eine Person, die ihre eigenen Vorschläge und Ideen zum Ausdruck bringt und hofft, dass sie in ihrem Sinne angenommen und umgesetzt werden. Zur Zeit der Streitenden Reiche wurden mit diesem Begriff die Aktivitäten von Strategen beschrieben, die das Reich und die verschiedenen Vasallenstaaten bereisten, um die jeweiligen Monarchen von ihren politischen Ideen zu überzeugen und für sich zu gewinnen. Ursprung: ‚Hán Fēizi 韩非子 [Meister Hán Fēi] – Wǔdù 五蠹 [Fünf Ungeziefer]': „Wenn ein Monarch auf Lobbying und Überredungskunst seiner Minister hörte, so erhielten sie hohe Titel und Gehälter, noch bevor eine Angelegenheit erfolgreich getan war, und sie wurden nicht für Versagen bestraft; wer von diesen Yóushuì-Meistern würde also nicht allzu gerne ständig eloquente Worte und Ausdrücke nutzen, um nach Ruhm und Profit zu jagen und dadurch seine opportunistischen Absichten voranzutreiben?" (人主之于其听说也，于其臣，事未成则爵禄已尊矣；事败而弗诛，则游说之士，孰不为用矰缴之说而徼幸其后？)

34 Wáng Xǔ 王诩 (?–? v. Chr.), bekannt unter dem Namen Guǐgǔzi 鬼谷子 [Meister aus dem Dämonental]; da er im Guǐgǔ 鬼谷 [Dämonental] in den Yúnmèng-Bergen 云梦山 (etwa 140 km nördlich von Peking) lebte, nannte er sich Guǐgǔzi 鬼谷子.

35 Sūnzi Bīngfǎ 孙子兵法 [Sūnzis Kunst des Krieges], auch bekannt als Bīngcè 兵策 [Taktikplanung für den Krieg], Wú Sūnzi 吴孙子, Sūn Wǔ Bīngfǎ 孙武兵法 [Sūn Wǔs Kunst des Krieges] oder Sūnzi Shísān Piān 孙子十三篇 [Die dreizehn Kapitel des Sūnzi], ist eine chinesische militärische Abhandlung, die im 6. Jahrhundert v. Chr. von Sūn Wǔ 孙武, besser bekannt unter dem Namen Sūnzi 孙子 (ca. 545 – ca. 470 v. Chr.), einem hochrangigen Militärgeneral, Strategen und Taktiker, verfasst wurde und in dreizehn Kapiteln die wichtigsten Erfolgsgeheimnisse, den Einfallsreichtum, die Weisheit und Intelligenz des Einsatzes von Truppen für den Kampf beschreibt. Es ist eines der einflussreichsten Werke in der Geschichte der chinesischen Militärstrategie und wird auch heute noch häufig gelesen und studiert, nicht nur in China, sondern auch in anderen Ländern.

36 Wúzi 吴子 [Meister Wú], ein Meisterwerk der alten Militärkunst Chinas, auch bekannt als Wú Qǐ 吴起, Wúzi Kunst des Krieges 吴子兵法 oder Wú Qǐ Kunst des Krieges 吴起兵法, wurde von Wú Qǐ 吴起 (440–381 v. Chr.), einem berühmten General und Militärstrategen während der Zeit der Streitenden Reiche, verfasst und zählt zu den sogenannten Wǔjīng-Qīshū 武经七书 [Sieben Militärklassiker des alten China].

In der Zeit der Streitenden Reiche wurden aber auch einzigartige literarische Werke wie das Chūnqiū-Zuǒzhuàn 春秋左传 [Überlieferungen des Zuǒ zur Zeit der Frühlings- und Herbstperiode][37] oder das Guóyǔ 国语 [Gespräche über die Staaten][38] geschaffen.

Es war eine Zeit intensiver philosophischer Debatten und intellektueller Untersuchungen, die einen tiefgreifenden Einfluss auf die chinesische Kultur und Gesellschaft hatten, eine Zeit immenser Veränderungen und Entwicklungen für die chinesische Zivilisation. Die Westliche Zhōu-Dynastie, die Frühlings- und Herbstperiode und die Zeit der Streitenden Reiche hatten jeweils ihre eigenen Merkmale und Entwicklungen, aber sie waren alle von politischen, sozialen und intellektuellen Veränderungen geprägt, die einen nachhaltigen Einfluss auf die chinesische Geschichte und Kultur hatten.

---

37 Zuǒzhuàn 春秋左传 [Überlieferung des Zuǒ zur Zeit der Frühling-und-Herbstperiode], historisches literarisches Werk, soll geschrieben worden sein von Zuǒ Qiūmíng 左丘明 (502–422 v. Chr.) vom Staate Lǔ 鲁国 am Ende der Frühlings- und Herbstperiode zur Erklärung von Konfuzius' Werk Frühling und Herbst 春秋, wurde jedoch wohl zwischen den Streitenden Reichen oder den beiden Hàn-Dynastien geschrieben (202 v. Chr. – 220 n. Chr.); umfasst den Zeitraum von 722 bis 454 v. Chr.

38 Guóyǔ 国语 [Gespräche über die Staaten], auch bekannt als Chūnqiū Wàizhuàn 春秋外传 oder Zuǒshì Wàizhuàn 左氏外传, alter chinesischer Text, der aus einer Sammlung von Reden besteht, die Herrschern und anderen Männern aus der Frühlings- und Herbstperiode (771–476 v. Chr.) zugeschrieben werden. Der Legende nach wurde es von Zuǒ Qiūmíng 左丘明 (502–422 v. Chr.) vom Staate Lǔ 鲁国 am Ende der Frühlings- und Herbstperiode verfasst, aber einige moderne Gelehrte gehen aufgrund des Inhalts davon aus, dass es aus Originalmaterialien zusammengestellt wurde, die von Historikern verschiedener Länder während der Zeit der Streitenden Reiche oder der Nach-Hàn-Zeit aufgezeichnet wurden.

C. Bedeutung von kultureller Identität, Diplomatie, Überzeugungskraft und militärischen Strategien im alten China

Im alten China spielten kulturelle Identität, Diplomatie, Überzeugungsarbeit und militärische Strategien eine entscheidende Rolle für die Entwicklung und Stabilität verschiedener Dynastien und Epochen, also der Xià- 夏 (2070–1600 v. Chr.), der Shāng- 商 (1600–1046 v. Chr.), der Westlichen Zhōu-Dynastie 西周 (1045–771 v. Chr.), der Frühlings- und Herbstperiode 春秋时期 (770–476 v. Chr.) und der Zeit der Streitenden Reiche 战国时期 (475–221 v. Chr.). Diese Faktoren beeinflussten nicht nur die Art und Weise, wie die Menschen lebten und miteinander umgingen, sondern prägten auch die Beziehungen zwischen den einzelnen Staaten und letztlich das Schicksal der gesamten Nation.

Kulturelle Identität war ein zentraler Aspekt der alten chinesischen Gesellschaft, vermittelte sie doch ein Gefühl der Einheit und Gemeinsamkeit unter den Menschen. Die Xià-, die Shāng- und die Westliche Zhōu-Dynastie leisteten alle einen bedeutenden Beitrag zur chinesischen Kultur, etwa durch die Schaffung von Bronzegefäßen, Orakelknocheninschriften und die Einführung einer Schriftsprache.[39] Diese kulturellen Fortschritte trugen dazu bei, die Identitäten und das Erbe der Dynastien zu festigen, die von Generation zu Generation weitergegeben wurden.

Diplomatie stellte auch im alten China einen entscheidenden Faktor dar, insbesondere während der Zeit der Streitenden Reiche, als die Zhànguó-Qīxióng 战国七雄 [Sieben Mächte der Streitenden Reiche] um Macht und Vorherrschaft unter allen Vasallenstaaten rangen. Diplomatische Missionen wie der Austausch von

---

39 Jiǎgǔwén 甲骨文 [Knochenpanzerschrift], auch als Qìwén 契文 [geschnitzte Schrift], Jiǎgǔ-Bǔcí 甲骨卜辞 [Knochenpanzer-Orakelschrift], Yīnxū-Wénzì 殷墟文字 [Yīnxū-Schrift] oder Guījiǎshòugǔwén 龟甲兽骨文 [Schildkrötenpanzer- und Tierknochenschrift] bekannt, früheste Form der chinesischen Schriftsprache aus der Zeit der späten Shāng-Dynastie 商朝 (1600–1046 v. Chr.).

Geschenken, die Verheiratung von Prinzessinnen und das Aushandeln von Friedensverträgen waren gängige Mittel, um Beziehungen zwischen Staaten herzustellen und aufrechtzuerhalten. Vor allem während der Westlichen Zhōu-Dynastie und in der Frühlings- und Herbstperiode trugen diese diplomatischen Bemühungen dazu bei, Spannungen abzubauen und Konflikte zu vermeiden, sodass in dieser Zeit eine relative Stabilität herrschte.

Neben der Diplomatie stellten in der Vor-Qín-Periode auch eloquente Rhetorik, Überzeugungsarbeit und Lobbying sowie die Kunst des strategischen Denkens mächtige Instrumente dar. Eines der berühmtesten Beispiele dafür sind die Reden des Philosophen und Staatsmannes Konfuzius, der seine Weisheit und Beredsamkeit nutzte, um andere von seinen Werten und Ansichten zu überzeugen. Die Lehren des Konfuzius wurden weit verbreitet und beeinflussen die chinesische Gesellschaft bis heute.

Schließlich waren im alten China jener Zeit auch militärische Strategien von entscheidender Bedeutung, da die verschiedenen Staaten ständig bemüht waren, sich einen Vorteil gegenüber anderen Staaten zu verschaffen, diese zu unterwerfen oder zu vernichten. In der Frühlings- und Herbstperiode wurden neue militärische Taktiken und Innovationen entwickelt, wie z. B. der Einsatz von Streitwagen in der Schlacht und die Bildung großer, organisierter Armeen. Diese Fortschritte ermöglichten eine effektivere und effizientere Kriegsführung, die letztlich über den Ausgang von Schlachten und das Schicksal der beteiligten Staaten mitbestimmte und entschied.

Kulturelle Identität, Diplomatie, Überzeugungsarbeit und militärische Strategien waren in der Vor-Qín-Periode allesamt entscheidende Faktoren, die das Leben der Menschen und ihren Umgang miteinander prägten und letztlich das Schicksal ganzer Nationen bestimmten. Diese Elemente sind auch heute noch von Bedeutung, da sie zeigen, wie wichtig das kulturelle Erbe, die Diplomatie, die Kommunikation und die militärische Macht für die Gestaltung der Zukunft sind. Die Untersuchung der historischen Grundlagen und Ursprünge von Rhetorik, Diplomatie, Überzeugungsarbeit und militärischen Strategien in Chinas Vor-Qín-Periode ermöglicht somit ein umfassendes Verständnis der spezifischen Merkmale und der

Einzigartigkeit chinesischer Kommunikations- und Konfliktlösungspraktiken, die sich im Laufe der Zeit herausgebildet haben. Sie zeigt den Einfluss dieser Praktiken auf die Entwicklung der chinesischen Zivilisation und bietet wertvolle Einblicke in die interkulturelle Kompetenz in unserer modernen Welt.

KAPITEL II: HISTORISCHE ENTWICKLUNG CHINAS WÄHREND DER VOR-QÍN-ZEIT

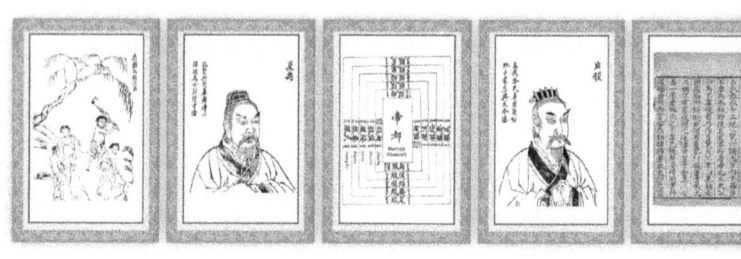

A. Überblick

Die traditionelle chinesische Geschichte beginnt in der Vor-Qín-Zeit (21. Jahrhundert v. Chr. (2100–2001 v. Chr.) – 221 v. Chr.). Diese bezieht sich auf die Ära vor der Gründung der Qín-Dynastie im Jahr 221 v. Chr. und umfasst die historischen Etappen der legendären Wǔshì 五氏 [Fünf Clans][40], der Sānhuáng 三皇 [Drei Souveräne][41] und Wǔdì 五帝 [Fünf Kaiser][42], gefolgt von den drei Dynastien Xià 夏朝

---

40 Die Bezeichnung Wǔshì 五氏 [Fünf Clans] bezieht sich auf fünf große Persönlichkeiten bzw. Clans in Chinas prähistorischer Zivilisationsperiode. Gemäß der ‚Tabelle der Chinesischen Geschichte' (中国历史大系表) sind dies: Yǒucháo-Clan 有巢氏, Suìrén-Clan 燧人氏, Fúxī-Clan 伏羲氏, Shénnóng-Clan 神农氏 und Xuānyuán-Clan 轩辕氏.
41 Tiānhuáng 天皇 oder Fúxī 伏羲 [Himmelssouverän], Dìhuáng 地皇 oder Nǚwā 女娲 [Erdsouverän], Tàihuáng 泰皇 oder Shénnóng 神農 [Menschensouverän].
42 Huángdì 黄帝 [Gelber Kaiser, ca. 2674–2575 v. Chr.], Zhuānxū 颛顼 [ca. 2342–2245 v. Chr.], Dì Kù 帝喾 [ca. 2245–2176 v. Chr.], Yáo 尧 [ca. 2188–2089 v. Chr.] und Shùn 舜 [ca. 2187–2067 v. Chr.].

(2070–1600 v. Chr.), Shāng 商朝 (1600–1046 v. Chr.) und Zhōu 周朝 (1046–256 v. Chr.)[43]. Im engeren Sinne umfasst die Vor-Qín-Zeit die Periode von Chinas Eintritt in die Zivilisation bis zur Gründung der Qín-Dynastie 秦朝 221 v. Chr., hauptsächlich bezogen auf die Geschichte der Xià 夏朝 (2070–1600 v. Chr.), der Shāng 商朝 (1600–1046 v. Chr.) und der Westlichen Zhōu 西周 (1046–771 v. Chr.)

sowie der Frühlings- und Herbstperiode 春秋时期 (770–476 v. Chr.) und der Zeit der Streitenden Reiche 战国时期 (475–221 v. Chr.). Sie steht für den Ursprung und die Gründungszeit der alten chinesischen Zivilisation.

Die großen Denker dieser Zeit, vor allem jene aus der Frühlings- und Herbstperiode und der Zeit der Streitenden Reiche wie Konfuzius und andere Vertreter der sogenannten Zhūzǐ-Bǎijiā 诸子百家 [Hundert Denkschulen][44], leiteten den ersten kulturellen und akademischen Aufschwung in der chinesischen Geschichte ein. Das politische System, die wirtschaftlichen Muster, die Ideologie und die Kultur, die während der Vor-Qín-Ära entstanden, legten die Grundlagen der alten chinesischen Zivilisation. Xià, Shāng und Westliche Zhōu waren wichtige Etappen in der Geschichte Chinas von der primitiven Epoche hin zur zivilisierten Gesellschaft, in denen auch der Prototyp der Agrarwirtschaft entstand. In diesem Zeitraum wurde in

---

43 Die Zhōu-Dynastie unterteilt sich in die Westliche Zhōu 西周 (1046–771 v. Chr.) und die Östliche Zhōu 东周 (770–256 v. Chr.); die Östliche Zhōu wird wiederum in die Frühlings- und Herbstperiode 春秋时期 (770–476 v. Chr.) und die Zeit der Streitenden Reiche 战国时期 (475–221 v. Chr.) untergliedert.

44 Mit Zhūzǐ-Bǎijiā 诸子百家 [Hundert Denkschulen] sind Philosophien und Denkschulen gemeint, die vom 6. Jahrhundert bis 221 v. Chr. während der Frühlings- und Herbstperiode und der Zeit der Streitenden Reiche blühten.

China bereits Getreide angebaut, Brandrodung betrieben und Pflüge kamen zum Einsatz; während der Frühlings- und Herbstperiode und in der Zeit der Streitenden Reiche kam die Eisenzeit, das Pflügen mit Ochsen wurde allmählich vorangetrieben, Bewässerungsanlagen breiteten sich aus (siehe: Dūjiāngyàn 都江堰[45]), das sogenannte Jǐngtián 井田制 [Brunnenfeldsystem][46] der Westlichen Zhōu verschwand und Formen des privaten Landbesitzes entstanden.

Eine der größten Herausforderungen bei der Betrachtung der Vor-Qín-Periode Chinas stellt die Verfügbarkeit verlässlicher Datierungsangaben dar. Die Dynastien Xià, Shāng und Zhōu hatten jeweils ihren eigenen Kalender[47], weshalb in diesem Buch im Zweifelsfall eine Orientierung am Xià-Shāng-Zhōu-Datierungsprojekt 夏商周断代工程[48] erfolgte. Kritik an der Richtigkeit der Zeitangaben im Xià-Shāng-Zhōu-Datierungsprojekt brachten unter anderem

---

45 Dūjiāngyàn 都江堰, altes Bewässerungssystem in der Stadt Dūjiāngyàn, Provinz Sìchuān 四川省. Ursprünglich um 256 v. Chr. vom Staat Qín als Bewässerungs- und Hochwasserkontrollprojekt erbaut, wird es auch heute noch genutzt.

46 Jǐngtián 井田制 [Brunnenfeldsystem] war ein System des Landbesitzes in der alten chinesischen Gesellschaft, das in der Shāng-Dynastie aufkam und bis zur westlichen Zhōu-Dynastie gut entwickelt war: Während der Westlichen Zhōu-Dynastie wurden Straßen und Kanäle kreuz und quer angelegt, um Tián 田 [das Land, Grund und Boden] in Quadrate zu unterteilen, die wie das Zeichen Jǐng 井 [Brunnen] geformt sind, daher der Name Jǐngtián 井田 [Brunnenfeld]. Während der Frühlings- und Herbstperiode löste sich das System der Brunnenfelder allmählich auf, unter anderem aufgrund des Aufkommens von eisernen landwirtschaftlichen Werkzeugen und der Beliebtheit des Pflügens mit Ochsen.

47 Siehe Herbert Chatley: The Date of the Hsia Calendar, Hsia Hisao Cheng, in: *Journal of the Royal Asiatic Society*, October 1938, sowie Xià-Shāng-Zhōu-Datierungsprojekt 夏商周断代工程.

48 Das Xià-Shāng-Zhōu-Datierungsprojekt 夏商周断代工程 startete offiziell am 16. Mai 1996 und wurde am 15. September 2000 mit dem ‚Bericht des Xià-Shāng-Zhōu-Datierungsprojekts für die Jahre 1996–2000' 夏商周断代工程1996–2000年阶段成果报告 abgeschlossen; es handelt sich um ein Projekt zur Bestimmung der örtlichen und zeitlichen Umstände der Xià-, Shāng- und Zhōu-Dynastien.

die US-amerikanischen Sinologen Edward L. Shaughnessy[49] und David S. Nivison[50] vor.

B. Wǔshì 五氏 [Fünf Clans] – Sānhuáng 三皇 [Drei Souveräne] – Wǔdì 五帝 [Fünf Kaiser]

China hat eine lange Geschichte, die Tausende von Jahren zurückreicht. Ein großer Teil dieser Geschichte ist in Mythen und Legenden gehüllt. Die Genauigkeit vieler antiker Texte und Artefakte ist fragwürdig, und oft fehlt es an verlässlichen Beweisen bzw. vor allem verlässlichen Datierungsangaben, die gewisse Angaben untermauern könnten.

Die Zeit der sogenannten Sānhuáng 三皇 [Drei Souveräne] und Wǔdì 五帝 [Fünf Kaiser] stellt eine legendäre Periode in der chinesischen Geschichte und Mythologie dar, die vor über 5.000 Jahren begann. Sie wird von vielen als der Beginn der chinesischen Zivilisation angesehen, und den mythischen Herrschern und Gottheiten, die in dieser Zeit regierten, wird zugeschrieben, die Grundlagen für die chinesische Kultur, Gesellschaft und Regierung gelegt zu haben. Dem Mythos nach waren die Sānhuáng 三皇 [Drei Souveräne] und Wǔdì 五帝 [Fünf Kaiser] eine Reihe von herausragenden bzw. übernatürlichen Persönlichkeiten, die vor der Xià-Dynastie, der ersten historisch belegten Dynastie, das alte China regieren. Diesen Herrschern wurden außergewöhnliche Kräfte nachgesagt, darunter die Fähigkeit, das Wetter zu kontrollieren und mit den Göttern

---

49 Edward L. Saughnessy: Chronologies of Ancient China: A Critique of the "Xia-Shang-Zhou Chronology Project", in: Clara Wing-chung Ho (Hrsg.): *Windows on the Chinese World. Reflections by Five Historians*, Lexington Books, 2008, S. 15–28.

50 David S. Nivison: *The Nivison Annals. Selected Works of David S. Nivison on Early Chinese Chronology, Astronomy, and Historiography*, hrsg. v. Adam C. Schwartz, Walter de Gruyter, 2018.

zu kommunizieren. Es wird auch angenommen, dass sie viele der grundlegenden Aspekte der chinesischen Zivilisation eingeführt haben, so etwa die Landwirtschaft, die Tierhaltung, die Erfindung des Feuers, die Musik und den chinesischen Kalender.

Obwohl es keine historischen Beweise für die Existenz der Sānhuáng 三皇 [Drei Souveräne] und Wǔdì 五帝 [Fünf Kaiser] gibt, wird ihr Erbe in der chinesischen Kultur weiterhin gefeiert, unter anderem durch traditionelle Feste und Rituale. Auch die mythologischen Geschichten und Legenden, die sich um diese Herrscher ranken, wurden von Generation zu Generation weitergegeben und trugen so zum reichen Bild der chinesischen Folklore und Geschichte bei.

Wǔshì 五氏 [Fünf Clans]

Die Wǔshì 五氏 [Fünf Clans] beziehen sich (je nach historischer Quelle) auf die Clans Yǒucháo-Clan 有巢氏, Suìrén-Clan 燧人氏, Fúxī-Clan 伏羲氏, Shénnóng-Clan 神农氏 und Xuānyuán-Clan 轩辕氏 und stehen für fünf große mythische Ursprungclans aus der prähistorischen Zivilisation Chinas, aus denen die mythischen Heroen mit übernatürlichen und außergewöhnlichen Fähigkeiten hervorgingen. Ihnen werden große Verdienste um die grundlegendsten Lebens- und Überlebensbedingungen der Menschheit zugeschrieben, wie die Errichtung von Behausungen, die Erfindung des Feuers, die Einführung der Stammesehe, den Getreideanbau, die Tierhaltung und den Ackerbau etc., was es den Menschen ermöglichte, zu überleben und sich fortzupflanzen, sodass das harte, primitive Leben in Höhlen, das Pflücken von Früchten von Bäumen und der Verzehr von Rohkost der Vergangenheit angehörten. Es heißt, nachdem diese mythologischen Herrscher und Gottheiten alle Vorbereitungen für die Menschen abgeschlossen hatten, ging die chinesische mythologische Ära zu Ende und die Periode der Xià-Dynastie 夏朝 begann.

Yǒucháo-Clan 有巢氏 [Volk der Nestbauer]

Abb. 07 Yǒucháo-Clan

Das ‚Volk der Nestbauer' wird der Huáxià-Ethnie 华夏民族[51] zugeordnet. Es steht an erster Stelle in der historischen Etappe der legendären

---

51 Die ethnische Gruppe der Huáxià 华夏族 bildet den Vorläufer der Volksgruppe der Hàn 汉族. Die Huáxià wurden auch Huá 华, Zhūhuá 诸华, Xià 夏, Zhūxià 诸夏 oder Zhōngxià 中夏 genannt. Huáxià ist also der Name, den die Vorfahren der Hàn-Chinesen, die in der Antike Zhōngyuán 中原 [Zentralchinesische Hochebene] besiedelten, sich selbst gaben, um sich von den Sìyí 四夷 [vier Barbaren] der Nánmán 南蛮 im Süden, der Dōngyí 东夷 im Osten, der Xīróng 西戎 im Westen und der Běidí 北狄 im Norden zu unterscheiden.

Wǔshì 五氏 [Fünf Clans][52] und gilt als erster Vorfahre des Huáxià-Volkes. Sein Stammesführer gründete den alten Staat Cháo 巢国[53] im Gebiet der heutigen Provinz Zhèjiāng 浙江省. Im daoistischen Werk Zhuāngzǐ 庄子[54] findet sich dazu folgender Hinweis: „Außerdem habe ich gehört, dass in der Antike die Vögel und Tiere zahlreich waren und die Menschen nur wenige, sodass sie in Nestern lebten, um den Tieren aus dem Weg zu gehen. Tagsüber sammelten sie Eicheln und Kastanien, und in der Nacht schliefen sie auf den Bäumen; und deshalb werden sie das Volk der Nestbauer genannt."[55]

Auch im Hánfēizi 韩非子 [Meister Hánfēi][56], dem philosophischen Klassiker aus der Zeit der Streitenden Reiche, findet sich zum

---

52 Die Bezeichnung Wǔshì 五氏 [Fünf Clans] bezieht sich auf fünf große Persönlichkeiten bzw. Clans in Chinas prähistorischer Zivilisationsperiode. Gemäß der ‚Tabelle der Chinesischen Geschichte' (中国历史大系表) sind dies: Yǒucháo-Clan 有巢氏, Suìrén-Clan 燧人氏, Fúxī-Clan 伏羲氏, Shénnóng-Clan 神农氏 und Xuānyuán-Clan 轩辕氏.

53 Das Volk der Yǒucháo lebte in früher Zeit im Gebiet der Níngshào-Ebene 宁绍平原 in der Provinz Zhèjiāng 浙江省, später übersiedelte es in die alte Stadt Liángzhǔ 良渚, wo es die Nesthäuser 巢居 in der Hángjiāhú-Ebene 杭嘉湖平原 baute. In der antiken Stadt Lángyá 琅琊, in der heutigen Provinz Shāndōng 山东, errichtete es eine eigene Hauptstadt. Später zog es in das Cháohú-Seebecken 巢湖流域 in der heutigen Provinz Ānhuī 安徽省 und gründete den alten Staat Cháo 巢国.

54 Zhuāngzǐ 庄子 [Meister Zhuāng], zusammen mit dem Dàodéjīng 道德经 eines der Hauptwerke des Daoismus, bekam im Jahr 742 unter dem Táng Kaiser Xuán Zōng 唐玄宗 (685-762) den Ehrentitel Nánhuā Zhēnjīng 南华真经 [Das wahre Buch vom südlichen Blütenland], abgekürzt Nánhuā-Jīng 南华经. Das Werk wurde in Teilen verfasst durch Zhuāngzǐ 庄子 (365–290 v. Chr.), Denker, Philosoph und Literat aus Méng 蒙人 im Staat Sòng 宋国 in der Mitte der Zeit der Streitenden Reiche, Begründer der Zhuāng-Schule 庄学 und Vertreter der Schule der Taoisten 道家学派. Er und Lǎozi sind zusammen als Lǎo-Zhuāng 老庄 bekannt.

55 ‚Zhuāngzi 庄子 [Meister Zhuāng] – Zápiān 杂篇 [Gemischte Kapitel] – Dàozhí 盗跖 [Der große Dieb]': ‚且吾闻之：古者禽兽多而人少，于是民皆巢居以避之，昼拾橡栗，暮栖木上，故命之曰有巢氏之民'.

56 Hánfēizi 韩非子 [Meister Hán-Fēi] ist einer der wichtigsten philosophischen Klassiker des alten Chinas, eine Sammlung von Aufsätzen in der Tradition des Legalismus über Theorien der Staatsmacht, die sich mit Verwaltung, Diplomatie, Krieg und Wirtschaft befassen, sowie eine Fülle von Anekdoten über das China der Vor-Qin-Zeit. Zugeschrieben wird das Werk Hán Fēi 韩非 (280–233 v. Chr.), einem Denker und Legalisten der Zeit der Streitenden Reiche.

Yǒucháo-Clan eine ähnliche Beschreibung: „In den ältesten Zeiten, als die Menschen wenige und die Kreaturen zahlreich waren, konnten die Menschen die Vögel, Tiere, Insekten und Reptilien nicht besiegen. Da erschien ein Weiser, der Nester aus Holz herstellte, um die Menschen vor Schaden zu bewahren. Die Menschen waren begeistert, machten ihn zum Herrscher der Welt und nannten ihn den Nestbauer."[57]

Suìrén-Clan 燧人氏 [Volk der Feuermacher]

Abb. 08 Suìrén-Clan

---

57 ‚Hánfēizi 韩非子 [Meister Hán-Fēi] – Wǔdù 五蠹 [Fünf Ungeziefer]': ‚上古之世，人民少而禽兽众，人民不胜禽兽虫蛇，有圣人作，构木为巢以避群害，而民悦之，使王天下，号曰有巢氏'.

Die Suìrén waren Ureinwohner des paläolithischen (Paläolithikum, vor einer Million Jahren) Staates Suìmíng 燧明国[58]. Ihr Stammvater wird als der erste der ‚Drei Souveräne' in der Auflistung der ‚Drei Souveräne und Fünf Kaiser' 三皇五帝 im Shàngshū Dàzhuàn 尚书大传 [Große Tradition des Buches der Dokumente][59] und in anderen alten Texten aufgeführt, als sogenannter Tiānhuáng 天皇 [Himmelskaiser] betitelt und als Kaiser der Suì 燧皇 verehrt. In der antiken Stadt Shāngqiū sollen die Suìrén das ‚Feuerbohren' erfunden haben und gelten deshalb als Erfinder des künstlichen Feuers im alten China. Es heißt, sie lehrten die Menschen, wie man kocht, und beendeten somit die Zeit, als die Menschen Vögel und Tiere roh verzehren mussten, wodurch sie sich von den Tieren zu unterscheiden begannen. Im Hánfēizi 韩非子 heißt es: „Dann erschien ein Weiser, der mit Stöcken bohrte und Feuer erzeugte, mit dem er die ranzigen und fauligen Speisen umwandeln konnte. Die Menschen waren begeistert und machten ihn zum Herrscher der Welt und nannten ihn den Feuerbohrer-Mann."[60] Die Suìrén schufen die Huáxià- (chinesische) Zivilisation und wurden von den nachfolgenden Generationen als ‚Ahnherren des Feuers' angesehen. Aus dem Suìrén-Clan gingen schließlich die Clans der Fúxī 伏羲氏 und der

---

58 Suìmíng 燧明国 war ein Stadtstaat im alten China, der aus der Teilung des alten Staates Cháo 巢国 hervorging und dessen Zentrum die antike Stadt Shāngqiū 商丘 war (damals bekannt als Suìmíngchéng 燧明城, die antike Stätte von Líqiū 黎丘 im heutigen Shāngqiū 商丘). Dessen Hauptstadt wurde später in die antike Stadt Nánzhuāngtóu 南庄头 (die heutige antike Stätte Nánzhuāngtóu 南庄头in der Provinz Hénán 河南省) verlegt.

59 Es handelt sich um eine alternative Version des konfuzianischen Klassikers Shàngshū 尚书 [oder Shūjīng 书经, Buch der Urkunden]. Das ursprüngliche Shàngshū Dàzhuán wurde von Fú Shèng 伏胜 (zwischen dem 3. und 2. Jhdt. v. Chr.), auch bekannt als Meister Fú 伏生, verfasst, einem konfuzianischen Gelehrten, Philosophen und Schriftsteller während der Qín- 秦朝 (221–207 v. Chr.) und der Westlichen Hàn-Dynastie 西汉 (207 v. Chr. – 9 n. Chr.), der für die Rettung des konfuzianischen Klassikers Shàngshū 尚书 [oder Shūjīng 书经, Buch der Urkunden] vor der Bücherverbrennung des ersten Kaisers von Qín berühmt ist.

60 ‚Hánfēizi 韩非子 [Meister Hán-Fēi] – Wǔdù 五蠹 [Fünf Ungeziefer]': ‚有圣人作，钻燧取火以化腥臊，而民说之，使王天下，号之曰燧人氏'.

Nǚwā 女娲氏 hervor. Die geschriebene Geschichte der Huáxià-Zivilisation beginnt mit dem Suìrén-Clan, den ersten Vorfahren des chinesischen Volkes.

Fúxī-Clan 伏羲氏

Abb. 09 Fúxī-Clan

Fúxī, ein mythologischer Kaiser im alten China, der von 2852 bis 2737 v. Chr. regiert haben soll, war der erste der sogenannten ‚Drei Souveräne', bekannt als der Gott der Schöpfung, der früheste dokumentierte Schöpfungsgott in China. Er war auch bekannt unter den Namen Mìxī 宓羲, Páoxī 庖牺, Bāoxī 包牺, Fúxì 伏戏, Xīhuáng 牺皇, und Huángxī 皇羲. Der Legende nach soll er zusammen mit Nǚwā 女娲 [chinesische mythologische Göttin der Schöpfung] als die Götter der Erde und des Getreides für die Menschen gesorgt haben. Im sogenannten Chǔbóshū 楚帛书 [Chǔ Seiden-Palimpsest][61] sind er und Nǚwā 女娲 als die beiden Schöpfergötter aufgezeichnet, die frühesten dokumentierten Schöpfergötter in China.[62] Fúxī entstammte dem Suìrén-Clan, gilt als legendärer Begründer der chinesischen Kultur, ist der früheste in alten chinesischen Texten genannte König und wird als einer der Begründer der chinesischen Medizin angesehen. Der Legende nach heiratete Fúxī, ein Wesen mit einem menschlichen Kopf und einem Schlangenkörper, seine Schwester Nǚwā und zeugte Kinder mit ihr. Er soll entsprechend dem stetigen Wandel im Himmel und auf der Erde die Bāguà 八卦 [Acht Trigramme] des Yìjīng 易经 [Buch der Wandlungen] geschaffen, die Wortbildung (Schrift) entwickelt und so die Geschichte des Jiéshéng-Jìshì 结绳记事 [Knoten-in-Seile-Machen][63] beendet haben. Fúxī wird die Erschaffung der Menschheit, die Erfindung der Jagd, des Fischfangs, der Domestikation und des Kochens zugesagt.

---

61 Chinesischer astrologischer und astronomischer Text, der 1942 im heutigen Chángshā 长沙, Provinz Húnán 湖南省, in einem Grab des antiken südchinesischen Staates Chǔ aus der Zeit der Streitenden Reiche entdeckt wurde.

62 Siehe Noel Barnard: *The Ch'u Silk Manuscript – Translation and Commentary*, Australian National University, Department of Far Eastern History, Canberra, 1973.

63 ‚Yìjīng 易经 [Buch der Wandlungen] – Xìcí-Xià 系辞下 [Das Große Traktat II]': „In der höchsten Antike wurde erfolgreich mithilfe von geknoteten Schnüren regiert [um die Erinnerung an die Dinge zu bewahren]. In späteren Zeitaltern ersetzten die Weisen diese durch Schriftzeichen. Dadurch konnten [die Handlungen] aller Offiziere geregelt und [die Angelegenheiten] aller Menschen genau untersucht werden" (上古结绳而治，后世圣人易之以书契，百官以治).

Im Buch Báihǔtōngdélùn 白虎通德论 [Vortreffliche Diskussionen in der Halle des Weißen Tigers][64] ist folgende Beschreibung zu finden: „Wie können wir wissen, dass der Kaiser ein weiser Mensch ist? Das Yìjīng sagt: ‚In alten Zeiten, als der Fúxī Clan über alles unter dem Himmel herrschte, begann er, die Acht Trigramme zu verfassen'. Und weiter heißt es: ‚Die Weisen machen das Yìjīng.' Auch heißt es: ‚Nach dem Tod von Fúxī [Bāoxī 包牺] erhob sich Shénnóng an seiner Stelle.'"[65]

Shénnóng-Clan 神农氏

Abb. 10 Shénnóng-Clan

---

64 Báihǔtōngdélùn 白虎通德论 [Vortreffliche Diskussionen in der Halle des Weißen Tigers] – im Jahr 79, dem vierten Jahr der Regentschaft von Liú Dá 刘炟, (56–88 n. Chr.), dem dritten Kaiser der Östlichen Hàn-Dynastie 东汉 (regierte 75–88), fand am Kaiserhof die Báihǔ Guān- (Anm.: Halle des Weißen Tigers) 白虎观 Konferenz statt, an welcher der Tàicháng 太常 [Minister für Zeremonien], Generäle, hohe Beamte, Hofakademiker, der Yìláng 议郎 [Beamter für Hofkonsultation], die Lángguān 郎官 [enge Vertraute des Kaisers], Zhūshēng 诸生 [Studenten, welche die kaiserliche Prüfung auf Bezirksebene bestanden hatten] und Konfuzianer 诸儒 ihre Ansichten zum Thema ‚Erörterung der Unterschiede und Gemeinsamkeiten zwischen den Fünf Klassikern' präsentierten in der Absicht, die Unterschiede zwischen modernen und alten Schriften zu überbrücken. Der Kaiser urteilte persönlich über das Ergebnis der Konferenz, das dann der Historiker Bān Gù 班固 (32–92 n. Chr.) unter dem Titel Báihǔtōngyì 白虎通义 oder kurz Báihǔtōng 白虎通 in Buchform brachte.

65 Báihǔtōngdélùn 白虎通德论 [Vortreffliche Diskussionen in der Halle des Weißen Tigers] – Shèngrén 圣人 [Die Weisen]': ‚何以知帝、王圣人也？《易》曰："古者伏羲氏之王天下也，于是始作八卦。"又曰："圣人之作易也。"又曰："伏羲氏没，神农氏作'.

Yándì 炎帝 [Flammenkaiser] war der Ehrentitel von Shénnóng 神农, dem Anführer des Jiāng-Yán-Stammes 姜炎族[66] im alten China, auch bekannt als Kuíkuí-Clan 魁隗氏, Liánshān-Clan 连山氏, Lièshān-Clan 列山氏 und Zhūxiāng 朱襄. Die Legende besagt, dass der Anführer des Jiāngyán-Stammes den Thron erhielt, weil er wusste, wie man mit Feuer umgeht; aus diesem Grund wurde er auch Kaiser Yán genannt [Yán 炎 bedeutet ‚Flamme'].[67] In der chinesischen Mythologie findet sich folgende Darstellung zu Shénnóng:

Einige Zeit nachdem Nǚwā den Himmel repariert hatte[68], wurde in einer Steinhöhle auf dem Lièshan 烈山 [Anm.: in der heutigen Provinz Húběi 湖北省] ein Kind geboren[69]. Die Legende führt aus, dass bei seiner Geburt auf natürliche Weise neun Brunnen rund um die Steinhöhle entstanden. Das Wasser in diesen neun Brunnen war untereinander verbunden, und wenn das Wasser aus einem von ihnen entnommen wurde, schwankten

---

66 Der Jiāng-Yán-Stamm 姜炎族 betrieb Semi-Subsistenzland- und -viehwirtschaft und bevölkerte zwischen 4000 und 2000 v. Chr. das Gebiet der heutigen Regionen Shǎanxī 陕西, Gānsù 甘肃 und Qīnghǎi 青海.

67 ‚Chūnqiū-Zuǒzhuàn 春秋左传 [Überlieferungen des Zuǒ] – 17. Jahr von Herzog Zhāo 昭公十七年': „Der Yándì-Clan benutzte Feuer, um alle Ereignisse festzuhalten, deshalb haben sie alle Zweige der höheren Beamten immer mit dem Zeichen für Feuer versehen, um ihnen Namen zu geben" (炎帝氏以火纪，故为火师而火名).

68 Der Legende nach zerbrachen in alten Zeiten die Säulen des Himmels und die Erde versank, wodurch die Welt in eine große Katastrophe fiel. Nǚwā konnte es nicht ertragen, das Leiden der Lebewesen zu sehen, also verschmolz sie die fünffarbigen Steine, um den Himmel zu reparieren, schnitt die Füße einer Schildkröte ab, um die vier Extremitäten der Erde festzulegen, und sammelte die Asche von verbranntem Schilf, um die Überschwemmung zu stoppen. Das Land und der Himmel kehrten weitgehend zur Normalität zurück, nur der Himmel im Nordwesten und das Land im Südosten blieben unveränderlich und ein wenig mehr geneigt als zuvor. Deshalb gehen jetzt Sonne und Sterne im Westen unter und die Flüsse fließen alle gen Südosten.

69 Auch heißt es, dass Shénnóng in Jiāngshuǐ 姜水 geboren wurde, was auf dem Gebiet des heutigen Bǎojī 宝鸡 in der Provinz Shǎanxī 陕西省 liegt, weshalb Unsicherheit darüber besteht, ob es sich bei Yándì 炎帝 und Shénnóng 神农 um ein und dieselbe Person handelt.

alle anderen acht. Einmal beobachtete Yándì einen roten Vogel, der ein Bündel von etwas im Schnabel hielt, was wie Samen aussah, und als er sah, dass der Vogel es ausspuckte, hob er es auf, der Vogel flog dreimal um ihn herum, zwitscherte noch etwas und flog weg. Im Glauben, es seien Getreidesamen, die ihm der Himmlische Herrscher durch den roten Vogel geschickt hatte, vergrub Yándì die Samen in der Erde. Auch stellte Yándì Pflüge und Pflugscharen aus Holz 耒耜 (Lěisì) her und lehrte die Menschen, den Boden zu lockern und Brunnen zu graben, um die Setzlinge zu bewässern. Im Herbst desselben Jahres wuchs eine große Fläche Gras heran. Wie glücklich die Menschen doch waren! So nannten alle Menschen Kaiser Yándì in Erinnerung an seine Verdienste Shénnóng [göttlicher Landmann]. Deshalb bezeichneten auch die umliegenden Stämme den Yándì-Stamm als Shénnóng-Stamm und nannten ihn Shénnóng-Shì 神农氏, den Anführer des Stammes der Ackerbauern. [Anm.: Die ursprüngliche Bedeutung des Wortes Shì 氏 bezog sich auf eine Gottheit, die in primitiven Gesellschaften einen Stammeshäuptling repräsentierte.]

Die mystischen Umstände von Shénnóngs Geburt werden im Qiánfūlùn 潜夫论, einem politisch-metaphysischen Text des Philosophen Wáng Fú 王符 (ca. 82–167) aus der späteren Hàn-Dynastie (25–220), so wiedergegeben: „Ein göttlicher Drache kam vom Berg Chángyáng[70], schwängerte Rèn Sì[71], und der Rote Kaiser[72] Kuí-Kuí war geboren. Er wird Yándì genannt, posthumer Titel Shénnóng, und ersetzt die Ära des Fúxī-Clans. Seine Tugend ist die Disziplin des Feuers, man

---

70 Der Chángyángshan 常羊山 bezieht sich normalerweise auf den Ort, an dem der Kopf von Xíng-Tiān 刑天 – einer der alten chinesischen mythologischen und legendären Figuren, die mit dem Gelben Kaiser um den Thron konkurrierten – begraben wurde, heute der Chóuchíshan 仇池山 im Kreis Xīhé 西和县, Gānsù 甘肃.

71 Rèn Sì 妊姒 (das Zeichen Rèn 任 steht dabei für das Zeichen Rèn 妊) ist der gemeinsame Name von Tài Rèn 太任, Mutter von König Wén von Zhōu, und Tài Sì 太姒, Mutter von König Wǔ von Zhōu. In der Antike galten die beiden als Vorbilder für tugendhafte Konkubinen.

72 Chìdì 赤帝 [Roter Kaiser] ist gleichbedeutend mit dem Kaiser Yándì [Flammen-Kaiser].

erinnert sich an ihn als den Meister des Feuers und somit wird er nach dem Feuer benannt."⁷³

Xuānyuán-Clan 轩辕氏

Abb. 11 Xuānyuán-Clan

Das Shǐjì 史记 [Aufzeichnungen des Großen Historikers] gibt den Namen des Gelben Kaisers mit Xuānyuán 轩辕 an⁷⁴. Xuānyuán bezieht sich also auf die Nachkommen des Gelben Kaisers, die aus dem

---

73 ‚Qiánfūlùn 潜夫论 [Kommentare eines Einsiedlers] – Wǔdézhì 五德志 [Über die Tugenden und Ziele der Fünf-Kaiser]': ‚有神龙首出常，感妊姒，生赤帝魁隗。身号炎帝，世号神农，代伏羲氏。其德火纪，故为火师而火名'.
74 ‚Shǐjì 史记 [Aufzeichnungen des Großen Historikers] – Wǔdì Běnjì 五帝本纪 [Biografien der Fünf Kaiser]': „Huángdì (Gelber Kaiser) war der Sohn von Shǎo Diǎn. Sein Nachname war Gōngsūn, und sein Vorname Xuānyuán' (史记 – 本纪 -》：黄帝者，少典之子，姓公孙，名曰轩辕).

Yǒuxióng-Clan 有熊氏[75] stammten. Im Shǐjì 史记 wird dazu Folgendes angemerkt: „Von Huángdì bis Shùn und Yǔ trugen alle Herrscher denselben Nachnamen, aber unterschiedliche dynastische Bezeichnungen und stellten so ihre illustre Tugend zur Schau. So wurde Huángdì als Yǒuxióng [Besitzer der Bären], Kaiser Zhuānxū als Gāoyáng, Kaiser Kù als Gāoxīn, Kaiser Yáo als Táotáng, Kaiser Shùn als Yǒuyú [Besitzer der Forstleute] und Kaiser Yǔ als Xiàhòu [Fürst von Xià] bezeichnet; und er [Kaiser Yǔ] hatte auch den Namen Sì. Xiè ist der Urahn der Shāng und trägt den Nachnamen Zi [Sohn]. Qì ist der Urahn von Zhōu und sein Nachname ist Jī."[76]

Es heißt, der Gelbe Kaiser hätte einst in den Xuānyuán-Hügeln 轩辕之丘[77] gelebt, daher auch der Name Xuānyuán 轩辕, und die Nachkommen des Gelben Kaisers wurden zum Xuānyuán-Clan gezählt. Nachdem König Wǔ von Zhōu 周武王 den König Zhòu von Shāng 商纣王 (?–1046 v. Chr., auch bekannt als Dì Xīn 帝辛) im Kampf besiegt hatte, belehnte er die Nachkommen von Xuānyuán mit dem Königreich von Zhù 铸国[78] und benannte sie in den Zhù-Clan 铸氏 um.

---

75 Der Yǒuxióng-Clan 有熊氏, auch bekannt als Dìhóngshì 帝鸿氏 [Kaiser-Hóng-Clan], ist der Name des alten Stammes des Gelben Kaisers, der zwischen 2697 und 2168 v. Chr. existierte; er siedelte in einer Region namens Yǒuxióng 有熊 (nahe der heutigen Stadt Xīnzhèng 新郑市, einer Kreisstadt unter der Jurisdiktion der Stadt Zhèngzhōu 郑州市, Provinz Hénán 河南省) und gründete das Königreich Yǒuxióng 有熊国.

76 ‚Shǐjì 史记 [Aufzeichnungen des Großen Historikers] – Wǔdì Běnjì 五帝本纪 [Biografien der Fünf Kaiser]': ‚自黄帝至舜、禹，皆同姓而异其国号，以章明德。故黄帝为有熊，帝颛顼为高阳，帝喾为高辛，帝尧为陶唐，帝舜为有虞。帝禹为夏后而别氏，姓姒氏。契为商，姓子氏。弃为周，姓姬氏'.

77 Der Xuānyuán-Berg 轩辕之丘 liegt im Gebiet des heutigen Xīnzhèng 新郑, Provinz Hénán 河南省.

78 Die Ruinen des Königreichs Zhù befinden sich in Zhùchéng 铸城, nordwestlich des heutigen Kreises Níngyáng 宁阳县, Provinz Shāndōng 山东省. Während der Frühlings- und Herbstperiode lag das Königreich Zhù zwischen den beiden Staaten Qí 齐 und Lǔ 鲁. In der späten Frühlings- und Herbstperiode wurde das Königreich Zhù von Qí 齐 zerstört.

Sānhuáng 三皇 [Drei Souveräne] und Wǔdì 五帝 [Fünf Kaiser]

Abb. 12 Drei Souveräne und Fünf Kaiser

Im ursprünglichen Sinne galten als die Sānhuáng 三皇 [Drei Souveräne] die drei Gott-Herrscher Tiānhuáng 天皇 [Kaiser des Himmels], Dìhuáng 地皇 [Kaiser der Erde] und Rénhuáng 人皇 [Kaiser der Menschen][79]. Später wurden die mythischen drei herausragenden Stammesführer bzw. Führer von Stammesbündnissen während der prähistorischen Zeit Chinas, nämlich Suìrén 燧人 [Sui-Souverän 燧皇], Fúxī 伏羲 [Xī-Souverän 羲皇] und Shénnóng 神农 [Nóng-Souverän 农皇], als die ‚Drei Souveräne' bezeichnet. Dabei weichen in verschiedenen literarischen Werken die Namen teilweise voneinander ab: So werden sie etwa im Shàngshū-Dàzhuàn 尚书大传 [Große

---

[79] Shǐjì 史记 [Aufzeichnungen des Großen Historikers] – Qín Shǐhuáng Běnjì 秦始皇本纪 [Biografie des Qín Shǐhuáng]': „In alten Zeiten gab es den Herrscher des Himmels, den Herrscher der Erde und den Herrscher der Menschen, der der Edelste von ihnen war" (古有天皇，有地皇，有泰皇，泰皇最贵).

Biografie zum Shàngshū]⁸⁰ als Suìrén 燧人, Fúxī 伏羲 und Shénnóng 神农 bezeichnet, im Fēngsú-Tōngyì 风俗通义 [Allgemeine Bedeutung der gesellschaftlichen Sitten und Gebräuche]⁸¹ als Fúxī 伏羲, Zhùróng 祝融 und Shénnóng 神农⁸², im Sānzìjīng 三字经 [Drei-Zeichen-Klassiker]⁸³ als Fúxī 伏羲, Shénnóng 神农 und Huángdì 黄帝 und im Zhuāngzǐ 庄子 [Meister Zhuang]⁸⁴ als Yǒucháo 有巢氏, Suìrén 燧人, und Zhī-Shēng 知生氏.

Je nach Quelle gibt es unterschiedliche Varianten, wer zu den Drei Souveränen gezählt wird:

---

80 Es ist ein erläuterndes Werk über das Shàngshū 尚书 [oder Shūjīng 书经, Buch der Urkunden], dessen Autor und Datum nicht vollständig feststellbar sind. Es sind nur spätere Abschriften erhalten, wobei die von Pí Xīruì 皮锡瑞 (1850–1908, konfuzianischer Gelehrter der Spätzeit der Qīng-Dynastie 清朝 (1636–1912)) als die beste gilt.

81 Dabei handelt es sich um eine enzyklopädische Sammlung verschiedener Dinge, zusammengestellt vom Gelehrten Yīng Shào 应劭 aus der späteren (östlichen) Hàn-Zeit 后汉.

82 Fēngsú-Tōngyì 风俗通义 [Allgemeine Bedeutung der gesellschaftlichen Sitten und Gebräuche] – Huáng-Bà 皇霸 [Kaisertum und Hegemonie] – Sānhuáng 三皇 [Die Drei Souveräne]': „Die Drei Souveräne heißen Fúxī, Nǚwā, Shénnóng" (伏羲、女娲、神农是三皇也).

83 Es handelt sich um ein Lehrgedicht für chinesische Schulkinder, das im 13. Jahrhundert von Wáng Yīnglín 王应麟 (1223–1296), einem renommierten konfuzianischen Gelehrten, zusammengestellt wurde, um die grundlegenden Werte des Konfuzianismus zu vermitteln.

84 Zusammen mit dem Dàodéjīng 道德经 eines der Hauptwerke des Daoismus, bekam es im Jahr 742 unter Táng-Kaiser Xuán-Zōng 唐玄宗 (685–762) den Ehrentitel Nánhuá-Zhēnjīng 南华真经 [Das wahre Buch vom südlichen Blütenland], abgekürzt Nánhuājīng 南华经). Das Werk wurde zum Teil von Zhuāngzǐ 庄子 (365–290 v. Chr.) verfasst, einem Denker, Philosophen und Literaten aus Méng 蒙 im Staat Sòng 宋国 in der Mitte der Zeit der Streitenden Reiche, Begründer der Zhuāng-Schule 庄学 und Vertreter der taoistischen Schule 道家学派. Zusammen mit Lǎozi ist er als Lǎo-Zhuāng 老庄 bekannt.

QUELLE	Sānhuáng 三皇		
Shàngshū-Dàzhuàn 尚书大传	Fúxī 伏羲	Shénnóng 神农	Suìrén 燧人
Fēngsú-Tōngyì 风俗通义	Fúxī 伏羲	Shénnóng 神农	Zhùróng 祝融
Sānzìjīng 三字经	Fúxī 伏羲	Shénnóng 神农	Huángdì 黄帝
Zhuāngzǐ 庄子	Yǒucháo 有巢氏	Suìrénshì 燧人氏	Zhīshēng 知生氏
Shǐjì 史记	Tiānhuáng 天皇 [Fúxī 伏羲]	Tàihuáng 泰皇 [Shénnóng 神农]	Dìhuáng 地皇 [Nǚwā 女娲]
Dìwáng-Shìxì 帝王世系[85]	Fúxī 伏羲	Shénnóng 神农	Huángdì 黄帝
Shìběn 世本[86]	Fúxī 伏羲	Shénnóng 神农	Huángdì 黄帝

---

[85] Das Dìwáng-Shìxì 帝王世系 [Genealogische Annalen der Kaiser und Könige], auch Huángwáng-Shìjì 皇王世纪, Dìwáng-ShìJiā 帝王世家 oder Huángfǔ Mì Jì 皇甫谧记 genannt, wurde von Huángfǔ Mì 皇甫谧 (215–282) verfasst, einem chinesischen Gelehrten, Literaten und Medizinschriftsteller, der während der Zeit der Östlichen Hàn-Dynastie 东汉 (25–220), der Zeit der Drei Reiche 三国 (220–280) und der Jìn-Dynastie 晋朝 (265–420) lebte.

[86] Das Shìběn 世本, auch als Shì 世, Shìxì 世系 [Abstammung, Genealogie, Stammbaum], Shìjì 世纪 [Jahrhundert, Zeitraum], Shìdié 世牒 [genealogische Bücher], Diéjì 牒记 [erfasste Dokumente], Pǔdié 谱牒 [Genealogie] usw. bekannt, ist eine Genealogie des antiken China. Das Zeichen Shì 世 bezieht sich auf die Abstammung, während Běn 本 auf den Ursprung hinweist. Es heißt, dass es von Historikern der Vor-Qín-Periode (andere Quellen meinen hingegen der Hàn-Dynastie) zusammengestellt wurde und die Abstammungen und Nachnamen der Dìwáng 帝王 [Regenten, Kaiser, Monarchen], Zhūhóu 诸侯 [Feudalfürsten] und Qīngdàfū 卿大夫 [hohe Beamte], angefangen vom Gelben Kaiser 黄帝 bis zur Frühlings- und Herbstperiode 春秋时期, sowie auch die Hauptstädte, Verwaltungssysteme und die Regeln für die Bewertung von posthumen Namen der Kaiser aufzeichnet.

QUELLE	Sānhuáng 三皇		
Báihǔtōngdélùn 白虎通德论[87]	Fúxī 伏羲	Shénnóng 神农	Zhùróng 祝融
	Fúxī 伏羲	Shénnóng 神农	Suìrén 燧人
Yìwén-Lèijù 艺文类聚[88]	Tiānhuáng 天皇	Rénhuáng 人皇	Dìhuáng 地皇

Sānhuáng 三皇 [Drei Souveräne] und Wǔdì 五帝 [Fünf Kaiser] waren keine wirklichen Kaiser, vielmehr Stammesführer oder Anführer von Stammesbündnissen, die sich in der späten Urzeit Chinas um die Menschheit verdient gemacht hatten und posthum als ‚Souverän' oder ‚Kaiser' geehrt wurden. Im Daoismus werden sie als okkulte bzw. übernatürliche Wesenheiten verehrt, und ihre großen Taten werden in verschiedenen schönen Mythen und Legenden verkündet.[89] Die ‚Drei Souveräne' und ‚Fünf Kaiser' sollen zwischen ca. 2852 und 2070 v. Chr. regiert haben.

Die ‚Drei Souveräne' verweisen auf verschiedene Menschen, die als Symbole der chinesischen Vorfahren in verschiedenen Stadien der Vorgeschichte und Kultur verstanden werden können. Suìrén und Bāoxī 包羲 [bzw. Fúxī 伏羲] repräsentieren jeweils die untere, mittlere und obere Stufe der Obskurität; Shénnóng repräsentiert die unteren Stufen des barbarischen und unzivilisierten Zeitalters;

---

87 Das Báihǔtōngdélùn 白虎通德论 [Vortreffliche Diskussionen in der Halle des Weißen Tigers] ist ein konfuzianischer Text, der von Bān Gù 班固 (32–92), einem chinesischen Historiker, Politiker und Dichter, zusammengestellt wurde.

88 Beim Yìwén-Lèijù 艺文类聚 [Nach Sachgruppen geordnete Sammlung von literarischen Texten] handelt es sich um eine chinesische Enzyklopädie, die auf Befehl des ersten Tang-Kaisers Gāo Zǔ 高组 (566–635) zusammengestellt wurde und 624 erschien.

89 ‚Zhuāngzi 庄子 [Meister Zhuāng] – Wàipiān 外篇 [Äußere Kapitel] – Shàn-Xìng 缮性 [Bewahrung der Natur]': „Später verfiel die Moral, bis die Suìrén und Fúxī die Welt zu beherrschen begannen; die Angelegenheiten des Lebens und die Dinge der Welt gingen dann zwar mit ihnen einher, aber der Zustand der Einheit war bereits verloren" (逮德下衰，及燧人、伏羲始为天下，是故顺而不一).

Nǚwā 女娲 hingegen ist ein früheres göttliches Wesen im Stil der Genesis, das sich in der Mythologie wiederum mit Fúxī vereint, um die Menschen zu erschaffen.

Als Wǔdì 五帝 [Fünf Kaiser] gelten Huángdì 黄帝 [Gelber Kaiser] (ca. 2674–2575 v. Chr.), Zhuānxū 颛顼 (ca. 2342–2245 v. Chr.), Dì Kù 帝喾 (ca. 2245–2176 v. Chr.), Yáo 尧 (ca. 2188–2089 v. Chr.) und Shùn 舜 (ca. 2187–2067 v. Chr.). Die Bezeichnung ‚Fünf Kaiser' verweist auf unterschiedliche Menschen, die vor allem Monarchen oder militärische Führungspersönlichkeiten waren und hauptsächlich während der Blütezeit der patriarchalischen Stammesbündnisse und deren Auflösung wirkten. Auch hier zeigt ein Blick in unterschiedliche Quellen, dass es unterschiedliche Varianten gibt, wer zu den ‚Fünf Kaisern' zu zählen ist:

QUELLE	Wǔdì 五帝				
Lǚshì-Chūnqiū 吕氏春秋[90]	Tàihào 太昊	Yándì 炎帝	Huángdì 黄帝	Shǎohào 少昊	Zhuānxū 颛顼

---

90 Das Lǚshì-Chūnqiū 吕氏春秋 [Frühling und Herbst des Lǚ Bùwéi], auch als Lǚlǎn 吕览 bekannt, ist ein Meisterwerk, das von einer Gruppe von Schülern unter der Schirmherrschaft des Qín-Kanzlers Lǚ Bùwéi 吕不韦 (?–235 v. Chr., Kaufmann, Politiker und Denker des Staates Wèy 魏 in der späten Zeit der Streitenden Reiche, später Premierminister von Qín) zusammengestellt wurde, geschrieben kurz vor der Einigung Chinas durch Qín Shǐhuáng, bekannt als der Erste Kaiser von China, fertiggestellt um 239 v. Chr. in der Zeit der Streitenden Reiche. Das Buch basiert auf der Lehre des Daoismus 道家学说 als Hauptstütze und auf den Hauptschulen der sogenannten Jiǔliú 九流 [Neun Strömungen], den Hauptströmungen während der Zhūzǐ-Bǎijiā 诸子百家 [Hundert Denkschulen], einer Periode während der Östlichen Zhōu-Dynastie (770–256 v. Chr.) Chinas: Rújiā 儒家 [Konfuzianismus], Dàojiā 道家 [Daoismus], Yīnyángjiā 阴阳家 [Yīn-Yáng Schule], Fǎjiā 法家 [Legalismus], Míngjiā 名家 [Schule der Namen], Mòjiā 墨家 [Mohismus], Zònghéngjiā 纵横家 [Schule der vertikalen und horizontalen Allianzen], Zájiā 杂家 [Eklektiker-Schule] und Nóngjiā 农家 [Schule der Ackerbauern].

QUELLE	Wǔdì 五帝				
Dàdài-Lǐjì 大戴礼记[91]	Dì Kù 帝喾	Yáo 尧	Huángdì 黄帝	Shùn 舜	Zhuānxū 颛顼
Shǐjì 史记	Dì Kù 帝喾	Yáo 尧	Huángdì 黄帝	Shùn 舜	Zhuānxū 颛顼
Dìwáng-Shìxì 帝王世系	Dì Kù 帝喾	Yáo 尧	Shǎohào 少昊	Shùn 舜	Zhuānxū 颛顼
Yìjīng 易经[92]	Huángdì 黄帝	Yándì 炎帝	Shǎohào 少昊	Tàihào 太昊	Zhuānxū 颛顼

Die ursprüngliche Bedeutung der ‚Fünf Kaiser' bezieht sich auf Wǔfāng-Shàngdì 五方上帝, die höchsten Gottheiten der fünf Richtungen Norden, Osten, Süden, Westen und Zentrum bzw. die fünffache Manifestation von Tiān 天, dem obersten Herrscher des Himmels.[93] Später wurden Gōngsūn Xuānyuán [Huángdì (Gelber Kaiser)] und andere als die ‚Fünf Kaiser' ergänzt.[94]

---

91 Das Dàdài-Lǐjì 大戴礼记 [Aufzeichnungen über rituelle Angelegenheiten von Dài dem Älteren] ist eine Sammlung ritueller Beobachtungen, die während der Westlichen-Hàn 西汉 (207 v. Chr. – 6 n. Chr.) von dem konfuzianischen Gelehrten Dài Dé 戴德 zusammengestellt wurde.

92 Bei dem Zhōuyì 周易 [Buch der Wandlungen], auch Yìjīng 易经 oder ‚I-Ching' genannt, handelt es sich um einen alten chinesischen Wahrsagetext und einen der ältesten traditionellen chinesischen Klassiker, der von König Wén von Zhōu 周文王 (1152–1050 v. Chr.), Herzog von Zhōu während der späten Shāng-Dynastie, geschrieben worden sein soll; das Zhōuyì gilt als einer der ‚Rújiā Wǔjīng' 儒家五经 [Fünf Klassiker der chinesischen Literatur]: Shījīng 诗经 [Buch der Lieder]; Shàngshū 尚书 oder Shūjīng 书经 [Buch der Urkunden]; Lǐjì 礼记 [Buch der Riten]; Yìjīng 易经 oder auch Zhōuyì 周易 [Buch der Wandlungen]; Chūnqiū 春秋 [Frühlings- und Herbstannalen].

93 Wǔfāng-Shàngdì 五方上帝 [Fünf Formen der Höchsten Gottheit].

94 ‚Shǐjì 史记 [Aufzeichnungen des Großen Historikers] – Wǔdì Běnjì 五帝本纪 [Biografien der Fünf Kaiser]': „Huángdì (Gelber Kaiser) war der Sohn von Shǎo-Diǎn. Sein Nachname war Gōngsūn, und sein Vorname Xuānyuán" (黄帝者，少典之子，姓公孙，名曰轩辕).

Wǔfāng-Shàngdì 五方上帝 – die höchsten Gottheiten der fünf Richtungen

Abb. 13 Höchste Gottheiten der fünf Regionen

- **Norden**: Hēidì 黑帝 [Schwarze Gottheit], auch genannt Zhuānxū 颛顼, Gāoyáng 高阳 oder Xuándì 玄帝, soll um 2322–2245 v. Chr. regiert haben. Er wird mit der Essenz des Wassers und des Winters assoziiert; die ihm zugewiesene Tierform ist der Xuán-Lóng 玄龙 [Schwarzer Drache].
- **Osten**: Qīngdì 青帝 [Türkisfarbene Gottheit], auch bekannt als Língwēiyǎng 灵威仰, Tàihào 太昊 bzw. geschrieben mit den Zeichen 太皞 [Tàihào], Dàhào 大皞 oder Fúxī 伏羲, soll ca. 2852–2737 v. Chr. regiert haben.
- **Süden**: Yándì 炎帝 [Rote Gottheit] oder Flammenkaiser (?–? v. Chr.), auch Chìdì 赤帝, Shénnóng-Clan 神农氏, Kuíkuí-Clan 魁隗氏, Liánshān-Clan 连山氏, Lièshān-Clan 列山氏 oder Zhūxiāng 朱襄, soll um 2737–2698 v. Chr. regiert haben; er gilt als Rénhuáng 人皇 [Menschen-Souverän] und auch als einer der Drei Souveräne und wird mit der Essenz des Feuers assoziiert; seine Tierform ist Zhūlóng 朱龙 [Roter Drache].
- **Westen**: Báidì 白帝, auch als Shǎohào 少昊, Xuánxiāo 玄嚣, Jīntiān 金天, Báizhāojù 白招拒 oder Shǎohào 少皞 bezeichnet,

soll etwa zwischen 2597 und 2514 v. Chr. regiert haben (gemäß anderen Quellen ca. 2395–2322 v. Chr.). Assoziiert wird er mit der Essenz von Metall und der Jahreszeit Herbst; seine Tierform ist der Báilóng 白龙 [Weißer Drache].

- **Zentrum**: Huángdì 黄帝 [Gelbe Gottheit], ursprünglicher Nachname war Gōngsūn 公孙, später änderte er seinen Nachnamen in Jī 姬, daher wurde er Jī Xuānyuán 姬轩辕 genannt; andere Namen sind Xuānyuán-Clan 轩辕氏, Yǒuxióng-Clan 有熊氏 und Dìhóng-Clan 帝鸿氏. Er soll um 2698–2598 v. Chr. regiert haben, repräsentiert die Essenz der Erde und hat als Sterntier den Huánglóng 黄龙 [Gelber Drache].

Wie bereits erwähnt, ist je nach Quelle eine eindeutige Definition der ‚Drei Souveräne' recht schwierig: So findet sich etwa im Buch Báihǔtōngdélùn 白虎通德论 [Vortreffliche Diskussionen in der Halle des Weißen Tigers] im 2. Kapitel des ersten Bandes folgende Beschreibung: „Wie werden die Drei Souveräne genannt? Sie werden Fúxī 伏羲, Shénnóng 神农 und Suìrén 燧人 genannt. Oder sie heißen auch Fúxī 伏羲, Shénnóng 神农 und Zhùróng 祝融 [Gott des Feuers]."[95] Im Shìběn世本 [Buch der Abstammungen] jedoch steht: „Anmerkung zur Sūn-Abstammung: Shìběn 世本 nennt als die Drei Souveräne Fúxī 伏羲, Shénnóng 神农 und Huángdì 黄帝 und als die Fünf Kaiser Shǎohào 少昊, Zhuānxū 颛顼, Gāoxīn 高辛, Táng 唐 und Yú 虞."[96] Auch mit Blick auf die ‚Fünf Kaiser' ergibt sich aufgrund der Vielfalt unterschiedlicher Quellen eine ähnliche Problematik. So lautet etwa eine Beschreibung im Lǚshì-Chūnqiū 吕氏春秋 [Frühling und Herbst des Lǚ Bùwéi] folgendermaßen: „Der Meister von Shénnóng 神农 war Xī-Zhū 悉诸 [legendärer Lehrer von Shénnóng, der etwa im 27. Jahrhundert v. Chr. gelebt haben soll], der

---

95 ‚Báihǔtōngdélùn 白虎通德论 [Vortreffliche Diskussionen in der Halle des Weißen Tigers] – Hào 号 [Titel]': ‚三皇者，何谓也？谓伏羲、神农、燧人也。或曰伏羲、神农、祝融也'.
96 ‚Shìběn世本 [Buch der Abstammungen]':‚孙氏注：「《世本》以伏羲、神农、黄帝为三皇，少昊、颛顼、高辛、唐、虞为五帝。」'.

Meister von Huángdì 黄帝 war Dà Náo 大挠 [die Legende besagt, dass er ein Beamter des Gelben Kaisers war], der Meister von Kaiser Zhuānxū 颛顼 war Bóyí Fù 伯夷父, der Meister von Kaiser Kù 帝喾 war Zǐzhōu Zhīfù 子州支父 [legendärer alter Einsiedler, Vorläufer des Daoismus], der Meister von Shùn 帝舜 war Xǔ Yóu 许由 [soll ein Eingeborener aus der Zeit von Yáo 尧 gewesen sein]."[97] Als letztes Beispiel sei noch eine Beschreibung aus dem Dúduàn 独断, einem kurzen Handbuch über die politischen Institutionen und Regelwerk von Behörden (Verfassung) des alten Chinas bis zur späten Hàn-Zeit[98], gewählt: „Fúxī 虑牺 war Tàihào 太昊, Yándì 炎帝 war Shénnóng 神农, Huángdì 黄帝 war Xuānyuán 轩辕, Shǎohào 少昊 war Jīntiān 金天, Zhuānxū 颛顼 war Gāoyáng 高阳, Kù 喾 war Gāoxīn 高辛, Yáo 尧 war Táotáng 陶唐, Shùn 舜 war Yǒuyú 有虞, [Xià] Yǔ 禹 war Xiàhòu 夏后, Tāng 汤 war Yīnshāng 殷商, Wǔ Wáng 武王 war Zhōu 周, Gāozǔ 高祖 war Hàn 汉."[99]

Im letztgenannten Werk, dem Dúduàn 独断[100], findet sich zudem eine Beschreibung der verschiedenen Clans und ihrer Vorfahren:

Fúxī 虑牺 ist der Tàihào-Clan 太昊氏, Yándì 炎帝 ist der Shénnóng-Clan 神农氏, Huángdì 黄帝 [Gelber Kaiser] ist der Xuānyuán-Clan 轩辕氏, Shǎohào 少昊 [legendärer Herrscher, der um 2597–2514 v. Chr. regierte] ist der Jīntiān-Clan 金天氏, Zhuānxū 颛顼 [auch bekannt als Gāoyáng

---

97 ‚Lǚshì-Chūnqiū 吕氏春秋 [Frühling und Herbst des Lǚ Bùwéi] – Mèng-Xià Jì 孟夏纪 [Aufzeichnungen des ersten Sommermonats] – Zūn-Shī 尊师 [Respekt vor dem Meister]': ‚神农师悉诸，黄帝师大挠，帝颛顼师伯夷父，帝喾师伯招，帝尧师子州支父，帝舜师许由'.
98 Spätere Hàn-Dynastie 后汉 (25–220).
99 ‚Dúduàn 独断 [Vorschriften in Regierung und Verwaltung] – Juàn Xià 卷下 [Unteres Kapitel]': ‚虑牺为太昊氏，炎帝为神农氏，黄帝为轩辕氏，少昊为金天氏，颛顼为高阳氏，帝喾为高辛氏，帝尧为陶唐氏，帝舜为有虞氏，夏禹为夏后氏，汤为殷商氏，武王为周，高祖为汉'.
100 Das Dúduàn 独断 ist ein Buch über die kaiserlichen Vorschriften zur Kleiderhierarchie sowie über die Auslegung (Interpretation) wichtiger Feste, den Beginn und das Ende des Kaiserwechsels und die posthumen Titel in der Hàn-Dynastie, verfasst von dem Beamten und Gelehrten der Östlichen Hàn-Dynastie Cài Yōng 蔡邕 (132–192), Höflichkeitsname Bó Jiē 伯喈.

高阳, mythologischer Kaiser, der ca. 2514–2436 v. Chr. regierte] ist der Gāoyáng-Clan 高阳氏, Kaiser Kù 帝喾 [auch bekannt als Gāoxīn 高辛, Nachkomme des Gelben Kaisers, soll von ca. 2436 bis 2366 v. Chr. regiert haben] ist der Gāoxīn-Clan 高辛氏, Kaiser Yáo 帝尧 [auch bekannt als Táng Yáo 唐堯, regierte 2333–2234 v. Chr.] ist der Táotáng-Clan 陶唐氏, Shùn 帝舜 [soll irgendwann zwischen 2294 und 2184 v. Chr. gelebt haben] ist der Yǒuyú-Clan 有虞氏, Xiàyǔ 夏禹 [Yǔ der Große von Xià] [regierte 2205–2147 v. Chr., legendärer König im alten China, berühmt für seinen aufrechten moralischen Charakter, die Einführung der Flutkontrolle und die Gründung der Xià-Dynastie, welche die dynastische Herrschaft in China einleitete] ist der Xiàhòu-Clan 夏后氏, König [Chéng] Tāng 汤 [auf Orakelknochen aufgezeichnet als Dàyǐ 大乙, erster König der Shāng-Dynastie, regierte 1675–1646 v. Chr., König Jié von Xià (1728–1675 v. Chr.), 17. und letzter Herrscher der Xià-Dynastie] ist der Yīnshāng-Clan 殷商氏, König Wǔ 武王 ist Zhōu 周 und Kaiser Gāo-Zǔ 高祖 ist Hàn 汉."[101]

---

101 ‚Dúduàn 独断 [Vorschriften in Regierung und Verwaltung] – Juǎn-Xià 卷下 [Unteres Kapitel]': ‚虙牺为太昊氏，炎帝为神农氏，黄帝为轩辕氏，少昊为金天氏，颛顼为高阳氏，帝喾为高辛氏，帝尧为陶唐氏，帝舜为有虞氏，夏禹为夏后氏，汤为殷商氏，武王为周，高祖为汉'.

C. XIA-DYNASTIE 夏朝 (2070–1600 v. Chr.)

Die Xià-Dynastie 夏朝 gilt als die erste Dynastie der chinesischen Geschichte. Sie erstreckte sich über einen Zeitraum von etwa 500 Jahren. Obwohl viele Informationen über diese Zeit von Mythen und Legenden umwoben sind, glauben Historiker, dass die Xià-Dynastie eine wichtige Periode der chinesischen Geschichte war, die den Grundstein für die nachfolgenden Dynastien legte und die kulturelle und politische Landschaft des künftigen China prägte.

Abb. 14 Dàyǔ 大禹 [Yǔ der Große]

Der Legende nach wurde die Xià-Dynastie von Dàyǔ 大禹 [Yǔ der Große] gegründet, einer legendären Figur, die ein Ururenkel des Huángdì 黄帝, des Gelben Kaisers, gewesen sein und die Überschwemmungen, die das alte China heimsuchten, bewältigt haben soll. Nachdem es ihm gelungen war, die Überschwemmungen unter Kontrolle zu bringen, wurde Yǔ der Große von Kaiser Shùn 舜[102], dem letzten der sogenannten Wǔdì 五帝 [Fünf Kaiser], zum Herrscher über das Volk der Xià ernannt und gründete die erste Dynastie.

Es gibt jedoch kaum konkrete Beweise für diese Behauptung, und viele Historiker gehen davon aus, dass die Xià-Dynastie vielmehr von einer Gruppe früher chinesischer Stämme gegründet wurde, die sich zum Schutz und zur Zusammenarbeit zusammenschlossen. Der Debatte über die Historizität der Xià-Dynastie oder allgemein über den Prozess, durch den sich die chinesische Zivilisation herausbildete und China zu einer Nation wurde, liegt eine grundlegend unterschiedliche Bewertung der überlieferten textlichen Informationen über das Alter Chinas zugrunde.[103] Aufgrund ihres frühen und legendären Charakters bringt die Xià-Dynastie somit für die Forschung eine Reihe von Herausforderungen mit sich:

1. Es wird angenommen, dass die Xià-Dynastie der Shāng-Dynastie vorausging, der frühesten Dynastie, für die zuverlässige historische Aufzeichnungen existieren. Daher gibt es nur sehr wenige schriftliche Aufzeichnungen, die die Xià-Dynastie und ihre Herrscher beschreiben. Das macht es schwierig, die Existenz der Xià-Dynastie zu bestätigen, geschweige denn ihre politischen und sozialen Systeme zu untersuchen.
2. Obwohl einige archäologische Funde im Zusammenhang mit der Xià-Dynastie gemacht wurden, wie z. B. die Ruinen von Èrlǐtou

---

102 Shùn 舜 (?–2184 v. Chr.), auch Yú Shùn 虞舜 bzw. Dì Shùn 帝舜 genannt, war der Letzte der sogenannten Wǔdì 五帝 [Fünf Kaiser]: Huángdì 黄帝 (?2717–?2599 v. Chr.), Zhuān Xū 颛顼 (?2342–?2245 v. Chr.), Kù 喾 (?2412–?2343 v. Chr.), Yáo 尧 (?2333–?2234 v. Chr.), Shùn 舜 (?2233–?2184 v. Chr.). Dies basiert auf den Angaben in: Shǐjì 史记 [Aufzeichnungen des Großen Historikers] – Wǔdì Běnjì 五帝本纪 [Biografien der Fünf Kaiser]; Shìběn 世本 [Buch der Abstammungen]; Dàdài-Lǐjì 大戴礼记 [Aufzeichnungen über rituelle Angelegenheiten von Dài dem Älteren]; Yìzhuàn 易传 [Kommentar und Überlieferung des Buches der Wandlungen]; Lǐjì 礼记 oder Lǐjīng 礼经 [Buch der Riten]; Guóyǔ 国语 [Gespräche über die Staaten].
103 Siehe Li Feng 李峰: *Early China. A Social and Cultural History*, Cambridge: Cambridge University Press, 2013, S. 13.

二里头遗址[104], gibt es im Vergleich zu späteren Dynastien relativ wenige materielle Zeugnisse bzw. begrenzte archäologische Beweise der Xià-Dynastie. Das macht es schwierig, die materielle Kultur, die Wirtschaft und das tägliche Leben im China der Xià-Zeit zu rekonstruieren.
3. Da die Xià-Dynastie legendär und nicht gut dokumentiert ist, gibt es unter Historikern und Archäologen eine Debatte darüber, ob sie wirklich existierte oder ob sie eine spätere Erfindung chinesischer Gelehrter war, die eine längere und glanzvollere Geschichte für ihre Nation aufbauen wollten.
4. Die Xià-Dynastie wird mit einer Reihe von mythologischen und legendären Figuren in Verbindung gebracht, allen voran Dàyǔ 大禹 [Yǔ der Große], der Überschwemmungen kontrolliert und die Flüsse gezähmt haben soll. Diese Legenden und Mythen haben sich mit den historischen Berichten über die Xià-Dynastie verwoben, sodass es schwierig ist, Fakten von Fiktion zu trennen.

Insgesamt bedeuten die Herausforderungen, die mit der Analyse der Xià-Dynastie verbunden sind, dass unser Wissen über diese Periode der chinesischen Geschichte begrenzt ist und vieles von dem, was wir an Hinweisen und Angaben haben, spekulativ und Gegenstand laufender Diskussionen und Revisionen ist. Es bleibt zu hoffen, dass im Zuge fortgesetzter und ausgefeilterer archäologischer Unternehmungen weitere Erkenntnisse zu dieser Periode gewonnen und gestärkt werden können.

Vom aktuellen Erkenntnisstand ausgehend, kann die Xià-Dynastie als eine legendäre Dynastie in der alten chinesischen Geschichte betrachtet werden. Gemäß dem Xià-Shāng-Zhōu-Datierungsprojekt 夏商周断代工程 dauerte sie insgesamt 470 Jahre, wobei über einen Zeitraum von 14 Generationen folgende 17 Herrscher regiert

---

104 Die archäologische Fundstätte Èrlǐtou 二里头遗址, die auf eine städtische Gesellschaft der Frühen Bronzezeit hinweist, die in China auf 2000–1500 v. Chr. datiert wird, befindet sich im östlichen Teil des Luòyáng-Beckens 洛阳盆地 im Bezirk Yǎnshī 偃师区, Stadt Luòyáng 洛阳市, Provinz Hénán 河南省.

haben sollen: Yǔ 禹, Xià Qǐ 夏启, Sì Tàikāng 姒太康, Sì Zhòngkāng 姒仲康, Sì Xiāng 姒相, Sì Shǎokāng 姒少康, Sì Zhù 姒杼, Sì Huái 姒槐, Sì Máng 姒芒, Sì Xiè 姒泄, Sì Bùjiàng 姒不降, Sì Jiōng 姒扃, Sì Jǐn 姒廑, Sì Kǒngjiǎ 姒孔甲, Gāo 皋, Fā 发 und Jié 桀 (letzter Herrscher der Xià-Dynastie).

Dàyǔ 大禹 [Yǔ der Große], der Gründer der Xià-Dynastie, soll seine Hauptstadt in Yángchéng 阳城[105] errichtet haben. Über die genaue Lage gibt es bis heute unterschiedliche Theorien: Einige sprechen für die Provinz Shānxī 山西省, andere für das heutige Dēngfēng 登封, Zhèngzhōu 郑州, Provinz Hénán 河南省. Das Gebiet der Xià erstreckte sich im Westen über den westlichen Teil der Provinz Hénán 河南省 und den südlichen Teil der Provinz Shānxī 山西省, im Osten bis zur Grenze der Provinzen Hénán 河南省, Shāndōng 山东省 und Héběi 河北省 und erreichte im Süden den nördlichen Teil der Provinz Húběi 湖北省 und im Norden den südlichen Teil der Provinz Héběi 河北省.

Yǔ der Große, auch bekannt als Dì Yǔ 帝禹 [Kaiser Yǔ] und Shén-Yǔ 神禹 [Göttlicher Yǔ], in der chinesischen Antike das Oberhaupt des Xiàhòu-Clans 夏后氏, gilt als ein Urenkel des Gelben Kaisers [Huángdì 黄帝] und Nachkomme von Zhuānxū 颛顼[106]. Historische Quellen erwähnen Gǔn 鲧[107] als seinen Vater und Xiū Jǐ 修己 vom Yǒushēn-Clan 有莘氏 als seine Mutter. Als bedeutendste Errungenschaft wird Yǔ die Eindämmung von verheerenden Überschwemmungen durch die Regulierung der Gewässer und Flüsse zugesprochen.

---

105 ‚Shǐjì 史记 [Aufzeichnungen des Großen Historikers] – Xià Běnjì 夏本纪 [Biografien der Xià-Dynastie]': „Nach der dreijährigen Trauerzeit zog sich Yǔ vor Shùns Sohn Shāngjūn nach Yángchéng zurück" (三年丧毕，禹辞辟舜之子商均于阳城).

106 Zhuānxū 颛顼, auch bekannt als Gāoyáng 高阳, war ein mythologischer Kaiser, der ca. 2514–2436 v. Chr. regiert haben soll.

107 Gǔn 鲧, Vater von Dàyǔ 大禹, erster mystischer Kaiser China (?2205–?2147 v. Chr.) der semi-legendären Xià-Dynastie 夏朝 (2070–1600 v. Chr.) und Nachfolger der Wǔdì 五帝 [Fünf Mythische Urkaiser] Chinas: Huángdì 黄帝 [Gelber Kaiser], Zhuānxū 颛顼, Dì Kù 帝喾, Yáo 尧 und Shùn 舜, die als Kulturheroen und Begründer der chinesischen Zivilisation gelten.

Yǔ der Große setzte seinen Sohn Xià Qǐ 夏启[108] als Thronfolger ein. Damit gilt die Xià-Dynastie auch als die erste in der chinesischen Geschichte aufgezeichnete Dynastie mit einer erblichen Thronfolge.[109] Unter den gefundenen Artefakten aus der Xià-Periode gibt es eine Reihe von Ritualgegenständen aus Bronze und Jade, die etwa aus der späten Jungsteinzeit (3500–2800 v. Chr.) und der frühen Bronzezeit (2200–1600 v. Chr.) stammen dürften.

Die Xià-Dynastie ging um 1600 v. Chr. zu Ende, als sie von der Shāng-Dynastie 商朝 (1600–1046 v. Chr.) gestürzt wurde. Es gibt viele Theorien über den Verfall der Xià-Dynastie, wahrscheinlich trug aber eine Kombination von Faktoren, einschließlich interner Konflikte, externer Bedrohungen und ökologischer Herausforderungen, zu ihrem Untergang bei. Trotz ihrer relativ kurzen Lebensspanne hatte die Xià-Dynastie einen tiefgreifenden Einfluss auf die chinesische Geschichte und Kultur. Ihre Errungenschaften in der Landwirtschaft, der Metallurgie und gesellschaftlichen Organisation legten den Grundstein für die nachfolgenden Dynastien, und viele ihrer kulturellen und künstlerischen Traditionen beeinflussten die chinesische Gesellschaft noch über Jahrhunderte hinweg. Heute gilt die Xià-Dynastie als eine wichtige Periode der chinesischen Geschichte, die den Beginn einer langen und reichen kulturellen Tradition markiert, die die Identität und das Erbe des Landes weiterhin prägt.

---

108 Xià Qǐ 夏启, auch als Sì Qǐ 姒启, Dì Qǐ 帝启 und Xiàhòu Qǐ 夏后启 bekannt, stammte aus Yáng Zhái 阳翟, der heutigen Stadt Yǔzhōu 禹州市, Provinz Hénán 河南省. Er soll von 1978 bis 1963 v. Chr. als zweiter Regent der Xià-Dynastie geherrscht haben.

109 Kwang-Chih Chang: The Question of the Xia Dynasty, in: *The Cambridge History of Ancient China*, Cambridge University Press, 1999, S. 71.

D. SHANG-DYNASTIE 商朝 (1600–1046 v. Chr.)

Abb. 15 Shāng Chéngtāng 商成汤

Yīnshāng 殷商 (ca. 1600–1046 v. Chr.) war die zweite Dynastie in der chinesischen Geschichte und die erste durch historische Beweise klar belegbare chinesische Dynastie, gegründet von Shāng Chéngtāng 商成汤[110], dem Anführer des Shāng-Clans 商族部落. In dieser Zeit

---

110 Shāng Chéngtāng 商成汤, auch bezeichnet als Wǔ Tāng 武汤 oder Tiān Yǐ 天乙, regierte ca. 1675–1646 v. Chr. In den Orakelknochen-Inschriften, die in den Yīn-Ruinen gefunden wurden (Yīnxū 殷墟, ursprünglicher Name Běiméng 北蒙, Ruinen der Hauptstadt der späten Shāng-Dynastie, gelegen in der Stadt Ānyáng 安阳市, Provinz Henan 河南省), wird er Chéng Tāng 成汤 bzw. Chéng Táng 成唐 oder Dàyǐ 大乙 genannt. Er war der Gründungsmonarch der Shāng-Dynastie, der fünfzehnte Enkel von Kaiser Dì Kù (2245–2176 v. Chr.).

entstand auch die berühmte Orakelknochenschrift 甲骨文[111]. Nur der König – der in den Orakelknochen gelegentlich als „Ich, der Einzige"[112] bezeichnet wird – war in der Lage, die Risse, die durch die Verwendung erhitzter spitzer Gegenstände entstanden, die auf die Knochen an bestimmten Stellen gedrückt wurden und so zum Aufbrechen an diesen Stellen in den Orakelknochen führten, zu deuten und Aussagen über den Willen der Ahnen und Götter zu machen.

Die Shāng-Dynastie lässt sich grob in drei Phasen unterteilen:

- Vor-Shāng 先商[113] – Zeitraum vor Shāng Chéngtāng 商成汤
- Früh-Shāng 早商 oder sogenannte Èrlǐgǎng-Kultur 二里岗文化 (ca. 1600–1400 v. Chr.) – Zeitraum bis zur Verlegung der Hauptstadt nach Yīn 殷[114]
- Spät-Shāng 晚商, auch als Dàyìshāng 大邑商 oder Yīnxū-Kultur 殷墟文化 (ca. 1400–1046 v. Chr.) bekannt – Zeitraum nach der Verlegung der Hauptstadt nach Yīn 殷

---

111 Jiǎgǔwén 甲骨文 [Knochenpanzerschrift] ist eine alte chinesische Schrift, die auch als Qìwén 契文 [geschnitzte Schrift], Jiǎgǔ-Bǔcí 甲骨卜辞 [Knochenpanzerorakelschrift], Yīnxū-Wénzì 殷墟文字 [Yīnxū-Schrift] oder Guījiǎshòugǔwén 龟甲兽骨文 [Schildkrötenpanzer- und Tierknochenschrift] bekannt ist. Sie ist eine der ältesten chinesischen Schriften. Es handelt sich um die frühesten ausgereiften chinesischen Schriftzeichen, die wir kennen. Sie bezieht sich hauptsächlich auf die in Schildkrötenpanzer oder Tierknochen eingeritzte Schrift, die von der königlichen Familie in der späten Shāng-Dynastie zu Wahrsagezwecken verwendet wurde, und ist einer der frühesten bekannten Träger einer systematischen Shāng-Schrift in China und Ostasien.

112 Yúyīrén 余一人 oder mit einem anderen Zeichen Yǔyīrén 予一人 – siehe ‚Lǐjì 礼记 [Buch der Riten] – Qūlǐxià 曲礼下 [Zusammenfassung der Regeln des Anstands – Teil 2]': „Der Monarch, der über Tiānxià [Anm.: alles unter dem Himmel] regiert, wird Tiānzǐ [Anm.: Himmelssohn, König] genannt. Wenn er die Vasallen am Hof empfängt, die sechs offiziellen Ämter zuteilt, Gesetze und Verordnungen der Regierung erlässt und deren Verdienste gemäß ihren Leistungen in Anspruch nimmt, nennt er sich ‚Ich, der Einzige'" (君天下，曰天子。朝诸侯，分职授政任功，曰予一人).

113 Vor-Shāng 先商 bezieht sich auf die Zeit vor der Gründung der Shāng-Dynastie, nicht auf die Zeit vor dem Auftauchen des Shāng-Volkes.

114 Yīn 殷, heutiges Ānyáng 安阳市, Provinz Hénán 河南省.

Die Dynastien Xià, Shāng und Zhōu hatten jeweils ihren eigenen Kalender.[115] Allgemeiner Konsens besteht jedoch darin, dass das Jahr 842 v. Chr. als das früheste allgemein akzeptierte ‚absolute' Datum in der chinesischen Geschichte gilt[116]: Nach dem Shǐjì 史记 [Aufzeichnungen des Großen Historikers][117] von Sīmǎ Qiān 司马迁[118] war es in diesem Jahr, dass König Lì von Zhōu 周厉王[119] gezwungen war, die damalige Zhōu-Hauptstadt Hàojīng 镐京 in der Nähe des heutigen Xī'ān 西安 zu verlassen und ins Exil nach Zhì 彘[120] zu gehen.

---

115 Siehe Herbert Chatley: The Date of the Hsia Calendar, Hsia Hisao Cheng, in: *Journal of the Royal Asiatic Society*, October 1938; sowie Xià-Shāng-Zhōu-Datierungsprojekt 夏商周断代工程.

116 D. S. Nivison und E. L. Shaughnessy: *Early China. The Jìn Hóu Sū Bells Inscription* **[晋侯苏编钟]** *and its Implications for the Chronology of Early China*, Cambridge University Press, 2000, S. 29–48.

117 Das Shǐjì 史记 [Aufzeichnungen des Großen Historikers] ist eine monumentale Geschichte des alten China und der Welt, verfasst um 94 v. Chr. durch den Hàn-Dynastie-Beamten Sīmǎ Qiān 司马迁 (145–86 v. Chr.), nachdem sein Vater, Sīmǎ Tán 司马谈 (165–110 v. Chr.), Großastrologe am kaiserlichen Hof, sie begonnen hatte. Das Werk umfasst die Welt, wie sie den Chinesen damals bekannt war, und einen Zeitraum von 2.500 Jahren vom Zeitalter des legendären Gelben Kaisers Huángdì 黄帝 bis zur Herrschaft von Kaiser Wǔ von Hàn 汉武帝 (156–87 v. Chr.), also bis zur Lebenszeit des Autors. Kaiser Wǔ aus der Hàn-Dynastie 汉武帝 regierte von 141 bis 87 v. Chr. als siebter Kaiser der Westlichen Hàn-Dynastie.

118 Sīmǎ Qiān 司马迁 (?144 oder ?135 bis ?87 v. Chr.), chinesischer Astrologe, Historiker und Schriftsteller, Verfasser des Shǐjì 史记 [Aufzeichnungen des Großen Historikers], gilt als Begründer der chinesischen Geschichtsschreibung.

119 König Lì von Zhōu 周厉王 (890–828 v. Chr.), Familienname Jī 姬, Vorname Hú 胡 (auf Bronzeinschriften 𫊣 Hú geschrieben), war der 10. König der Zhōu-Dynastie und regierte von 878 bis 842 v. Chr.

120 ‚Shǐjì 史记 [Aufzeichnungen des Großen Historikers – Qí Tàigōng Shìjiā 齐太公世家 [Biografie des Hauses Qí Tàigōng]': „Im 9. Jahr [842 v. Chr.] des Herzogs Wǔ von Lǔ [鲁武公, ?–817 v. Chr., Monarch des Zhōu-Dynastie-Vasallenstaates, Königreich Lǔ 鲁国, regierte von 825 bis 817 v. Chr.] floh König Lì von Zhōu aus dem Land und ließ sich in Zhì 彘 [nordöstlich der heutigen Stadt Huòzhōu 霍州市, Provinz Shānxī 山西省省] nieder" (武公九年，周厉王出奔，居彘).

Die Shāng-Dynastie wurde über 17 Generationen von 31 Königen regiert und dauerte 554 Jahre, bis Dì Xīn 帝辛[121], der letzte Herrscher der Shāng, von König Wǔ von Zhōu 周武王[122] in der Schlacht von Mùyě 牧野之战[123] im Jahr 1045 v. Chr. besiegt wurde. Die Shāng-Könige vor Shāng Chéngtāng wurden Xiāngōng 先公 [Frühere Herzöge] und die nach ihm Xiānwáng 先王 [Frühere Könige] genannt.[124]

Liste der Herrscher der Frühzeit der Shāng-Dynastie (1600–1300 v. Chr.) – vor der Verlegung der Hauptstadt nach Yīn 殷

Shāng Tāng 商汤 (auch Chéng Tāng 成汤, Tiān Yǐ 天乙), Wén Dīng 文丁 [Anm.: im Shǐjì mit Tài Dīng 太丁, in den ‚Bambusannalen' mit Dà Dīng 大丁 bezeichnet], Wài Bǐng 外丙, Zhòng Rén 仲壬 (?–1582 v. Chr.), Tài Jiǎ 太甲, Wò Dīng 沃丁, Tài Gēng 太庚, Xiǎo Jiǎ 小甲, Yōng Jǐ 雍己, Tài Wù 太戊, Zhòng Dīng 仲丁, Wài Rén 外壬, Hé Dǎnjiǎ 河亶甲, Zǔ Yǐ 祖乙,

---

121 Dì Xīn 帝辛 (1105–1046 v. Chr.), in der späteren Geschichte König Zhòu 纣王, König Zhòu von Shāng 商纣王 oder König Yīn Zhòu 殷纣王 genannt, war der letzte Herrscher der Shāng-Dynastie (auch Dàyìshāng genannt 大邑商).
122 König Wǔ von Zhōu Jī Fā 周武王姬发 (1076–1043 v. Chr.), in den Bronzeinschriften der Westlichen Zhōu-Dynastie oft König Wǔ珷王 genannt, war der Gründungsmonarch der Westlichen Zhōu-Dynastie.
123 Die Schlacht von Mùyě oder Schlacht von Mù 牧野之战 (1045 v. Chr.) war eine Schlacht im alten China zwischen dem aufständischen Zhōu-Staat und der herrschenden Shāng-Dynastie. Die Zhōu-Armee unter der Führung von Jī Fā 姬发 (König Wǔ von Zhōu周武王; sein Ahnenname war Jī 姬 und sein Vorname Fā 发, der erste König der Zhōu-Dynastie) besiegte die Verteidigungsarmee von König Zhòu von Shāng 商紂王 (1105–1046 v. Chr.) bei Mùyě (heutige Provinz Hénán 河南) und eroberte die Shāng-Hauptstadt Yīn 殷, was das Ende der Shāng-Dynastie bedeutete. Der Sieg der Zhōu führte zur Gründung der Zhōu-Dynastie und wurde in der Geschichte als gerechtfertigtes Beispiel für die Doktrin vom Tiānmìng 天命 [Mandat des Himmels] verwendet.
124 ‚Lǐjì 礼记 [oder Lǐjīng 礼经 – Buch der Riten] – Jìyì 祭义 [Die Bedeutung von Opfergaben]': „Als die Gewänder fertig waren, trug der Herrscher sie, um den früheren Königen und Herzögen zu opfern; alle zeigten die größte Ehrfurcht" (服既成，君服以祀先王先公，敬之至也).

Zǔ Xīn 祖辛, Wò Jiǎ 沃甲 [Anm.: in den ‚Bambusannalen' Kāi Jiǎ 开甲, in den Orakelknocheninschriften Qiāng Jiǎ 羌甲 genannt], Zǔ Dīng 祖丁 [Anm.: in Orakelknocheninschriften Qiě Dīng 且丁 genannt], Nán Gēng 南庚, Yáng Jiǎ 阳甲 [Anm.: in Orakelknocheninschriften Xiàng Jiǎ 象甲 genannt], Pán Gēng 盘庚 [Anm.: in Orakelknocheninschriften Bān Gēng 般庚 genannt, 19. Herrscher der Shāng-Dynastie].

Chronologie der Herrscher der Spätzeit der Shāng-Dynastie (1300–1251 v. Chr.) – nach der Verlegung der Hauptstadt nach Yīn 殷

- 1300–1251 v. Chr.: Pán Gēng 盘庚, Xiǎo Xīn 小辛 [Anm.: der 20. König der Shāng-Dynastie, Bruder von Pán Gēng 盘庚, Sohn von Zǔ Dīng 祖丁] und Xiǎo Yǐ 小乙 [Anm.: Bruder von Xiǎo Xīn 小辛]
- 1250–1192 v. Chr.: Wǔ Dīng 武丁 (?–1192 v. Chr.), Neffe von Pán Gēng 盘庚, Sohn von Xiǎo Yǐ 小乙, Regierungszeit gemäß ‚Xià-Shāng-Zhōu-Datierungsprojekt' von 1250 bis 1192 v. Chr.
- 1191–1148 v. Chr.: Zǔ Gēng 祖庚 [Anm.: Sohn von Wǔ Dīng 武丁], Zǔ Jiǎ 祖甲 (?–1152 v. Chr.), auch bekannt als Qiě Jiǎ 且甲, Dì Jiǎ 帝甲, Sohn von Wǔ Dīng 武丁, Bruder von Zǔ Gēng 祖庚, Lǐn Xīn 廪辛 [Anm.: in den Bambus-Annalen als Féng Xīn 冯辛 bekannt, Sohn von Zǔ Jiǎ 祖甲], Gēng Dīng 庚丁 (?–1147 v. Chr.), in den Orakelknocheninschriften als Kāng Qiě Dīng 康且丁 angeführt, im Shǐjì als Kāng Dīng 康丁 und in den Bambus-Annalen Gēng Dīng 庚丁 genannt, Sohn von Zǔ Jiǎ 祖甲 und Bruder von Lǐn Xīn 廪辛
- 1147–1113 v. Chr.: Wǔ Yǐ 武乙 (?–1113 v. Chr.), Sohn von Gēng Dīng 庚丁, dem 27. Herrscher der Shang-Dynastie. Seine Regierungszeit wird durch das ‚Xià-Shāng-Zhōu-Datierungsprojekt' auf den Zeitraum von 1147 bis 1113 v. Chr. eingegrenzt. Im Jahr 1147 v. Chr. starb Gēng Dīng 庚丁 und Wǔ Yǐ 武乙 wurde sein Nachfolger. Im Jahr 1113 v. Chr. starb Wǔ Yǐ 武乙 und wurde von seinem Sohn Wén Dīng 文丁 abgelöst.
- 1112–1102 v. Chr.: Wén Dīng 文丁 (?–1102 v. Chr.), im Shǐjì als Tài Dīng 太丁 und in den Bambus-Annalen als Dà Dīng 大丁 benannt, Sohn des Königs Wǔ Yǐ 武乙

- 1101–1076 v. Chr.: (?–1076 v. Chr.), Sohn von König Wén Dīng 文丁; seine Regierungszeit gibt das ‚Xià-Shāng-Zhōu-Datierungsprojekt' mit 1101–1076 v. Chr. an.
- 1075–1046 v. Chr.: Dì Xīn 帝辛 (?–1046 v. Chr.), letzter Herrscher der Shāng-Dynastie, bekannt als Zhòu 纣 (eine Verballhornung des Zeichens Shòu 受 – empfangen) und König Zhòu von Shāng 商纣王

Über einen Zeitraum von mehr als 100 Jahren nach Gründung der Shāng-Dynastie wurde die herrschende Klasse der Dynastie, angefangen von Zhòng Dīng 仲丁[125] bis Pán Gēng, von langjährigen inneren Thronstreitigkeiten zwischen den Söhnen der Regenten geplagt und zeigte zunehmend Anzeichen eines schleichenden Niedergangs. Um weiteren politischen Unruhen und der Katastrophe des Untergangs zu entgehen, verlegten in der Folge die Shāng-Könige ihre Hauptstadt mehrere Male, aber erst nachdem Pán Gēng[126] sie von Yǎn 奄[127] an ihren endgültigen Standort in Yīn 殷[128] transferiert hatte, stabilisierte sie sich.[129] Historisch wird diese Verlegung der Hauptstadt als ‚Pán Gēng zieht nach Yīn' 盘庚迁殷 bezeichnet.

> ‚Pán Gēng zieht nach Yīn' 盘庚迁殷 – bezieht sich auf das historische Ereignis während der Shāng-Dynastie, als Pán Gēng seine Hauptstadt von Yǎn (dem heutigen Qūfù 曲阜 in der Provinz Shāndōng 山东省) nach Yīn (dem heutigen Ānyáng 安阳市 in der Provinz Hénán 河南省) verlegte, um

---

125 Zhòng Dīng 仲丁, auch bekannt als Zhōng Dīng 中丁, Familienname Zǐ 子, Clan-Name Chéng 成, Name Tāng 汤, herrschte ca. 1562–1550 v. Chr. und war der 10. Regent der Shāng-Dynastie.
126 Pán Gēng 盘庚, regierte 1290–1262 v. Chr. und war 19. König der Shāng-Dynastie.
127 Yǎn 奄, heutiges Qūfù 曲阜, Provinz Shāndōng 山东省.
128 Yīn 殷, heutiges Ānyáng 安阳市, Provinz Hénán 河南省.
129 ‚Shàngshū 尚书 [oder Shūjīng 书经 – Buch der Urkunden] – Shāngshū 商书 [Buch der Shāng-Dynastie] – Pán Gēng I' (盘庚 I: 盘庚迁于殷，民不适有居，率吁众戚出，矢言曰："我王来，既爱宅于兹，重我民，无尽刘。不能胥匡以生，卜稽，曰其如台？先王有服，恪谨天命，兹犹不常宁；不常厥邑，于今五邦。今不承于古，罔知天之断命，矧曰其克从先王之烈？若颠木之有由蘖，天其永我命于兹新邑，绍复先王之大业，砥绥四方).

Abb. 16 Pán Gēng zieht nach Yīn

häufigen Naturkatastrophen zu entgehen. Seit der Mitte der Shāng-Dynastie gab es die sogenannten ‚Neun Zeitalter des Chaos' 九世之乱. Gemeint ist eine Folge von Konflikten und kriegerischen Auseinandersetzung um den Thron der Shāng-Dynastie seit König Zhòng Dīng 仲丁 (?–? v. Chr., 10. Monarch der Shāng-Dynastie) und die wiederholte Verlegung der Hauptstadt, die beinahe zum Niedergang der Dynastie und zur Rebellion der Vasallen führte. Dieser Zeitraum dauerte während der Regentschaft von neun Königen an, nämlich Zhòng Dīng 仲丁, Wài Rén 外壬 (?–? v. Chr.,

11. Monarch der Shāng-Dynastie), Hé Dǎnjiǎ 河亶甲 (?–? v. Chr., 12. Monarch der Shāng-Dynastie), Zǔ Yǐ 祖乙 (?–? v. Chr., 13. Monarch der Shāng-Dynastie), Zǔ Xīn 祖辛 (?–? v. Chr., 14. Monarch der Shāng-Dynastie), Wò Jiǎ 沃甲 (?–? v. Chr., 15. Monarch der Shāng-Dynastie), Zǔ Dīng 祖丁 (?–? v. Chr., 16. Monarch der Shāng-Dynastie), Nán Gēng 南庚 (?–? v. Chr., 17. Monarch der Shāng-Dynastie) und Yáng Jiǎ 阳甲, daher die Bezeichnung ‚Neun Zeitalter des Chaos' 九世之乱. Diese Periode dauerte fast hundert Jahre und wurde erst beendet, als Pán Gēng nach Yīn zog.

Nachdem Pán Gēng die Thronfolge angetreten hatte, war die politische Situation chaotisch und die Klassenkonflikte waren akut. Nach reiflicher Überlegung kam Pán Gēng zu dem Schluss, dass die natürlichen Bedingungen in Yīn für die Entwicklung der landwirtschaftlichen Produktion günstiger waren und dort die Klassenkonflikte entschärft sowie die Angriffe rebellischer Kräfte aus der Nachbarschaft vermieden werden könnten, sodass eine Verlegung der Hauptstadt auch der Stärkung und Festigung der herrschenden Position förderlich sein würde. Entsprechend beschloss er, die Hauptstadt nach Yīn zu verlegen. Der Umzug führte vor allem zu einer Wiederbelebung der sich bereits im Untergang befindlichen Shāng-Dynastie.

Den Aufzeichnungen im Shàngshū 尚书 [oder Shūjīng 书经 – Buch der Urkunden] zufolge wollte das Volk jedoch nicht in die neue Hauptstadt umziehen, weshalb Pán Gēng die Schildkrötenpanzer zur Weissagung konsultierte:

„*Pán Gēng wollte die Hauptstadt nach Yīn verlegen, aber das Volk wollte nicht dorthin ziehen. So beorderte er einige seiner Verwandten und Minister zu sich und legte ihnen seine Ansichten dar: Unser König hat seinen Regierungssitz hierher verlegt und sich hier niedergelassen. Er tat dies aus tiefer Sorge um das Volk und nicht, weil er es sterben lassen wollte, wo es sich jetzt nicht gegenseitig helfen kann, um sein Leben zu erhalten. Ich habe das Schildkrötenpanzer-Orakel befragt und diese Antwort erhalten: ‚Dies ist kein Ort für uns.' Wenn die Könige aus den alten Zeiten eine wichtige Angelegenheit zu erledigen hatten, beachteten sie ehrfürchtig die Befehle des Himmels. Gerade in einem solchen Fall gaben sie sich nicht dem Wunsch nach ständiger Erholung hin – sie hielten sich nicht immer in derselben Stadt auf. Bis zu diesem Zeitpunkt war die Hauptstadt in fünf verschiedenen Regionen. Wenn wir nicht dem Beispiel jener alten Zeiten folgen, werden wir uns weigern anzuerkennen, dass der Himmel unserer Dynastie hier ein Ende bereitet; wie wenig kann man von uns sagen, dass wir den verdienstvollen Weg der früheren Könige gehen! Wie aus dem Stumpf eines gefällten Baumes Sprossen und Triebe hervorgehen, so wird der Himmel seinen Beschluss zu unseren Gunsten in dieser neuen Stadt aufrechterhalten; das große Erbe der früheren Könige wird fortgesetzt und erneuert werden, und die Ruhe wird überall im Königreich gesichert sein."*[130]

In seinem Buch ‚Geschichte des Alten China' (中华远古史)[131] weist Wáng Yùzhé 王玉哲[132] auf mindestens acht große Migrationen der Shāng vor der Zeit von Shāng Chéngtāng 商成汤 hin. Von der Regierungszeit von Chéng Tāng bis Pán Gēng wurde die Hauptstadt fünfmal verlegt:

1. Im ersten Jahr seiner Regentschaft (1562 v. Chr.) verlegte Kaiser Zhòng Dīng 仲丁 die Hauptstadt von Bó 亳[133] nach Áo 隞[134] (siehe: ‚Shǐjì 史记 [Aufzeichnungen des Großen Historikers] – Yīn Běnjì 殷本纪 [Biografien der Yīn-Dynastie]': „Kaiser Zhòng Dīng [仲丁] zog nach Áo [隞]" (帝中丁迁于隞)).

---

130 ‚Shàngshū 尚书 [Buch der Urkunden] – Shāngshū 商书 [Dokumente aus der Shāng-Dynastie] – Pán Gēng I' (盘庚上: 盘庚迁于殷，民不适有居，率吁众戚出，矢言曰："我王来，既爰宅于兹，重我民，无尽刘。不能胥匡以生，卜稽，曰其如台？先王有服，恪谨天命，兹犹不常宁；不常厥邑，于今五邦。今不承于古，罔知天之断命，矧曰其克从先王之烈？若颠木之有由蘖，天其永我命于兹新邑，绍复先王之大业，底绥四方).
131 Wáng Yùzhé: 中华远古史 *[Geschichte des Alten China]*, Shanghai People's Publishing House 上海人民出版社, 2019, S. 493.
132 Wáng Yùzhé 王玉哲 (1913–2005) war ein Spezialist für die Geschichte der Vor-Qín-Zeit.
133 Bó 亳, heutiges Shāngqiū 商丘, Provinz Hénán 河南省.
134 Áo 隞, gelegen in der heutigen Stadt Zhèngzhōu 郑州市, Provinz Hénán 河南省.

2. Hé Dǎnjiǎ 河亶甲[135] verlegte in seinem dritten Regierungsjahr die Hauptstadt von Áo 隞 nach Xiāng 相[136] (siehe: ‚Shǐjì 史记 [Aufzeichnungen des Großen Historikers] – Yīn Běnjì 殷本纪 [Biografien der Yīn-Dynastie]': „Hé Dǎnjiǎ [河亶甲] hatte seinen Sitz in Xiāng [相]" (河亶甲居相)).
3. Während der Herrschaft von Zǔ Yǐ 祖乙[137] wurde die Hauptstadt im zweiten Jahr seiner Regentschaft von Xiāng [相] nach Xíng 邢 (gemäß Shǐjì 史记 [Aufzeichnungen des Großen Historikers] – Yīn Běnjì 殷本纪 [Biografien der Yīn-Dynastie]': „Zǔ Yǐ [祖乙] zog nach Xíng [邢]" (祖乙迁于邢)) bzw. nach Gěng [耿][138] (gemäß ‚Shàngshū 尚书 [oder Shūjīng 书经 – Buch der Urkunden] – Shāngshū 商书 [Buch der Shāng-Dynastie] – Xián Yǒu Yī-Dé 咸有一德 [Der gemeinsame Besitz der reinen Tugend]': „Zǔ Yǐ [祖乙] zog nach Gěng [耿]" (祖乙圯于耿)) verlegt.
4. Im folgenden Jahr wurde die Hauptstadt von Gěng nach Xíng 邢[139] verlegt (siehe: ‚Shǐjì 史记 [Aufzeichnungen des Großen Historikers] – Yīn Běnjì 殷本纪 [Biografien der Yīn-Dynastie]': „Zǔ Yǐ [祖乙] verlegte die Hauptstadt nach Xíng [邢]" (祖乙迁于邢)).
5. Später verlegte er die Hauptstadt aufgrund einer Flusskatastrophe in Xíng wieder nach Bì 庇[140].

---

135 Hé Dǎnjiǎ 河亶甲 (?–1526 v. Chr.), auf Orakelknochen Jiān Jiǎ 戋甲 geschrieben, jüngerer Bruder von Zhòng Dīng, 12. Regent der Shāng-Dynastie, herrschte 1534–1526 v. Chr.
136 Xiāng 相, heutiger Landkreis Nèihuáng 内黄县, Provinz Hénán 河南省.
137 Zǔ Yǐ 祖乙 (?–1507 v. Chr.), Sohn von Hé Dǎnjiǎ, herrschte 1526–1507 v. Chr. und war der 13. Regent der Shāng-Dynastie.
138 Gěng 耿, antike Stätte des Gěng-Königreichs 耿国, alte Hauptstadt der Shāng-Dynastie, liegt im Norden des Dorfs Shānwángcūn 山王村 (früher bekannt als Dìwángcūn 帝王村 [Kaiserdorf]), Provinz Shāndōng 山东省.
139 Xíng 邢, heutige Stadt Xíngtái 邢台市 in der Provinz Héběi 河北省.
140 Bì 庇, heutiger Kreis Guǎngzōng 广宗县, Provinz Héběi 河北省.

In den ‚Bambusannalen' heißt es jedoch, dass der Shāng-König Zhòng Dīng 仲丁 von Bó 亳 nach Xiāo 嚣 zog, Hé Dǎnjiǎ 河亶甲 zog von Xiāo 嚣 nach Xiāng 相, Zǔ Yǐ 祖乙 hatte seine Hauptstadt in Bì 庇, Nán Gēng 南庚[141] verlegte seine Hauptstadt von Bì 庇 nach Yǎn 奄[142] und Pán Gēng 盘庚 zog von Yǎn 奄 nach Běiméng 北蒙, genannt Yīn 殷.[143] Die Orte bzw. die Bezeichnungen dieser fünf Sitzverlegungen der Hauptstadt variieren somit je nach Quelle:

---

[141] Nán Gēng 南庚 (?–1409) regierte 1433–1409 v. Chr. und folgte als 17. Regent der Shāng-Dynastie auf Zǔ Dīng 祖丁 (?–1434 v. Chr.).

[142] ‚Bambusannalen 竹书纪年 – Nán Gēng 南庚': „In seinem 1. Jahr, als Bǐng Chén [im 53. Jahr im chinesischen Kalenderzyklus = 1324 v. Chr.] den Thron bestiegen hatte, residierte er in Bì 庇. In seinem 3. Jahr zog er nach Yǎn um" (元年丙辰，王即位，居庇。三年，迁于奄).

[143] James Legge (1865) führt in seiner Übersetzung *The Chinese Classics, Vol. III, Part I: The Shoo King, or The Book of Historical Documents, The Prolegomena, Chapter IV, The Annals of the Bamboo Books*, London: Trübner & Co., auf S. 134 hier das Jahr 1324 v. Chr. an. Gemäß ‚中国历朝年号干支纪年对照表–商朝 历代帝王年号纪年表' (Chronologie der chinesischen Dynastien – Chronologie der Kaiser der Shang-Dynastie) regierte Nán Gēng 南庚 jedoch von 1433 v. Chr. (Wùchén 戊辰, das 5. Jahr des chinesischen Kalenders im 60-Jahre-Zyklus) bis 1408 v. Chr. (Guǐsì 癸巳, das 30. Jahr des chinesischen Kalenders im 60-Jahre-Zyklus).

QUELLE	NAME BZW. LAGE DER HAUPTSTADT (HERRSCHER)				
Shàngshū 尚书 [oder Shūjīng 书经 – Buch der Urkunden]	Bó Bò 亳 (Chéng Tāng 成汤)	Xiāo 嚣 (Zhòng Dīng 仲丁)	Xiāng 相 (Hé Dǎnjiǎ 河亶甲)	Gěng 耿 (Zǔ Yǐ 祖乙)	Yīn 殷 (Pán Gēng 盘庚)
Shǐjì 史记 [Aufzeichnungen des Großen Historikers]	Bó Bò 亳 (Chéng Tāng 成汤)	Áo 隞 (Zhòng Dīng 仲丁)	Xiāng 相 (Hé Dǎnjiǎ 河亶甲)	Xíng 邢 (Zǔ Yǐ 祖乙)	Bó Bò 亳 (Pán Gēng 盘庚)
Zhúshū-Jìnián 竹书纪年 [Bambusannalen]	Bó Bò 亳 (Wài Bǐng 外丙)	Xiāo 嚣 (Zhòng Dīng 仲丁)	Xiāng 相 (Hé Dǎnjiǎ 河亶甲)	Bì 庇 (Zǔ Yǐ 祖乙) bzw. Yǎn 奄 (Nán Gēng 南庚)	Yīn 殷 (Pán Gēng 盘庚)

Quelle: Im Shǐjì 史记 [Aufzeichnungen des Großen Historikers][144] bzw. in den Bambusannalen 竹书纪年[145] finden sich dazu entsprechende Beschreibungen.

---

144 ‚Shǐjì 史记 [Aufzeichnungen des Großen Historikers] – Yīn Běnjì 殷本纪 [Biografien der Yīn-Dynastie]': „Kaiser Zhòng Dīng zog nach Áo. Hé Dǎnjiǎ hatte seine Hauptstadt in Xiāng. Zǔ Yǐ zog nach Xíng" (帝中丁迁于隞。河亶甲居相。祖乙迁于邢).

145 ‚Bambusannalen 竹书纪年 – Zǔ Yǐ 祖乙': ‚二年，圮于耿。自耿迁于庇。'

Pán Gēngs Verlegung der Hauptstadt stellte einen großen Wendepunkt in der Geschichte der Shāng-Dynastie dar, da er damit den drohenden Niedergang der Shāng-Dynastie abwandte, sie zurück auf den Weg des Wohlstands brachte und „das Volk in Frieden und Ruhe leben und die Geschicke von Yīn sich wieder dem Guten zuwenden ließ". Das Shǐjì 史记 [Aufzeichnungen des Großen Historikers] enthält dazu folgenden Bericht:

„Als der Kaiser Yáng Jiǎ[146] starb, wurde sein jüngerer Bruder Pán Gēng als Kaiser Pán Gēng als Herrscher eingesetzt. In der Regierungszeit von Kaiser Pán Gēng hatten die Yīn ihre Hauptstadt bereits nördlich des Gelben Flusses, aber Pán Gēng beschloss, den Fluss nach seiner Südseite hin zu überqueren und seinen Regierungssitz in der ehemaligen Residenz von Chéng Tāng wieder aufzunehmen. Dies war bereits das fünfte Mal, dass die Hauptstadt verlegt wurde, und sie hatten keinen festen Aufenthaltsort. Die Menschen von Yīn waren unzufrieden und wollten nicht umziehen. Daraufhin sagte Pán Gēng zu den Vasallen und Ministern: ‚In früheren Zeiten hat unser erhabener Herrscher, Kaiser Chéng Tāng, zusammen mit euren Vorfahren alles unter dem Himmel bestimmt und die Regeln und Gesetze festgelegt, die kultiviert und befolgt werden müssen. Aber wenn ihr diese aufgebt und euch nicht anstrengt, wie könnt ihr dann Tugend und Güte erreichen?' So überquerte er den Fluss und ließ sich an seiner Südseite nieder, siedelte die Hauptstadt in Bó an und übernahm das Regierungssystem von Chéng Tāng. Daraufhin lebte das Volk in Frieden und Ruhe, und die Geschicke von Yīn waren wieder im Aufschwung begriffen."[147]

---

146 Yáng Jiǎ 阳甲 regierte 1408–1402 v. Chr., wurde auf Orakelknochen Jiàng Jiǎ 象甲 genannt und war Sohn des ehemaligen Shāng-Königs Zǔ Dīng 祖丁 sowie Bruder des späteren Shāng Königs Pán Gēng 盘庚.

147 ‚Shǐjì 史记 [Aufzeichnungen des Großen Historikers] – Yīn Běnjì 殷本纪 [Biografien der Yīn-Dynastie]': ‚帝阳甲崩，弟盘庚立，是为帝盘庚。帝盘庚之时，殷已都河北，盘庚渡河南，复居成汤之故居，乃五迁，无定处。殷民咨胥皆怨，不欲徙。盘庚乃告谕诸侯大臣曰："昔高后成汤与尔之先祖俱定天下，法则可修。舍而弗勉，何以成德！"乃遂涉河南，治亳，行汤之政，然后百姓由宁，殷道复兴。诸侯来朝，以其遵成汤之德也.'

Durch die Verlegung der Hauptstadt nach Yīn 殷 wurden die unruhigen Jahre der Shāng-Dynastie beendet und Yīn blieb bis zum Ende der Dynastie die Hauptstadt, wodurch eine neue Periode der politischen, wirtschaftlichen und kulturellen Entwicklung eingeleitet wurde.

Nachdem Pán Gēng in die neue Hauptstadt gezogen war, wurde der Ort in den Orakelknochen damals nicht Yīn 殷, sondern Dàyìshāng 大邑商 genannt, und auch die Shāng-Dynastie wurde nicht als Yīn-Dynastie bezeichnet. Nach der Zerstörung der Shāng durch die Zhōu wurde der Name Yīn 殷 verwendet, um die Verachtung und Geringschätzung gegenüber den Menschen von Shāng auszudrücken. Ebenso wurde die Yīn-Ebene, das Jagdgebiet der Shāng-Könige in der Nähe der Shāng-Hauptstadt, nun ‚Menschen von Shāng' genannt, und daher die Shāng-Dynastie auch als Yīn 殷 oder Yīnshāng 殷商 bezeichnet. Die Hauptstadt der Shāng-Dynastie wurde nach dem Angriff durch König Wǔ von Zhōu zerstört und allmählich aufgegeben, so dass lediglich Ruinen übrigblieben – der Name Yīnxū 殷墟 besagt denn auch: ‚Überreste der Hauptstadt Yīn'.

Territorial- und Verwaltungskonzept der Shāng-Dynastie: Wángjī 王畿 und Wǔfú 五服

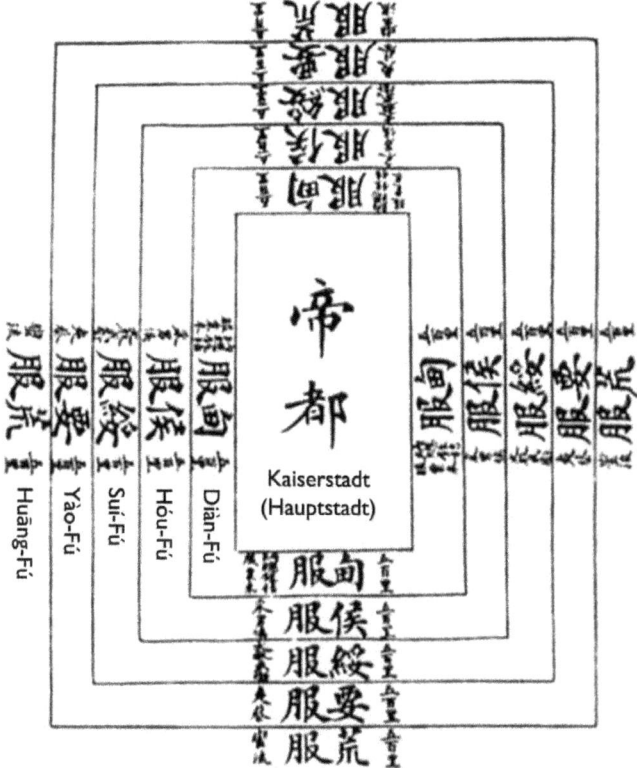

Abb. 17 Alte Darstellung der Wǔfú-Regionen

Nachdem Pán Gēng 盘庚 die königliche Domäne im Gebiet um Xiǎotún 小屯 im heutigen Ānyáng 安阳市 in der Provinz Hénán 河南 gefestigt hatte, wurde diese Region zum Wángjī 王畿[148], dem königlichen Territorium der Shāng-Könige. Im Kapitel Jiǔgào 酒诰 [Bekanntmachung bezüglich Betrunkenheit] des Shàngshū 尚书 [oder Shūjīng 书经, Buch der Urkunden] heißt es, dass es in der Shāng-Dynastie eine Unterscheidung zwischen Wàifú 外服 [Gebiete außerhalb von Wángjī 王畿] und Nèifú 内服 [Gebiet innerhalb von Wángjī 王畿] gegeben habe.[149] Nèifú 内服 war der Bereich des königlichen Territoriums, der direkt vom Shāng-König regiert wurde, während mit Wàifú 外服 die den Bāngbó 邦伯 [Oberhäupter der Vasallen] zugewiesenen Lehensgebiete bezeichnet wurden. Später entwickelten sich daraus die sogenannten Wǔfú-Regionen 五服: Diànfú 甸服, Hóufú 侯服, Suífú 绥服, Yàofú 要服 und Huāngfú 荒服. Diejenigen innerhalb des königlichen Territoriums waren die Diànfú 甸服, die außerhalb wurden als Hóufú 侯服, jene außerhalb der Hóufú 侯服 als Bīnfú 宾服 (oder auch Suífú 绥服), die in den Gebieten der Barbarenvölker Yí 夷 und Mán 蛮 als Yàofú 要服 und die in den Gebieten der Barbarenvölker Róng 戎 und Dí 夷 als Huāngfú 荒服 bezeichnet.

Die Bewohner der Diànfú-Regionen 甸服 lieferten Opfergaben für die täglichen Rituale, jene in den Hóufú-Gebieten 侯服 Opfergaben

---

148 Wángjī 王畿 bezeichnete im Altertum das ‚Gebiet von tausend Lǐ' um die Hauptstadt des Regenten (das königliche Territorium). Während der Periode der Westlichen Zhōu-Dynastie 西周 (1045–770 v. Chr.) bezog es sich auf das Gebiet, das direkt unter der Herrschaft des Zhōu-Königs in und um die Hauptstadt Hàojīng 镐京 stand, unter der Östlichen Zhōu-Dynastie 东周 (770–256 v. Chr.) auf das Gebiet der Königsherrschaft um die Hauptstadt Luòyì 洛邑 (Luòyáng 洛阳).

149 ‚Shàngshū 尚书 [Buch der Urkunden] – Zhōushū 周书 [Dokumente aus der Zhōu-Dynastie] – Jiǔgào 酒诰 [Bekanntmachung bezüglich Betrunkenheit]': „Keiner der Feudalfürsten der Hóu 侯, Diān 甸, Nán 男, Wèi 卫 außerhalb des königlichen Territoriums [Wàifú 外服], keiner der Beamten aller Ränge am kaiserlichen Hof, der Aristokraten der königlichen Sippe und der Beamten von Rang und Namen, die im Ruhestand lebten [Nèifú 内服], wagten es, dem Trinken und Vergnügen zu frönen" (越在外服，侯甸男卫邦伯，越在内服，百僚庶尹惟亚惟服宗工越百姓里居，罔敢湎于酒).

für die monatlichen Opferrituale, jene in den Bīnfú-Regionen 宾服 waren für die Opfergaben für die Rituale in den vier Jahreszeiten verantwortlich, jene in den Yàofú-Gebieten 要服 sorgten für die Opfergaben für die jährlichen Rituale, und jene in den Huāngfú-Gebieten 荒服 hatten die Verpflichtung, zu regelmäßigen Audienzen vor dem Sohn des Himmels zu erscheinen. Diese täglichen, monatlichen, vierteljährlichen, jährlichen Rituale und das einmalige Ritual der Reise zur Audienz beim Sohn des Himmels wurden jeweils von den Königen der Antike festgelegt. Dies soll hier nur als ein Hinweis auf die Verpflichtungen und die Behandlung kleiner Vasallen in Abhängigkeit von ihrer Nähe oder Ferne zu Wángjī 王畿 dienen. Die genannten Regionen galten also nicht als lokale Verwaltungsbezirke – nur die Gebiete innerhalb der Grenzen der direkten Herrschaft der Shāng-Könige können als erste lokale Verwaltungsgliederungen angesehen werden.

Die Shāng-Herrscher teilten die Gebiete unter ihrer direkten Kontrolle in verschiedene Verwaltungsregionen auf: Dàyìshāng 大邑商 [die Hauptstadt] bildete das Zentrum von Wángjī 王畿, dem Territorium des Königs; das Gebiet außerhalb von Wángjī 王畿 wurde als Dān 单[150] und die Gebiete darüber hinaus als Jiāoyě 郊野[151] bezeichnet,[152] in den Orakelknocheninschriften als Bǐ 鄙 [Außenbezirk, Stadtrandgebiet] und Diàn 奠 [äußere Stadtbezirke] geschrieben. Die Shāng selbst betrachteten sich als Mittelpunkt der Welt und somit als Herrscher über die vielen Völker um sie herum.

Fāngguó 方国 oder Fāngguó-Stamm 方国部落 bezieht sich auf die Vasallenstaaten und -stämme in China während der Xià- und Shāng-Dynastien. Lokale, meist feindlich gesinnte Herrscher, die den

---

150 Verwaltungsbereich in der Nähe der Hauptstadt, aber außerhalb der Stadtmauern.

151 Offenes Gebiet außerhalb der Hauptstadt; die 100 Lǐ von der Hauptstadt entfernt liegende Region wurde als Jiāo 郊 [Vorstadt], jene in einer Entfernung von 300 Lǐ als Yě 野 [offenes Land, Wildnis] bezeichnet.

152 Siehe Lǐ Xuěshān 李雪山, Vizepräsident der Hénán Normal University, in China Social Science Press 中国社会科学出版社 (Hrsg.), 1. Auflage, 1. Druck, August 2004.

Titel Bójué 伯爵 [Graf] trugen, kamen aus diesen Fāng-Staaten.[153] Seit der Prä-Qín-Ära in China vergaben die Monarchen Grafschaften bzw. den Titel Graf, den dritten der fünf Ränge des alten chinesischen Feudalsystems.[154] Fāng wurde auch als Suffix verwendet, um die Nicht-Shāng- oder Feindesländer zu bezeichnen, die innerhalb und außerhalb der Grenzen des Shāng-Gebietes lagen. Das heutige Wissen über diese Fāng-Staaten stammt hauptsächlich aus Orakelknochen, die sich unter den Überresten der Hauptstadt Yīn 殷 der späten Shāng-Dynastie fanden. Die meisten dieser Fāngguó 方国 waren wohl klein und lediglich primitive Sippenstämme, aber einige wenige brachten es doch auf eine gewisse Größe und verfügten über gut etablierte staatliche Institutionen. Die großen Fāng-Staaten wie Tǔfāng 土方 (angesiedelt im Nordwesten), Qiāngfāng 羌方 und Zhōufāng 周方 (beide im Westen Chinas) erreichten sogar eine Größe, die es ihnen ermöglichte, mit den Herrschern der Xià und Shāng, den damals herrschenden Stämmen der Zhōngyuán 中原 [Zentralchinesische Ebene][155], auf Augenhöhe zu konkurrieren.

Die Tatsache, dass sich aus den Weissagungsquellen der Orakelknochen zahlreiche Abstammungsgruppen und verschiedene einzelne Zú-Linien 族 [Familienclan, ethnische Gruppe, Stamm; Lineage] erkennen lassen, deutet darauf hin, dass die Shāng-Könige einer

---

153 David N. Keightley: The Shang: China's First Historical Dynasty, in: *The Cambridge History of Ancient China. From the Origins of Civilization to 221 BC*, Cambridge University Press, 1999, S. 269.

154 ‚Lǐjì 礼记 [Buch der Riten] – Wáng-Zhì 王制 [Königliche Vorschriften]': „Der Sohn des Himmels bestimmt die Beamtenbesoldung und die Rangordnung des Feudaladels für die Beamten am kaiserlichen Hof. Was die Titel anbelangte, so gab es fünf Klassen: Gōngjué 公爵 [Herzog], Hóujué 侯爵 [Marquis oder Markgraf], Bójué 伯爵 [Graf], Zǐjué 子爵 [Vicomte], und Nánjué 男爵 [Freiherr]" (王者之制：禄爵，公、侯、伯、子、男，凡五等).

155 Zhōngyuán 中原 oder Zentralchinesische Ebene, im Chinesischen auch bekannt als Zhōngtǔ 中土, Zhōngzhōu 中州 oder Huáxià 华夏, bezieht sich auf den Mittel- und Unterlauf des Gelben Flusses mit dem Gebiet der Städte Luòyáng 洛阳 bis Kāifēng 开封 als Zentrum. Im engeren Sinne handelt es sich um die heutige Provinz Hénán 河南省. Mit Blick auf fremde Ethnien und Clans bezeichnet Zhōngyuán auch Zhōngguó 中国 im Allgemeinen.

Konföderation von patrilinearen Abstammungsgruppen vorstanden. Diese Zú fungierten als soziale und politische Einheiten, deren Mitglieder durch eine differenzierte Hierarchie von verwandtschaftlichen Beziehungen, Vorteilen, Privilegien und Pflichten mit dem König verbunden waren; angeführt von ihren Stammesoberhäuptern, dienten sie dem König in der Kriegsführung, bei der Jagd und bei der Entrichtung von Tributen und erhielten im Gegenzug seine geistige und militärische Unterstützung.[156]

E. ZHOU-DYNASTIE 周朝 (1046–256 v. Chr.)

Die Zhōu-Dynastie 周朝 wird in zwei Perioden unterteilt: die Westliche Zhōu 西周 (1046–771 v. Chr.) und die Östliche Zhōu 东周[157] (770–221 v. Chr.), wobei Letztere wiederum in die sogenannte Frühlings- und Herbstperiode 春秋时期 (770–476 v. Chr.) sowie die Zeit der Streitenden Reiche 战国时期 (475–221 v. Chr.) untergliedert wird. Die Westliche Zhōu-Dynastie, die Frühlings- und Herbstperiode und die Zeit der Streitenden Reiche repräsentieren drei bedeutende Epochen in der chinesischen Geschichte, die den Aufstieg und Fall mehrerer Dynastien und die Entstehung zahlreicher kultureller, philosophischer und intellektueller Traditionen mit sich brachten; sie sind daher für das Verständnis der chinesischen Vor-Qín-Periode von wesentlicher Bedeutung. In diesen Perioden kam es zum Niedergang der Westlichen Zhōu-Dynastie, zum Aufstieg mehrerer mächtiger Staaten, die um die Vorherrschaft konkurrierten und

---

156 David N. Keightley: The Shang: China's First Historical Dynasty, in: *The Cambridge History of Ancient China. From the Origins of Civilization to 221 BC*, Cambridge University Press, 1999, S. 269.

157 Im Jahr 771 v. Chr. wurde König Yōu von Zhōu 周幽王 nach einem Angriff durch die Quǎnróng 犬戎 getötet; im folgenden Jahr verlegte König Píng von Zhōu 周平王 die Hauptstadt nach Luòyì 洛邑 (oder Chéngzhōu 成周) im Osten des Reiches, womit die Östliche Zhōu-Dynastie begann.

schließlich unter dem ersten Kaiser Chinas die Bildung eines zentralisierten Staates sahen, und zur Entwicklung neuer Ideen und Theorien über Staatsführung, Moral und die Gesetze von Mensch und Natur. Die historischen Zusammenhänge dieser Zeiträume vermitteln ein reichhaltiges und vielfältiges Bild der chinesischen Vor- Qín-Periode und zeigen die Bedeutung dieser Epoche für die Entwicklung der chinesischen Zivilisation.

In der langen Geschichte Chinas diente die Westliche Zhōu-Dynastie als Leitbild für staatliche, intellektuelle und soziale Entwicklungen. In diesem Zeitraum wurden Tausende von Bronzegefäßen mit Inschriften hergestellt. Im Gegensatz zu den Orakelknocheninschriften der Shāng, von denen es außerhalb der Yīn-Ruinen 殷墟[158] nur eine sehr begrenzte Anzahl gegeben hat, wurden beschriftete Bronzen in ganz Nordchina und einem Teil Südchinas gefunden. Die Westliche Zhōu kann so als eine der wichtigsten Perioden für die Verbreitung von Bildung und Wissen in der chinesischen Geschichte gelten.[159]

Das Volk der Zhōu führte seine Abstammung auf eine Frau namens Jiāng Yuán 姜嫄[160] zurück. Nach dem Gedicht Shēngmín 生民 aus dem Abschnitt Dàyǎ 大雅 [Große Festlieder des Königreichs] im Shījīng 诗经 [Buch der Lieder] wurde Jiāng Yuán schwanger, als sie in den Fußabdruck von Dì 帝, der höchsten Macht des Shāng-Pantheons, trat:

„Der Ursprung des Geschlechtes war
Von Jiāng Yuán, die es gebar.
Und wie gebar sie dies' Geschlecht?

---

158 Yīnxū 殷墟 [Yīn-Ruinen], ursprünglicher Name Běiméng 北蒙, Ruinen der Hauptstadt der späten Shāng-Dynastie, gelegen in der Stadt Ānyáng 安阳市, Provinz Henan 河南省.
159 Lǐ Fēng 李峰: The creation of paradigm: Zhou bureaucracy and social institutions, in: *Early China. A Social and Cultural History*, Cambridge: Cambridge University Press, 2013, S. 139.
160 Jiāng Yuán 姜嫄 war die Mutter des Qì 弃 (später bekannt als Hòujì 后稷), der in der chinesischen Mythologie mit der Gründung des Jī-Clans 姬氏 in Verbindung gebracht wird und später die Zhōu-Dynastie begründete.

Sie brachte Opfer, brachte Weih'n,
Dass sie nicht kindlos möge sein;
Trat in des Herren Fußspur schauernd ein,
Wo's weit war, wo sie stand allein.
Und nun empfing sie, schloss sich ein,
Und nun gebar, nun säugte sie [einen Sohn].
Und dieser eben war Hòují'.[161]

Abb. 18 Hòují 后稷

Durch die außergewöhnlichen Umstände ihrer Schwangerschaft dachte Jiāng Yuán 姜嫄, dass Dì 帝 den Neugeborenen, der als Hòují 后稷 [Herr der Hirse] bekannt werden und als mythologischer

---

161 ‚Shījīng 诗经 [Buch der Lieder] – Dàyǎ 大雅 [Große Festlieder] – Shēngmín Zhī Shén 生民之什 [Das Zehent der Menschen]': ‚厥初生民、时维姜嫄。生民如何、克禋克祀、以弗无子。履帝武敏歆、攸介攸止、载震载夙、载生载育、时维后稷' (Übersetzung: *Schi-King/Shi Jing – Das kanonische Liederbuch der Chinesen*, aus dem Chinesischen übersetzt und erklärt von Victor von Strauß, Heidelberg: Carl Winter's Universitätsbuchhandlung, 1880, S. 713).

Stammvater des Zhōu-Volkes in die Geschichte eingehen sollte, missbilligte. Der Legende nach setzte sie deshalb das Kind dreimal aus: das erste Mal auf einer Straße, wo Kühe und Schafe vorbeikamen, aber alle gingen um es herum und traten nicht darauf; das zweite Mal im Wald, doch dort kamen viele Menschen vorbei und so brachte sie es wieder zurück; und das dritte Mal in einem eisigen Kanal, wo Vögel es mit Federn bedeckten, um es vor dem Erfrieren zu schützen. Jiāng Yuán 姜嫄 erkannte, dass das Kind göttlicher Herkunft war und übernatürliche Kräfte besaß; so zog sie schließlich den Kleinen auf und nannte ihn in Erinnerung an ihr schändliches Verhalten Qì 弃 [Ausgesetzter].[162]

Hòujì 后稷 begann schließlich, seinen Weg in die Welt zu gehen. Er lernte, die Pflanzen, die er fand, zu pflegen, und überlieferte den Menschen sowohl das Wissen über die Pflanzen, die er anbaute, als auch die Art und Weise, wie er sie anbaute; auf diese Weise wurde er zum Stammvater der Zhōu und ihrer landwirtschaftlichen Lebensweise. Später soll Hòujì vom Kaiser Shùn 舜[163] Ländereien in Tái

---

162 ‚Shǐjì 史记 [Aufzeichnungen des Großen Historikers] – Zhōu Běnjì 周本纪 [Biografien der Zhōu-Dynastie] ‘: „Am Tag der Niederkunft gebar sie einen Sohn. Da sie dachte, dass dies ein Unglück wäre, ließ sie ihn auf der Gasse liegen, aber die Pferde und Kühe, die vorbeikamen, mieden ihn und traten nicht auf ihn; daraufhin brachte sie ihn in den Wald, aber als sie dort viele Menschen antraf, brachte sie ihn wieder weg; dann ließ sie das Kind auf dem Eis eines Kanals liegen, aber die Vögel bedeckten ihn mit ihren Flügeln und legten diese wie ein Polster unter ihn. Jiāng Yuán fand dies sehr erstaunlich und brachte ihn so wieder nach Hause, um ihn aufzuziehen. Und weil sie ihn ursprünglich in der Natur aussetzen wollte, wurde er Qì genannt" (居期而生子，以为不祥，弃之隘巷，马牛过者皆辟不践；徙置之林中，适会山林多人，迁之；而弃渠中冰上，飞鸟以其翼覆荐之。姜原以为神，遂收养长之。初欲弃之，因名曰弃).

163 Shùn 舜 (?–2184 v. Chr.), auch Yú Shùn 虞舜 bzw. Dì Shùn 帝舜 genannt, der letzte der sogenannten Wǔdì 五帝 [Fünf Kaiser]: Huángdì 黄帝 (?2717–?2599 v. Chr.), Zhuān Xū 颛顼 (?2342–?2245 v. Chr.), Kù 喾 (?2412–?2343 v. Chr.), Yáo 尧 (?2333–?2234 v. Chr.), Shùn 舜 (?2233–?2184 v. Chr.) [Anm.: gemäß Aufzeichnungen in Shǐjì 史记 [Aufzeichnungen des Großen Historikers] – Wǔdì Běnjì 五帝本纪 [Biografien der Fünf Kaiser]; Shìběn 世本 [Buch der Abstammungen]; Dàdài-Lǐjì 大戴礼记 [Aufzeichnungen über rituelle Angelegenheiten von Dài dem Älteren]; Yì-Zhuàn 易传 [Kommentar und Überlieferung des Buches der Wandlungen]; Lǐjì 礼记 oder Lǐjīng 礼经 [Buch der Riten]; Guóyǔ 国语 [Gespräche über die Staaten]].

邰[164] erhalten haben. Auch dazu findet sich im Gedicht Shēngmín 生民 aus dem Abschnitt Dàyǎ [Große Festlieder des Königreichs] im Shījīng 诗经 [Buch der Lieder] ein schöner Eintrag:

„Der Weg des Hòujì zu seinem Erntesegen war wechselseitiger Verein.
Fort schafft' er wilde Gräserei'n
Und säte gelbe Saat darein;
Die keimte, die entspross fein,
Die wuchs empor, die nahm Gedeih'n
Die ährte, trat in's Blühen ein,
Gewann das Korn, schlug trefflich ein, Ward ährenschwer und reif zuletzt; –
Da ward er in das Haus von Tái gesetzt."[165]

Gemäß Zhōu Běnjì 周本纪 [Biografien der Zhōu-Dynastie] fanden diese Ereignisse zur Zeit des legendären Kaisers Yáo 尧 (2324–2206 v. Chr.) statt. Als Kaiser Yáo 尧 von Hòujìs Leistungen hörte, soll er ihm den Nach- bzw. Clannamen Jī 姬 gegeben haben.[166]

---

164 Tái 邰, heutiger Kreis Wǔgōng武功县, Provinz Shǎanxī.
165 ‚Shījīng 诗经 [Buch der Lieder] – Dàyǎ 大雅 [Große Festlieder] – Shēngmín Zhī Shén 生民之什 [Das Zehent der Menschen]': ‚诞后稷之穑、有相之道。茀厥丰草、种之黄茂。实方实苞、实种实袖、实发实秀、实坚实好、实颖实栗。即有邰家室。' (Übersetzung: *Schi-King/Shi Jing – Das kanonische Liederbuch der Chinesen*, aus dem Chinesischen übersetzt und erklärt von Victor von Strauß, Heidelberg: Carl Winter's Universitätsbuchhandlung, 1880, S. 719).
166 ‚Shǐjì 史记 [Aufzeichnungen des Großen Historikers] – Zhōu Běnjì 周本纪 [Biografien der Zhōu-Dynastie]': „Als Kaiser Yáo davon hörte, erhob er Qì zum Meister der Landwirtschaft, und alle Menschen der Welt erhielten sein Wohlwollen und seine verdienstvollen Leistungen. Kaiser Shùn sagte: ‚Qì, das Volk war ursprünglich am Verhungern, und dir, Herr des Getreides [Anm.: Hòujì 后稷], ist es zu verdanken, dass alle Arten von Getreide gesät wurden.' Daher erhielt Qì das Lehen Tái und den Namen Hòujì und den zusätzlichen Clan-Namen Jī. Der Ruhm von Hòujì war bei den Generationen von Táotáng 陶唐 (Yáo 尧), Yú 虞 (Shùn 舜) und Xià 夏 (Yǔ 禹) verbreitet, und alle nachfolgenden Herrscher waren tugendhaft" (帝尧闻之，举弃为农师，天下得其利，有功。帝舜曰:"弃，黎民始饥，尔后稷播时百谷。"封弃于邰，号曰后稷，别姓姬氏。后稷之兴，在陶唐·虞·夏之际，皆有令德).

Bei der Suche nach den Ursprüngen der Zhōu kommen wir mit Altherzog Dǎnfù 古公亶父[167] zu einer Zeit und einem Ort, für die es einige archäologische Beweise für das Volk der Zhōu während der Shāng-Dynastie gibt. Von den letzten Jahren der Xià-Dynastie 夏朝 (2070–1600 v. Chr.) bis zur Zeit von Altherzog Dǎnfù soll das Volk der Zhōu umgeben von den Barbarenstämmen der Róng 戎 und Dí 夷 gelebt haben. Dǎnfù soll das Volk der Zhōu auf einer großen Wanderung von dem ursprünglichen Siedlungsgebiet Bīn 豳[168] über die Flüsse Qī 漆[169] und Jǔ 沮[170] und das Liángshān 梁山[171] bis zur Südseite am Fuße des Berges Qíshān 岐山[172] geführt haben, wo sie sich schließlich niederließen und ansiedelten:

---

167 Zhōu Tài Wáng 周太王 [Großer König der Zhōu], postumer Name von Jī Dǎnfù 姬亶父, auch Altherzog Dǎnfù 古公亶父 genannt, großer Anführer des Zhōu-Clans während der Shāng-Dynastie, geht in elfter Generation in direkter Abstammung auf Huángdì 黃帝 zurück, den legendären ‚Gelben Kaiser' und ersten Ur-Herrscher Chinas. Sein Urenkel König Wǔ von Zhōu 周武王 – König Wǔs angestammter Name war Jī 姬 und sein Vorname Fā 发 – sollte später die Shāng erobern und die Zhōu-Dynastie gründen.

168 Bīn 豳 oder Bīn 邠 war Siedlung während der Xià- und Shāng-Dynastien, die zwischen den Róng 戎 und Dí 夷 gelegen haben soll; sie befand sich möglicherweise in der Nähe des heutigen Kreis Qìngchéng 庆城县 in Gānsù 甘肃 und ist der moderne Namensgeber von Bīnzhōu 彬州 in der Provinz Shǎanxī. Bīn 豳 war der Stammsitz des Jī-Clans 姬, bis Bù Zhú 不窋 (Sohn von Hòujì 后稷), nachdem er seinen Posten in der Xià-Dynastie aufgegeben hatte, sie aus der Siedlung Tái 邰 der Xià-Dynastie vertrieb. Der Clan behielt die Kontrolle über die Siedlung, bis Gǔ-Gōng Dǎnfù seine Leute an den Fuß des Berges Qíshān 岐山 entlang des Wèi-Flusses führte.

169 Der Qīhé 漆河 entspringt in den Dàshénshān-Bergen 大神山 im Nordosten des Kreises Tóngguān 同官县 in der Provinz Shǎanxī 陕西省 und mündet in den Wèishuǐ 渭水.

170 Der Jǔ 沮 ist ein Nebenfluss des Gelben Flusses, im Altertum auch als Jīshuǐ-Fluss 姬水 bekannt (nach dem Clannamen Jī 姬 von Hòujì 后稷).

171 Die Liángshān-Berge 梁山 liegen im Südwesten der Provinz Shāndōng 山东省, südöstlich des Kreis Liángshān 梁山县.

172 Die Qíshān Berge 岐山 finden sich heute im Kreis Qíshān 岐山县 in der Provinz Shǎanxī 陕西省.

„In endlosen Reihen gedeihen die jungen Kürbisse.

Das Volk der Zhou wurde geboren und blühte allmählich auf,

im Land der Flüsse Jū und Qī.

Altherzog Dǎnfù,

grub Höhlenwohnungen und schaufelte Löcher

in den Boden zum Schutz vor Wind und Kälte,

noch ehe sie Häuser hatten."[173]

Hier, in der Zhōuyuán-Ebene 周原[174], errichtete Altherzog Dǎnfù 古公亶父 [Anm.: König Tài von Zhōu 周太王] die erste Zhōu-Hauptstadt Qíyì 岐邑[175], auch bekannt als Qízhōu 岐周[176]. Die Zhōuyuán Ebene 周原 gilt als Geburtsstätte des Zhōu-Volkes und der Sitz der ehemaligen Hauptstadt der Westlichen Zhōu-Dynastie.

„Altherzog Dǎnfù

galoppierte im Morgengrauen auf seinem Pferd.

Entlang des Wèi-Flusses ritt er nach Westen,

und erreichte den Fuß des Qíshān Berges.

Und hier, zusammen mit Tài Jiāng, seiner ehrenwerten Gemahlin,

prüfte er das Land und suchte einen geeigneten Ort,

an dem sie sich niederlassen konnten."[177]

---

173 ‚Shījīng 诗经 [Buch der Lieder] – Dàyǎ 大雅 [Große Festlieder des Königreichs] – Wén-Wáng Zhī Shén 文王之什 [Jahrzehnt von König Wén] – Mián 绵 [Die Anfänge]': ‚緜緜瓜瓞。民之初生、自土沮漆。古公亶父、陶复陶穴、未有家室'.

174 Zhōuyuán 周原 befindet sich in der Gegend von Fúfēng 扶风 und Qishan 岐山 um die heutige Stadt Bǎojī 宝鸡市 in der Provinz Shǎanxī 陕西省, mit einer Länge von rund 70 km von Osten nach Westen und einer Breite von 20 km von Norden nach Süden mit einer Gesamtfläche von etwa 33 km².

175 Qíyì 岐邑 war die Hauptstadt der Zhōu-Dynastie von der Zeit des Gǔ-Gōng Dǎnfù bis zur Zeit von König Wén von Zhōu 周文王.

176 Die Zhōu errichteten ihren ersten Staat beim Berg Qíshān 岐山, daher der Name Qízhōu 岐周.

177 ‚Shījīng 诗经 [Buch der Lieder] – Dàyǎ 大雅 [Große Festlieder des Königreichs] – Wén-Wáng Zhī Shén 文王之什 [Jahrzehnt von König Wén] – Mián 绵 [Die Anfänge]': ‚古公亶父、来朝走马。率西水浒、至于岐下。爰及姜女、聿来胥宇'.

König Tài von Zhōu 周太王 soll die drei Söhne Tài Bó 泰伯, Yú Zhòng 虞仲 und Jì Lì 季历 (oder Jī Lì 姬历) gezeugt haben, von denen der jüngste, Jì Lì 季历, seinerseits drei Söhne zeugte; von diesen sollte einer namens Jī Chāng 姬昌 später als König Wén von Zhōu 周文王 bekannt werden. Da Jī Chāng 姬昌 der Lieblingsenkel von König Tài von Zhōu war, wollte dieser Jì Lì 季历 als seinen Nachfolger haben; seine beiden ältesten Söhne flohen daraufhin und verzichteten auf die Nachfolge.[178]

Etwa im zwanzigsten Jahr der Herrschaft von König Dì Xīn 帝辛[179] nahmen die Shāng Jī Chāng 姬昌 gefangen und sperrten ihn in Yǒulǐ 羑里[180] ein, nicht weit von Dì Xīns Palast in Zhāogē 朝歌[181]. Jī Chāng konnte 1059 v. Chr. nach sieben Jahren Gefangenschaft

---

178 ‚Shǐjì 史记 [Aufzeichnungen des Großen Historikers] – Zhōu Běnjì 周本纪 [Biografien der Zhōu-Dynastie]': „Der älteste Sohn von Altherzog Dǎnfǔ hieß Tài Bó und sein zweiter Sohn Yú Zhòng. Tài Jiāng hatte einen jungen Sohn, Jì Lì, der Tài Rèn ehelichte, beide waren weise und tugendhafte Ehefrauen. Tài Rèn gebar einen Sohn namens Chāng, eine Verheißung der Geburt des Gründerkönigs. Der Altherzog sagte: ‚Mein Nachkomme wird ein erhabener und mächtiger Mann sein, vielleicht ist es Chāng?' Die ältesten Söhne, Tài Bó und Yú Zhòng, wussten, dass der Altherzog Jì Lì als König einsetzen wollte, um die Herrschaft in Zukunft an Chāng weitergeben zu können. Deshalb flohen die beiden zu den Chǔ-Barbaren und ließen sich gemäß dem lokalen Brauch ihre Körper tätowieren und ihr Haar kurz schneiden, während sie ihren Thron an Jì Lì abtraten" (古公有长子曰太伯，次曰虞仲。太姜生少子季历，季历娶太任，皆贤妇人，生昌，有圣瑞。古公曰：„我世当有兴者，其在昌乎？"长子太伯、虞仲知古公欲立季历以传昌，乃二人亡如荆蛮，文身断髮，以让季历).
179 Dì Xīn 帝辛 (1105–1046 v. Chr.), in der späteren Geschichte auch König Zhòu 纣王, König Zhòu von Shāng 商纣王 und König Yīn Zhòu 殷纣王 genannt, war der letzte Herrscher der Shāng-Dynastie.
180 Yǒulǐ 羑里 ist der Name einer Siedlung im alten China, in der König Zhòu 纣王 König Wén von Zhōu 周文王 (Jī Chāng 姬昌) gefangen hielt. Während dieser Gefangenschaft soll Wén die 64 Hexagramme des Yìjīng 易经 [Buch der Wandlungen] verfasst haben. Es wird vermutet, dass sie sich an der Stelle des heutigen Kreises Tāng-Yīn 汤阴县 in der Provinz Hénán 河南 befand.
181 Zhāogē 朝歌 war die letzte einer Reihe von Städten, die als Hauptstadt der Shāng-Dynastie und später als Hauptstadt des Staates Wèi 卫国 (1040–209 v. Chr.) diente; sie befand sich im heutigen Kreis Qí 淇县, in der Gegend der Stadt Hèbì 鹤壁, Provinz Hénán 河南, etwa 50 km südlich von Ānyáng 安阳市.

entkommen[182] und kehrte in seine Heimat zurück.[183] In den folgenden Jahren eroberte er eine Reihe anderer Stämme und schuf einen weiteren Stützpunkt, diesmal südlich des Wèi-Flusses 渭河. Er gründete die Stadt Fēngyì 丰邑[184] auf der westlichen Seite des Flusses Fēng 沣河[185] (ein rechter Nebenfluss des Wèi-Flusses) im Gebiet des eroberten Staates Chóng 崇国[186]. Diesmal richtete Jī Chāng nicht einfach einen neuen Aufenthaltsort ein, sondern verlegte die Hauptstadt von Qíxià 岐下 nach Fēng 丰.

---

182 ‚Xīnshū 新书 [Neue Schriften] – Jūndào 君道 [Der Weg des Königs]': „König Wén von Zhōu wart in Fesseln als Gefangener in Yǒulǐ, nach sieben Jahren konnte er entkommen" (文王桎梏囚于羑里，七年而后得免).

183 ‚Shǐjì 史记 [Aufzeichnungen des Großen Historikers] – Qí Tàigōng Shìjiā 齐太公世家 [Biografie des Hauses Qí Tàigōng]': „Nachdem Chāng, der westliche Graf von Zhōu [Anm.: König Wén von Zhōu 周文王], aus Yǒulǐ entkommen und wieder in seine Heimat zurückgekehrt war, plante er heimlich mit Lǚ Shàng [Anm.: Jiāng Zǐyá 姜子牙], wie er eine tugendhafte Regierung einsetzen könnte, um die Shāng-Dynastie zu stürzen. Viele der dabei eingesetzten Taktiken und Strategien waren der Einsatz militärischer Macht, mit Betonung auf Intrigen und Täuschung, sowie ausgeklügelte, listige und unerwartete Schachzüge. Deshalb respektierten und schätzten nachfolgende Generationen, die über die Art und Weise des Einsatzes der Armee und die geheime Macht der Zhōu-Dynastie sprachen, die grundlegenden Strategien von Jiāng Zǐyá" (周西伯昌之脱羑里归，与吕尚阴谋修德以倾商政，其事多兵权与奇计，故后世之言兵及周之阴权皆宗太公为本谋).

184 Fēng 丰 oder Fēngyì 丰邑: Während der Zhōu-Dynastie errichtet König Wén von Zhōu 周文王 nach der Eroberung von Chóngchéng 崇城 in dessen Nähe seinen Regierungssitz Fēngyì 丰邑 (der heutige Hùyì-Bezirk 鄠邑区 in der Provinz Shǎanxī 陕西).

185 Der Fluss Fēnghé 沣河 ist ein am rechten Ufer gelegener Nebenfluss des Wèihé Flusses 渭河, eines Nebenflusses des Gelben Flusses, südwestlich von Xī'ān 西安 in Zentral-Guānzhōng 关中. Seine Hauptquelle, der Fluss Fēngyùhé 沣峪河, entspringt in Nányánzigōu 南研子沟 am Nordhang des Qínlǐng-Gebirge 秦岭 südwestlich des Bezirks Cháng'ān-Bezirk 长安区 (früher Kreis Cháng'ān 长安县) in Xī'ān 西安, Provinz Shǎanxī 陕西.

186 Nach der Zerstörung der Xià 夏 durch die Shāng-Dynastie zog der Stamm des Staates Chóng 崇国 nach Westen in die Region zwischen Fēng 丰 und Hàojīng 镐京 (Hauptstadt der Westlichen Zhōu-Dynastie), in der Gegend des heutigen Kreis Hù 户县, Xī'ān 西安市, Provinz Shǎanxī 陕西 gelegen.

Kurz nach dem Tod von Jī Chāng verlegte sein Sohn, König Wǔ von Zhōu 周武王[187], seinen Regierungssitz erneut, diesmal nach Hào 镐[188], nur etwa neun Kilometer östlich, am Ufer des Hàochí 镐池[189], wenige Kilometer südlich von Cháng'ān 长安[190], der Hauptstadt der Westlichen Hàn-Dynastie.[191]

Der letzte Versuch, die Zhōu-Hauptstadt weiter nach Osten zu verlegen, fand während der Herrschaft von König Chéng von Zhōu 周成王[192] statt, der seine Residenz in der Stadt Luòyì 洛邑[193] im Kernland der verdrängten Shāng-Dynastie errichten wollte. So wurde Chéngzhōu 成周[194] als neue Hauptstadt der Westlichen Zhōu-

---

187 König Wǔ von Zhōu Jī Fā 周武王姬发 (1076–1043 v. Chr.), in den Bronzeinschriften der Westlichen Zhōu-Dynastie oft König Wǔ珷王 genannt, war deren Gründungsmonarch.
188 Hàojīng 镐京, auch Zōng-Zhōu 宗周 genannt, war eine der beiden Siedlungen, die die Hauptstadt der Westlichen Zhōu-Dynastie bildeten, südwestlich des heutigen Xī'ān 西安市, Provinz Shǎanxī 陕西省.
189 Hàochí 镐池 [Hàochí], auch bekannt mit den Zeichen 滈池 oder 鄗池, befand sich in der Hauptstadt der Westlichen Zhōu-Dynastie.
190 Cháng'ān 长安 war die Hauptstadt der Westlichen Hàn-Dynastie (206 v. Chr. – 9 n. Chr.); ihr Name wurde unter der Míng-Dynastie 明朝 (1368–1644) in Xī'ān 西安市 geändert.
191 ‚Shījīng 诗经 [Buch der Lieder] – Sòng 颂 [Lobgesänge] – Wénwáng Zhī Shén 文王之什 [Jahrzehnt von König Wén] – Wénwáng Yǒu Shēng 文王有声 [Hohes Ansehen von König Wén]': „Der König befragte die Orakelknochen und bat um glückverheißende Zeichen und befand Hàojīng als guten Ort für die Hauptstadt. Die Schildkrötenpanzer entschieden für diesen Ort, und König Wǔ wurde für die Vollendung des Projekts unter großen Entbehrungen gelobt. König Wǔ war ein wahrhaft großartiger König" (考卜维王、宅是镐京。维龟正之、武王成之。武王烝哉).
192 König Chéng von Zhōu 周成王, Jī Sòng 姬诵 (?–1021 v. Chr.) stammte aus Qízhōu 岐周 (heute Kreis Qíshān 岐山县, Provinz Shǎanxī陕西省); er war der zweite Monarch der Zhōu-Dynastie, der Sohn des Königs Wǔ von Zhōu 周武 und Enkel des großen Meisters Jiāng Ziyá 姜子牙. Seine Mutter war die Königin Yì Jiāng 邑姜.
193 Luòyì 洛邑 ist ein alter Name von Luòyáng 洛阳, der Hauptstadt der Zhōu-Dynastie unter König Chéng von Zhōu 周成王. Herzog Wén von Zhōu 周文公旦 (gemeinhin bekannt als der Herzog von Zhōu周公, regierte 1042–1035 v. Chr.) machte Luòyì 洛邑 zur Hauptstadt, weil es in der Mitte seines Reiches lag, in alle Richtungen von Vasallenstaaten umgeben.
194 Chéngzhōu 成周, auch Luòyì 洛邑, war die östliche Hauptstadt der Westlichen Zhōu-Dynastie.

Dynastie gegründet.[195] Doch der König blieb nicht dort, sondern kehrte in den Westen zurück. Seine Nachfolger einschließlich König Yōu von Zhōu 周幽王[196] regierten ihr Land von Westen her.

Westliche Zhōu-Dynastie 西周 (1046–772 v. Chr.)

Abb. 19 König Wén von Zhōu 周文王

---

195 ‚Shǐjì 史记 [Aufzeichnungen des Großen Historikers] – Liú Jìng Shū Sūntōng Liè-Zhuàn 刘敬叔孙通列传 [Biografien von Liú Jìng und Shū Sūn-Tōng]': „Als König Chéng von Zhōu den Thron bestieg, unterstützten der Herzog von Zhōu und andere ihn, und er errichtete die Stadt Chéngzhōu in Luòyì und machte sie zum Zentrum der Welt. Vasallen aus allen Himmelsrichtungen kamen, um Tribut und Steuern zu zahlen, und die Straßen waren überall gleichmäßig" (成王即位，周公之属傅相焉，乃营成周洛邑，以此为天下之中也，诸侯四方纳贡职，道里均矣).
196 König Yōu von Zhōu 周幽王, Jī Gōng Shēng 姬宫湦 (795–771 v. Chr.), Sohn von König Xuān von Zhōu 周宣王 und der Königin Jiāng 姜后, war zwölfter und letzter Herrscher der Westlichen Zhōu-Dynastie.

Der Aufstieg des Zhōu-Clans, der die Shāng-Dynastie stürzte und eine neue Herrscherdynastie in China gründete, markierte den Anfang der Westlichen Zhōu-Dynastie und damit einer der bedeutendsten Perioden der alten chinesischen Geschichte. Diese Dynastie zeichnete sich durch ein auf Blutlinien basierendes stabiles Feudalsystem aus, welches das Zhōu-Reich in verschiedene Gebiete bzw. Vasallenstaaten unterteilte, die von regionalen Königen oder Adligen, den Zhūhóu 诸侯 [Vasallenherrscher] und Bójué 伯爵 [Graf], regiert wurden. Dieses System ermöglichte eine relativ stabile Struktur, in der die Zentralregierung durch die Zusammenarbeit der durch Blutsverwandtschaft mit dem Tiānzǐ 天子[197] [Himmelssohn, König] direkt verbundenen Lokalfürsten die Kontrolle über die verschiedenen Regionen Chinas behielt. Die Westliche Zhōu-Dynastie war zudem eine Zeit großer kultureller und künstlerischer Errungenschaften mit der Entwicklung von Bronzeguss, ritueller Musik und Kalligrafie. Sie entwickelte ein ausgeklügeltes Schriftsystem, das es ihr ermöglichte, ihre Geschichte aufzuzeichnen und eine Tradition des Lernens zu begründen.

Trotz ihrer Errungenschaften fand sich die Dynastie im Laufe der Zeit verstärkt in einem Zustand des Niedergangs und des politischen Chaos, was zum Beginn der Östlichen Zhōu-Dynastie 东周 (770–221 v. Chr.) führte. Dennoch ist die Westliche Zhōu-Dynastie nach wie vor als eine entscheidende Periode in der chinesischen Geschichte einzustufen, und ihr Erbe beeinflusst die chinesische Kultur und Gesellschaft bis zum heutigen Tag. In Chinas langer Geschichte diente die Westliche Zhōu-Dynastie immer wieder als Leitbild für staatliche, intellektuelle und soziale Entwicklungen, was sie zu einer der wichtigsten Perioden für die Verbreitung der Bildung in der chinesischen Geschichte macht.[198] Sie kann sicherlich als der Eckpfeiler

---

197 Tiānzǐ 天子 war die alte Bezeichnung für den Kaiser, der ‚alles unter dem Himmel' regierte (Tiānxià 天下, die Welt). Im Altertum glaubte man, dass der Kaiser vom Tiān 天 [Himmel; das höchste Wesen] dazu bestimmt worden sei, die Welt zu regieren; daher war der Kaiser der Zǐ 子 [Sohn] des Himmels und wurde Tiānzǐ 天子 [Sohn des Himmels] genannt.
198 Li Feng 李峰: The creation of paradigm: Zhou bureaucracy and social institutions, in: *Early China. A Social and Cultural History*, Cambridge: Cambridge University Press, 2013, S. 139.

der chinesischen Geschichte bezeichnet werden, das unübersehbare Symbol, zu dem die Architekten des traditionellen China immer wieder zurückkehrten, um sich zu vergewissern, dass ihr Bauwerk sicher und gut fundiert war.

Chronologie der Westlichen Zhōu-Dynastie 西周 (1046–771 v. Chr.)

- 1046–1043 v. Chr.: König Wǔ von Zhōu 周武王, Jī Fā 姬发 (?–1043 v. Chr.), in den Bronzeinschriften der Westlichen Zhōu oft als König Wǔ 珷王 bezeichnet. Der erste Sohn von König Wén von Zhōu, Jī Chāng 周文王姬昌, und seiner ersten Frau Tài Sì 太姒 stammte aus Qízhōu 岐周 (heute Kreis Qíshān 岐山县, Provinz Shǎanxī 陕西省) und gilt als Begründer der Westlichen Zhōu-Dynastie 西周王朝.
- 1042–1021 v. Chr.: König Chéng von Zhōu 周成王, Jī Sòng 姬诵 (?–1021 v. Chr.), stammte aus Qízhōu 岐周 (heute Kreis Qíshān 岐山县, Provinz Shǎanxī 陕西省) und war als Sohn des Königs Wǔ von Zhōu 周武 und Enkel des großen Meisters Jiāng Ziyá 姜子牙 zweiter Monarch der Zhōu-Dynastie. Seine Mutter war die Königin Yì Jiāng 邑姜.
- 1020–996 v. Chr.: König Kāng von Zhōu 周康王, Jī Zhāo 姬钊 (?–996 v. Chr.), stammte aus Qízhōu 岐周 (heute Kreis Qíshān 岐山县, Provinz Shǎanxī 陕西省). Der dritte Herrscher der Zhōu-Dynastie war der Enkel von König Wǔ von Zhōu 周武王 und Sohn von König Chéng von Zhōu 周成王.
- 995–977 v. Chr.: König Zhāo von Zhōu 周昭王, Jī Xiá 姬瑕 (?–977 v. Chr.), stammte aus Qízhōu 岐周 (heute Kreis Qíshān 岐山县, Provinz Shǎanxī 陕西省). Der Sohn von König Kāng von Zhōu 周康王 war der vierte Herrscher der Zhōu-Dynastie.
- 976–922 v. Chr.: König Mù von Zhōu 周穆王, Jī Mǎn 姬满 (1026–922 v. Chr.), auch bekannt als Mù Tiānzǐ 穆天子 [Himmelssohn Mù], war Sohn von König Zhāo von Zhōu 周昭王 und fünfter

Monarch der Westlichen Zhōu. Er regierte 55 Jahre lang und war damit der am längsten herrschende König der Westlichen Zhōu.[199]

- 922–900 v. Chr.: König Gòng von Zhōu 周共王, Jī Yīhù 姬繄扈 (?–900 v. Chr.), sechster Monarch der Westlichen Zhōu-Dynastie, war der Sohn von König Mù von Zhōu 周穆王; er wurde posthum als König Gòng 共王 bekannt: In den Bronzeinschriften der Westlichen Zhōu wird er oft als König Gōng 龔王 geschrieben.
- 937–892 v. Chr.: König Yì von Zhōu 周懿王, Jī Jiān 姬囏 (937–892 v. Chr.), Sohn von König Gòng von Zhōu 周共王, war der siebte Monarch der Westlichen Zhōu-Dynastie.
- 892–886 v. Chr.: König Xiào von Zhōu 周孝王, Jī Pìfāng 姬辟方 (?–886 v. Chr.) war ein Sohn von König Mù von Zhōu 周穆王, der Bruder von König Gòng von Zhōu 周共王 und der Onkel von König Yì von Zhōu 周懿王; er kam als achter Monarch auf den Thron der Westlichen Zhōu-Dynastie.
- 885–878 v. Chr.: König Yí von Zhōu 周夷王, Jī Xiè 姬燮, war der neunte Monarch der Westlichen Zhōu-Dynastie.
- 877–841 v. Chr.: König Lì von Zhōu 周厉王, Jī Hú 姬胡 (?–828 v. Chr.), Sohn von König Yí von Zhōu周夷王, war der zehnte Monarch der Westlichen Zhōu-Dynastie.[200]
- 841–828 v. Chr.: Gònghé-Regentschaft 共和, auch bekannt als Zhōushào-Gònghé 周召共和, ein Interregnum in der chinesischen Geschichte, als König Lì von Zhōu 周厉王 nach einer Rebellion von seinen Adligen ins Exil geschickt wurde. Während dieser Zeit wurde die politische Macht von den Herzögen Zhōu Dìng Gōng 周定公 und Zhào Mù Gōng召穆公gemeinsam ausgeübt, weshalb von der Gònghé-Regentschaft die Rede ist. Sie dauerte bis zur

---

199 Edward L. Shaughnessys schlägt in seiner Rekonstruktion der Chronologie der Zhōu-Dynastie (*Sources of Western Zhou History: Inscribed Bronze Vessels*, California University Press, A3.2.5, S. 248–254), die 1991 veröffentlicht wurde, vor, dass König Mù von Zhōu 39 Jahre lang, von 956–918 v. Chr., regierte.

200 In den Bambus-Annalen wird das Jahr 853 v. Chr. als erstes Regierungsjahr von König Lì von Zhōu 周厉王 angeben; David S. Nivison legt in seiner Analyse (*The Dates of Western Zhou*, S. 528) als erstes Jahr der Regierung von König Lì von Zhōu 周厉王 das Jahr 857 fest und kommt auf eine Regierungszeit von 26 Jahren.

Thronbesteigung von König Lìs Sohn, König Xuān von Zhōu周宣王. Das erste Jahr der Gònghé-Regentschaft, 841 v. Chr., gilt als Beginn der chinesischen Geschichte mit einer genauen Chronologie.
- 827–782 v. Chr.: König Xuān von Zhōu周宣王, Jī Jìng 姬静 (?–782 v. Chr.), Sohn von König Lì von Zhōu 周厉王, war der elfte Herrscher der Westlichen Zhōu-Dynastie.
- 781–771 v. Chr.: König Yōu von Zhōu 周幽王, Jī Gōngshēng 姬宫涅 (795–771 v. Chr.), war der Sohn von König Xuān von Zhōu周宣王 und der Königin Jiāng 姜后 und gilt als zwölfter und letzter Herrscher der Westlichen Zhōu-Dynastie.

Politische Fundamente der Zhōu: Tiānmìng 天命 – Fēnfēng 分封 – Zōngfǎ 宗法 – Jǐngtián 井田 – Lǐyuè 礼乐

Die Westliche Zhōu war ein Feudalstaat, der über ein riesiges Gebiet herrschte, das die heutigen Provinzen Shǎanxī 陕西, Hénán 河南 und Shāndōng 山东 umfasste. Nach der Zerstörung der Shāng durch König Wǔ von Zhōu周武王 schufen die Herrscher der Westlichen Zhōu ein stabiles politisches System, das auf Blutsbanden basierte und auf vier Pfeilern ruhte:
- Fēnfēng 分封制 oder Fēngjiàn-System 封建制度 meint das Belehnungssystem.[201]
- Zōngfǎ-System 宗法[202] bezieht sich auf das Abstammungs- oder Patriarchats- bzw. Lineagesystem.

---

201 Fēnfēng-Zhì 分封制: Feudalismus; Belehnungssystem.
202 Zōngfǎ 宗法: Abstammungs- oder patriarchalisches System, Verwandtschaftssystem.

- Jǐngtián 井田制[203] als Brunnenfeldsystem verweist auf die Organisation der Landwirtschaft.
- Lǐyuè 礼乐 schließlich ist das System der Riten und der Musik.

Diese Strukturen hatten einen tiefgreifenden Einfluss auf die politischen und ethischen Ansichten des alten China und symbolisierten gleichzeitig die Ursprünge der chinesischen Zivilisation.

Tiānmìng 天命 [Mandat des Himmels][204]

Abb. 20 «Mit fünfzig kannte ich die Weisungen des Himmels [Tiānmìng]" (Konfuzius)

---

203 Jǐngtián 井田, das Brunnenfeldsystem, ist ein System des Landbesitzes in der alten chinesischen Gesellschaft, das in der Shāng-Dynastie aufkam und bei Antritt der Westlichen Zhōu-Dynastie gut entwickelt war. Während der Westlichen Zhōu-Dynastie wurden dann Straßen und Kanäle kreuz und quer angelegt, um Tián 田 [das Land, das Feld, das Gebiet] in Quadrate zu unterteilen, die wie das Zeichen Jǐng 井 [Brunnen] geformt waren, daher der Name Jǐngtián 井田 [Brunnen-Feld]. Während der Frühlings- und Herbstperiode löste sich das System der Brunnenfelder allmählich auf, unter anderem aufgrund des Aufkommens von eisernen landwirtschaftlichen Werkzeugen und der Beliebtheit des Pflügens mit Ochsen, wofür das System der Anordnung der Landwirtschaftsflächen nicht mehr praktikabel war.

204 Tiānmìng 天命 [Mandat des Himmels]: Naturgesetz, Himmelsseele, Ich-Bewusstsein (Carl Gustav Jung), Gewissen, natürliche Instinkte, natürlicher Charakter, Gottes Gnaden.

Die erweiterte Bedeutung von Tiānmìng 天命 lautet: „Tiān [das Gesetz der Natur] regelt Mìng [das Schicksal, die Bestimmung] aller Lebewesen." Diese Formulierung stammt aus dem Shūjīng 书经 oder Shàngshū 尚书 [Buch der Urkunden], einem der fünf Klassiker der chinesischen Literatur[205]: „Wenn die einstigen Könige irgendeine (wichtige) Angelegenheit hatten, befolgten sie ehrfürchtig die Befehle des Himmels."[206]

In der alten chinesischen Philosophie wurde Tiān als Götter, als das Überirdische, Allmächtige behandelt. Tiān konnte für den Menschen verhängnisvoll sein und sein Schicksal bestimmen. Die ‚Mandat des Himmels'-Theorie war bereits in der Shāng- und Zhōu-Zeit populär. Die eingravierten Zeichen ‚Das Mandat des Himmels empfangen' 受命于天 erscheinen mehrfach auf ausgegrabenen antiken Artefakten wie Orakelknochen und sakralen Bronzegefäßen. Dies zeigt, dass die Betrachtungsweise des himmlischen Schicksals bereits in der Shāng- und Zhōu-Zeit in den Köpfen der Menschen Wurzeln geschlagen hatte.

In der antiken Denkweise hingen Reichtum und Armut, Glück und Unglück, Leben oder Tod, Gewinn und Verlust, sogar das Bestehen der kaiserlichen Prüfungen von einer Kraft in der Dunkelheit ab, die für den Menschen selbst nicht greifbar war: von Mìng. Bei diesem handelt es sich um das dem Menschen von den höchsten Mächten zugeteilte Schicksal bzw. Los, dem er nicht entgehen kann.

Der Bezug auf das Schicksal hat eine lange Geschichte in Chinas Antike. Sie reicht von Xià über Shāng und die Westliche Zhōu bis hin zur Frühlings- und Herbstperiode. Konfuzius' Schüler Zi Xià 子夏[207] sagte: „Tod und Leben haben ihre bestimmte Anordnung;

---

205 Rújiā Wǔjīng 儒家五经 [Fünf Klassiker der chinesischen Literatur]: Shījīng 诗经 [Buch der Lieder]; Shàngshū 尚书 oder Shūjīng 书经 [Buch der Urkunden]; Lǐjì 礼记 [Buch der Riten]; Yìjīng 易经 oder auch Zhōuyì 周易 [Buch der Wandlungen]; Chūnqiū 春秋 [Frühlings- und Herbstannalen].
206 ‚Shàngshū 尚书 [Buch der Urkunden] – Pán Gēng 盘庚上 (Teil 1)': ‚先王有服，恪谨天命'.
207 Zi Xià 子夏 lebte 507–400 v Chr.

Reichtum und Ehre hängen vom Himmel ab."[208] Kurz gesagt sind nach Konfuzius' Ansicht die Angelegenheiten eines Menschen, die mit Leben und Tod, Reichtum und Armut zu tun haben, vollständig mit dem Mìng verbunden, das hoch im Himmel hängt und niemals durch die Macht irdischer Wesen verändert werden kann. Deshalb sagte Konfuzius auch: „Wenn du dein Schicksal nicht kennst, wirst du kein Jūnzǐ 君子 [Anm.: eine edle und respektable Person]."[209] Als Jūnzǐ muss man sein Mìng kennen, sonst ist man nicht qualifiziert, ein solcher zu sein. Konfuzius war der Überzeugung, dass Leben und Tod, Reichtum und Armut durch Mìng seit langer Zeit vorbestimmt sind. Gerade weil der Jūnzǐ sich seines Mìng bewusst ist, ist er in der Lage, Ruhe und Gelassenheit zu bewahren und die Anordnung des Himmels zu befolgen. Hingegen weigert sich der Xiǎorén 小人 [Schurke, Bösewicht, fieser Mensch], auf Tiānmìng zu hören; er geht oft Risiken ein und hofft, mit Glück durch sein Leben zu kommen.

Das Konzept des Tiānmíng wurde von einer Reihe von Gelehrten aus der Vor-Qín-Zeit vertreten und enthusiastisch gefördert. Von den Herrschern bis hin zum einfachen Volk war der Glaube an das Schicksal weit verbreitet. Schon in der Shāng-Periode pflegten die damaligen Herrscher den Willen des Himmels aus Weissagungen der Orakelknochen zu erahnen, um herauszufinden, ob er ihnen gut oder schlecht gesinnt war. Später wurde durch den Einfluss der Vorstellung, dass Mensch und Himmel untrennbar miteinander verbunden sind und einander entsprechen, der Glaube noch weiter verbreitet, dass das Schicksal der ganzen Welt und das Schicksal jedes Einzelnen mit Tiānshí 天时[210], der natürlichen Ordnung des Himmels, und den Aspekten der Himmelskörper[211] zusammenhängt.

---

208 ‚Lúnyǔ 论语 [Analekten des Konfuzius] – Yán Yuān 颜渊': ‚死生有命，富贵在天'.
209 ‚Lúnyǔ 论语 [Analekten des Konfuzius] – Yáo Yuē 尧曰 [Yáo sprach]': ‚不知命，无以为君子也'.
210 Tiānshí 天时 meint den richtigen Zeitpunkt, das Schicksal, den Zeitablauf, die natürliche Ordnung des Himmels.
211 ‚Zhōulǐ 周礼 [Riten der Zhōu] – Büros des Frühlings – Zōng-Bó 春官宗伯': „Féng Xiāng Shì ist verantwortlich für die Beobachtung der zwölf Jahre von Tàisuì [archaischer Name für den Planeten Jupiter], die den Himmel umkreisen, des zwölfmal

Das Zhōu-Führungstriumvirat, bestehend aus Herzog Wén von Zhōu 周公旦[212], König Chéng von Zhōu 周成王[213] und Shào Gōngshì 召公奭[214], stand zu Beginn seiner Herrschaft vor der großen Herausforderung, für die neue Dynastie eine dauerhafte Regierungsform zu etablieren. Die Fertigstellung der östlichen Hauptstadt Chéngzhōu 成周[215] war der Auslöser dafür, dass ihre Meinungsverschiedenheiten offen ausgetragen wurden. Nach dem Tod von König Wǔ von Zhōu 周武王[216] entwickelten sich radikal unterschiedliche Auffassungen über das Verhältnis zwischen Wesen und Wirken von Tiān 天 [Himmel; der himmlische Aspekt des Kosmos] und der königlichen Autorität. Der Abschnitt Dàgào 大诰 [Die Große Ansprache] im Shàngshū 尚书 [Buch der Urkunden] zeigt diese Uneinigkeit: König Chéng von Zhōu führte eine Schildkrötenpanzer-Wahrsagung durch, um festzustellen, ob er einen Krieg gegen eine Rebellion der noch verbliebenen Reste der Yīnshāng führen sollte; diese würden auf den Zhōu-Staat herabblicken und die alten

---

zunehmenden und abnehmenden Mondes im Jahr, die zwölf Himmelsrichtungen, die durch den Griff des Großen Wagens angezeigt werden, die zehn Tage einer vollen Periode, die Lage der achtundzwanzig Sternbilder [wo Sonne, Mond und die fünf Sterne sind], Identifizierung und Anordnung der Ereignisse des Kalenders [Jahr, Monat, Zeit, Tag usw.] in Bezug auf die Positionen der Bewegungen der Himmelskörper [Sonne, Mond, fünf Sterne usw.]" (冯相氏：掌十有二岁、十有二月、十有二辰、十日、二十有八星位，辨其叙事，以会天位).

212 Zhōu Gōng Dàn 周公旦 (?–? v. Chr.), Ahnenname Jī 姬, auch bekannt als Shū Dàn 叔旦 oder Herzog von Zhōu 周公, war der Herrscher der Zhōu-Dynastie von 1042 bis 1035 v. Chr.

213 König Chéng von Zhōu 周成王, Jī Sòng 姬诵 (?–1021 v. Chr.), stammte aus Qízhōu 岐周 (heute Kreis Qíshān 岐山县, Provinz Shǎanxī 陕西省); zweiter Monarch der Zhōu-Dynastie, Sohn des Königs Wǔ von Zhōu 周武 und Enkel des großen Meisters Jiāng Ziyá 姜子牙. Seine Mutter war die Königin Yì Jiāng 邑姜.

214 Shào Gōng Shì 召公奭, Herzog Kāng von Shào (?–1000 v. Chr.), oder Jī Shì 姬奭, auch bekannt als der Graf von Shào, war ein hochrangiger Minister der frühen Zhōu-Dynastie. Er war ein jüngerer Bruder von König Wǔ von Zhōu 周武王, dem Gründerkönig der Zhōu-Dynastie.

215 Chéngzhōu 成周 (Luòyì 洛邑) war die östliche Hauptstadt der Westlichen Zhōu-Dynastie.

216 König Wǔ von Zhōu Jī Fā 周武王姬发 (1076–1043 v. Chr.), in den Bronzeinschriften der Westlichen Zhōu-Dynastie oft König Wǔ 珷王 genannt, Gründungsmonarch der Westlichen Zhōu-Dynastie.

Staatsgrenzen des Königs Zhòu von Shāng 商纣王[217] wiederherzustellen versuchen. Obwohl die Orakel vielversprechend waren und einen Sieg prophezeiten, widersprachen viele der Vasallenherrscher und hohen Beamten dem Ansinnen des Königs und rieten ihm, den Weissagungen nicht zu folgen. König Chéng weigerte sich jedoch, gegen den Willen des Himmels zu handeln, denn dieser habe ja den Zhōu-Herrschern Tiānmìng 天命, das himmlische Mandat zum Herrschen, erteilt:

> „Ich, ein kleiner Junge, würde es niemals wagen, am Willen des Himmels [Tiān] zu zweifeln. Er [Tiān] segnete König Wén und machte unseren kleinen Zhōu-Staat wohlhabend. Nur weil König Wén wusste, wie man der Wahrsagerei folgt, konnte er sein großes Schicksal aufnehmen. Der Himmel [Tiān] wird uns auch jetzt noch segnen, wenn wir nur den Weissagungen noch folgen können. Ah! Der ehrfurchtgebietende Wille des Himmels ist gewaltig! Kommt alle und helft mir, mein großartiges Vermächtnis zu erfüllen!"[218]

Diese frühesten Erwähnungen des Begriffs Tiānmìng sollten die Fundamente eines Regierungs- und Staatsverständnisses bilden, das im weiteren Verlauf der chinesischen Geschichte immer wieder die Diskussionen über die Macht im Staate dominierte. Während Herzog Wén von Zhōu Tiānmìng als göttlichen Auftrag für das gesamte Volk der Zhōu sah, erklärte hingegen Shào Gōng, dass nur der König dieses Mandat erhalten habe: „O! Gott im Himmel, der das große Schicksal des Königreichs Yīn änderte und ihnen das Recht zum Herrschen über die Welt nahm. Nur der König von Zhōu hat das große Mandat des Himmels erhalten."[219]

---

217 König Zhòu von Shāng 商纣王 (?–1046 v. Chr.), auch bekannt als Dì Xīn 帝辛, herrschte von 1155 bis 1122 v. Chr. als letzter König der Shāng-Dynastie.
218 ‚Shàngshū 尚书 [oder Shūjīng 书经, Buch der Urkunden] – Zhōushū 周书 [Dokumente aus der Zhōu-Dynastie] – Dàgào 大诰 [Die Große Ansprache]': ‚已！予惟小子，不敢替上帝命。天休于宁王，兴我小邦周，宁王惟卜用，克绥受兹命。今天其相民，矧亦惟卜用。呜呼！天明畏，弼我丕丕基！'
219 ‚Shàngshū 尚书 [oder Shūjīng 书经, Buch der Urkunden] – Zhōushū 周书 [Dokumente aus der Zhōu-Dynastie] – Shào-Gào 召诰 [Ansprache von Herzog Shào]': ‚呜呼！皇天上帝，改厥元子兹大国殷之命。惟王受命'.

Fēnfēng-System 分封制 [Belehnungssystem]

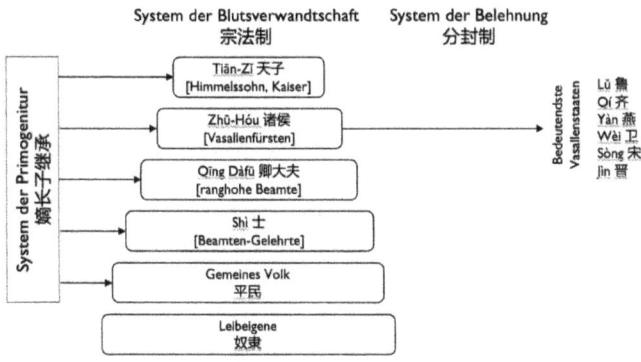

Abb. 21 Fēnfēng-System [Belehnungssystem]

Die Anfänge des Fēnfēng- bzw. Fēngjiàn-Systems finden sich bereits in der Shāng-Dynastie 商朝 (1600–1046 v. Chr.), wo die Belehnungstitel Hóu 侯 [Marquis] und Bà 伯 [der Älteste oder Graf] auftauchen. Im System der Gebietseinteilung der Shāng-Dynastie werden die externen Vasallengebiete, also die neun Regionen außerhalb des zentralen königlichen Territoriums Wángjī 王畿, als „Hóufú 侯服, Diànfú 甸服, Nánfú 男服, Cǎifú 采服, Wèifú 卫服, Mánfú 蛮服, Yífú 夷服, Zhènfú 镇服 und Fānfú 藩服"[220] bezeichnet. Nach der Vernichtung

---

220 ‚Zhōulǐ 周礼 [Riten der Zhōu] – Xià-Guān Sīmǎ 夏官司马 [Sīmǎ des Büros des Sommers]': „Unterschieden werden die Vasallenstaaten der neun Zonen der Unterwerfung: das Gebiet von tausend Lǐ ist das Wángjī [王畿 Königsgebiet], außerhalb des Wángjī erstreckt sich Hóufú [侯服] über 500 Lǐ, jenseits von Hóufú erstreckt sich Diànfú [甸服] über 500 Lǐ, jenseits von Diànfú erstreckt sich Nánfú [男服] über 500 Lǐ, jenseits von Nánfú erstreckt sich Cǎifú [采服] über 500 Lǐ, jenseits von Cǎifú erstreckt sich Wèifú [卫服] über 500 Lǐ, jenseits von Wèifú erstreckt sich Mánfú [蛮服] über 500 Lǐ, jenseits von Mánfú erstreckt sich Yífú [夷服] über 500 Lǐ, jenseits von Yífú erstreckt sich Zhènfú [镇服] über 500 Lǐ, jenseits von Zhènfú erstreckt sich Fānfú [藩服] über 500 Lǐ" (乃辨九服之邦国，方千里曰王畿，其外方五百里曰侯服，又其外方五百里曰甸服，又其外方五百里曰男服，又其外方五百里曰采服，又其外方五百里曰卫服，又其外方五百里曰蛮服，又其外方五百里曰夷服，又其外方五百里曰镇服，又其外方五百里曰藩服).

der Shāng-Dynastie durch die Zhōu wurden die Lehensgebiete in großem Umfang an die Kinder der königlichen Familie und jene Minister verteilt, die hervorragende Dienste geleistet hatten.

Die Bedeutung von Fēngjiàn wird im Shījīng 诗经 [Buch der Lieder] kurz so dargestellt: „Die Befehle des Königs werden an die Vasallen weitergegeben, und alle Lehensstaaten sind gesegnet mit Freude."[221] Der Tiānzǐ 天子 [Himmelssohn, Kaiser] teilte Land auf die eigenen Nachkommen bzw. Feudalfürsten [Vasallenherrscher], verdienstvolle Minister und hohe Beamte sowie die Nachfahren der Monarchen aus alten Zeiten auf, und diese auf- bzw. zugeteilten Gebiete oder Vasallenstaaten wurden Zhūhóuguó 诸侯国, Fēngguó 封国 oder Fānguó 藩国 genannt. Die Monarchen, die diese Lehen regierten, erhielten Titel wie Zhūhóu 诸侯 [Vasallenfürsten], Fānwáng 藩王 [Vasallenkönige] und so weiter. Die Zhūhóu 诸侯 und andere Herrscher, durch die patrilineare Primogenitur mit allen Rechten ausgestattet, konnten frei über ihre Lehen herrschen und teilten diese wiederum entsprechend den Hierarchiestufen bis hinunter zu Bauern und Leibeigenen auf. Die sozialen Beziehungen zwischen den verschiedenen Klassen wurden als Fēngjiàn-System 封建制度 bezeichnet.

Um die Herrschaft aufrechtzuerhalten und sicherzustellen, sah das Fēnfēng-System vor, dass die Vasallenherrscher die Befehle des Sohnes des Himmels strikt zu befolgen hatten, strategisch wichtige Gebiete bewachen und verteidigen mussten, Kriegsdienst zu leisten hatten, regelmäßig Tribut zahlten sowie den kaiserlichen Audienzen beiwohnen und dem Kaiser ihren Respekt erweisen mussten.

---

221 ‚Shījīng 诗经 [Buch der Lieder] – Sòng 颂 [Lobgesänge] – Shāngsòng 商颂 [Lobgesänge der Shāng] – Yīnwǔ 殷武 [Die kriegerischen Erfolge von Kaiser Yīn]': „Wenn der Himmel [dem König von Yīn] befahl, das Geschehen in der Welt aufmerksam zu beobachten, gehen die Menschen ihre Angelegenheiten gesetzestreu und respektvoll an. Seine Belohnungen sind nicht übermäßig und seine Strafen nicht wahllos, und niemand wagt es, seine Tage zu vernachlässigen. Die Befehle des Königs werden an alle Vasallenherrscher weitergegeben, und alle Lehensstaaten sind gesegnet mit Freude" (天命降监、下民有严。不僭不滥、不敢怠遑。命于下国、封建厥福).

Gleichzeitig teilten die Vasallenherrscher die Gebiete innerhalb ihrer eigenen Grenzen wiederum an Qīngdàfū 卿大夫 [ranghohe Beamte] auf, die schließlich die ihnen zugeteilten Gebiete zum Teil der Klasse der Shì 士 zur Bewirtschaftung überließen. Es verstand sich von selbst, dass auch die Qīngdàfū 卿大夫 und Shì 士 verpflichtet waren, für die ihnen übergeordneten Hierarchieebenen Kriegsdienst zu leisten und andere Leistungen zu erbringen.

Beim Tiānzǐ sowie den Klassen Zhūhóu, Qīngdàfū und Shì galt das Prinzip der Nachfolge des erstgeborenen Sohnes der ersten Frau. In Bezug auf die Vasallenstaaten galt der Tiānzǐ als Dàzōng 大宗, die Vasallenstaaten galten als Xiǎozōng 小宗. Die gleiche Struktur herrschte in den Vasallenstaaten, wo die Zhūhóu 诸侯 Dàzōng 大宗 repräsentierten und die Qīngdàfū 卿大夫 als Xiǎozōng 小宗 bezeichnet wurden. In diesem Beziehungssystem waren die Xiǎozōng 小宗 stets dem Dàzōng 大宗 untergeordnet und verpflichtet, Tribut zu zahlen und bei der Entsendung von Truppen zu helfen; vom Dàzōng 大宗 wurde erwartet, dass er die Xiǎozōng 小宗 schützte und Streitigkeiten zwischen ihnen schlichtete. Auf diese Weise wurde eine starre Hierarchie innerhalb der herrschenden Klasse geschaffen: Tiānzǐ – Zhūhóu – Qīngdàfū – Shì.

Zōngfǎ-System 宗法 *[Blutsverwandtschaft]*

Nach dem Tod von König Chéng von Zhōu übernahm sein ältester Sohn als König Kāng von Zhōu 周康王[222] die Regentschaft. Shào Gōngshì achtete darauf, dass die Zhōu auch weiterhin am Zōngfǎ- 宗法[223] oder Lineage-System festhielten und eine Erbfolgepolitik der Primogenitur verfolgten. Das Kapitel ‚Gù-Mìng' 顾命 [Testamentarische Anweisung] im Shàngshū 尚书 hält Ratschläge von König

---

222 Kronprinz Zhāo 太子钊 (1040–996 v. Chr.), persönlicher Name Jī Zhāo 姬钊, regierte als König Kāng von Zhōu 周康王 von 1020 bis 996 v. Chr.
223 Zōngfǎ 宗法 bezeichnet das Abstammungs- oder patriarchalische System bzw. Verwandtschaftssystem.

Chéng fest, die seither sprichwörtlich für eine gute Regierung stehen: „Ihr sollt euch bemühen, meine Worte entgegenzunehmen, und meinen ältesten Sohn, Jī Zhāo [König Kāng von Zhōu], mit Liebe und Respekt in all seinen Nöten und Schwierigkeiten beschützen. Dient den Menschen nah und fern mit Sanftmut und Wohlwollen; führt jedes Land, ob groß oder klein, ruhig und mit Weisheit und zeigt ihnen den richtigen Weg, ihre Untertanen und das Volk gut zu regieren."[224] Sowohl König Chéng als auch König Kāng kamen diesem Ideal wohl nahe. Das Shǐjì 史记 [Aufzeichnungen des Großen Historikers][225] berichtet, dass ‚während der Regierungszeit der beiden Könige Chéng und Kāng Frieden unter dem Himmel herrschte und mehr als 40 Jahre lang keine Notwendigkeit bestand, Strafen zu verhängen."[226]

Die Regierungsperioden von König Wǔ von Zhōu 周武王, König Chéng von Zhōu 周成王 und König Kāng von Zhōu 周康王 waren geprägt durch ein geordnetes politisches Umfeld und markierten das goldene Zeitalter der gesamten Zhōu-Dynastie. Aber in der vierten Generation zur Zeit von König Zhāo von Zhōu 周昭王[227] kam es zur Krise. Zu dieser Zeit verfiel der sogenannte Wángdào 王道[228], der

---

224 ‚Shàngshū 尚书 [oder Shūjīng 书经, Buch der Urkunden] – Zhōushū 周书 [Dokumente aus der Zhōu-Dynastie] – Gù-Mìng 顾命 [Testamentarische Anweisung]': ‚尔尚明时朕言，用敬保元子钊弘济于艰难，柔远能迩，安劝小大庶邦。思夫人自乱于威仪'.

225 Shǐjì 史记 [Aufzeichnungen des Großen Historikers] ist eine monumentale Geschichte des alten China und der Welt, die um 94 v. Chr. von dem Beamten der Hàn-Dynastie Sīmǎ Qiān 司马迁 (145–86 v. Chr.) verfasst wurde, nachdem sein Vater, Sīmǎ Tán 司马谈 (165–110 v. Chr.), Großastrologe am kaiserlichen Hof, sie begonnen hatte. Das Werk beschreibt die Welt, wie sie den Chinesen damals bekannt war, und umfasst einen Zeitraum von 2.500 Jahren vom Zeitalter des legendären Gelben Kaisers Huángdì 黄帝 bis zur Herrschaft von Kaiser Wǔ von Hàn 汉武帝 (156–87 v. Chr.) zur Zeit des Verfassers.

226 ‚Shǐjì 史记 [Aufzeichnungen des Großen Historikers] – Zhōu Běnjì 周本纪 [Biografien der Zhōu-Dynastie]': ‚故成康之际，天下安宁，刑错四十馀年不用'.

227 König Zhāo von Zhōu周昭王 (1027–977 v. Chr.), persönlicher Name Jī Xiá 姬瑕, vierter König der Zhōu-Dynastie, regierte von 997 bis 977 v. Chr.

228 Wángdào 王道 [Königlicher Weg; tugendhafte, weise und wohlwollende Herrschaft] meint eine bestimmte Haltung und ein bestimmtes Handeln des

‚Königliche Weg' des vermeintlichen ehemals weisen, tugendhaften und wohlwollenden Herrschens, und König Zhāo von Zhōu, der als ‚Sohn des Himmels' regierte, wurde während eines großen militärischen Feldzuges in den Süden beim Rückzug auf dem Hànshuǐ 汉水 Opfer einer Verschwörung und ermordet. Nach diesem Debakel und einem Krieg gegen die Xúróng 徐戎 musste das Militär umstrukturiert werden. Historischen Aufzeichnungen zufolge betraute König Mù von Zhōu 周穆王[229] bei seiner Thronbesteigung einen Beamten mit dem Titel Lí 蠡[230] mit dem Befehl über alle Zhōu-Streitkräfte. Die häufigsten Empfänger solcher Ernennungen waren meist kleinere Militäroffiziere im Range eines Shī 师[231], was in diesem Fall wohl am besten mit ‚militärischer Berater' oder ‚Militärstratege' übersetzt werden kann.

Anstelle des Jūnhòu 军候[232] aus der Zeit der frühen Westlichen Zhōu traten nun die sogenannten Cānyǒusī 参有司[233], die ‚Drei Verwalter' als mächtigste Figuren in der staatlichen Organisation in Erscheinung. Bei Hofe nahmen Zǎixiàng 宰相[234] und Shànfū 膳夫[235] die Befehle des Königs entgegen und führten sie aus. Auch die

---

Herrschers in Übereinstimmung mit den gegebenen menschlichen, sozialen und moralischen Standards der Zeit, ohne gegen das bestehende politische und rechtliche System zu verstoßen.
229 König Mù von Zhōu 周穆王 (?1026–922 v. Chr.), fünfter König der Zhōu-Dynastie, regierte von 977 bis 922 v. Chr.
230 Lí 蠡: antiker Name für ein offizielles Amt, das über denen des Sītú 司徒 [Aufseher der Ländereien: zuständig für die Kultivierung der Bevölkerung, Steuerwesen, Landeinteilung und Verwaltungsangelegenheiten], des Sīmǎ 司马 [Aufseher der Pferde: zuständig für militärische Angelegenheiten und Militäreinnahmen] und des Sīkōng 司空 [Aufseher der Arbeiten: zuständig für Bauarbeiten] stand und auch für die militärische Verwaltung des Ostens und Westens zuständig war.
231 Shi 师: militärischer Berater, Militärstratege.
232 Jūnhòu 军候: zuständig für militärische Disziplin
233 Sammelbezeichnung für die drei Beamten Sītú 司徒, Sīmǎ 司马 und Sīkōng 司空 (siehe Fn. 193).
234 Zǎixiàng 宰相: Erster Minister, Reichskanzler.
235 Shànfū 膳夫: Hofversorger (zuständig für die Mahlzeiten des Kaisers).

Hofschreiber Shǐ 史[236] wurden nun nahezu allgegenwärtig; alles, was am Hof geschah, wurde jetzt schriftlich festgehalten. Diese Organisation könnte auf eine Distanzierung des Königs von seinem Volk hinweisen. Einst herrschte der König aufgrund seines einzigartigen Charismas, nun wurde seine Macht durch diese königliche Bürokratie vermittelt – und wahrscheinlich auch eingeschränkt.

Abb. 23 König Mù von Zhōu 周穆王

Als König Mù von Zhōu 周穆王 977 v. Chr. den Thron bestieg, schuf er, um das Ansehen der Zhōu-Dynastie wiederherzustellen, das neue Amt des Tàipú 太仆[237]. Dieser stand an der Spitze der ranghöchsten kaiserlichen Diener, um die zentrale Verwaltung der Dynastie

---

236 Shǐ 史: Hofhistograf, Hofschreiber.
237 Tàipú 太仆 [Minister für Kutscherwesen] meint eine Regierungsfunktion, die für die kaiserlichen Pferdekutschen, die kaiserlichen Pferde und die nationale Pferdeverwaltung verantwortlich und damit auch für die Verwaltung der Haltung, Ausbildung, Verwendung und Beschaffung von Dienstpferden zuständig war.

zu stärken.[238] Er erließ Strafgesetze und verringerte die Strafen, um die Kontrolle über seine Untertanen zu stärken und als guter Regent zu gelten. Er besiegte die Quǎnróng 犬戎 im Westen und die Yí 夷 人 im Süden[239], leistete erfolgreich Widerstand gegen das Eindringen fremder Völker und verhinderte Plünderungen. König Mù befriedete auch die Aufstände der Stämme der Xúróng 徐戎 unter der Führung von König Xú Yǎn 徐偃王[240] im Osten und entsandte seine Armeen gegen den Staat Chǔ 楚国 im Süden. Der im Süden des Zhōu-Reichs gelegene Staat Chǔ, der sich zu einem der zwei oder drei mächtigsten Staaten in der Zeit der Östlichen Zhōu-Dynastie entwickeln sollte, nutzte die Gelegenheit eines geschwächten Zhōu-Hofs, um einen ersten Einfall in seine im Norden gelegenen Nachbarstaaten zu unternehmen. Die Zhōu konnten die Angriffe erst

---

238 ‚Shǐjì 史记 [Aufzeichnungen des Großen Historikers] – Zhōu Běnjì 周本纪 [Biografien der Zhōu-Dynastie]': „König Mù war bereits fünfzig Jahre alt, als er die Thronfolge antrat. Zu dieser Zeit war der Königliche Weg bereits im Niedergang begriffen, und König Mù war traurig über das Fehlen der tugendhaften und wohlwollenden Weise des Regierens der Könige Wén und Wǔ, sodass er den Minister Bó Guāng [伯冏] zum Tài-Pú ernannte und ihn wiederholt in Staatsangelegenheiten ermahnte und die Guǎng-Anordnungen [冏命] erließ. So herrschte im Königreich wieder Frieden" (立昭王子满，是为穆王。穆王即位，春秋已五十矣。王道衰微，穆王闵文武之道缺，乃命伯冏申诫太仆国之政，作冏命。复宁).

239 ‚Shǐjì 史记 [Aufzeichnungen des Großen Historikers] – Xiōngnú Lièzhuàn 匈奴列传 [Biografien der Xiōngnú]': „In den nächsten etwa zweihundert Jahren verfiel die Politik der Zhōu-Dynastie zunehmend. König Mù von Zhōu entsandte seine Truppen zum Angriff auf die Quǎnróng und kehrte wieder zurück, nachdem er vier weiße Wölfe und vier weiße Hirsche erbeutet hatte. Von da an kamen die in den Huāngfú-Gebieten ansässigen Róng und die Yí nicht mehr in die Hauptstadt Hàojīng, um Tribut zu zahlen. Zhōu erließ daraufhin das Strafgesetz Fǔ-Xíng" (其后二百有馀年，周道衰，而穆王伐犬戎，得四白狼四白鹿以归。自是之後，荒服不至。于是周遂作甫刑之辟).

240 König Xú Yǎn 徐偃王 (992–926 v. Chr.) war der 32. Herrscher des Staates Xú 徐国 während der Westlichen Zhōu-Dynastie. Der Staat Xú umfasste das Gebiet bei den heutigen Flüssen Huái 淮河 und Sìshuǐ 泗水. Die Hauptstadt von Xú wurde in Xià Pī 下邳, Landkreis Liáng Chéng 良城县 (heute Pī Zhōu 邳州市, Provinz Jiāngsū 江苏省) errichtet.

abwehren, als die Chǔ bereits den Staat È 噩[241] an den Ufern des Luò-Flusses 洛河[242] erreicht hatten, nicht weit entfernt von der östlichen Hauptstadt der Zhōu.

Die Primogenitur bildete den Kern des Zōngfǎ-Systems, also die Ordnung der Erbfolge, nach der nur das erstgeborene Kind der Hauptehefrau das Erbe und die Rechtsnachfolge des Königtums antreten konnte, während seine jüngeren Geschwister unberücksichtigt blieben. Das System des Erbkönigtums wurde in China bereits in der Xià-Dynastie 夏朝 (2070–1600 v. Chr.) eingeführt und ersetzte das Shànràng-System 禅让制 [Abdankungssystem]:

Das Shànràng-System 禅让制 beinhaltete das Abdanken und die Übertragung der Herrschaft an den Nachfolger. Shàn 禅 bedeutet hier ‚vor den Ahnen nachdrücklich empfehlen‘, und Ràng 让 ‚auf den Thron verzichten‘. Der Begriff Shànràng kann dabei in Nèishàn 内禅 [internes Shàn] und Wàishàn 外禅 [externes Shàn] unterteilt werden, wobei ‚internes Shàn‘ die Übertragung des Throns vom Kaiser auf eine Person mit demselben Familien- bzw. Clannamen und ‚externes Shàn‘ die Übertragung des Throns vom Sohn des Himmels auf eine Person mit einem anderen Familiennamen bedeutet. Bei einem ‚externen Shàn‘ verzichtete der Kaiser auf seinen Thron zugunsten einer Person aus einem anderen Clan – so etwa, als Yáo 尧 seine Herrschaft an Shùn 舜 weitergab. In der Ära der ‚Fünf Kaiser‘ 五帝时期 stellte dieses System sicher, dass der Herrscher zu Lebzeiten seinen Macht- und Regierungsanspruch an eine andere Person abgab. Vor der Einführung des Shànràng-Systems, d. h. während der Ära der ‚Drei Souveräne‘[243], regelte das sogenannte Gōngtiānxià

---

241 È-Staat 鄂国 (in den Bronzeinschriften der Westlich Zhōu-Dynastie mit den Zeichen ‚噩国‘ geschrieben) war ein Vasallenstaat während der Xià- und Shāng-Periode im Gebiet von Nányáng 南阳市 in der heutigen Provinz Hénán.

242 Der Luòhé 洛河 ist Nebenfluss des Gelben Flusses; er entspringt an der Südostflanke des Berges Huà 华山 in der Provinz Shǎanxī 陕西 und fließt nach Osten in die Provinz Hénán 河南, wo er schließlich bei der Stadt Gǒngyì 巩义市 in den Gelben Fluss mündet.

243 Sānhuáng 三皇 [Drei Souveräne]: Der Tiānhuáng 天皇 [Himmelssouverän] (oder Fúxī 伏羲) herrschte 18.000 Jahre, der Dìhuáng 地皇 [Erdsouverän] (oder

公天下²⁴⁴ die Erbfolge so, dass auf den Vater der Sohn und auf den älteren der jüngere Bruder folgte.²⁴⁵ Die höchsten Führer des Landes stammten dabei aus der Familie mit dem Familien- bzw. Clannamen Fēng 风.²⁴⁶

Basierend auf der Struktur und den Konzepten des Zōngfǎ-Systems spielte die Ethik eine entscheidende Rolle im gesellschaftlichen Leben. Die Periode der Westliche Zhōu-Dynastie stellte den Beginn der traditionellen chinesischen Ethik und der Ausformung des ‚ethischen' geistigen Temperaments der traditionellen chinesischen Kultur dar. Die Betonung der „Kultivierung des eigenen moralischen Charakters"²⁴⁷ und der Erbauung von Körper und Geist hat zu einer ideologischen Tradition geführt, in der die Regeln durch tugendhafte Beispiele gesetzt werden sollten. Durch die regulierende Funktion der Moral können, so die Annahme, Verhalten und Aktivitäten der Menschen durch Bewertung und andere Mittel gelenkt und korrigiert

---

Nǚwā 女娲) 11.000 Jahre und der Tàihuáng 泰皇 [Menschensouverän] (oder Shénnóng 神農) 14.600 Jahre.

244 Gōngtiānxià 公天下 ist das System, das zur Zeit der mythischen fünf Kaiser Huángdì 黄帝, Zhuān Xū 颛顼, Dì Kù 帝喾, Yáo 尧 und Shùn 舜 für die Bestimmung chinesischer Herrscher praktiziert wurde. Es war dies ein System der Thronfolge ohne Blutsverwandtschaft oder Blutlinie.

245 ‚Hànshū 汉书 [Geschichte des ehemaligen Hàn] – Wǔ Wǔzǐ Zhuàn 武五子传 [Biografien der fünf Söhne von Kaiser Wǔ]': „Wenn der Vater starb, trat der Sohn die Nachfolge an, wenn der ältere Bruder starb, übernahm der jüngere Bruder die Nachfolge" (父死子继，兄终弟及).

246 Fēng 风姓: Der Nachname Fēng 风ist der älteste Familienname in China. Gemäß den ‚Genealogischen Annalen der Kaiser und Könige' 帝王世纪 (Geschichte der Abstammung, der Chronologie und der Taten der Kaiser, beginnend mit den Drei Souveränen und endend mit den Dynastien Hàn 汉朝 (206 v. Chr. – 220 n. Chr.) und Wèy 魏朝 (220–256)) und den Bambus-Annalen trug der Vater des Clans von Fúxī 伏羲氏, dem ersten der Drei Souveräne und Fünf Kaiser des antiken China, den Nachnamen Fēng 风, und der Nachname des Clans von Nǚwā 女娲氏 lautete ebenfalls Fēng 风 (sie waren Geschwister).

247 ‚Lǐjì 礼记 [Buch der Riten] – Qū-Lǐ Shàng 曲礼上 [Regeln der Schicklichkeit – Teil 1]': „Die Selbstkultivierung der eigenen moralischen Integrität, das Einhalten der eigenen Versprechen, das nennt man charakterliche Vollkommenheit" (修身践言，谓之善行).

werden, um so die zwischenmenschlichen Beziehungen zu harmonisieren und die soziale Ordnung aufrechtzuerhalten. Obwohl das Zōngfǎ-System der Westlichen Zhōu-Dynastie seit der Frühlings- und Herbstperiode im Niedergang begriffen war, existierten Clans und adelige Familien als dessen Überbleibsel in der alten chinesischen Gesellschaft lange weiter. Auch wenn das historische Zōngfǎ-System heute längst nicht mehr existiert, haben sich dessen Spuren tief in die Denkweise und das Verhalten der Chinesen eingegraben.

Jǐngtián-System 井田制 *[Brunnenfeldsystem]*

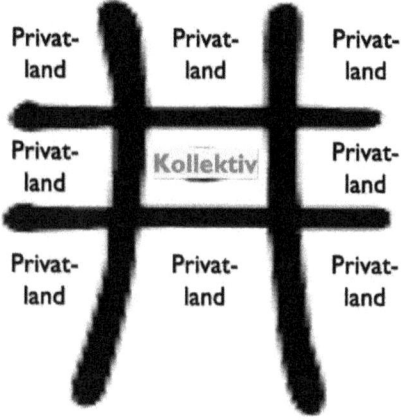

Abb. 24 Struktur des Brunnenfeldsystems

Jǐngtián 井田 [Brunnenfeldsystem] war ein System des Landbesitzes, das wohl bereits in der Xià-Zeit eingeführt wurde und in der Shāng- und Westlichen Zhōu-Dynastie gut entwickelt war: Während der Westlichen Zhōu-Dynastie wurden Straßen und Kanäle kreuz und quer angelegt, um das Land in zu bewirtschaftende Nutzflächen von je neun Quadraten zu unterteilen, die wie das Zeichen Jǐng 井 [Brunnen] geformt waren, daher der Name Jǐngtián 井田 [Brunnenfeld]. Während der Frühlings- und Herbstperiode löste sich das

System der Brunnenfelder allmählich auf, unter anderem weil landwirtschaftliche Werkzeuge zunehmend aus Eisen gefertigt waren und immer mehr mit Ochsen gepflügt wurde.

Die Jǐngtián 井田 [Brunnenfelder] gehörten dem Zhōu-König und wurden über den Lehnsherrn bzw. Grundherrn an deren Leibeigene zur Nutzung und Bewirtschaftung verteilt. Der Lehnsherr durfte das ‚Brunnenfeld' nicht kaufen, verkaufen oder übertragen und musste einen bestimmten Betrag als Abgabe entrichten. In alten Zeiten galten 300 Fuß als ein Lǐ, was als Jǐngtián bezeichnet wurde. Jedes Quadrat-Lǐ Landwirtschaftsfläche war in neun Felder in Form eines Jǐng [Brunnens] unterteilt, jedes Feld zu 100 Mǔ (umgerechnet 675,68 Ar – 1 Ar = 100 m^2), insgesamt 900 Mǔ.[248] Von diesen Feldern, die in drei Reihen zu je drei Feldern lagen, galten die äußeren acht als Sītián 私田 [private Felder] für die eigene Bewirtschaftung durch die Leibeigenen, Gōngtián 公田 oder das zentrale Feld in der Mitte wurde im Auftrag des landbesitzenden Adligen gemeinschaftlich bewirtschaftet. Das Gōngtián wurde zuerst bewirtschaftet, anschließend die jeweiligen Sītián, und der Ertrag von Gōngtián wurde durch die acht Familien dann gemeinsam als Steuer an den Grundherrn abgeliefert. Im Wesentlichen handelte es sich um ein System des privaten Landbesitzes (in der Xià-, Shāng- und Westlichen Zhōu-Periode gehörte alles Land dem Souverän).

---

248 ‚Chūnqiū Gǔ-Liáng Zhuàn 春秋谷梁传 [Gǔ-Liáng-Kommentare zu den Frühlings- und Herbstannalen] – Xuān-Gōng Shíwǔ-Nián 宣公十五年 [15. Jahr des Herzogs von Lǔ]': 古者三百步为里，名曰井田。井田者，九百亩，公田居一.

Lǐyuè 礼乐 [System der Riten und Musik]

Abb. 25 Tanz mit musikalischer Begleitung
(Darstellung auf einem Bronzetopf aus der Zeit der Streitenden Reiche)

Lǐyuè 礼乐制度 ist der Sammelname für eine Reihe sozialer Bräuche, die angeblich von Herzog Wén von Zhōu 周公且 geschaffen und von der königlichen Familie der Westlichen Zhōu-Dynastie institutionalisiert und verbreitet wurden. Das Lǐyuè-System, eine Sammlung von Regeln und Vorschriften wie auch ein Verhaltenskodex für Menschen aller Art, stellte den zentralen Ausdruck der Kultur der Zhōu-Dynastie dar. Es bestand aus zwei Teilen: Lǐ 礼 [Ritual] und Yuè 乐 [Musik]:

Lǐ 礼 war dabei in erster Linie formaler Natur und definierte ein angemessenes soziales Verhalten nach außen hin. Dazu gehörte auch, welche Rituale und Pflichten mit dem jeweiligen Status einhergingen, was sich schließlich in der gesellschaftlichen Rangordnung ausdrückte.

Yuè 乐 stand für die Bündelung der psychosozialen Orientierungen innerhalb der Herrschaftssphäre, vor allem in emotionaler Hinsicht. Dadurch sollte eine einheitliche und harmonische soziale Atmosphäre durch die Entwicklung eines beispielhaften poetischen Repertoires und die Durchführung kollektiver Musik erreicht werden.

Mit dem Untergang der Westlichen Zhōu verschwand auch das System, das die Zhōu zusammengehalten und in dem der Zhōu-König gleichzeitig als Patriarch des Königshauses und als oberster Herr des Adels fungiert hatte. Dieser Status, der als durch das ‚Mandat des Himmels' verliehen galt, wurde in regelmäßigen Abständen durch Rituale und Zeremonien bei Versammlungen, Hofbesuchen und dem Ahnenkult stets aufs Neue bestätigt. [249]

Der langsame Niedergang

Abb. 26 König Lì von Zhōu 周厉王姬胡

---

249 Guóyǔ 国语 [Gespräche über die Staaten] (sibu beiyao ed.), 16 (Gespräche über Zhèng 郑语), 1a–b, 6b; Zuo zhuan, 47 (Zhao 16), 18b (James Legge: The Chinese Classics, 5 Bde., 2. Aufl., Oxford: Clarendon Press, 1893/84; Reprint Hong Kong: University of Hong Kong Press, 1960), Bd. 5: The Ch'un Ts'ew with the Tso Chuen, S. 664).

Nach der Herrschaft von König Mù (977–922 v. Chr.) begann die Zeit des unaufhaltsamen Niedergangs der Westlichen Zhōu-Dynastie, der durch die vier Generationen von König Gòng von Zhōu 周共王[250], König Yì von Zhōu 周懿王[251], König Xiào von Zhōu 周孝王[252], und König Yí von Zhōu 周夷王[253] geprägt war. Im Shǐjì 史记 [Aufzeichnungen des Großen Historikers] heißt es etwa, dass während der Zeit von König Yì von Zhōu 周懿王 „das Zhōu-Königshaus verfiel und die Poeten Satiren verfassten, um den König zu verhöhnen".[254]

Durch die ständigen Übergriffe der umliegenden Róng-Stämme wurde die Dynastie in jahrelange Kriege verwickelt, büßte rasch an Macht und Stärke ein und erhöhte in der Folge die Ausbeutung und Unterdrückung der Bevölkerung. Interne Konflikte, der Widerstand des Volks und die Gegenwehr innerhalb der Adelsklasse spitzten sich immer mehr zu. Diese langjährigen Konflikte führten die Dynastie in eine tiefe Krise. König Yí 周懿王 hinterließ einen Sohn namens Jī Hú 姬胡, der als König Lì von Zhōu 周厉王姬胡[255] bekannt wurde und als korrupter und dekadenter König galt; in der traditionellen chinesischen Geschichtsschreibung wird er als einer der Hauptgründe

---

250 König Gòng von Zhōu 周共王 (962–900 v. Chr.), persönlicher Name Jī Yīhù 姬繄扈, sechster König der Westlichen Zhōu-Dynastie (Regierungszeit 922–900 v. Chr.).
251 König Yì von Zhōu 周懿王 (937–892 v. Chr.), persönlicher Name Jī Jiān 姬囏, siebter König der Westlichen Zhōu-Dynastie (geschätzte Daten seiner Herrschaft 937–892 v. Chr.).
252 König Xiào von Zhōu 周孝王 (950–886 v. Chr.), persönlicher Name Jī Pìfāng 姬辟方, achter König der Westlichen Zhōu-Dynastie (geschätzte Daten seiner Herrschaft 892–886 v. Chr.).
253 König Yí von Zhōu 周夷王 (?–878 v. Chr.), persönlicher Name Jī Xiè 姬燮, neunter König der Westlichen Zhōu-Dynastie (geschätzte Daten seiner Herrschaft 885–878 v. Chr.).
254 ‚Shǐjì 史记 [Aufzeichnungen des Großen Historikers] – Zhōu Běnjì 周本纪 [Biografien der Zhōu-Dynastie]': „Nach dem Tod von König Gòng folgte sein Sohn, König Yì, auf den Thron. Während der Herrschaft von König Yì verfiel das Zhōu-Königshaus, und Poeten verfassten Satiren, um den König zu verhöhnen" (共王崩,子懿王畑立。懿王之时,王室遂衰,诗人作刺).
255 König Lì von Zhōu 周厉王姬胡 (904–829 v. Chr.), Familienname Jī 姬, Vorname Hú 胡 (auf Bronzeinschriften 㝬 Hú geschrieben), zehnter König der Zhōu-Dynastie (Regierungszeit 879–843 v. Chr.).

für den endgültigen Untergang der Dynastie betrachtet. Sein exzessiver Lebenswandel, jahrelange Feldzüge und die Ausbeutung der ländlichen Bevölkerung schürten Unzufriedenheit und Hass im Volk. Dazu kam sein übermäßiges Vertrauen in den Minister Róng Yí Gōng 榮夷公[256], der aus Profitgier den persönlichen Vorlieben des Königs entgegenkam. Schließlich entsandte er Zauberer und Hexenmeister, um jene zu überwachen und zu töten, die darüber sprachen, was den Konflikt weiter verschärfte.[257]

---

256 Róng Yí Gōng 榮夷公 war ein Herrscher des Vasallenstaates Róng während der westlichen Zhōu-Dynastie. Er wurde von König Lì aus der Zhōu-Dynastie nach dem dritten Jahrzehnt seiner Herrschaft (im 9. Jahrhundert v. Chr.) begünstigt. Obwohl der große Ruì Liángfū 芮良夫 Qīngshì 卿士 der Westlichen Zhōu-Dynastie, ein hochrangiger Minister und Herrscher des Ruì-Königreichs 芮国, Róng Yí Gōng für sein „Streben nach Reichtum und Profit ohne Kenntnis der großen Schwierigkeiten" kritisierte (‚Shǐjì 史记 [Aufzeichnungen des Großen Historikers] – Zhōu Běnjì 周本纪 [Biografien der Zhōu-Dynastie]': ‚夫荣公好专利而不知大难') und ihn warnte, dass „die Zhōu-Dynastie untergeht, wenn man auf Róng Yí Gōng hört" (‚Shǐjì 史记 [Aufzeichnungen des Großen Historikers] – Zhōu Běnjì 周本纪 [Biografien der Zhōu-Dynastie]': ‚荣公若用，周必败也'), hörte König Lì doch nicht auf ihn und machte schließlich Róng Yí Gōng zum Minister und gab ihm große Macht.
257 ‚Lǜshì-Chūnqiū 吕氏春秋 [Frühling und Herbst des Lǚ Bùwéi] – Shìjūnlǎn 恃君览 [Verlassen auf Herrscher] – Dáyù 达郁 [Befreiung aus Hemmungen]': „König Lì von Zhōu war grausam zum gemeinen Volk, und alle Menschen im Land verurteilten ihn. Shào Gōngshì berichtete dies König Lì von Zhōu und sagte: ‚Das Volk kann eure Dekrete nicht mehr ertragen!' So schickte König Lì die Zauberer des Königreichs Wèi aus, um diejenigen auszuspionieren und zu töten, die es gewagt hatten, den König zu beschuldigen" (周厉王虐民，国人皆谤。召公以告曰："民不堪命矣。" 王使卫巫监谤者，得则杀之).

841 v. Chr. kam es zu einem Aufstand der wütenden Guórén 国人 [Anm.: Einwohner der Hauptstadt Hàojīng 镐京]²⁵⁸, und im folgenden Jahr wurde König Lì ins Exil nach Zhì 彘²⁵⁹ geschickt, woraufhin Herzog Wén von Zhōu 周公且 und Shào Gōngshì 召公奭 bis 828 v. Chr. gemeinsam regierten.²⁶⁰ Dies wurde historisch als Gònghé-Regentschaft 共和, auch bekannt als Zhōushào-Gònghé 周召共和, bezeichnet.²⁶¹ Zu dieser Zeit wurde das System von Liùqīng 六卿 [Kollegium der Sechs Minister]²⁶² eingeführt, wobei die Minister

---

258 Der ‚Aufstand der Guórén' 国人暴动, auf Chinesisch auch 彘之乱, 国人起义, 道路以目 oder 厉王奔彘 genannt, war ein Aufstand von Bauern und Soldaten in Hàojīng 镐京, der Hauptstadt der Westlichen Zhōu-Dynastie im Jahr 841 v. Chr. (andere Quellen geben 842 v. Chr. an). Der Begriff Guórén [Einwohner innerhalb einer Stadt; Volk des Staates] bezieht sich hier auf die allgemeine Bezeichnung für die Menschen, die während der Westlichen Zhōu- und der Frühlings- und Herbstperiode in der Reichshauptstadt lebten. Eigentlich waren mit ihm aber die Adligen in der Reichshauptstadt gemeint. Zu dieser Zeit hatten die Guórén das Recht, an Diskussionen über Staatsangelegenheiten teilzunehmen, und sogar erhebliche Rechte, um die Abschaffung des Landesherrn und Streitigkeiten unter den Adligen zu schlichten; sie waren gleichzeitig verpflichtet, zu dienen und militärische Abgaben zu leisten.
259 Zhì 彘 – nordöstlich der heutigen Stadt Huòzhōu 霍州市, Provinz Shānxī 山西省省.
260 ‚Shǐjì 史记 [Aufzeichnungen des Großen Historikers] – Jìn Shìjiā 晋世家 [Biografie des Hauses Jìn]': „Im 17. Jahr des Markgraf Jìng von Jìn [842 v. Chr.] erhoben sich die Guó-Rén gegen den verwirrten und tyrannischen König Lì von Zhōu 周厉王, und dieser floh ins Exil nach Zhì 彘, woraufhin die großen Minister gemeinsam die Verwaltung übernahmen, weshalb dies Gòng-Hé-Regentschaft genannt wurde" (靖侯十七年，周厉王迷惑暴虐，国人作乱，厉王出奔于彘，大臣行政，故曰"共和").
261 Gònghé-Regentschaft 共和, auch bekannt als Zhōu-Shào Gònghé 周召共和, ein Interregnum in der chinesischen Geschichte, als König Lì von Zhōu 周厉王 nach einer Rebellion von seinen Adligen ins Exil geschickt wurde. Während dieser Zeit übten die Herzöge Zhōu Dìng Gōng 周定公 und Zhào Mù Gōng 召穆公 gemeinsam die politische Macht aus, was als Gònghé-Regentschaft bezeichnet wird. Sie dauerte bis zur Thronbesteigung von König Lìs Sohn, König Xuān von Zhōu 周宣王. Das erste Jahr der Gònghé-Regentschaft, 841 v. Chr., gilt als Beginn der chinesischen Geschichte mit einer genauen Chronologie.
262 Liùqīng 六卿, siehe: Hànshū 汉书 (Geschichte des ehemaligen Hàn) – Tabelle der Adelsränge und Regierungsämter 百官公卿表上': „Der Kanzler leitet das Büro des Himmels, der Minister für Zivilverwaltung und Soziales leitet das Büro der Erde, der Minister für Riten leitet das Büro des Frühlings, der Minister für

„mit ihren verschiedenen Aufgaben ihre Untergebenen anleiteten und den Herrschern der Jiǔzhōu 九州 [Anm.: neun Provinzen] ein Beispiel sind, indem sie den Zustand von Millionen von Menschen bereichern und vervollkommnen".[263] 841 v. Chr., das erste Jahr der Gònghé-Regentschaft, ist das Jahr, ab dem die chinesische Geschichte eindeutig und kontinuierlich datiert werden kann.

Nach dem Tod von König Lì 828 v. Chr. versuchte sein Sohn, König Xuān von Zhōu 周宣王[264], die Dynastie zu reorganisieren und konnte sie wieder kurzfristig aufleben lassen. Eine der dringlichsten anhaltenden Bedrohungen ging von den ‚Westlichen Barbaren' aus, nun meist als Xiǎnyǔn 猃狁[265] bezeichnet. Gleichzeitig mit seinen Feldzügen gegen die Xiǎnyǔn und die Dōngyí 东夷 [östliche Barbaren] versuchte König Xuān, die Autorität des Zhōu-Hauses innerhalb der alten Zhōu-Staaten wiederherzustellen. In den Staaten Wèi 卫国, Lǔ 鲁国 und Qí 齐国 brachen erbitterte Nachfolgekämpfe aus. Als König Xuān 782 v. Chr. starb, bedeutete dies auch das Ende seiner großen Restauration.

Zur Zeit seines Nachfolgers, König Yōu von Zhōu 周幽王[266], in der zwölften Generation des ‚Himmelssohns', wurde die Krise der Dynastie noch stärker. Im zweiten Jahr seiner Regentschaft wurde die sogenannte Guānzhōng-Region 关中地区 [Zentral-Shǎanxī-Ebene]

Kriegswesen leitet das Büro des Sommers, der Minister für Gefängniswesen leitet das Büro des Herbstes, der Minister für Land und Wasser leitet das Büro des Winters; das sind die Sechs Minister" (天官冢宰，地官司徒，春官宗伯，夏官司马，秋官司寇，冬官司空，是为六卿).

263 ‚Shàngshū 尚书 [oder Shūjīng 书经, Buch der Urkunden] – Zhōushū 周书 [Dokumente aus der Zhōu-Dynastie] – Zhōu-Guān 周官 [Die Beamten von Zhōu]': ‚六卿分职，各率其属，以倡九牧，阜成兆民'.
264 König Xuān von Zhōu 周宣王 (?862–782 v. Chr.), persönlicher Name Jī Jìng 姬静, elfter König der Zhōu-Dynastie (Regierungszeit 827–782 v. Chr.).
265 Xiǎn-Yǔn 猃狁 ist ein alter Name für den Xiōngnú-Stamm 匈奴族, auch bekannt als Quǎnróng 犬戎, der in der Antike im Gebiet der heutigen Regionen Shǎanxī 陕西 und Gānsù 甘肃 lebte.
266 König Yōu von Zhōu 周幽王, Jī Gōngshēng 姬宫湦 (795–771 v. Chr.), war der Sohn von König Xuān von Zhōu 周宣王 und Königin Jiāng 姜后 und als zwölfter der letzte Herrscher der Westlichen Zhōu-Dynastie.

von schweren Naturkatastrophen wie Erdbeben, Erdrutschen und Flussaustrocknungen erschüttert – die drei wichtigen Flüsse der Region, Wèihé-Fluss 渭河, Luòhé-Fluss 洛河 und Jīnghé-Fluss 泾河, versiegten. Ein Gedicht im Shījīng 诗经 [Buch der Lieder] mit dem Titel ‚Die Konjunktion des zehnten Monats' beschreibt eine Sonnen- und eine Mondfinsternis im selben Jahr, was viele als Omen für die Zerstörung der Zhōu-Dynastie sahen:

> *„Es ist der zehnte Monat, der Tag Xīn Mǎo, der erste des Monats des Mondkalenders.*
> *Eine plötzliche Sonnenfinsternis am Himmel, dies ist ein Omen großen Unheils.*[267]
> *Früher war bei einer Mondfinsternis die Nacht dunkel und unklar [Anm.: das Licht des Mondes schwach], aber nun taucht die Sonnenfinsternis Himmel und Erde in undurchdringliches Schwarz.*
> *So werden die vielen Menschen unter dem Himmel [Anm.: die Untertanen] durch die bevorstehende Katastrophe in große Traurigkeit und großen Kummer gestürzt."*[268]

In der Weltanschauung der Westlichen Zhōu waren natürliche und menschliche Ereignisse stets untrennbar miteinander verbunden und übten einen unabdingbaren gegenseitigen Einfluss aus. Für die Menschen der damaligen Zeit war ein Erdbeben oder eine Sonnenfinsternis ein klares Vorzeichen, dass schwierige Zeiten bevorstünden. Das gleichzeitige Eintreten beider Ereignisse konnte daher nur als Vorbote einer besonders großen Katastrophe interpretiert werden.

---

267 Experten des chinesischen Mondkalenders errechneten, dass sich am ersten Tag des zehnten Monats des sechsten Jahres von König Yōu von Zhōu 周幽王, am 6. September 776 v. Chr., eine Sonnenfinsternis zur Zeit der Ekliptik, d. h. von 7.00 bis 9.00 Uhr, ereignet hatte.

268 Shījīng 诗经 [Buch der Lieder] – Xiǎoyǎ 小雅 [Kleine Festlieder des Königreichs] – Qí- Fǔ Zhī Shén 祈父之什 [Jahrzehnt des Qí Fǔ] – Shí-Yuè Zhī Jiāo 十月之交 [Konjunktion des zehnten Monats]': 十月之交、朔日辛卯。日有食之、亦孔之丑。彼月而微、此日而微。今此下民、亦孔之哀。

Abb. 27 König Yōu von Zhōu und seine Lieblingskonkubine Bāo Sì

Anstatt Mitgefühl für sein Volk zu zeigen, wurde König Yōu noch verschwenderischer und korrupter, und seine unersättliche Gier schien keine Grenzen zu kennen. Um ein Lächeln seiner Lieblingskonkubine Bāo Sì 褒姒 zu gewinnen, ließ er die Leuchtfeuer auf dem Berg Lí 骊山[269] entzünden, die in der Regel dazu dienten, die Armeen der umliegenden Vasallenstaaten in Zeiten der Gefahr zusammenzurufen. Die dem Zhōu-Haus ergebenen Vasallenherren eilten daraufhin zur Verteidigung der Hauptstadt heran, mussten bei ihrem Eintreffen jedoch feststellen, dass keinerlei Feinde in Sicht waren und König Yōu sie lediglich durch seine Laune getäuscht hatte. Das hatte

---

269 Líshān 骊山 ist ein Berg im Süden des Bezirks Líntóng 临潼区 nordöstlich von Xī'ān 西安 in der Provinz Shǎanxī 陕西省 und Teil der Qínlǐng-Bergkette 秦岭.

Folgen, wie eine Darstellung im Shǐjì 史记 schildert: „Bāo Sì lachte nicht gern, und auch als König Yōu alles versuchte, um sie zum Lachen zu bringen, lachte sie doch nicht. Der König hatte Leuchtfeuer und Trommeln, die im Falle eines Angreifers angezündet würden. Als König Yōu das Leuchtfeuer entzündete, kamen alle Fürsten, aber keine Angreifer, sodass Bāo Sì in lautes Gelächter ausbrach. Der König war so erfreut, dass er das Leuchtfeuer mehrmals für sie anzündete. Später, als die Leuchtfeuer ihre Glaubwürdigkeit verloren und sie niemand mehr ernst nahm, kamen immer weniger Vasallen."[270] Auf diese Weise verlor König Yōu das Vertrauen der Adligen.

Die wohl größten Fehler, die König Yōu machte, bestanden darin, die Königin, die aus dem Hause Shēn 申氏 stammte, abzusetzen, den Kronprinzen Yí Jiù 宜臼[271] zu töten zu versuchen, Bāo Sì zur Königin zu machen und Bó Fú 伯服[272], seinen mit Bāo Sì gemeinsamen Sohn, zum Thronfolger zu ernennen. Zuerst floh Yí Jiù 宜臼 in den Staat Shēn 申国, schloss sich mit dem Fürsten des Staates Shēn 申国, dem Vater von Königin Shēn, mit dem Staat Zēng 缯国 und den Quǎnróng 犬戎 im Westen zusammen, um König Yōu anzugreifen. Als dies 771 v. Chr. erfolgte, ließ König Yōu eilig die Leuchtfeuer entzünden, um die Adligen zu Hilfe zu rufen. Doch da sie dachten, dass es sich auch diesmal lediglich um eine Laune des Königs handelte, blieben sie fern. Daraufhin plünderten die Quǎnróng die Hauptstadt, König Yōu wurde am Fuße vom Líshān 骊山 getötet und Bāo

---

270 ‚Shǐjì 史记 [Aufzeichnungen des Großen Historikers] – Zhōu Běnjì 周本纪 [Biografien der Zhōu-Dynastie]': 褒姒不好笑，幽王欲其笑万方，故不笑。幽王为烽燧大鼓，有寇至则举烽火。诸侯悉至，至而无寇，褒姒乃大笑。幽王说之，为数举烽火。其后不信，诸侯益亦不至。

271 König Píng von Zhōu 周平王 (781–720 v. Chr.), persönlicher Name Jī Yíjiù 姬宜臼, 13. König der Zhōu-Dynastie und der erste der Östlichen Zhōu-Dynastie (770–256 v. Chr.), regierte 770–720 v. Chr.

272 Bó Fú 伯服 (779–771 v. Chr.), manchmal auch Bó Pán 伯盘 genannt, Sohn von König Yōu und seiner Konkubine Bāo Sì.

Sì gefangengenommen.²⁷³ Dies bedeutete das unrühmliche Ende der einst so mächtigen Westlichen Zhōu-Dynastie.

Östliche Zhōu-Dynastie 东周 (770–221 v. Chr.)

Die Östliche Zhōu-Dynastie war eine Zeit politischer und sozialer Umwälzungen, die durch den fortschreitenden Niedergang der Zhōu-Monarchie, den Aufstieg mächtiger Regionalstaaten und das Aufkommen philosophischer Schulen wie des Konfuzianismus, des Daoismus und des Legalismus gekennzeichnet war. Sie wird in zwei Perioden unterteilt: die Frühlings- und Herbstperiode 春秋时期 (770–476 v. Chr.) und die Zeit der Streitenden Reiche 战国时期 (475–221 v. Chr.). Während der Frühlings- und Herbstperiode war die Zhōu-Welt in mehrere Kleinstaaten aufgeteilt, die in ständige militärische Konflikte miteinander verwickelt waren. Handel, Landwirtschaft und Bildungswesen blühten, was zu einem bedeutenden kulturellen und

---

273 ‚Hànshū 汉书 [Geschichte des ehemaligen Hàn] – Wéi Xián Zhuàn 韦贤传 [Biografie von Wéi Xián]': „Nachdem Tài-Pú Wáng Shùn und Oberst Liú Xīn die Angelegenheit besprochen hatten, berichteten sie dem Kaiser: Wir hörten, dass nach dem Fall der Zhōu-Dynastie die verschiedenen Völker von allen Seiten eindrangen, und der mächtigste dieser feindlichen Stämme war jener, der heute als Xiōngnú bekannt ist. Als König Xuān von Zhōu sie angriff, schrieben die Poeten in ihren Lobgedichten: ‚Beim Angriff auf die Xiǎn-Yǔn gelangten sie bis nach Tàiyuán', und; ‚Die Armee war groß und stark, attackierte schnell wie ein Blitz, Fāng Shū [Anm.: 方叔, Minister unter König Xuān von Zhōu], weise und tugendhaft, führte die Truppen gegen die Xiǎn-Yǔn, und die Mán-Yí-Barbaren aus Jīngzhōu kamen, dem Herrscher die Ehre zu erweisen', weshalb König Xuān von Zhōu auch der Herr des Wiederaufstiegs des Landes genannt wurde. ‚Bis zur Zeit von König Yōu von Zhōu griffen die Quǎnróng an, töteten König Yōu und nahmen mit Gewalt die Opfergefäße aus dem Tempel.' Von da an drangen die südlichen und nördlichen Barbaren in die Zentralebene ein, die Dynastie der Zentralchinesischen Ebene war in ständiger Gefahr und dem Untergang nahe" (太仆王舜、中垒校尉刘歆议曰：" 臣闻周室既衰，四夷并侵，猃狁最强，于今匈奴是也。至宣王而伐之，诗人美而颂之曰， 薄伐猃狁，至于太原'，又曰'啴啴推推，如霆如雷，显允方叔，征伐猃狁，荆蛮来威'，故称中兴。及至幽王，犬戎来伐，杀幽王，取宗器。自是之后，南夷与北夷交侵，中国不绝如线).

wirtschaftlichen Wachstum im damaligen China führte. Im Gegensatz dazu war die Zeit der Streitenden Reiche eine Periode intensiver Kriege, in der die Mächtigsten unter den Grossmächten um die Macht und alleinige Kontrolle über Tiānxià 天下 [alles unter dem Himmel, die chinesische ‚Welt'] rangen. Trotz der anhaltenden militärischen Auseinandersetzungen sah diese Zeit auch große Denker und Philosophen, deren Ideen die chinesische Kultur und Philosophie bis heute prägen – insgesamt also eine entscheidende Periode in der chinesischen Geschichte, in der die Grundlagen der chinesischen Kultur, Philosophie und Staatsführung gelegt wurden.

Abb. 28 König Píngs Umzug nach Osten

Als 770 v. Chr. Jī Yíjiù 姬宜臼[274], der Sohn von König Yōu, als König Píng von Zhōu 周平王 als erster Herrscher der Östlichen Zhōu-Dynastie

---

274 König Píng von Zhōu 周平王 (781–720 v. Chr.), persönlicher Name Jī Yíjiù 姬宜臼, 13. König der Zhōu-Dynastie und der erste der Östlichen Zhōu-Dynastie (770–256 v. Chr.), regierte 770-720 v. Chr.

den Thron bestieg, befand sich die Guānzhōng-Region in einem völlig chaotischen Zustand, gekennzeichnet durch den Kampf um die Vorherrschaft als Bà 霸 [Hegemon] zwischen den verschiedenen Vasallenstaaten, ständige Plünderungen durch feindliche Armeen und wiederholte Angriffe durch die Krieger der Quǎnróng. König Píng von Zhōu 周平王 war gezwungen, 738 v. Chr. seinen Regierungssitz nach Luòyì 洛邑[275] (heute Luòyáng 洛阳, Provinz Hénán 河南) im Osten des Reiches zu verlegen, was als ‚König Píngs Umzug nach Osten' 平王东迁 bekannt ist.[276]

Dies markierte das historische Ende der Westlichen Zhōu- und den Beginn der Östlichen Zhōu-Dynastie und damit gleichzeitig den Beginn der sogenannten ‚Frühlings- und Herbstperiode'.

Nachdem er seinen neuen Regierungssitz im Osten etabliert hatte, wurde sein tatsächlicher Machtbereich auf ein kleines Gebiet reduziert, und es heißt, dass er lediglich über ein Gebiet von weniger als sechshundert Lǐ 里[277] mit einer Bevölkerung von höchstens 100.000 bis 200.000 Menschen geherrscht habe (zu Beginn der Östlichen Zhou, im Jahr 770 v. Chr., dürfte die Bevölkerung des alten China zehn bis fünfzehn Millionen Menschen betragen haben, die

---

275 Yì 邑, in Chinas Antike die Bezeichnung für ‚Vasallenstaat'; der Begriff wurde auch verwendet, um bewährte Städte zu bezeichnen. Die Gesellschaft der Östlichen Zhōu basierte auf Blutsverwandtschaft und wurde von aristokratischen Linien beherrscht, die in ummauerten Siedlungen wohnten, die mit dem Sammelbegriff Chéngyì 城邑 [Städte] bezeichnet wurden (Cho-yun Hsu/Kathryn Linduff: *Western Chou Civilization*, New Heaven, Conn.: Yale University Press, 1988, S. 258–287.
276 ‚Hànshū 汉书 [Geschichte des ehemaligen Hàn] – Dìlǐ Zhì 地理志下 [Abhandlung über Geografie – 2]': „Zur Zeit von Herzog Xiāng, des Sohnes von Herzog Zhuāng, wurde König Yōu von den Quǎnróng besiegt und König Ping verlegte seine Hauptstadt nach Luòyì" (子襄公时，幽王为犬戎所败，平王东迁雒邑).
277 Lǐ 里, alte chinesische Längeneinheit; die Werte waren in den Perioden Xià (405 m), Westliche Zhōu (358 m), Östliche Zhōu (416 m) usw. unterschiedlich [Anm.: zu Gewichts- und Längenmaßen siehe William H. Nienhauser, Jr.: *The Grand Scribe's Records, Volume I – The Basic Annnals of Pre-Han China*].

bis zum Ende der Östlichen Zhōu-Periode auf eine Gesamtbevölkerung von etwa vierzig Millionen Menschen angewachsen war[278]). In seiner *Kulturgeschichte Chinas* 中国文化史 beschreibt der chinesische Historiker Liǔ Yízhēng 柳诒徵[279], dass es zu Beginn der Zhōu-Dynastie etwa 1.000 Staaten gegeben habe, es aber bis zum Beginn der Frühlings- und Herbstperiode nur noch 124 gewesen seien.[280]

Abb. 29 Fünf Hegemonen der Frühlings- und Herbstperiode

Die Vasallenstaaten waren inzwischen so dominant, dass sie dem Tiānzǐ 天子 [Sohn des Himmels] nicht mehr den ehemaligen Respekt zollten und Ehre erboten und das Recht des Himmelssohns, über die Vasallen zu herrschen, nur noch dem Namen nach bestand. Sie

---

278 Siehe Zhào Dǐngxīn 赵鼎新: *The Confucian-Legalist State: A New Theory of Chinese History. The historical setting of Eastern Zhou: An Age of War*, Oxford University Press, 2015, S. 82–85.
279 Liǔ Yízhēng 柳诒徵 (1880–1956), chinesischer Historiker, Kalligraf, Bibliothekar, Kulturwissenschaftler und Pädagoge.
280 Siehe Liǔ Yízhēng 柳诒徵: 中国文化史 *(Kulturgeschichte Chinas)*, Zhōnghuá Book Company 中华书局, 2015-01, 1. Ausgabe, S. 1011, 1016.

annektierten gegenseitig ihre Gebiete, und die mächtigsten der verbleibenden Vasallen wurden als die Chūnqiū-Wǔbà 春秋五霸 [Fünf Hegemonen der Frühlings- und Herbstperiode] bezeichnet: Herzog Huán von Qí 齐桓公 (?–643 v. Chr.), Herzog Wén von Jìn 晋文公 (697–628 v. Chr.), Herzog Mù von Qín 秦穆公 (?–621 v. Chr.), Herzog Xiāng von Sòng 宋襄公 (?–637 v. Chr.) und König Zhuāng von Chǔ 楚庄王 (?–591 v. Chr.).[281]

Die zunehmend intensiveren Übergriffe der Sìyí 四夷[282], der ‚Vier Barbarenvölker', stellten eine zusätzliche und wachsende Gefahr für die Dynastie dar. Die Vasallenherrscher der Zentralchinesischen Ebene vereinten sich unter der Losung „Ehret den König und vertreibet die Barbaren"[283] zur Selbstverteidigung gegen die ständigen Übergriffe der Sìyí. König Píng verfügte über keine stehende Armee, und sein Königtum war von der Unterstützung durch Truppen einiger Vasallen abhängig. Verglichen mit den großen Vasallenstaaten

---

281 Siehe Jiě Ài-Qín 解爱芹: 中国历史穿越指南 (Reiseführer durch die chinesische Geschichte), 第一站：东周 (Erstes Kapitel: Östliche Zhōu), Guangming Daily Publishing House, 2013-9.

282 Als Sìyí 四夷 [Vier Barbaren] wurden die Nánmán 南蛮 [südliche Barbaren], Dōngyí 东夷 [östliche Barbaren], Xīróng 西戎 [westliche Barbaren] und Běidí 北狄 [nördliche Barbaren] bezeichnet.

283 Der Ausdruck Zūnwáng-Rǎngyí 尊王攘夷 [Ehret den König und wehret den Barbaren], eine von Guǎn Zhòng initiierte politische Philosophie und eine vom Neokonfuzianismus abgeleitete soziale Bewegung während der Frühlings- und Herbstperiode, bildet einen der Grundgedanken im Chūnqiū Gōngyáng Zhuàn 春秋公羊传 [Gōngyáng-Kommentare zu den Frühlings- und Herbstannalen]: Zūnwáng 尊王 [Ehret den König] bedeutet dabei Respekt vor der Macht und Autorität des Zhōu-Königs, Rǎngyí 攘夷 [Wehret den Barbaren] die Verteidigung gegen fremde Invasoren. Der Ausdruck ‚Ehret den König und wehret den Barbaren' kann als Sammelbegriff konfuzianischer Gelehrter aus späteren Perioden für die politischen Merkmale der Frühlings- und Herbstperiode, insbesondere die Grundsätze der Außenpolitik einiger hegemonialer Staaten während dieser Zeit, verstanden werden (siehe: 国际政治科学 [Quarterly Journal of International Politics], 2012/2, S. 31–68); Quelle: ‚Hànshū 汉书 [Geschichte des ehemaligen Hàn] – Xíngfǎ-Zhì 刑法志 [Abhandlung über Strafe und Recht]': „Die Entstehung einer solchen Aufklärung, mit dem Vertreiben der Barbaren außerhalb des Reichs und der Ehrung des Sohns des Himmels innerhalb des Reichs, befriedete alle Vasallen unter dem Himmel" (其教已成，外攘夷狄，内尊天子，以安诸夏).

wie Jìn 晋, Chǔ 楚 und Qí 齐, die sich über Tausende von Kilometern erstreckten, eine Bevölkerung von Millionen zählten und Hunderttausende Soldaten stellten, war nun Zhōu selbst zu einem kleinen Vasall verkommen, und König Píng hätte wohl selbst mit den herausragendsten Talenten jener Zeit den Untergang seiner Dynastie nicht mehr aufhalten können. Die Basis war bereits zu stark geschwächt, sodass ein Überleben für kleine Länder wie Zhōu praktisch unmöglich war. Die stärkeren unter den Vasallen annektierten die kleinsten und schwächsten Staaten, übernahmen zunehmend Macht und Gebiete, und die Zeit der großen Hegemoniekämpfe begann. Die meisten dieser kleinen und schwachen Staaten wurden nun als spezielle Verwaltungsgebiete, sogenannte Jùnxiàn 郡县 [Präfekturen und Landkreise][284] eingerichtet, beaufsichtigt durch speziell beauftragte Beamte, und das ehemalige Fēngjiàn-System 封建制度 der Westlichen Zhōu wurde schrittweise in ein Jùnxiàn-System 郡县制 umgewandelt.[285] Das ehemalige Shìqīngshìlù-System 世卿世禄制[286] wurde abgeschafft, die Ober- und Unterschichten wurden aufgelöst, die Bürgerlichen stiegen auf, und Wirtschaft und Bildung wurden dezentralisiert. Das Zōngfǎ-System 宗法度[287] schwand mit der Zeit und das Fēngjiàn-System 封建制度 stand vor dem endgültigen Zusammenbruch.

Die Östliche Zhou-Dynastie währte 515 Jahre und wurde von insgesamt 25 Königen regiert. In dieser Zeit vollzog sich ein dramatischer Wandel im sozialen System Chinas, der unter anderem durch den weit verbreiteten Einsatz von Eisen gekennzeichnet war.

---

284 Jùnxiànzhì 郡县制 bezeichnet ein System der Präfekturen und Landkreise, ein zweistufiges lokales Verwaltungssystem (ähnlich den heutigen Verwaltungsgliederungen), das nach dem Belehnungssystem im alten China entstand und fast während der gesamten Feudalzeit vorherrschte.

285 Siehe Liǔ Yízhēng 柳诒徵: 中国文化史 *(Kulturgeschichte Chinas)*, Zhōnghuá Book Company 中华书局, 2015-01, 1. Ausgabe, S. 1011, 1016.

286 Shìqīngshìlù-Zhì 世卿世禄制 meint das System der Beamtennachfolge und der erblichen Leistungen.

287 Zōngfǎ 宗法 ist das Abstammungs- oder patriarchalische System, das auf Blutlinien basierende Verwandtschaftssystem.

Frühlings- und Herbstperiode 春秋时期[288] (770–476 v. Chr.)

Die ersten zweieinhalb Jahrhunderte der Östlichen Zhōu-Dynastie 东周 werden als Frühlings- und Herbstperiode bezeichnet. Dieser Name stammt vom Titel der Chroniken des Staates Lǚ[289], den Lǚshì-Chūnqiū 吕氏春秋 oder ‚Frühling und Herbst des Lǚ Bùwéi'[290], welche die Jahre 722–481 v. Chr. umfassen. Die wichtigste Quelle für diese Zeit ist jedoch das Chūnqiū Zuǒzhuàn 春秋左传 [Überlieferungen des Zuǒ][291], das viel detailliertere Informationen liefert.[292]

---

288 Frühlings- und Herbstperiode 春秋时期 (771–476 v. Chr.): Die Historiker des antiken Staates Lǚ 鲁国 (1043–255 v. Chr.) zeichneten die wichtigsten Ereignisse des Staates zu dieser Zeit nach Jahr, Jahreszeit, Monat und Tag gemäß den vier Jahreszeiten Frühling, Sommer, Herbst und Winter auf, weshalb die Chronik später ‚Frühling und Herbst' genannt wurde.

289 Der Staat Lǚ 鲁国 (1042–249 v. Chr.) war ein Vasallenstaat während der Zhōu-Dynastie in der Gegend der heutigen Provinz Shāndōng 山东省.

290 Lǚshì Chūnqiū 吕氏春秋 [Frühling und Herbst des Lǚ Bùwéi], auch bekannt als Lǚlǎn 吕览, ist ein Meisterwerk, das von einer Gruppe von Schülern unter der Schirmherrschaft des Qín-Kanzlers Lǚ Bùwéi 吕不韦 (?–235 v. Chr., Kaufmann, Politiker und Denker aus dem Staat Wèy 魏 in der späten Zeit der Streitenden Reiche, später Premierminister von Qín) zusammengestellt wurde. Geschrieben wurde es kurz vor der Einigung Chinas durch Qín Shǐhuáng, bekannt als der Erste Kaiser von China, fertiggestellt um 239 v. Chr. (Zeit der Streitenden Reiche). Das Buch basiert auf der Lehre des Daoismus 道家学说 als Hauptstütze und den Hauptschulen der sogenannten ‚Neun Strömungen' (die Hauptströmungen während der Zhūzǐ-Bǎijiā 诸子百家 [Hundert Denkschulen], eine Periode während der Östlichen Zhōu-Dynastie (770–256 v. Chr.) Chinas: Rújiā 儒家 [Konfuzianismus], Dàojiā 道家 [Daoismus], Yīnyángjiā 阴阳家 [Yīn-Yáng Schule], Fǎjiā 法家 [Legalismus], Míngjiā 名家 [Schule der Namen], Mòjiā 墨家 [Mohismus], Zònghéngjiā 纵横家 [Schule der vertikalen und horizontalen Allianzen], Zájiā 杂家 [Eklektiker-Schule], Nóngjiā 农家 [Schule der Ackerbauern].

291 Zuǒzhuàn 左传 bzw. Chūnqiū-Zuǒzhuàn 春秋左传 [Überlieferung des Zuǒ zur Zeit der Frühling-und-Herbstperiode] ist das früheste chinesische Werk narrativer Geschichte, das den Zeitraum 722–468 v. Chr. umfasst und das Zuǒ Qiūmíng 左丘明 (502–422 v. Chr.) aus dem Staat Lǚ 鲁国 am Ende der Frühlings- und Herbstperiode zur Erklärung von Konfuzius' Werk ‚Frühling und Herbst' 春秋 zugeschrieben wird; es wurde jedoch wohl zwischen den Streitenden Reichen oder den beiden Hàn-Dynastien geschrieben (202 v. Chr. – 220 n. Chr.). Es umfasst den Zeitraum von 722 bis 454 v. Chr.

292 Cho-yun Hsu: *Ancient China in Transition*, Stanford, Calif.: Stanford University Press, 1965, S. 184–186; Michael Loewe (Hrsg.): *Early Chinese Tests: A Bibliograhical Guide*, Berkley: Society for the Study of Early China and the Institute of East Asian Studies, University of California, 1993, S. 67–76, 263–268.

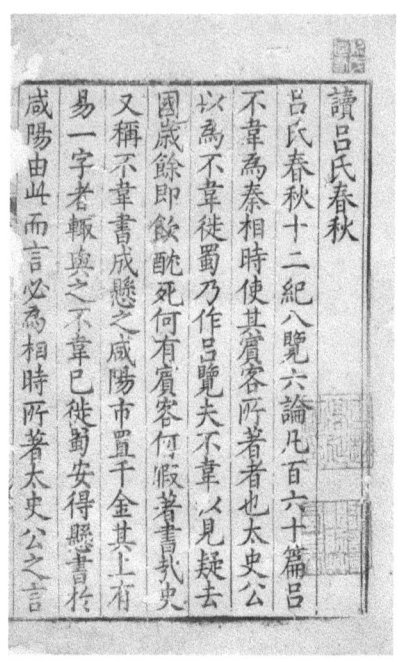

Abb. 30 Kopie der Veröffentlichung der Chroniken des Staates Lǚ des berühmten Generals Zhāng Dēngyún 张登云 während der Zeit von Kaiser Wànlì 万历 (1563–1620), 13. Kaiser der Míng-Dynastie

Die Frühlings- und Herbstperiode war eine durch enorme politische, wirtschaftliche, soziale und kulturelle Veränderungen geprägte Zeit, gekennzeichnet durch den zunehmenden Verfall der Zhōu-Dynastie, die einen Großteil ihrer zentralen Autorität an verschiedene Regionalstaaten verlor. Es entstanden verschiedene Kleinstaaten, die um Macht und Territorium wetteiferten, was zu intensiven Kriegen und umfangreichen diplomatischen Bemühungen führte. Diese Zeit brachte auch bedeutende Literaten und Philosophen hervor, die das chinesische Denken und die Kultur über Jahrhunderte hinweg prägen sollten.

Hauptschauplätze der Aktivitäten in der Frühlings- und Herbstperiode waren die Schwemmlandebene des Gelben Flusses und die Shāndōng-Halbinsel sowie die Täler der Flüsse Huáihé 淮河[293] und Hànshuǐ 汉水[294]. Diese Gebiete wurden sowohl durch Zhōu- als auch Nicht-Zhōu-Gruppen, von den Zhōu als Barbaren bezeichnete Stämme, bewohnt. Im Zuǒzhuàn werden dazu 148 Staaten erwähnt.[295] Die meisten von ihnen waren klein und wurden im Laufe der Frühlings- und Herbstperiode von größeren Nachbarn annektiert, sodass letztlich nur die größeren Staaten übrigblieben.[296] In dieser Zeit entstanden viele mächtige Staaten, darunter Qí 齐国[297],

---

[293] Huáihé-Fluss 淮河, in der Antike auch Huáishuǐ 淮水 genannt, 1.078 km langer Strom in China, entspringt in der Provinz Hénán 河南省, gilt oft als Grenze zwischen Nord- und Südchina.

[294] Hànshuǐ 汉水 oder Hànjiāng 汉江, mit 1.532 km der längste Nebenfluss des Chángjiāng 长江 [Jangtsekiang], entspringt im Südwesten der Provinz Shǎanxī 陕西省.

[295] Wáng Xiānqiān 王先谦 (Hrsg.): Gù Dònggāo 顾栋高, 春秋大事表 (Liste großer Ereignisse der Frühlings- und Herbstperiode), Band 5 (皇清经解续编 fortgesetzte Edition der Klassikererklärung der erhabenen Qīng), Jiāngyīn 江阴市: Nanjing Academy, 1888, Bild 5. Chén Pán 陈槃 identifizierte noch mehr Staaten als Gù Dònggāo 顾栋高; siehe Chén Pán 陈槃: 春秋大事表: 列国爵姓及存灭表撰异 (Liste großer Ereignisse der Frühlings- und Herbstperiode, Unterschiede zwischen den Familiennamen des Adels und die Tabelle der Überlebenden und Ausgestorbenen), Taipei: Academia Sinica, 1969.

[296] Dazu zählen die folgenden: Qí 齐 (1046–221 v. Chr.), Jìn 晋 (11. Jhdt. v. Chr. – 376 v. Chr.), Qín 秦 (9. Jhdt. v. Chr. – 207 v. Chr.), Chǔ 楚 (1030-223 v. Chr.), Lǔ 鲁 (1042-249 v. Chr.), Cáo 曹 (11. Jhdt. v. Chr. – 487 v. Chr.), Zhèng 郑 (806–375 v Chr.), Sòng 宋 (11. Jhdt. v. Chr. – 286 v. Chr.), Xú 徐 (?–512 v. Chr.), Chén 陈 (1045–479 v. Chr.), Wèi 卫 (1040–209 v. Chr.), Yàn 燕 (11. Jhdt. v. Chr. – 222 v. Chr.), Cài 蔡 (11. Jhdt. v. Chr. – 447 v. Chr.), Wú 吴 (12. Jhdt. v. Chr. – 473 v. Chr.) und Yuè 越 (?–306 v. Chr.).

[297] Qí 齐国 existierte 1046–221 v. Chr., gelegen im nördlichen Teil der heutigen Provinz Shāndōng 山东省.

Chǔ 楚国[298], Jìn 晋国[299], Lǔ 鲁国[300] und Wúguó 吴国[301], die alle um die Vorherrschaft über Zhōngyuán 中原[302], die Zentralchinesische Ebene, kämpften.

Gleichzeitig war die Frühlings- und Herbstperiode eine Zeit großer intellektueller Aktivität mit bedeutenden Entwicklungen in der Philosophie, der Literatur und anderen kulturellen Bereichen, die das Aufkommen der sogenannten Zhūzǐ-Bǎijiā 诸子百家 [Hundert Denkschulen][303] markierte. In dieser Zeit entstanden auch Denkschulen und philosophische Richtungen wie der Konfuzianismus, der Daoismus und der Legalismus, die jeweils unterschiedliche Ansichten über das Wesen der Regierung und die Rolle des Einzelnen in der Gesellschaft vertraten. Diese verschiedenen Denkschulen üben zum Teil bis heute einen erheblichen Einfluss auf die chinesische Kultur und Politik aus. Die Ideen und Meisterwerke großer Philosophen und Literaten aus dieser Zeit wie Lǎozi 老子 (?571–?471 v. Chr.)

---

298 Chǔ 楚国 existierte 1030–223 v. Chr., im Gebiet des heutigen Süd-China gelegen, umfasste zur Zeit seiner größten Ausdehnung die Gebiete der heutigen Provinzen bzw. Regionen Húnán 湖南, Húběi 湖北, Chóngqìng 重庆, Hénán 河南 und Teile der Provinz Jiāngsū 江苏.

299 Jìn 晋国 existierte 11. Jhdt. v. Chr. – 376 v. Chr. und lag im Gebiet der heutigen Provinz Shānxī 山西省省.

300 Lǔ 鲁国 bestand 1043–256 v. Chr. und war ein im Südwesten und Zentrum der heutigen Provinz Shāndōng 山东省 gelegener Vasallenstaat der Zhōu.

301 Wúguó 吴国, auch als Gōuwú 勾吴, Gōngwú 工吴, Gōngwú 攻吴, Dàwú 大吴, Tiānwú 天吴 oder Huángwú 皇吴 bezeichnet, war ein Vasallenstaat, der von ca. dem 12. Jhdt. v. Chr. bis 473 v. Chr. in den Regionen der heutigen Provinzen Jiāngsū 江苏省 und Ānhuī 安徽省 südlich des Chángjiāng 长江 [Jangtse-Fluss] und im nördlichen Teil der Provinz Zhèjiāng 浙江省 mit dem Tàihú-Becken 太湖 als Kerngebiet existierte.

302 Zhōngyuán 中原, die Zentralchinesische Ebene, im Chinesischen auch bekannt als Zhōngtǔ 中土, Zhōngzhōu 中州 und Huáxià 华夏, meint den Mittel- und Unterlauf des Gelben Flusses mit dem Gebiet zwischen den Städten Luòyáng 洛阳 und Kāifēng 开封 als Zentrum. Im engeren Sinne handelt es sich um die heutige Provinz Hénán 河南省. Mit Blick auf fremde Ethnien und Clans bezieht sich Zhōngyuán auch auf Zhōngguó 中国 im Allgemeinen.

303 Zhūzǐ-Bǎijiā 诸子百家 [Hundert Denkschulen] meint Philosophien und Schulen, die vom 6. Jahrhundert bis 221 v. Chr. während der Frühlings- und Herbstzeit und der Zeit der Streitenden Reiche blühten.

und Konfuzius 孔子 (551–479 v. Chr.) sollten über Jahrhunderte hinweg die chinesische Kultur und Gesellschaft prägen und formen. Mit dem Sūnzǐ Bīngfǎ 孙子兵法 [Sūnzis Kunst des Krieges][304] von Sūnzǐ 孙子[305] entstand eines der frühestes und berühmtesten Bücher über Strategie und Militärkunst. Und das Zuǒzhuàn 春秋左传 [Überlieferungen des Zuǒ], das den Zeitraum 722–468 v. Chr. abdeckt und dessen historische Berichte sich durch ihre detaillierte und nuancierte Darstellung der politischen und sozialen Entwicklungen der Frühlings- und Herbstperiode auszeichnen, gilt als einer der wichtigsten historischen Texte des alten China.

Was die sozialen und wirtschaftlichen Veränderungen betrifft, so entstanden in der Frühlings- und Herbstperiode neue Gesellschaftsschichten, und Handel und Gewerbe nahmen zu. Die Feudalherren wurden zunehmend mächtiger und reicher, und es bildeten sich neue soziale Eliten heraus, wie die Kaufleute und Handwerker. Die Epoche sah auch die Umwandlung der als Shì 士[306] [Gelehrten-Beamte]

---

304 Sūnzǐ Bīngfǎ 孙子兵法 [Sūnzis Kunst des Krieges], auch bekannt als Bīngcè 兵策 [Taktikplanung für den Krieg], Wú Sūnzǐ 吴孙子, Sūn Wǔ Bīngfǎ 孙武兵法 [Sūn Wǔs Kunst des Krieges] oder Sūnzǐ Shísān Piān 孙子十三篇 [Die dreizehn Kapitel des Sūnzǐ], ist eine chinesische militärische Abhandlung, die im 6. Jahrhundert v. Chr. von Sūn Wǔ 孙武, besser bekannt unter dem Namen Sūnzǐ 孙子 (ca. 545 – ca. 470 v. Chr.), einem hochrangigen Militärgeneral, Strategen und Taktiker, verfasst wurde und in dreizehn Kapiteln die wichtigsten Erfolgsgeheimnisse, den Einfallsreichtum, die Weisheit und die Intelligenz des Einsatzes von Truppen für den Kampf beschreibt. Es ist eines der einflussreichsten Werke in der Geschichte der chinesischen Militärstrategie und wird auch heute noch häufig gelesen und studiert, nicht nur in China, sondern auch in anderen Ländern.
305 Sūn Wǔ 孙武 (ca. 545 – ca. 470 v. Chr.) stammte aus Lè'ān 乐安 im Staat Qí 齐国 (nördlicher Teil der heutigen Provinz Shāndōng 山东省) am Ende der Frühlings- und Herbstperiode (770–476 v. Chr.), war ein berühmter General, Militärexperte, Philosoph und Staatsmann, wurde ehrerbietig als der ‚Weiser des Krieges' oder Sūnzǐ 孙子 (Meister Sūn) bzw. Sūn Wǔzi 孙武子 sowie als ‚Weiser der Militärstrategen' tituliert und ist als ‚Lehrer von hundert Generationen von Militärstrategen' und ‚Begründer der fernöstlichen Militärwissenschaft' bekannt.
306 Shì 士 bezeichnet die Klasse der ‚ritterlichen' Gelehrten, also die Gelehrten-Amtsträger, Ratgeber des Herrschers bzw. Kader, eine Klasse ähnlich den Samurai des mittelalterlichen Japans.

bezeichneten Männer guter Bildung von Soldaten in Intellektuelle. In der Westlichen Zhōu-Periode stellten sie die gelehrten Beamten, die an den staatlichen Höfen oder auf zwischenstaatlichen Konferenzen wortgewandt Geschichte und Poesie zitierten. Aus diesem Hintergrund kam auch Konfuzius (551-479 v. Chr.). Der erste Schritt zur Veränderung von Rolle und Status der Shì war das Aufkommen von Funktionären, die ihren Herren in verschiedenen Funktionen dienten, etwa als Verwaltungsbeamte, Diplomaten, Richter und Berater. Als der Zhōu-Feudalismus nach dem Zusammenbruch der Westlichen Zhōu enorme Veränderungen erfuhr, machte es der Wettbewerb zwischen und innerhalb der Staaten notwendig, dass die Herrscher der verschiedenen Staaten jeweils die besten und fähigsten Personen, ausgestattet mit den als Xián 贤[307] bezeichneten Eigenschaft, als Assistenten und Berater um sich scharrten. Aus der Klasse der Shì entstanden somit die frühesten spezialisierten Diplomaten und Politiker in der 5.000-jährigen Geschichte Chinas.

Letztlich legte die Frühlings- und Herbstperiode den Grundstein für die spätere Zeit der Streitenden Reiche, die noch größere Konflikte und Umwälzungen mit sich brachte, indem die Annexionskriege zwischen den verschiedenen Vasallen immer intensiver wurden und schließlich nur noch die sogenannten Zhànguó-Qīxióng 战国七雄 [Sieben Mächte der Streitenden Reiche][308] übrigblieben, die sich für die entscheidenden Schlachten um die alleinige Herrschaft über das gesamte Reich rüsteten. Diese beiden Perioden waren die am stärksten zerrissenen und am längsten durch kriegerische Auseinandersetzungen geprägten in der chinesischen Geschichte: 625 größere und kleinere Kriege sind überliefert, mit 395 Schlachten während der Frühlings- und Herbstperiode und 230 Schlachten in der Zeit der Streitenden Reiche.[309]

---

307 Xián 贤 meint eine sittliche und rechtschaffene Person, die intellektuelle Fähigkeit und moralische Integrität verbindet.
308 Zhànguó-Qīxióng 战国七雄 [Sieben Mächte der Streitenden Reiche] umfasst Qín 秦, Qí 齐, Chǔ 楚, Yàn 燕, Hán 韩, Zhào 赵 und Wèy 魏.
309 中国军事史编写组编 (Chinese Military History Writing Group, Hrsg.): 中国历代战争年表 (Timeline of China's wars through the ages), 北京解放军出版社 (Beijing PLA Publishing House), 2002.

Das Ideal des Jūnlǐ 军礼, der militärischen Riten bzw. militärischen Höflichkeitsnormen, die als Maßstab für die Anstands- und Höflichkeitsnormen bei kriegerischen Auseinandersetzungen der Westlichen Zhōu-Dynastie gedient und gemäß historischen Aufzeichnungen bis zur Mitte der Frühlings- und Herbstperiode Gültigkeit gehabt haben dürften, wurde Hand in Hand mit dem Niedergang der Westlichen Zhōu-Dynastie ein Relikt aus vergangenen Zeiten. Im Sīmǎfǎ 司马法 [Methoden des Sīmǎ], einem der wichtigsten militärischen Werke der Vor-Qín-Zeit, werden im Kapitel Rénběn 仁本 einige Ideale der Jūnlǐ genannt, etwa „einen besiegten Feind nicht zu töten und dessen Kranken und Verwundeten Mitgefühl zu zeigen"[310], „mit dem Angriff zu warten, bis der Feind seine Vorbereitungen abgeschlossen hat"[311], oder „keine heiligen Stätten zu entweihen, zu jagen, Bauwerke und Anlagen zu zerstören, Häuser und Gebäude in Brand zu stecken, Bäume zu fällen oder Vieh, Lebensmittel und Geschirr ohne Erlaubnis mitzunehmen"[312].

Die Frühlings- und Herbstperiode war ein Zeitraum der langsamen Erosion der Fundamente, auf denen die Stabilität der Westlichen Zhōu-Dynastie stand. Das Zhōu-Königshaus, das fast 800 Jahre lang über China geherrscht hatte, verfiel und verlor seinen Status als ‚Herrscher unter dem Himmel'. Die Epoche ging mit dem Beginn der

---

310 ‚Sīmǎfǎ 司马法 [Methoden des Sīmǎ] – Rénběn 仁本 [Wohlwollen als Grundlage]': „Es ist ein Zeichen der Menschlichkeit und des Wohlwollens, einen besiegten Feind nicht zu töten und dessen Kranken und Verwundeten Mitgefühl zu zeigen" (不穷不能而哀怜伤病，是以明其仁也).

311 ‚Sīmǎfǎ 司马法 [Methoden des Sīmǎ] – Rénběn 仁本 [Wohlwollen als Grundlage]': „Es ist ein Zeichen von Glaubwürdigkeit, mit dem Angriff zu warten, bis der Feind seine Vorbereitungen abgeschlossen hat" (成列而鼓，是以明其信也).

312 ‚Sīmǎfǎ 司马法 [Methoden des Sīmǎ] – Rénběn 仁本 [Wohlwollen als Grundlage]': „Betritt man ein Land der Ruchlosen, ist es verboten, heilige Stätten zu entweihen, zu jagen, Bauwerke und Anlagen zu zerstören, Häuser und Gebäude in Brand zu stecken, Bäume zu fällen oder Vieh, Lebensmittel und Geschirr ohne Erlaubnis mitzunehmen. Die verwundeten Feinde werden behandelt und anschließend wieder freigelassen" (入罪人之地，无暴神祇，无行田猎，无毁土功，无燔墙屋，无伐林木，无取六畜、禾黍、器械。见其老幼，奉归勿伤。虽遇壮者，不校勿敌。敌若伤之，医药归之).

Zeit der Streitenden Reiche (475–221 v. Chr.) zu Ende, einer Zeit noch größerer politischer Zersplitterung und Gewalt. In dieser Zeit wetteiferten die Regionalstaaten weiterhin um Macht und Territorium, aber ihre Konflikte wurden immer intensiver und zerstörerischer.

Zeit der Streitenden Reiche 战国时期 (475–221 v. Chr.)

Die Historiker definieren im Allgemeinen die Epoche der sogenannten Sānjiā-Fēnjìn 三家分晋 [Aufteilung des Staates Jìn 晋 in die drei Nachfolgestaaten Hán 韩, Wèy 魏 und Zhào 赵] als Ende der Frühlings- und Herbstperiode und Beginn der Zeit der Streitenden Reiche. Dieser historische Übergang schuf das Grundgerüst für die Hegemonialkämpfe zwischen den Zhànguó-Qīxióng 战国七雄,[313] die erst durch die Reichseinigung unter Qín 秦 221 v. Chr. ihr Ende fanden.

Sānjiā-Fēnjìn 三家分晋 (475–403 v. Chr.): Historiker sehen den Zeitraum der Aufteilung des Staates Jìn 晋 in die drei Nachfolgestaaten Hán 韩, Wèy 魏 und Zhào 赵 im Allgemeinen als das Ende der Frühlings- und Herbstperiode 春秋时期 (770–476 v. Chr.) und als Beginn der Zeit der Streitenden Reiche 战国时期 (475–221 v. Chr.). Seit 633 v. Chr., als Herzog Wén von Jìn 晋文公[314] das als Sānjūn-Liùqīng 三军六卿[315] bezeichnete

---

313 ‚Shǐjì 史记 [Aufzeichnungen des Großen Historikers] – Liùguó-Niánbiǎo 六国年表 [Jahrestabelle der 6 Regionalstaaten]': „453: – Wèi Huánzi besiegte Zhì Bó [= Xún Yáo 荀瑶 *(506–453 v. Chr.), bedeutender Minister von* Jìn *am Ende der Frühlings- und Herbstperiode*] bei Jìn Yáng. Hán Kāngzi besiegte Zhì Bó bei Jìn Yáng. Xiāng Zi [= Zhào Xiāngzi] besiegte Zhì Bó bei Jìn Yáng und teilte sein Land mit Wèi und Hán in drei Teile" (453 – 魏桓子败智伯于晋阳。韩康子败智伯于晋阳。襄子[=赵襄子]败智伯晋阳，与魏、韩三分其地).

314 Herzog Wén von Jìn 晋文公 (697–628 v. Chr.) war einer der sogenannten ‚Fünf Hegemonen der Frühlings- und Herbstperiode' 春秋五霸 und regierte von 636 v. Chr. bis zu seinem Tod den Staat Jin 晋国.

315 Die früheste Bezeichnung Sānjūn 三军 [Drei Armeen] bezieht sich auf die Armeen der alten chinesischen Vasallenstaaten in der Frühlings- und Herbstperiode. Nach dem Zhōu-System konnte der Tiānzǐ 天子 [Sohn des Himmels] sechs Armeen haben und die großen Vasallenstaaten drei Armeen, die als Shàngjūn

Verwaltungssystem einrichtete, hatten die Liùqīng 六卿 [Kollegium der Sechs Minister][316] die militärische und politische Macht im Staat Jìn 晋国 inne. Zur Zeit von Herzog Píng von Jìn 晋平公[317] befanden sich die Liùqīng der Clans Hán 韩氏, Zhào 赵氏, Wèy 魏氏, Zhì 智氏, Fàn 范氏 und Zhōngháng 中行氏 in einem ständigen internen Konflikt. Nachdem die Zhào die Fàn- und Zhōngháng-Clans vernichtet hatten, schlossen sie sich 453 v. Chr. mit den Hán und den Wèy zusammen, um den Zhì-Clan zu vernichten, sodass die Herrscherfamilie des Staates Jìn nur noch dem Namen nach existierte. Im Jahr 403 v. Chr. bestimmte König Wēiliè von

---

上军 [Obere Armee], Zhōngjūn 中军 [Mittlere Armee] und Xiàjūn 下军 [Untere Armee] bezeichnet wurden und traditionell jeweils auf Einheiten von 12.500 Mann basierten. Unter dem 633 v. Chr. durch Herzog Wén von Jìn 晋文公 aufgestellten Verwaltungssystem Sānjūn-Liùqīng 三军六卿 wurden die Qiánjūn 前军 [Voraustruppen], die Zhōngjūn 中军 [Hauptstreitkräfte] und die Hòujūn 后军 [Rückwärtige Streitkräfte] als die drei Unterteilungen der Armee verstanden. Die Qiánjūn 前军 bildeten im Allgemeinen das Pionierbataillon, das für die Erschließung der Marschroute (Bau von Brücken und Wegen), die Aufklärung, die Abwehr von Scharmützeln und die Beschaffung eines Teils der Munition zuständig war; die Zhōngjūn 中军 [Hauptstreitkräfte] machten das Hauptheer aus, in dem der Befehlshaber den Großteil der Kampftruppen (Kavallerie, Infanterie) befehligte, die gerade im Einsatz waren; die Hòujūn 后军 [Rückwärtige Streitkräfte] waren hauptsächlich für die Versorgung der gesamten Armee, der Handwerker und einer großen Anzahl von Zivilarbeitern zuständig. Jede der Sānjūn 三军 [Drei Armeen] wurde von einem Jiāng 将 [General] und seinem Zuǒ 佐 [Adjutant] kommandiert, es gab also insgesamt sechs Qīng 卿 oder hohe Beamte, die für die militärischen und politischen Angelegenheiten von Jìn zuständig waren und sich nach dem Prinzip ‚Wenn einer stirbt, übernimmt der Nächste' bei der Ausübung der Ämter abwechselten.

316 Liùqīng 六卿, siehe ‚Hànshū 汉书 [Geschichte des ehemaligen Hàn] – Bǎiguān-Gōngqīngbiǎo 百官公卿表上 [Tabelle der Adelsränge und Regierungsämter]': „Der Kanzler leitet das Büro des Himmels, der Minister für Zivilverwaltung und Soziales leitet das Büro der Erde, der Minister für Riten leitet das Büro des Frühlings, der Minister für Kriegswesen leitet das Büro des Sommers, der Minister für Gefängniswesen leitet das Büro des Herbstes, der Minister für Land und Wasser leitet das Büro des Winters; das sind die Sechs Minister" (天官冢宰，地官司徒，春官宗伯，夏官司马，秋官司寇，冬官司空，是为六卿).

317 Herzog Píng von Jìn 晋平公 (?–532 v. Chr.), Herrscher des Staates Jìn von 557 bis 532 v. Chr.

Zhōu 周威烈王[318] Hán Qián 韩虔[319], Zhào Jí 赵籍[320] und Wèy Sī 魏斯[321] zu seinen Vasallen. Im Jahr 376 v. Chr. teilten Markgraf Wǔ von Wèy 魏武侯[322], Markgraf Āi von Hán 韩哀侯[323] und Markgraf Jìng von Zhào 赵敬侯[324] das Herrscherhaus des Staates Jìn. 403 v. Chr. waren die neuen Machtstrukturen gefestigt und bis zum Jahr 370 v. Chr. verschwand Jìn endgültig von der politischen Landkarte Chinas.

Die Zeit der Streitenden Reiche, die letzte historische Periode der Vor-Qín-Dynastie, war vor allem auch durch eine Reihe von politischen Reformen (z. B. durch den legalistischen Reformer Shāng Yāng 商鞅[325]) geprägt, welche die Aushöhlung der ehemaligen Fundamente der Westlichen Zhōu-Dynastie zusätzlich beschleunigten: So wurde etwa das Fēnfēng-System allmählich durch das sogenannte Jùnxiàn-System 郡县制[326] ersetzt, was den Übergang zu einem Mehrstaatensystem markierte; das Shìqīngshìlù-System 世卿世禄制[327]

---

318 König Wēiliè von Zhōu 周威烈王 (?–402 v. Chr.), 32. König der Zhōu-Dynastie und 20. König der Östlichen Zhōu-Dynastie.
319 Hán Qián 韩虔 (?–400 v. Chr.), bekannt als Markgraf Jǐng von Hán 韩景侯, Herrscher des Staates Hán 韩国 408–400 v. Chr.
320 Zhào Jí 赵籍 (?–400 v. Chr.), bekannt als Markgraf Liè von Zhào 赵烈侯, Herrscher des Staates Zhào 赵国 408–400 v. Chr.
321 Wèy Sī 魏斯 (472–396 v. Chr.), bekannt als Markgraf Wén von Wèy 魏文侯, Begründer der 100-jährigen Hegemonie von Wèy 魏国 und Gründungsmonarch des Staates während der Zeit der Streitenden Reiche.
322 Markgraf Wǔ von Wèy 魏武侯 (424–370 v. Chr.), Herrscher des Staates Wèy 魏国 während der Zeit der Streitenden Reiche.
323 Markgraf Āi von Hán 韩哀侯 (?–374 v. Chr.), Herrscher des Staates Hán 韩国 376–374 v. Chr.
324 Markgraf Jìng von Zhào 赵敬侯 (?–375 v. Chr.), Herrscher des Staates Zhào 赵国 386–375 v. Chr.
325 Shāng Yāng 商鞅 (395–338 v. Chr.), altchinesischer Philosoph, Militärstratege, Politiker und ein bedeutender Rechtsgelehrter.
326 Jùnxiànzhì 郡县制 [System der Präfekturen und Landkreise] meint ein zweistufiges lokales Verwaltungssystem (ähnlich den heutigen Verwaltungsgliederungen), das nach dem Belehnungssystem im alten China entstand und fast während der gesamten Feudalzeit vorherrschte.
327 Shìqīngshìlù-Zhì 世卿世禄制 meint das System der Beamtennachfolge und der erblichen Leistungen.

wich wiederum dem Jūngōngjué-System 军功爵制[328] usw. Die Zentralisierung der Verwaltung begann zunehmend Gestalt anzunehmen und die feudale Bürokratie begann sich endgültig in den Vasallenstaaten zu etablieren.

Abb. 31 Statue des berühmten Reformers Shāng Yāng 商鞅

Nachdem König Píng von Zhōu 周平王 770 v. Chr. seinen Regierungssitz nach Luòyì 洛邑 im Osten verlegt hatte, wurde das Haus der Zhōu noch mehr geschwächt. War es einst der Sohn des Himmels, der den Herren befahl und sie befehligte und „dessen Sache es war, Riten und Musik zu machen und Truppen in den Krieg zu

---

328 Jūngōngjué-Zhì 军功爵制 war das System der militärischen Dienstgrade und Titel.

schicken"³²⁹, gingen diese Befugnisse nun nach und nach in die Hände der Vasallen über, und auch innerhalb der Vasallenstaaten kam es zu einer Umkehrung der Position von Herrschern und Untertanen. Mehr noch, die hohen Beamten eines Vasallenstaates konnten die königliche Familie der Zhōu nach Belieben beeinflussen und steuern, und „die untergeordneten Beamten hielten das Schicksal des Staates in der Hand".³³⁰

Das Aufkommen eiserner landwirtschaftlicher Geräte steigerte die Produktivität, und die Urbarmachung großer Landstriche machte das Jǐngtián 井田 [Brunnenfelder] obsolet und steigerte die Macht der Vasallenstaaten zusätzlich. Die Strukturen des Lineagesystems und des Brunnenfeldsystems brachen zusammen, was zu einer turbulenten Situation führte, in der „Riten und Musik in Trümmern lagen".³³¹ Das Königreich, die Vasallen und die Minister befanden sich im Krieg miteinander und ‚alles unter dem Himmel' war im Chaos.

---

329 ‚Lúnyǔ 论语 [Analekten des Konfuzius] – Jì-Shì 季氏 [Der Jì-Clan]': „Konfuzius sagt: ‚In den Zeiten, da unter dem Himmel noch das Dào herrscht, ist es Sache des Himmelssohns, Riten und Musik zu machen und Truppen in den Krieg zu schicken; wenn es unter dem Himmel kein Dào mehr gibt, bestimmen die Vasallenfürsten über Rituale und Musik und schicken die Truppen in den Krieg'" (孔子曰：‚天下有道，则礼乐征伐自天子出；天下无道，则礼乐征伐自诸侯出').

330 ‚Lúnyǔ 论语 [Analekten des Konfuzius] – Jì-Shì 季氏 [Der Jì-Clan]': „Wenn die untergeordneten Beamten der großen Minister das Schicksal des Staates in der Hand halten, wird es nur selten vorkommen, dass sie ihre Macht auch in drei Generationen nicht verlieren" (陪臣执国命，三世希不失矣).

331 ‚Hànshū 汉书 [Geschichte der ehemaligen Hàn] – Wǔdìjì 武帝纪 [Annalen des Kaisers Wǔ]': „Ich habe gehört, dass man Menschen beibringen soll, höflich zu sein und Menschen durch Musik zu erziehen. Heute jedoch liegen Riten und Musik in Trümmern [das heißt, die Gesellschaft ist in völliger Unordnung], und ich drücke mein aufrichtiges Beileid für ihren Verlust aus" (盖闻导民以礼，风之以乐，今礼坏乐崩，朕甚闵焉).

Zhànguó-Qīxióng 战国七雄 [Sieben Mächte der Streitenden Reiche] – Der Kampf um die Vorherrschaft unter Tiānxià 天下 [alles unter dem Himmel]

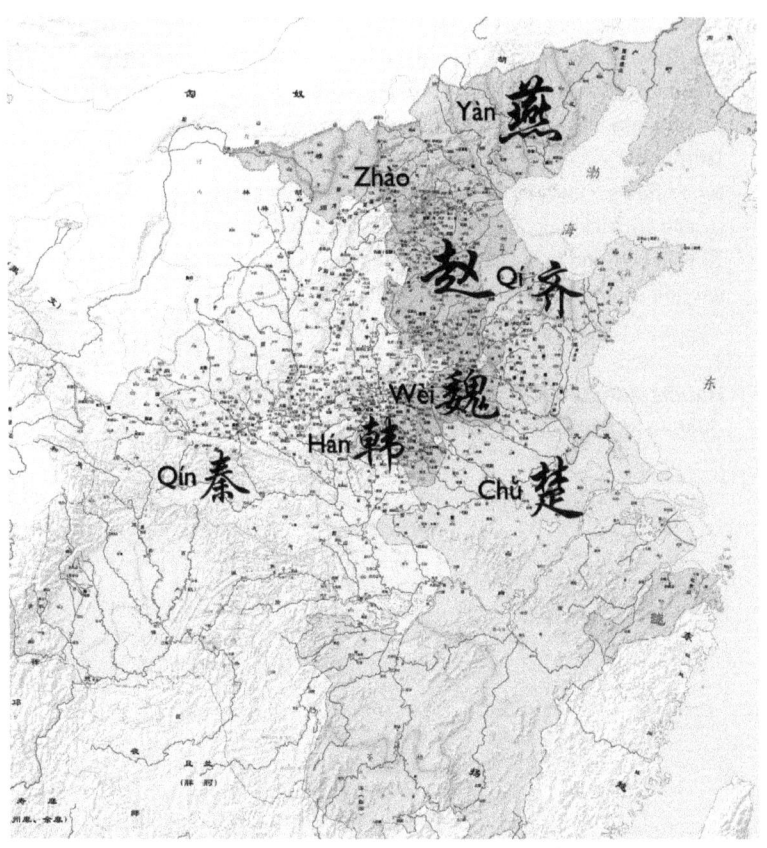

Abb. 32 Sieben Mächte der Streitenden Reiche 战国七雄

Während der Frühlings- und Herbstperiode (770–476 v. Chr.) wurde die Zahl der Vasallenstaaten durch zahlreiche Annexionskriege stark reduziert, bis zur Zeit der Streitenden Reiche konnten lediglich die sieben Staaten Qí 齐国, Chǔ 楚国, Yàn 燕国, Hán 韩国, Zhào 赵国, Wèy 魏国 und Qín 秦国 ihr Bestehen sichern, während ehemals starke Staaten wie Wèi 卫国, Lǔ 鲁国, Sòng 宋国, Zhèng 郑国, Wúguó 吴国 und Yuè 越国 bereits alle zerstört bzw. annektiert worden waren. Die alten Staaten im geografischen Zentrum (vor allem die Staaten Zhōu 周, Zhèng 郑, Wèi 卫, Sòng 宋, Lǔ 鲁), also die Regionen im Norden der heutigen Provinz Hénán 河南 und im Süden der Provinz Shāndōng 山东, hatten keine Möglichkeit zur Expansion und wurden zu Pufferzonen zwischen den größeren Staaten, die sie umgaben. Die ‚Streitenden Reiche' erbten das Chaos der durch Jahrhunderte kleinerer kriegerischer Auseinandersetzungen geprägten Frühlings- und Herbstperiode, setzten aber gleichzeitig die kulturelle Entwicklung des ‚Wetteiferns der Hundert Denkschulen' 百家争鸣 fort und bildeten so eine goldene Periode der intellektuellen und akademischen Entwicklung in China.

Hauptstädte und Lage der Hoheitsgebiete der ‚Sieben Mächte der Streitenden Reiche'

Staat	Hauptstadt	Heutige Lage der Hauptstadt	Heutige Region des Staates
Qí 齐国	Línzī 临淄	Nordosten der Stadt Zībó 淄博市, Provinz Shāndōng 山东省	Teile der Provinzen Shāndōng 山东 und Héběi 河北
Chǔ 楚国	Yānyǐng 鄢郢, später verlegt nach Shòuchūn 寿春	Jīngzhōu 荆州, Provinz Húběi 湖北省, später Landkreis Shòu 寿县, Provinz Ānhuī 安徽省	Gebiete von Húnán 湖南, Húběi 湖北, Jiāngxī 江西, Ānhuī 安徽, Hénán 河南, später erweitert bis Jiāngsū 江苏, Chóngqìng 重庆, Guǎngxī 广西, etc.

Yàn 燕国	Jì 蓟, später verlegt nach Liáodōng 辽东 (Gebiet östlich des Liáo-Flusses 辽河)	Běijīng 北京, später Liáoyáng 辽阳, Provinz Liáoníng 辽宁省	Teile von Běijīng 北京, Tiānjīn 天津, Héběi 河北, Innere Mongolei 内蒙古, Liáoníng 辽宁
Hán 韩国	Xīnzhèng 新郑	Xīnzhèng 新郑市, Provinz Hénán 河南省	Teile der Provinzen Hénán 河南省 und Shānxī 山西省
Wèy 魏国	Ānyì 安邑, später verlegt nach Dàliáng 大梁	Heutiges Kāifēng 开封, Provinz Hénán 河南	Gebiet um Shǎanxī 陕西 und Hénán 河南, erstreckte sich in seiner Blütezeit über ganz Shǎanxī 陕西
Zhào 赵国	Hándān 邯郸 (386 v. Chr. verlegte Markgraf Jìng von Zhào 赵敬侯 (?–375 v. Chr., Herrscher von Zhào 386–375 v. Chr.) die Hauptstadt von Zhōngmóu 中牟 (heutiges Hèbì 鹤壁, Provinz Hénán 河南) nach Hándān 邯郸)	Heutiges Hándān 邯郸, Provinz Héběi 河北省	Teile von Shānxī 山西, Innere Mongolei 内蒙古, Héběi 河北
Qín 秦国	Lìyáng 栎阳, 350 v. Chr. verlegt nach Xiányáng 咸阳 (Hauptstadt der ersten großen vereinigten Dynastie Chinas, des Qín-Reiches)		Gebiet von Shǎanxī 陕西, Gānsù 甘肃, später erweitert bis Sìchuān 四川 und Chóngqìng 重庆

Der unaufhaltsame Aufstieg von Qín 秦国 *(770–207 v. Chr.)*

Der Staat Qín 秦国 gehörte am Ende der Frühlings- und Herbstperiode zu den schwächeren Staaten. Entsprechend waren die Qín-Herrscher stets bestrebt, ihre Macht und ihren Einfluss zu stärken. 385 v. Chr. kehrte Herzog Xiàn von Qín 秦献公[332] aus seinem Exil in Wèy nach Qín zurück und inszenierte einen erfolgreichen Putsch, um den Thron zurückzuerobern. Er begann, Reformen in Qín durchzuführen, darunter die Abschaffung von Menschenopfern, die unter Herzog Wǔ von Qín 秦武公[333] eingeführt worden waren, der sich 678 v. Chr. mit 66 lebendigen Menschen hatte begraben lassen.[334] Herzog Xiàn verlegte 383 v. Chr. die Qín-Hauptstadt von Yōngchéng 雍城[335] nach Lìyáng 栎阳[336], wodurch sich das Zentrum von Qín näher an andere Staaten wie Wèi, Hán und Zhào verlagerte, was den Handel erleichterte und die mächtigen aristokratischen Clans schwächte, die sich in der alten Hauptstadt sesshaft gemacht hatten. Dadurch weitete er die Handelstätigkeiten aus, ließ ein System der Haushaltsregister, genannt Hùjí 户籍 [Familienstammbuch] bzw.

---

332 Herzog Xiàn von Qín 秦献公 (424–361 v. Chr.), Sohn von Herzog Líng von Qín 秦灵公 (?–415 v. Chr.), 25. Herrscher des Staates Qín, regierte 384–362 v. Chr.
333 Herzog Wǔ von Qín 秦武公 (?–678 v. Chr.), zehnter Herrscher des Staates Qín während der Zhōu-Dynastie.
334 ‚Shǐjì 史记 [Aufzeichnungen des Großen Historikers] – Qín Běnjì 秦本纪 [Biografien der Qín-Dynastie]': „Im zwanzigsten Jahr starb Herzog Wǔ von Qín und wurde in Yōngyì begraben. Zum ersten Mal wurden dabei lebendige Menschen mitbegraben, insgesamt wurden 66 Menschenopfer mit ihm begraben" (二十年，武公卒，葬雍平阳。初以人从死，从死者六十六人).
335 Yōngchéng 雍城, Hauptstadt des Staates Qín in der Östlichen Zhōu-Dynastie ab dem ersten Jahr des Herzogs Dé von Qín 秦德公 (710–677 v. Chr.), elfter Herrscher der Zhōu-Dynastie, bis zum zweiten Jahr von Herzog Xiàn von Qín. Die Hauptstadt bestand hier 294 Jahre lang, 19 Könige von Qín regierten hier, womit sie die längste Zeit die Hauptstadt des Qín-Staates war.
336 Lìyáng 栎阳 lag südöstlich des heutigen Kreises Fùpíng 富平县, Wèinán 渭南市, Provinz Shǎanxī 陕西省.

Hùkǒu 户口,[337] erstellen, trieb das sogenannte Jùnxiàn-System 郡县制 voran und führte mehrere Kriege zur Rückgewinnung verlorener Territorien. Obwohl die Reformen unter Herzog Xiàn von Qín 秦献公 nicht umfassend waren, legten sie doch den Grundstein für die folgenden Reformen von Shāng Yāng 商鞅[338] unter Herzog Xiào von Qín 秦孝公[339].

Abb. 33 Herzog Xiào von Qín 秦孝公 mit Shāng Yāng 商鞅 und dem Eunuchen Jǐng Jiān 景监, der wiederholt Shāng Yāng dem Herzog Xiào empfahl

---

337 Hùjí 户籍 [Familienstammbuch], auch Hùkǒu 户口, das Haushaltsregistrierungssystem bzw. das System des ständigen Wohnsitzes, das in der Ära von Máo Zédōng nach 1948 als erzwungene Immobilität der Bevölkerung ein zentraler Bestandteil der Kontrolle und Steuerung der Bevölkerung war. 1978 erfolgte im Zuge der Reform- und Öffnungspolitik unter Dèng Xiǎopíng 邓小平 auch eine Reform dieses Systems, um den Zustrom von Wanderarbeitern aus ländlichen Gebieten in die Sonderwirtschaftszonen zu steuern.
338 Shang Yāng 商鞅 (ca. 390–338 v. Chr.), Staatsmann, Kanzler und Reformer im Dienst des Staates Qín, schuf die administrativen, politischen und wirtschaftlichen Grundlagen, die es Qín schließlich ermöglichten, die anderen sechs rivalisierenden Staaten zu besiegen.
339 Herzog Xiào von Qín 秦孝公 (381–338 v. Chr.), Herrscher des Staates Qín von 361–338 v. Chr.

Als Herzog Xiào von Qín 秦孝公 im Jahr 361 v. Chr. den Thron bestieg, war Qín immer noch relativ rückständig und wurde von den Shāndōng-Liùguó 山东六国 [Sechs Königreiche von Shāndōng][340], den sechs mächtigen Staaten im Osten von Qín, herablassend behandelt. Der Herzog war fest entschlossen, den Status von Qín als Hegemon wiederherzustellen, den es zu Zeiten von Herzog Mù von Qín 秦穆公 (?–621 v. Chr.), einem der Chūnqiū-Wǔbà 春秋五霸 [Fünf Hegemonen der Frühlings- und Herbstperiode], erreicht hatte. Er erließ deshalb das sogenannte Qiúxián-Dekret 求贤令[341], um überall nach den besten und talentiertesten Männern suchen zu lassen, und ernannte Shāng Yāng 商鞅[342] aus dem Staat Wèi 卫国 zu seinem obersten Minister. Herzog Xiào von Qín 秦孝公 ermächtigte ihn zur Durchführung einer Reihe bahnbrechender politischer, militärischer und wirtschaftlicher Reformen in Qín, die als die berühmten Shāng Yāng Biànfǎ 商鞅变法 [Reformen des Shāng Yāng][343]

---

340 Die Anfänge des Namens Shāndōng 山东 liegen in der Zeit der Streitenden Reiche, als die Qín den Begriff Shāndōng als allgemeine Bezeichnung für die Region östlich des Xiáoshān-Gebirges 崤山, einer Gebirgskette im Westen der Provinz Hénán 河南, und des Hángǔ-Passes nutzten. Als Zhànguó-Qīxióng 战国七雄 [Sieben mächtige Fürstentümer der Streitenden Reiche] lagen außer Qín die sechs Staaten Hán 韩, Zhào 赵, Wèy 魏, Chǔ 楚, Yàn 燕 und Qí 齐 östlich des Xiáoshān-Gebirges und des Hángǔ-Passes 函谷关, daher auch die Bezeichnung ‚Sechs Staaten von Shāndōng' 山东六国.

341 Qiúxián-Dekret 求贤令, Verordnung über die Suche nach begabten und tugendhaften Menschen.

342 Shāng Yāng 商鞅 (ca. 390–338 v. Chr.), Staatsmann, Kanzler und Reformer im Dienst des Staates Qín, schuf die administrativen, politischen und wirtschaftlichen Grundlagen, die es Qín schließlich ermöglichen sollten, die sechs rivalisierenden Staaten zu besiegen.

343 Shāng Yāng Biànfǎ 商鞅变法 [Reformen des Shāng Yāng]: Im Jahr 346 v. Chr. führte Shāng Yāng mit Unterstützung des Herzogs Xiào von Qín 秦孝公 eine politische Reformkampagne im Staat Qín durch. Nach verschiedenen Gesetzesänderungen durch Shāng Yāng wurde der Staat Qín reich und mächtig, er etablierte sich als einer der ‚Sieben mächtigen Fürstentümer der Streitenden Reiche' und spielte eine wichtige Rolle beim Aufstieg des Staates. Dies war auch die Grundlage für das Verwaltungssystem des Staates Qín unter dem Ersten Kaiser Chinas, Qín Shǐhuáng 秦始皇帝).

bekannt wurden. Diese Reformen beinhalteten etwa die Förderung der Produktion, die Belohnung von besonderen Verdiensten, die Einführung des sogenannten Shíwǔ-Liánzuòfǎ 什伍连坐法 [Gesetz der Shíwǔ-Kollektivbestrafung][344] usw. Darüber hinaus befahl er allen Ministern des Landes, sich der Fùguó-Qiángbīng-Politik[345] zu widmen. Mit dieser Reformpolitik gelang es Herzog Xiào von Qín und Shāng Yāng, den Qín-Staat innerhalb von zehn Jahren reich und mächtig zu machen.

Im selben Jahr (346 v. Chr.), in dem Shāng Yāng weitreichende Gesetzesänderungen durchführte, vernichtete Qín den südlich von ihm gelegenen Vasallenstaat Shǔ 蜀国[346]. Damit grenzte Qín nun im Norden an die Präfektur Shàngjùn 上郡 (im nördlichsten Teil der heutigen Provinz Shǎanxī 陕西), im Süden an Bā-Shǔ 巴蜀 (Sìchuān-Becken und angrenzende Gebiete) und im Osten an den Gelben Fluss und den Hángǔ-Pass 函谷关[347]. Die neuen geografischen Grenzen von Qín bildeten natürliche Barrieren, die nur schwer angreifbar waren, gleichzeitig statteten sie das Land mit neuen Ressourcen aus, weshalb Qín jetzt als mächtiges Land betrachtet wurde. Zusammen

---

344 Als Grundlage für das Liánzuòfǎ 连坐法 [System der Kollektivstrafe] diente entweder die Einheit Shí 什 [Verbund von zehn Familien] oder Wǔ 伍 [Verbund von fünf Familien], die eine gemeinsame ‚Garantiegruppe' bildeten, wobei die Personen innerhalb dieser Gruppe sich gegenseitig beobachten und überwachen sollten; beging eine Person innerhalb dieser Gruppe eine Straftat, mussten die anderen dies umgehend melden; wer dies tat, wurde belohnt, wer es nicht tat, wurde bestraft. Dieses System spielte eine Schlüsselrolle bei der Kontrolle und Einschränkung der persönlichen Freiheit des Einzelnen und fand sowohl bei der Zivilbevölkerung als auch innerhalb der Armee Anwendung.
345 Fùguó-Qiángbīng 富国强兵 [Bereicherung des Landes, Stärkung der Streitkräfte] war ursprünglich eine Formulierung aus dem alten chinesischen Geschichtswerk Zhànguócè 战国策 [Strategien der Streitenden Reiche bzw. auch Annalen der Streitenden Reiche].
346 Shǔ 蜀国 lag im Gebiet der heutigen Provinz Sìchuān 四川.
347 Der Hángǔ-Pass 函谷关 war der Schauplatz zahlreicher Schlachten während der Zeit der Streitenden Reiche und der frühen Kaiserzeit; er trennte das obere Tal des Gelben Flusses und des Wèi-Flusses 渭河 (großer Fluss in den west-/zentralchinesischen Provinzen Gānsù 甘肃 und Shǎanxī 陕西) von der fruchtbaren nordchinesischen Ebene und schirmte so Qín von Angriffen von außen ab.

mit den wirtschaftlichen und politischen Bedingungen, die durch die Gesetzesänderung von Shāng Yāng geschaffen wurden, waren die Voraussetzungen für die spätere Vereinigung des gesamten Reiches durch Qín zu diesem Zeitpunkt bereits gegeben. Shāng Yāngs politische Reformen stießen jedoch beim alten Qín-Adel auf heftigen Widerstand, und als König Huìwén von Qín 秦惠文王[348] im Jahr 338 v. Chr. den Thron bestieg, wurde Shāng Yāng zum Tode durch den Strang verurteilt, während die Gesetze, die er eingeführt hatte, vom neuen Regenten weitgehend akzeptiert und zur Grundlage der Politik von Qín wurden.

Als sich die relative Stärke von Qín zunehmend verbesserte, gingen Herzog Xiào von Qín und seine Nachfolger zu einer aggressiven, opportunistischen Expansionspolitik über. Zwischen 356 und 221 v. Chr. führte Qín 52 von insgesamt 96 ‚Großmachtkriegen'[349]. Qín gewann 92 Prozent dieser Kriege und konnte den mächtigen Staat Wèy bis 328 v. Chr. vom Westufer des Gelben Flusses verdrängen. Im Jahr 318 v. Chr. führten die fünf Staaten Chǔ 楚, Wèy 魏, Zhào 赵, Hán 韩 und Yàn 燕 einen gemeinsamen Angriff gegen Qín am strategisch entscheidenden Hángǔ-Pass 函谷关 durch. Die Ostexpansion von Qín und die Liánhéng-Strategie 连横 [horizontale Allianz] des berühmten Qín-Militärstrategen Zhāng Yí 张仪[350] stellten für

---

348 König Huìwén von Qín 秦惠文王 (356–311 v. Chr.), auch bekannt als Lord Huìwén von Qín 秦惠文君, war 338–311 v. Chr. der Herrscher des Staates Qín während der Zeit der Streitenden Reiche und wahrscheinlich ein Vorfahre von Qín Shǐhuáng 秦始皇 (259–210 v. Chr.). Er war der erste Herrscher von Qín, der sich Wáng 王 [König] statt Gōng 公 [Herzog] (wie es bisher Gepflogenheit war) nannte.

349 Victoria Tin-bor Hui: *War and State Formation in Ancient China and Early Modern Europe*, Cambridge: Cambridge University Press, 2005, S. 64.

350 Zhāng Yí 张仪 (373–309 v. Chr.) aus der Stadt Ānyì 安邑 (heutiges Zhāngyí 张仪村, Gemeinde Wángxiǎn 王显乡, Kreis Wànróng 万荣县, Provinz Shānxī 山西省) im Staat Wèy 魏国, war Schüler von Guǐgǔzi 鬼谷子, dem Gründer der ‚Schule der vertikalen und horizontalen Allianzen' 纵横家, und ein wichtiger Stratege und Hauptverfechter der Liánhéng 连横 [horizontalen Allianz]. Er half dem Staat Qín, das Hézòng 合纵 [vertikale Allianz] der gegnerischen Staaten aufzulösen, und ebnete so Qín den Weg zur Alleinherrschaft.

alle ‚Sechs Königreiche von Shāndōng' 山东六国 zunehmend eine ernsthafte Gefahr dar. 319 v. Chr. gelang es König Huì von Wèy 魏惠王[351], mit Unterstützung der Staaten Qí 齐, Chǔ 楚, Yàn 燕, Zhào 赵 und Hán 韩 Zhāng Yí zu vertreiben und durch den Minister Gōngsūn Yǎn 公孙衍[352] zu ersetzen, um dadurch die dem Liánhéng-Bündnis 连横 [horizontale Allianz] entgegengesetzte Strategie der Hézòng-Allianz 合纵 [vertikale Bündnispolitik] voranzutreiben und ein Gegengewicht zu Qín zu schaffen. Die Schlacht am Hángǔ-Pass war die letzte Schlacht der Zeit der Streitenden Reiche, in der sich die Vasallenstaaten zum gemeinsamen Angriff auf Qín verbündeten. Von da an hatten die ‚Sechs Königreiche von Shāndōng' 山东六国 keine Möglichkeiten mehr, einer Annexion durch Qín zu widerstehen.

Konsolidierung der Macht und Reichseinigung unter dem ‚Ersten Kaiser Chinas'

Im Jahr 247 v. Chr. starb König Zhuāngxiāng von Qín 秦庄襄王[353], und der 13-jährige Yíng Zhèng 嬴政[354], der als Qín Shǐhuáng Yíng Zhèng 秦始皇嬴政, der erste Kaiser Chinas, alle mächtigen Vasallenstaaten

---

351 König Huì von Wèy 魏惠王 (400–319 v. Chr.), später bekannt als König Huì von Liáng 梁惠王, Sohn des Marquis Wǔ von Wèy 魏武侯 (424–370 v. Chr.), regierte als dritter Herrscher des Staates Wèi 369–319 v. Chr.

352 Gōngsūn Yǎn 公孙衍 (360–300 v. Chr.), berühmter Staatsmann, Diplomat und Militärexperte, einer der wichtigsten Vertreter der Zònghéng-Schule 纵横家 [Schule der vertikalen und horizontalen Allianzen], diente ursprünglich als hoher Beamter in Wèy 魏 und wurde später von König Huì Wén von Qín 秦惠文王 als Oberster General 大良造 der Qín eingesetzt; er lebte zur gleichen Zeit wie Zhāng Yí und war der Hauptgegner von dessen Liánhéng-Strategie.

353 König Zhuāngxiāng von Qín 秦庄襄王 (281–247 v. Chr.), Herrscher des Staates Qín während der Zeit der Streitenden Reiche.

354 Yíng Zhèng 嬴政 (259–210 v. Chr.), auch bekannt als Zhào Zhèng 赵政, Zǔ Lóng 祖龙 usw., manchmal Lǚ Zhèng 吕政, Sohn von König Zhuāngxiāng von Qín und Zhào Jī 赵姬, herausragender Politiker, Stratege und Reformer im alten China, ein Politiker, der die Vereinigung Chinas zum ersten Mal vollendete und auch der erste Monarch war, der in China Kaiser genannt wurde, schließlich bekannt als Qín Shǐhuáng 秦始皇.

besiegen und das Reich unter seiner alleinigen Herrschaft vereinen sollte, wurde zum König von Qín ernannt. Zu dieser Zeit war Lǚ Bùwéi 吕不韦[355] Minister von Qín und monopolisierte die Macht. Im Jahr 239 v. Chr., als der König von Qín 21 Jahre alt war, stand er kurz vor seinem Amtsantritt, doch zu dieser Zeit kam es am kaiserlichen Hof von Qín zu heftigen politischen Machtkämpfen. Lǚ Bùwéi und Lào Ǎi 嫪毐[356], ein falscher Eunuch und Beamter von Qín, hatten die

Abb. 34 Jīng Kēs 荆轲 Attentat auf Qín Shǐhuáng 秦始皇
(Steinabreibung; 3. Jahrhundert, Östliche Hàn-Dynastie 东汉)

Regierung fest in ihren Händen. Im Jahr 238 v. Chr. schlug der König von Qín die Rebellion von Lào Ǎi nieder. Im folgenden Jahr wurde Lǚ Bùwéi seines Amtes als Ministers enthoben[357] und beging mit

---

355 Lǚ Bùwéi 吕不韦 (292–235 v. Chr.), ursprünglich Geschäftsmann und Philosoph aus dem Staat Wèy 魏, wurde später unter Yíng Zhèng 嬴政 (259–210 v. Chr.), Sohn von König Zhuāngxiāng von Qín 秦庄襄王, der später Qín Shǐhuáng 秦始皇 (Erster Kaiser der Qín-Dynastie 秦朝, 221-207 v. Chr.) werden sollte, zum Staatskanzler im Staat Qín 秦国 ernannt.

356 Lào Ǎi 嫪毐 (?–238 v. Chr.), ein Hochstapler-Eunuch und männlicher Günstling von Zhào Jī 赵姬, der Mutter von Yíng Zhèng.

357 ‚Shǐjì 史记 [Aufzeichnungen des Großen Historikers] – Qín Shǐhuáng Běnjì 秦始皇本纪 [Biografie des Qín Shǐhuáng]': „Im zehnten Jahr [Anm.: 237 v. Chr.] wurde Staatsminister Lǚ Bùwéi wegen der Verbrechen von Lào Ǎi von seinem Posten als Staatsminister abgesetzt" (十年，相国吕不韦坐嫪毐免).

vergiftetem Wein Selbstmord.[358] Nach der Machtübernahme durch Yíng Zhèng wurden Gefolgsleute wie Wèi Liáo 尉缭[359] und Lǐ Sī 李斯[360] ernannt, um Qíns Strategie der Erlangung der alleinigen Herrschaft über Tiānxià umzusetzen.[361] Wèi Liáo warnte den König von Qín, dass „die Vasallen sich zusammenschließen und Qín überraschend angreifen könnten, ohne ihre Absichten zu zeigen, denn dies war auch der Grund für die Vernichtung von Minister Zhì Bó 智伯, König Fū Chāi von Wú 吴王夫差 und König Mǐn von Qí 齐湣王".[362]

---

358 ‚Shǐjì 史记 [Aufzeichnungen des Großen Historikers] – Lǚ Bùwéi Lièzhuàn 吕不韦列传 [Biografie von Lǚ Bùwéi]': „Als Lǚ Bùwéi daran dachte, dass er allmählich in die Enge getrieben worden war, und befürchtete, später getötet zu werden, trank er vergifteten Wein und brachte sich um (吕不韦自度稍侵，恐诛，乃饮酖而死).

359 Wèi Liáo 尉缭 (?–? v. Chr.) stammte aus Dàliáng 大梁, der Hauptstadt des Staates Wèy 魏国, und war Berater von Qín Shǐhuáng; er gilt als möglicher Verfasser des Textes Wèi Liáozi 尉缭子 [Meister Wèi Liáo] über Militärstrategie.

360 Lǐ Sī 李斯 (?–208 v. Chr.) war Chéngxiàng 丞相 [Großkanzler], berühmter Staatsmann, Literaturwissenschaftler und Kalligraf der Qín-Dynastie.

361 ‚Lùnhéng 论衡 [Diskutives Abwägen] – Gǔxiāng 骨相 [Über Physiognomie]': „Wèi Liáo aus Dàliáng überzeugte Qín Shǐhuáng von seiner Strategie, sich alles unter dem Himmel untertan zu machen. Der erste Kaiser glaubte an seine Strategie, behandelte ihn ebenbürtig und hatte die gleiche Kleidung und Nahrung wie er" (大梁人尉缭，说秦始皇以并天下之计。始皇从其册，与之亢礼，衣服饮食与之齐同).

362 ‚Shǐjì 史记 [Aufzeichnungen des Großen Historikers] – Qín Shǐhuáng Běnjì 秦始皇本纪 [Biografie des Qín Shǐhuáng]': „Wèi Liáo, der aus Dàliáng stammte, kam nach Qín und riet dem König von Qín: ‚Im Vergleich zur großen Macht des Königs von Qín ist ein Vasall wie ein Landrat. Aber ich fürchte, die Vasallen könnten sich zusammenschließen und Qín überraschend angreifen, ohne ihre Absichten zu zeigen. Dies war auch der Grund für die Vernichtung von Minister Zhì Bó 智伯, König Fū Chāi von Wú 吴王夫差 und König Mǐn von Qí 齐湣王. So hoffe ich, der König wird nicht mit seinem Reichtum geizen, sondern seine mächtigen Minister bestechen, um ihre Pläne zu sabotieren, denn dadurch wird er nur 300.000 Pfund Gold ausgeben, während die Vasallen alle vernichtet werden können'" (大梁人尉缭来，说秦王曰："以秦之强，诸侯譬如郡县之君，臣但恐诸侯合从，翕而出不意，此乃智伯、夫差、湣王之所以亡也。愿大王毋爱财物，赂其豪臣，以乱其谋，不过亡三十万金，则诸侯可尽").

Untergang der ‚Sechs Königreiche von Shāndōng' 山东六国[363]

- Hán 韩国 (403–230 v. Chr.): Der Staat Hán 韩国 grenzte im Osten an Wèy 魏国 und im Westen an den Hángǔ-Pass 函谷关 und lag an einer strategisch wichtigen Militärstraße, so dass Hán jahrelang immer wieder in Kriege verwickelt wurde. Im Jahr 358 v. Chr. setzte Markgraf Zhāo von Hán 韩昭侯[364] den Legalisten Shēn Bùhài 申不害[365] als Xiāng 相 [Minister] ein und führte eine harte und strenge Politik, mit der er vorübergehend die Macht des Staates Hán stärken konnte. Hán fand sich jedoch rasch wieder in einer Phase des Niedergangs. Im Jahr 230 v. Chr. sandte Qín seinen General Nèi Shǐténg 内史腾[366] zum Angriff, und es gelang ihm, König Ān von Hán 韩王安[367] gefangen zu nehmen und auf dem Gebiet von Hán den Kreis Yǐngchuān 颍川郡 zu errichten,

---

363 Shāndōng 山东 – die Anfänge dieses Namens liegen in der Zeit der Streitenden Reiche, als die Qín ‚Shāndōng' als allgemeine Bezeichnung für die Region östlich vom Xiáoshān-Gebirge 崤山, einer Gebirgskette im Westen der Provinz Hénán 河南, und des Hángǔ-Passes nutzten. Unter den Zhànguó-Qīxióng 战国七雄 [Sieben mächtige Fürstentümer der Streitenden Reiche] lagen außer Qín die sechs Staaten Hán 韩, Zhào 赵, Wèy 魏, Chǔ 楚, Yàn 燕 und Qí 齐 östlich des Xiáoshān-Gebirges und vom Hángǔ-Pass 函谷关, daher auch die Bezeichnung ‚Sechs Staaten von Shāndōng 山东六国'.

364 Markgraf Zhāo von Hán 韩昭侯 (?–333 v. Chr.), auch bekannt als Hán Wǔ 韩武, sechster Herrscher des Staates Hán.

365 Shēn Bùhài 申不害 (385–337 v. Chr.) war eine der wichtigsten Gründerfiguren des Legalismus und ein großer Denker der Zeit der Streitenden Reiche.

366 Nèi Shǐténg 内史腾 (?–? v. Chr.) manchmal auch Nèi Shǐshèng 内史胜 geschrieben, General des Staates Qín der Spätzeit der Streitenden Reiche; als Vertreter des Staates Qín erhielt er vom Staat Hán 韩国 Landkonzessionen und verwaltete später Land in der Präfektur Nánjùn 南郡 (heute nördlich von Jiānglíng 江陵北, Provinz Húběi 湖北), womit er den Grundstein für die Invasion der Qín in Chǔ 楚 legte.

367 König Ān von Hán 韩王安 (?–226 v. Chr.) regierte als letzter Herrscher des Staates Hán von 238 bis 230 v. Chr.

was das Ende des Staates Hán bedeutete.[368] Somit war Hán die erste der ‚Sieben Mächte der Streitenden Reiche', die von Qín vernichtet wurde.

- Zhào 赵国 (403–222 v. Chr.): Zhào war der dritte Staat, der infolge der sogenannten Sānjiā-Fēnjìn 三家分晋 [Aufteilung des Staates Jìn 晋 in die drei Nachfolgestaaten Hán 韩, Wèy 魏 und Zhào 赵] entstand, und begründete seine Hauptstadt in Hándān 邯郸[369] in der Nähe der Staaten Qí 齐国 und Yàn 燕国. Zhào florierte, indem es abwechselnd Qín und Qí unterstützte. Im Jahrzehnt zwischen 285 und 275 v. Chr. konnte Zhào sein Territorium auf Kosten von Wèy und Qí ausdehnen. Der Aufstieg von Zhào erreichte seinen Höhepunkt, als Qín im 29. Jahr von König Huì Wén von Zhào 赵惠文王[370] (270 v. Chr.) das Zhào-Territorium von Yùyǔ 阏与[371] angriff. Zhào-General Zhào Shē 赵奢[372] führte die Zhào-Armee an und vernichtete eine Qín-Armee von 80.000 Soldaten. 260 v. Chr. konnte Bái Qǐ 白起[373] die Zhào-Armee bei

---

368 ‚Shǐjì 史记 [Aufzeichnungen des Großen Historikers] – Qín Shǐhuáng Běnjì 秦始皇本纪 [Biografie des Qín Shǐhuáng]': „Im siebzehnten Jahr griff Nèi Shǐténg Hán an, nahm König Ān von Hán gefangen, annektierte das gesamte Territorium von Hán und gründete auf diesem Gebiet einen Landkreis namens Yǐngchuān" (十七年，内史腾攻韩，得韩王安，尽纳其地，以其地为郡，命曰颍川).

369 Im Jahr 386 v. Chr. verlegte Markgraf Jìng von Zhào 赵敬侯 (?–375 v. Chr., Herrscher des Staates Zhào 386–375 v. Chr.) seine Hauptstadt von Zhōngmóu 中牟 (dem heutigen Hèbì 鹤壁, Provinz Hénán 河南) nach Hándān 邯郸.

370 König Huì Wén von Zhào 赵惠文王 (310–267 v. Chr.) war der siebte Herrscher von Zhào in der späten Periode der Streitenden Reiche.

371 Yùyǔ 阏与, heutiger Kreis Héshùn 和顺县, Provinz Shānxī 山西省.

372 Zhào Shē 赵奢 (?–? v. Chr.), berühmter General des Staates Zhào, einer der ‚acht berühmten Generäle' (八名将: Wú Qǐ 吴起 (440–381 v. Chr.), Sūn Bìn 孙膑 (382–316 v. Chr.), Dài Tuó 带佗 (?–? v. Chr.), Ní Liáng 倪良 (?–? v. Chr.), Wáng Liào 王廖 (?–? v. Chr.), Tián Jì 田忌 (?–? v. Chr.), Lián Pǒ 廉颇 (327–243 v. Chr.) und Zhào Shē 赵奢 (?–? v. Chr.)) der ‚Sechs Östlichen Staaten' (东方六国, auch bekannt als die Sechs Staaten von Shāndōng 山东六国, bezieht sich auf die Staaten Wèy 魏国, Zhào 赵国, Hán 韩国, Yàn 燕国, Qí 齐国 und Chǔ 楚国, östlich vom Xiáoshān 崤山 im Staat Qín 秦国) während der Zeit der Streitenden Reiche.

373 Bái Qǐ 白起 (332–257 v. Chr.), auch bekannt als Gōngsūn Qǐ 公孙起, berühmter General von Qín, befehligte mehrere entscheidende Schlachten.

Chángpíng 长平³⁷⁴ vernichtend schlagen und dabei 400.000 Soldaten der Zhào töten. Im Jahr 229 v. Chr. startete Qín mit drei Armeen einen Großangriff auf den Staat Zhào 赵国 (403–222 v. Chr.): General Wáng Jiǎn 王翦³⁷⁵ befehligte die Truppen der Präfektur Shàng 上郡³⁷⁶; Yáng Duānhé 杨端和³⁷⁷ führte die Armee der Präfektur Hénèi 河内郡³⁷⁸ an; und Qiāng Huì 羌瘣³⁷⁹ hatte das Kommando über die Soldaten aus Jǐngxíng 井陉³⁸⁰. Gemeinsam griffen die drei Armeen die Zhào-Hauptstadt Hándān 邯郸 von Norden und Süden her an. Die beiden berühmten Zhào-Generäle Lǐ Mù 李牧³⁸¹ und Sīmǎ Shàng 司马尚³⁸² stellten sich mit ihren Truppen der mächtigen Qín-Armee. Historischen Berichten zufolge bestach Qín Guō Kāi 郭开³⁸³ einen Günstling von König

---

374 Chángpíng 长平, nordwestlich der heutigen Stadt Gāopíng高平市, Provinz Shǎnxī山西省省, gelegen.
375 Wáng Jiǎn王翦 (?–? v. Chr.), Befehlshaber des Königreichs von Qín, der eine wichtige Rolle bei der Vereinigung Chinas unter dem ersten Qín Shǐhuáng 秦始皇 spielte.
376 Präfektur Shàng上郡 (Shàngdì 上地), heute im Norden der Provinz Shǎanxī陕西 gelegen.
377 Yáng Duānhé 杨端和 (?–? v. Chr.), berühmter General und Militärexperte von Qín während der Zeit der Streitenden Reiche.
378 Präfektur Hénèi河内郡, heutige Stadt Xīnxiāng 新乡市, Provinz Hénán 河南省.
379 Qiāng Huì 羌瘣 (?–? v. Chr.), berüchtigter General in der Frühlings- und Herbstperiode und der Zeit der Streitenden Reiche, lebte zur Zeit von Qín Shǐhuáng 秦始皇 (259–210 v. Chr.).
380 Jǐngxíng 井陉, im Westen vom heutigen Kreis Jǐngxíng 井陉县, Provinz Héběi 河北省.
381 Lǐ Mù 李牧 (?–229 v. Chr.), berühmter General und Militärexperte des Staates Zhào 赵国 während der Zeit der Streitenden Reiche, zusammen mit Bái Qǐ 白起 (332–257 v. Chr.), Xiàng Yàn 项燕 (?–223 v. Chr.) und Sū Qín 苏秦 (380–284 v. Chr.), bekannt als Wǔ'ānjūn 武安君 [Herr des kriegerischen Friedens], einer der ‚Vier großen Generäle der Streitenden Reiche', die für ihre militärischen Leistungen gelobt und berühmt wurden und dem Land durch ihren Ruf Frieden und Stabilität brachten.
382 Sīmǎ Shàng 司马尚 (?–? v. Chr.), General des Staates Zhào.
383 Guō Kāi 郭开 (?–? v. Chr.), verräterischer Minister des Staates Zhào während der Zeit der Streitenden Staaten und bevorzugter Minister von König Qiān von Zhào.

Qiān von Zhào 赵王迁[384], der daraufhin das Gerücht verbreitete, dass Lǐ Mù und Sīmǎ Shàng eine Rebellion planen würden. Der König von Zhào schenkte den Gerüchten Glauben und schickte Zhào Cōng 赵葱[385] und den Qí-General Yán Jù 颜聚[386], um Lǐ Mù zu ersetzen. Lǐ Mù akzeptierte jedoch den Befehl nicht, und so sandte der König von Zhào seine Männer aus, um Lǐ Mù heimlich zu verhaften und zu töten und Sīmǎ Shàng seines Amtes zu entheben. 228 v. Chr. besiegten und befriedeten Wáng Jiǎn und Qiāng Huì das Gebiet Dōngyáng 东阳地区[387] von Zhào vollständig und nahmen den König von Zhào gefangen.[388] Damit war das Ende von Zhào besiegelt.

---

384 König Yōumiào von Zhào 赵幽缪王 (?–222 v. Chr.), auch König Qiān von Zhào 赵王迁 genannt, regierte 235–228 v. Chr.

385 Zhào Cōng 赵葱 (?–? v. Chr.), General von Zhào am Ende der Zeit der Streitenden Reiche.

386 Yán Jù 颜聚 (?–? v. Chr.), General von Zhào am Ende der Zeit der Streitenden Reiche.

387 Das politische Zentrum des Zhào-Clans war Jìnyáng 晋阳, das sich im Gebiet Jìnzhōng 晋中地区 (Zentrum der heutigen Provinz Shānxī 山西省省) befand. Das Gebiet von Dōngyáng 东阳地区 war die strategische Basis, um mit Qí 齐, Wèi 卫 und Wèy 魏 um die südöstlichen Regionen zu konkurrieren.

388 ‚Shǐjì 史记 [Aufzeichnungen des Großen Historikers] – Qín Shǐhuáng Běnjì 秦始皇本纪 [Biografie des Qín Shǐhuáng]': „Im neunzehnten Jahr [Anm.: 228 v. Chr.] befriedeten und eroberten Wáng Jiǎn und Qiāng Huì das Dōngyáng-Gebiet im Staat Zhào vollständig und nahmen den Zhào-König gefangen" (十九年，王翦、羌瘣尽定取赵地东阳，得赵王).

- Wèy 魏国 (403–225 v. Chr.): Wèy war wie Hán 韩国 einer der Staaten, der aus der Teilung der Drei Jìn 三晋 entstand. Gleichzeitig war er der stärkere der drei Staaten und wurde durch die sogenannte Lǐ Kuī Biànfǎ 李悝变法 [Lǐ Kuīs Reformen][389] während der Herrschaft von Markgraf Wén von Wèy 魏文侯[390] rasch politisch, wirtschaftlich und militärisch mächtig. Zum Zeitpunkt der Thronbesteigung von König Huì von Wèy 魏惠王[391] befand sich Wèy auf dem Höhepunkt seiner Macht und verlegte 334 v. Chr. die Hauptstadt von Ānyì 安邑[392] nach Dàliáng 大梁[393]. Ausschlaggebend für den endgültigen Untergang von Wèy im Jahr 225 v. Chr. waren zwei vernichtende Niederlagen, die in der späteren chinesischen Literatur als Musterbeispiele von Strategie gefeiert wurden: die Schlacht von Guìlíng 桂陵之战 (354 v. Chr.) und die Schlacht von Mǎlíng 马陵之战 (342 v. Chr.). 225 v. Chr. führte Qín unter dem Kommando von General Wáng Bēn 王贲[394]

---

[389] Lǐ Kuī Biànfǎ 李悝变法 [Lǐ Kuīs Reformen]: Markgraf Wén von Wèy 魏文侯 ernannte Lǐ Kuī 李悝 zum Minister, der umfangreiche Reformen in Politik, Landwirtschaft und Rechtswesen durchführte, was den Staat reich und stark machte. Um den Rechtswandel weiter fortzusetzen und seine Errungenschaften zu konsolidieren, stellte Lǐ Kuī die Strafgesetzbücher verschiedener Länder zusammen und verfasste das Buch ‚Kanon der Gesetzgebung' 法经, das erste relativ systematisch geschriebene Feudalgesetzbuch in der chinesischen Geschichte, um den Rechtswandel in Form von Gesetzen zu bekräftigen und zu schützen und die feudale Rechtsmacht zu festigen. Die Gesetzesänderung von Lǐ Kuī im Staat Wèi bildete den Beginn der politischen Reformen in China und hatte einen tiefgreifenden Einfluss auf die chinesische Geschichte.

[390] Markgraf Wén von Wèy 魏文侯 (472–396 v. Chr.) war der Begründer der 100-jährigen Hegemonie von Wèy 魏国 und Gründungsmonarch des Staates während der Zeit der Streitenden Reiche.

[391] König Huì von Wèy 魏惠王 (400–319 v. Chr.), später bekannt als König Huì von Liáng 梁惠王, Sohn des Marquis Wǔ von Wèy 魏武侯 (424–370 v. Chr.), regierte als dritter Herrscher des Staates Wèy 369–319 v. Chr.

[392] Ānyì 安邑 meint das heutiges Kāifēng 开封, Provinz Hénán 河南.

[393] Dàliáng 大梁, Hauptstadt des Königreichs Wèy 魏 während der Zeit der Streitenden Reiche, eine der größten Städte Chinas zu jener Zeit, nordwestlich der heutigen Stadt Kāifēng 开封市, Provinz Hénán 河南省 gelegen.

[394] Wáng Bēn 王贲 (?–? v. Chr.), berühmter General von Qín, Sohn von General Wáng Jiǎn 王翦, spielte eine Schlüsselrolle in den Einigungskriegen der Qín.

einen Großangriff auf Wèy 魏 durch. Die Qín-Truppen umzingelten Dàliáng und hoben Gräben aus, um mit dem Flusswasser die Stadt zu überfluten. Dàliángs Wehrmauern konnten den Wassermassen nicht lange standhalten und die Stadt wurde innerhalb von drei Monaten eingenommen. König Jiǎ von Wèy 魏王假[395] musste kapitulieren, woraufhin Qín das gesamte Gebiet von Wèy besetzte.[396]

- Chǔ 楚国 (1030–223 v. Chr.): 225 v. Chr. plante Qín Shǐhuáng einen Angriff auf Chǔ und befragte seine Generäle Lǐ Xìn 李信[397] und Wáng Jiǎn 王翦, wie viele Soldaten wohl für einen erfolgreichen Feldzug aufgestellt werden müssten. Der erfahrene Feldherr Wáng Jiǎn empfahl eine Armee von rund 600.000 Mann, während Lǐ Xìn eine Truppenstärke von 200.000 als ausreichend ansah. Daraufhin verhöhnte Qín Shǐhuáng Wáng Jiǎn als alt und ängstlich, lobte hingegen Lǐ Xìn für seinen Mut und seine Entschlossenheit, und „schickte Lǐ Xìn und Méng Tián 蒙恬[398] mit 200.000 Mann in den Süden, um Jīng 荆 [ein anderer Name für den Staat Chǔ in der Frühlings- und Herbstperiode] anzugreifen".[399] Wáng Jiǎn, enttäuscht und verbittert, kehrte unter dem Vorwand, krank zu sein, in seine Heimat Pínyáng 频阳[400] zurück, um sich zur Ruhe zu setzen. Lǐ Xìn griff Píngyǔ 平舆[401] an und Méng Tián zog mit seinen

---

395 König Jiǎ von Wèy 魏王假 (?–225 v. Chr.) regierte den Staat Wèy als letzter Herrscher von 227 bis 225 v. Chr.

396 ‚Shǐjì 史记 [Aufzeichnungen des Großen Historikers] – Qín Shǐhuáng Běnjì 秦始皇本纪 [Biografie des Qín Shǐhuáng]': 二十二年，王贲攻魏，引河沟灌大梁，大梁城坏，其王请降，尽取其地.

397 Lǐ Xìn 李信 (?–? v. Chr.), berühmter Qín-General am Ende der Zeit der Streitenden Reiche.

398 Méng Tián 蒙恬 (?–210 v. Chr.), berühmter General zur Zeit von Qín Shǐhuáng.

399 ‚Shǐjì 史记 [Aufzeichnungen des Großen Historikers] – Bái Qǐ Wáng Jiǎn Lièzhuàn 白起王翦列传 [Biografien von Bái Qǐ und Wáng Jiǎn]': „Also schickte er Lǐ Xìn und Méng Tián mit 200.000 Mann in den Süden, um Jīng anzugreifen" (遂使李信及蒙恬将二十万南伐荆).

400 Pínyáng 频阳 meint den heutigen Landkreis Fùpíng 富平县, Provinz Shǎanxī 陕西省.

401 Píngyǔ 平舆 war der Staat Shěn 沈国, auch Dān 聃国 genannt, der von der Westlichen Zhōu-Dynastie bis zur Frühlings- und Herbstperiode ein Vasallenstaat im Einzugsgebiet der Jiāng-Hàn-Flüsse 江汉 gewesen war; in Zeit der Streitenden Reiche gehörte er als Gebiet Píngyǔ 平舆邑 zum Staat Chǔ.

Truppen gegen Qín 寑[402], und sie konnten einen ersten Sieg gegen die Armeen der Chǔ erringen. Lǐ Xìn wandte sich als Nächstes nach Yān 鄢[403] und die Chǔ-Hauptstadt Yǐng 郢[404] und konnte die feindliche Armee zerschlagen, woraufhin er seine Truppen nach Westen führte und in Chéngfù mit Méng Tián zusammentraf. Die Chǔ-Armee verfolgte sie jedoch drei Tage und Nächte lang ohne Unterbrechung und fügte den Truppen von Lǐ Xìn schließlich eine vernichtende Niederlage zu; sie nahm zwei Heerlager ein, tötete sieben Hauptmännern und schlug die Qín-Armee in die Flucht. Im Jahr darauf, 224 v. Chr., besiegte Qín-General Wáng Jiǎn die Chǔ-Armee bei Qí 蕲[405] und trieb den Chǔ-General Xiàng Yàn 项燕[406] in den Selbstmord. 223 v. Chr. durchbrach die Qín-Armee die Festungen der Chǔ-Hauptstadt Shòuchūn 寿春[407], wodurch Chǔ in die Knie gezwungen wurde. 222 v. Chr. gelang es Wáng Jiǎn, das Jiāngnán-Gebiet, also das Gebiet am Südufer des Unterlaufs des Jangtse-Flusses, Teil des Königreichs Jīng 荆 [Anm.: alter Name für Chǔ] zu befrieden. Er zwang den Herrscher von Yuè zur Kapitulation und gründete die Präfektur Guìjī 会稽郡[408]; damit war das Königreich Chǔ vernichtet.[409]

---

402 Qín 寑 lag auf dem Territorium des alten Staates Chǔ, heutiger Kreis Línquán 临泉县 in der Provinz Ānhuī 安徽.
403 Yān 鄢 befand sich südöstlich des heutigen Yíchéng 宜城, Provinz Húběi 湖北.
404 Yǐng 郢 war im Nordwesten des heutigen Jiānglíng 江陵, Provinz Húběi 湖北.
405 Qí 蕲 lag im Südosten vom heutigen Kreis Sù 宿县, Provinz Ānhuī 安徽.
406 Xiàng Yàn 项燕 (?–223 v. Chr.) war ein berühmter Chǔ-General am Ende der Zeit der Streitenden Reiche.
407 Die Ruinen der alten Chǔ-Hauptstadt Shòuchūn 寿春 befinden sich südlich des heutigen Kreises Shòu 寿县 in der Provinz Ānhuī 安徽.
408 Die Präfektur Guìjī 会稽郡 war südlich des Jangtse-Flusses gelegen.
409 ‚Shǐjì 史记 [Aufzeichnungen des Großen Historikers] – Qín Shǐhuáng Běnjì 秦始皇本纪 [Biografie des Qín Shǐhuáng]': 王翦遂定荆江南地；降越君，置会稽郡。五月，天下大酺.

- Qí 齐国 (1046–221 v. Chr.): König Wēi von Qí齐威王 (378–320 v. Chr.), ein Nachkomme des berühmten Jiāng Ziyá 姜子牙[410], regierte den Staat Qí von 356 bis 320 v. Chr. Er legte großen Wert auf die Auswahl herausragender Talente und setzte Sūn Bìn 孙膑[411], einen Nachkommen des berühmten Sūnzi孙子, als obersten Militärberater ein. König Wēi konnte die Wèy-Armee in zwei Schlachten besiegen und tötete den Wèy-General Páng Juān 庞涓[412] bei der berühmten Schlacht von Mǎlíng 马陵之战 (342 v. Chr.)[413], in welcher der Staat Wèy 魏国 endgültig vernichtet wurde.
- Yàn 燕国 (1044–222 v. Chr.): Ursprünglich war Yàn ein kleiner Staat im Norden, der aufgrund seiner Entfernung zur Zentralchinesischen Ebene relativ friedlich und von Kriegen frei war. Als kleinste der ‚Sieben Mächte der Streitenden Reiche' verfügte er unter Kronprinz Dān von Yàn 燕太子丹[414] jedoch nicht über

---

410 Jiāng Ziyá 姜子牙 (?1156–?1017 v. Chr.), auch bekannt unter den Namen Jiāng Tàigōng 姜太公, Jiāng Shàng 姜尚, Lǚ Shàng 吕尚, Jiāng Wàng 姜望, Tàigōng Wàng太公望, Shī Shàngfù 师尚父, Lǚ Wàng 吕望 etc., Stammvater der ersten Dynastie des Regionalstaates Qí 齐, war militärischer Berater von König Wén von Zhōu周文王 (1125–1051 v. Chr.) und König Wǔ von Zhōu周武王 (?–1043 v. Chr.) und somit Gründungsminister der Westlichen Zhōu-Dynastie; er gilt als Verfasser der herausragenden strategischen und militärischen Werke Liù Tāo 六韬, auch bekannt als Tàigōng Liù Tāo 太公六韬 [Tài Gōngs Sechs Geheimlehren], Tài Gōng Bīngfǎ 太公兵法 [Tài Gōngs Kunst des Krieges] oder Sùshū 素书.
411 Sūn Bìn孙膑 (382–316 v. Chr.), Nachfahre von Sūnzi孙子 und Militärstratege des Staates Wèy 魏, erlangte hohe Bekanntheit im Staat Qí 齐; er verfasste das Werk Sūn Bìn Bīngfǎ 孙膑兵法 [Sūn Bìns Kunst der Kriegsführung].
412 Páng Juān 庞涓 (?–341 v. Chr.) war ein berühmter General und Militärstratege des Staates Wèy 魏国 zu Beginn der Zeit der Streitenden Reiche.
413 Die Schlacht von Mǎlíng 马陵之战 ist in der Geschichte der chinesischen Kriegsführung ein Musterbeispiel für das Errichten eines Hinterhalts zur Vernichtung des Feindes. In dieser Schlacht nutzte Sūn Bìn die Schwächen von Páng Juān und lockte ihn mit List in eine Position, die es Sūn Bìn ermöglichte, immer die Initiative in der Schlacht zu ergreifen und Páng Juān stets einen Schritt voraus zu sein.
414 Kronprinz Dān von Yàn 燕太子丹 (?–226 v. Chr.) lebte im Staat Qín als Geisel, kehrte aber 232 v. Chr. nach Yàn zurück und sandte Jīng Kē 荆轲 (?–227 v. Chr.) einen berühmten Auftragsmörder, aus, um König Zhèng von Qín 秦王政 zu ermorden, der später den Titel Qín Shǐhuáng 秦始皇 (259–210 v. Chr.) annahm und der erste Kaiser von China wurde – nicht zuletzt eine Folge davon, dass Jīng Kē scheiterte.

die Möglichkeiten, militärisch gegen die wachsende Macht und den zunehmenden Einfluss von Qín Widerstand zu leisten. Dān erkannte, dass dies früher oder später die Existenz von Yàn gefährden würde. Er schickte deshalb den Attentäter Jīng Kē 荆轲 (?–227 v. Chr.) aus, um König Zhèng von Qín 秦王政 zu ermorden, aber dieser scheiterte und wurde vom Qín-König in dessen Palast enthauptet. Im Jahr 222 v. Chr. sandte der Qín-Herrscher General Wáng Bēn 王贲[415] zum Angriff auf die Region Liáodōng 辽东[416] des Staates Yàn. Dabei wurde König Xǐ von Yàn 燕王喜[417] gefangen genommen.[418] Im Jahr 221 v. Chr. griff Wáng Bēn schließlich den Staat Qí südlich von Yàn an, nahm König Jiàn von Qí 齐王建[419] gefangen und vernichtete den Staat Qí.[420]

Von 230 v. Chr. bis zum Untergang des Staates Qí (221 v. Chr.) benötigte der Staat Qín zehn Jahre, um durch eine Kombination aus militärischen Eroberungen, Rechtsreformen, ausgeklügelter Diplomatie, strategischer Bündnispolitik und Infrastrukturprojekten alle ‚Sechs Königreiche von Shāndōng' 山东六国 nacheinander zu besiegen und zu annektieren, Tiānxià 天下 [alles unter dem Himmel, das gesamte Reich] unter seiner alleinigen Herrschaft zu vereinen

---

415 Wáng Bēn 王贲 (?–? v. Chr.), berühmter General von Qín, Sohn von General Wáng Jiǎn 王翦, spielte eine Schlüsselrolle in den Einigungskriegen der Qín.
416 Liáodōng 辽东 ist ein Gebiet östlich des Liáo-Flusses 辽河 (Hauptfluss im südlichen Nordosten Chinas).
417 König Xǐ von Yàn 燕王喜 (?–222 v. Chr.), 43. Herrscher und letzter Herrscher des Staates Yàn während der Zeit der Streitenden Reiche.
418 ‚Shǐjì 史记 [Aufzeichnungen des Großen Historikers] – Qín Shǐhuáng Běnjì 秦始皇本纪 [Biografie des Qín Shǐhuáng]': „Im 25. Jahr [222 v. Chr.] entsandte der Qín-Staat eine große Armee unter der Führung von Wáng Bēn, um das Liáodōng im Königreich Yàn anzugreifen, und nahm König Xǐ von Yàn gefangen" (二十五年，大兴兵，使王贲将，攻燕辽东，得燕王喜).
419 König Jiàn von Qí 齐王建, 280-221 v. Chr., war der letzte Herrscher des Staates Qí.
420 ‚Shǐjì 史记 [Aufzeichnungen des Großen Historikers] – Qín Shǐhuáng Běnjì 秦始皇本纪 [Biografie des Qín Shǐhuáng]': „Qín schickte seinen General Wáng Bēn von Yàn aus nach Süden, um Qí anzugreifen, und nahm König Jiàn von Qí gefangen" (秦使将军王贲从燕南攻齐，得齐王建).

und das Zeitalter des Kaiserreichs in China einzuläuten. Gleich dem ersten Kaiser der kurzlebigen Qín-Dynastie 秦朝 (221–207 v. Chr.), Qín Shǐhuáng 秦始皇, den die Chronisten der Hàn-Dynastie 汉朝 (206 v. Chr. – 220 n. Chr.) als rücksichtslosen und despotischen Tyrannen bezeichneten, wird unter anderem der Bau der Chinesischen Mauer und des Língqú-Kanals 灵渠[421], die Standardisierung von Gewichten und Maßen, der Währung und des Schriftsystems sowie die Schaffung einer zentralisierten Bürokratie zugeschrieben.

F. Wichtige Ereignisse und Persönlichkeiten, die Chinas Geschichte während der Zeit der Streitenden Reiche geprägt haben

Die Periode der Streitenden Reiche in China, die nach der Frühlings- und Herbstperiode, einer Zeit relativer Stabilität und ansehnlichen Wohlstands in China, begann, war eine Zeit großer Umwälzungen und Veränderungen; sie war gleichermaßen von heftigen Kriegen und politischen Intrigen wie dem Aufkommen neuer philosophischer und kultureller Traditionen geprägt. In diese Zeit fallen Aufstieg und Wirken des Kǒngzǐ 孔子[422] oder Meister Kǒng, wie Konfuzius allgemein bekannt ist, der für eine moralische und ethische Führung eintrat, sowie die Entwicklung des Daoismus, einer philosophischen und spirituellen Tradition, die die Bedeutung eines Lebens in Harmonie mit der natürlichen Welt betonte, und die Abfassung von

---

421 Der Língqú-Kanal 灵渠 ist ein 32 km langer, 4,5 m breiter und 1 m tiefer Kanal, der sich im Kreis Xīng'ān 兴安县 in der Autonomen Region Guǎngxī Zhuàngzú 广西壮族自治区 befindet und 214 v. Chr. für die Schifffahrt geöffnet wurde.

422 Kǒngzǐ 孔子 oder Meister Kǒng bzw. Konfuzius 孔夫子 (551–479 v. Chr.) aus der Stadt Zōuyì 陬邑 (heutige Stadt Qūfù 曲阜市 in der Provinz Shāndōng 山东省) im Staat Lǔ 鲁国 war ein berühmter Denker, Staatsmann, Erzieher und Begründer der konfuzianischen Denkschule während der Frühlings- und Herbstperiode.

dessen Gründungsschrift Dàodéjīng 道德经[423]. Dieser in der Frühlings- und Herbstperiode eingeleitete intellektuelle und gesellschaftliche Wandel sollte schließlich dazu führen, dass China eine dauerhafte kollektive Identität entwickelte: die chinesische Zivilisation.

Abb. 35 *Sūnzǐ Kunst des Krieges* 孙子兵法
*(Bambusrohling-Fragmente ausgegraben 1972
im Yínquèshān-Grab* 银雀山汉墓 *aus der Westlichen
Hàn-Dynastie* 西汉 *(207 v. – 9 n. Chr.)*

Die Zeit der Streitenden Reiche war auch von bedeutenden technologischen Fortschritten geprägt, darunter der Entwicklung von Eisenwaffen und der Armbrust, die die Kriegsführung revolutionierten. Hand in Hand mit dieser Entwicklung traten herausragende

---

423 Das Dàodéjīng 道德经 ist ein philosophisches Werk, das von Lǎozi 老子 (?571–?471 v. Chr.), Denker, Philosoph, Schriftsteller und Historiker, Gründer und Hauptvertreter der taoistischen Schule, während der Frühlings- und Herbstperiode geschrieben worden sein soll und auch als Dàodé-Zhēnjīng 道德真经, Lǎozi 老子, Wǔqiānyán 五千言 und Lǎozi Wǔqiānwén 老子五千文 bekannt ist und als wichtige Quelle des taoistischen philosophischen Denkens gilt.

Generäle und Militärstrategen wie Sūnzǐ 孙子[424] und Wú Qǐ 吴起[425] auf die politische Bühne, aber auch Meister des sogenannten Yóushuì 游说 [Lobbying und Überredungskunst][426] wie der legendäre Guǐgǔzi 鬼谷子[427] und seine beiden Schüler Sū Qín 苏秦[428] und Zhāng Yí

---

424 Sūn Wǔ 孙武 (ca. 545 – ca. 470 v. Chr.) stammte aus Lè'ān 乐安 im Staat Qí 齐国 (nördlicher Teil der heutigen Provinz Shāndōng 山东省) am Ende der Frühlings- und Herbstperiode (770–476 v. Chr.); berühmter General, Militärexperte, Philosoph und Staatsmann, wurde er ehrerbietig als der ‚Weiser des Krieges' oder Sūnzǐ 孙子 [Meister Sūn] bzw. Sūn Wǔzǐ 孙武子 sowie ‚Weiser der Militärstrategen' tituliert. Er ist bekannt als ‚Lehrer von hundert Generationen von Militärstrategen' und ‚Begründer der fernöstlichen Militärwissenschaft'.

425 Wú Qǐ 吴起 (440–381 v. Chr.) war ein militärischer Führer, Politiker, Reformer und Vertreter der militärischen Schule in der frühen Zeit der Streitenden Reiche.

426 Yóushuì 游说 [Lobbying und Überredungskunst] bezieht sich auf eine Person, die ihre eigenen Vorschläge und Ideen zum Ausdruck bringt und hofft, dass sie in ihrem Sinne angenommen und umgesetzt werden. Zur Zeit der Streitenden Reiche werden mit diesem Begriff die Aktivitäten von Strategen beschrieben, die das Reich und die verschiedenen Vasallenstaaten bereisten, um die jeweiligen Monarchen von ihren politischen Ideen zu überzeugen und für sich zu gewinnen. Der Ursprung findet sich in ‚Hán Fēizǐ 韩非子 – Wǔdù 五蠹 [Fünf Ungeziefer]': „Wenn ein Monarch auf Lobbying und Überredungskunst seiner Minister hörte, so erhielten sie hohe Titel und Gehälter, noch bevor eine Angelegenheit erfolgreich getan war, und sie wurden nicht für Versagen bestraft; wer von diesen Yóushuì-Meistern würde also nicht allzu gerne ständig eloquente Worte und Ausdrücke nutzen, um nach Ruhm und Profit zu jagen, und dadurch seine opportunistischen Absichten voranzutreiben?" (人主之于其听说也，于其臣，事未成则爵禄已尊矣；事败而弗诛，则游说之士，孰不为用矰缴之说而徼幸其乎?).

427 Wáng Xǔ 王诩 (?–? v. Chr.), bekannt unter dem Namen Guǐgǔzi 鬼谷子 [Meister des Dämonentals]; so nannte er sich, da er im Guǐgǔ 鬼谷 [Dämonen- oder Geistertal] in den Yúnméng-Bergen 云梦山 (etwa 140 km nördlich von Peking) lebte.

428 Sū Qín 苏秦 (380–284 v. Chr.) war ein einflussreicher politischer Stratege während der Zeit der Streitenden Reiche 战国时代 (475–221 v. Chr.), ein Schüler von Guǐgǔzi 鬼谷子, dem Gründer der ‚Schule der vertikalen und horizontalen Allianzen' 纵横家, und Hauptverfechter der Hézòng-Allianz 合纵 [vertikalen Allianz], die darauf abzielte, ein Bündnis der anderen Staaten gegen den Staat Qín zu schaffen.

张仪[429], die als reisende Berater und Strategen durch die Länder zogen, den Monarchen ihre Dienste anboten und mit ihren Bündnisstrategien Hézòng 合纵 [vertikale Allianz] und Liánhéng 连横 [horizontale Allianz] diplomatische und militärische Allianzen zwischen den Zhànguó-Qīxióng 战国七雄, den ‚Sieben Mächten der Streitenden Reiche', zur Erlangung der Hegemonie schmiedeten. In dieser Zeit finden sich auch die Ursprünge der chinesischen Militärklassiker der Vor-Qín-Zeit wie Liù Tāo 六韬 [Sechs geheime militärische Lehren][430], Sīmǎfǎ 司马法 [Methoden des Sīmǎ][431], Sūnzi Bīngfǎ

---

429 Zhāng Yí 张仪 (373–309 v. Chr.) aus der Stadt Ānyì 安邑 (heutiges Zhāngyí 张仪村, Gemeinde Wángxiǎn 王显乡, Kreis Wànróng 万荣县, Provinz Shānxī 山西省) im Staat Wèy 魏国 war ein Schüler von Guǐgǔzi 鬼谷子, dem Gründer der ‚Schule der vertikalen und horizontalen Allianzen' 纵横家, und ein wichtiger Stratege und Hauptverfechter der Liánhéng 连横 [horizontale] Strategie; er half dem Staat Qín, das Hézòng 合纵, das vertikale Bündnis der gegnerischen Staaten aufzulösen, und ebnete so Qín den Weg zur Alleinherrschaft.

430 Liù Tāo 六韬 [Sechs geheime militärische Lehren], auch Jiāng Tàigōng Liù Tāo 姜太公六韬 [Jiāng Tàigōngs Sechs Geheime Lehren] oder Tàigōng Bīngfǎ 太公兵法 [Tàigōngs Kunst des Krieges] genannt, wird traditionell Tàigōng 太公 (Großherzog, ?–1015 v. Chr.) zugeschrieben. Er ist unter einer Reihe anderer Namen bekannt, etwa Jiāng Shàng 姜尚, Lǚ Shàng 吕尚, Jiāng Wàng 姜望 oder Jiāng Ziyá 姜子牙, und gilt als Stammvater der ersten Dynastie des Regionalstaates Qí 齐.

431 Sīmǎfǎ 司马法 [Methoden des Sīmǎ] ist die älteste Überlieferung militärischer Denkkunst, älter als das berühmte Sūnzi Bīngfǎ 孙子兵法 [Sūnzi Kunst des Krieges]. Sie umfasst einige sehr klassische Prinzipien der Kriegsführung aus der Zeit vor der Frühlings- und Herbstperiode, die als Ideal von Lǐ 礼 [Höflichkeit und Rücksichtnahme] galten und auch eine fundamentale Grundlage der kriegerischen Auseinandersetzungen bildeten. In China stellt das Sīmǎfǎ neben Sūnzi Bīngfǎ 孙子兵法 [Sūnzi Kunst des Krieges] und Wúzi 吴子 [Wúzi Kunst des Krieges] eines der wichtigsten militärischen Werke der Frühlings- und Herbstperiode 春秋时代 (770–476 v. Chr.) Chinas dar.

孙子兵法 [Sūnzis Kunst des Krieges][432], Wúzi 吴子 [Meister Wú][433] und Wèi Liáozi 尉缭子 [Meister Wèi Liáo][434], die auf einzigartige Weise Einblicke in die Fertigkeit der herausragendsten Strategen, Diplomaten und Militärführer jener Zeit geben, die Sprache mit einer Kunstfertigkeit zu benutzen, um den Feind zu täuschen und in die Irre zu führen, aber auch, um die eigenen Truppen zu koordinieren und zu motivieren.

Das Schicksal der einzelnen Staaten während der langen Zeit der Annexionskriege hing letztlich von den Fertigkeiten, der Erfahrung und der Schlauheit außerordentlicher Männer ab, die oft Generäle, Strategen, Berater und Diplomaten waren. Es war dies die Zeit der Wǔ'ānjūn 武安君[435], der berühmten Generäle Lián Pǒ

---

432 Sūnzi Bīngfǎ 孙子兵法 [Sūnzis Kunst des Krieges], auch bekannt als Bīngcè 兵策 [Taktikplanung für den Krieg], Wú Sūnzi 吴孙子, Sūn Wǔ Bīngfǎ 孙武兵法 [Sūn Wǔs Kunst des Krieges] oder Sūnzi Shísān Piān 孙子十三篇 [Die dreizehn Kapitel des Sūnzi], ist eine chinesische militärische Abhandlung, die im 6. Jahrhundert v. Chr. von Sūn Wǔ 孙武, besser bekannt unter dem Namen Sūnzi 孙子 (ca. 545 – ca. 470 v. Chr.), einem hochrangigen Militärgeneral, Strategen und Taktiker, verfasst wurde und in dreizehn Kapiteln die wichtigsten Erfolgsgeheimnisse, den Einfallsreichtum, die Weisheit und Intelligenz des Einsatzes von Truppen für den Kampf beschreibt. Es ist eines der einflussreichsten Werke in der Geschichte der chinesischen Militärstrategie und wird auch heute noch häufig gelesen und studiert, nicht nur in China, sondern auch in anderen Ländern.

433 Wúzi 吴子 [Meister Wú] ist ein Meisterwerk der alten Militärkunst Chinas, auch bekannt als Wú Qǐ 吴起, Wúzi Bīngfǎ 吴子兵法 [Wúzi Kunst des Krieges] oder Wú Qǐ Bīngfǎ 吴起兵法 [Wú Qǐ Kunst des Krieges]. Es wurde von Wú Qǐ 吴起 (440–381 v. Chr.), einem berühmten General und Militärstrategen während der Zeit der Streitenden Reiche, verfasst und zählt zu den sogenannten Wǔjīng-Qīshū 武经七书 [Sieben Militärklassikern des alten China].

434 Wèi Liáozi 尉缭子 [Meister Wèi Liáo] ist ein bedeutendes altes chinesisches Werk der Militär- und Strategiekunst, ein wichtiger Teil des klassischen chinesischen militärischen Kulturerbes und eines der sogenannten Wǔjīng-Qīshū 武经七书 [Sieben Militärklassikern des alten China].

435 Wǔ'ānjūn 武安君 [Herr des kriegerischen Friedens] war ein alter Titel. Die Wǔ'ān 武安 wurden für ihre militärischen Leistungen gepriesen und berühmt und brachten dem Land durch ihren Ruf Frieden und Stabilität. Jūn 君 war ein neuer Titel für Qīngdàfū 卿大夫 (großer Beamter). Während der Zeit der Streitenden Reiche gab es vier große Wǔ'ānjūn: Bái Qǐ 白起 (332–257 v. Chr.), Lǐ Mù 李牧 (?–229 v. Chr.), Xiàng Yàn 项燕 (?–223 v. Chr.) und Sū Qín 苏秦.

廉颇[436], Bái Qǐ 白起[437], Lǐ Mù 李牧[438] und Xiàng Yàn 项燕[439], die Zeit des Bǎijiā-Zhēngmíng 百家争鸣 [Wetteifern der Hundert Denkschulen][440], das eine nie dagewesene Dynamik in Rhetorik, Diplomatie, Strategiedenken und Literatur schuf. Es war ein ‚Kampf um die besten Köpfe', der die Klasse der Shì 士 [Beamten-Gelehrte] entstehen ließ, während die einzelnen Vasallen die klügsten und talentiertesten Köpfe für sich zu gewinnen, so ihr Überleben zu sichern und die Hegemonie im Kampf um die Vorherrschaft zu erstreben suchten. Durch die Einleitung und Umsetzung umfangreicher Reformen wie jener von Shāng Yāng Biànfǎ 商鞅变法[441] trieben die Mächtigsten der Staaten ihre als Fùguó-Qiángbīng 富国强兵[442] bekannte Politik

---

436 Lián Pǒ 廉颇 (327–243 v. Chr.) war ein berühmter General des Staates Zhào am Ende der Zeit der Streitenden Reiche und galt neben Bái Qǐ 白起 (332–257 v. Chr.), Wáng Jiǎn 王翦 (?–? v. Chr.) und Lǐ Mù (?–229 v. Chr., berühmter General des Staates Zhào) als einer der ‚Vier großen Generäle der Streitenden Reiche' 战国四大名将.

437 Bái Qǐ 白起 (332–257 v. Chr.), auch bekannt als Gōngsūn Qǐ 公孙起, General von Qín, befehligte mehrere entscheidende Schlachten.

438 Lǐ Mù 李牧 (?–229 v. Chr.) war ein berühmter General und Militärexperte des Staates Zhào 赵国 während der Zeit der Streitenden Reiche und als Wǔ'ānjūn 武安君 [Herr des kriegerischen Friedens] einer der ‚Vier großen Generäle der Streitenden Reiche'.

439 Xiàng Yàn 项燕 (?-223 v. Chr.) war ein berühmter Chǔ-General am Ende der Zeit der Streitenden Reiche.

440 Der Begriff Bǎijiā-Zhēngmíng 百家争鸣 [Wetteifern der Hundert Denkschulen] bezieht sich auf die klassischen philosophischen Schulen der Zeit der Streitenden Reiche 475–221 v. Chr.

441 Shāng Yāng Biànfǎ 商鞅变法 [Reformen des Shāng Yāng]: Im Jahre 346 v. Chr. führte Shāng Yāng mit Unterstützung von Herzog Xiào von Qín 秦孝公 eine politische Reformkampagne im Staat Qín durch. Nach verschiedenen Gesetzesänderungen durch Shāng Yāng wurde der Staat Qín reich und mächtig, er etablierte sich als eines der ‚Sieben mächtigen Fürstentümer der Streitenden Reiche' und spielte eine wichtige Rolle beim Aufstieg des Staates. Dies war auch die Grundlage für das Verwaltungssystem des Staates Qín unter dem Ersten Kaiser Chinas, Qín Shǐhuáng 秦始皇帝.

442 Fùguó-Qiángbīng 富国强兵 [Bereicherung des Landes, Stärkung der Streitkräfte] war ursprünglich eine Formulierung aus dem alten chinesischen Geschichtswerk Zhànguócè [Strategien der Streitenden Reiche bzw. auch Annalen der Streitenden Reiche].

voran. Daneben übten aber auch mächtige Aristokraten und politischen Mediatoren wie die Zhànguó-Sìgōng 战国四公 [Vier Lords der Streitenden Reiche][443], Lord Mèngcháng 孟尝君[444], Lord Píngyuán 平原君[445], Lord Xìnlíng 信陵君[446] und Lord Chūnshēn 春申君[447], einen starken Einfluss auf die Politik ihrer jeweiligen Staaten aus.

All diese Persönlichkeiten, Reformbemühungen und Meisterwerke sollten den gesamten weiteren Verlauf der chinesischen Geschichte prägen und den Grundstein für eine Fülle von Strategien, Redewendungen und Anspielungen legen, die über Generationen die chinesische Identität stärkten und dauerhaft formten.

---

443 Zhànguó-Sìgōng 战国四公 [Vier Lords der Streitenden Reiche]: Gegen Ende der Streitenden Reiche wurde der Qín-Staat immer mächtiger, und die Adligen der Vasallenstaaten bemühten sich nach Kräften, talentierte Persönlichkeiten zu rekrutieren, um der Invasion der Qín zu begegnen und ihre Länder vor dem Untergang zu bewahren. Deshalb rekrutierten sie auf breiter Front Shì 士 [Gelehrte und Intellektuelle, gut ausgebildete Personen mit hohen Fähigkeiten und ausgewiesenem Charakter, zu welchen auch Konfuzius gehörte] und Ménkè 门客 [auch Bīnkè 宾客 genannt, gebildete Personen, Magier, Strategen, Zauberer, die im Haus eines adligen Bürokraten kostenlos untergebracht waren und dafür mit ihrem Wissen, ihrer Sprachfertigkeit, ihrem diplomatischen Geschick und ihrer Überredungskunst für ihre Herren arbeiteten, meist zum Selbstzweck und um persönliche Vorteile für sich zu erwirken], um durch deren Wissen und Fähigkeiten ihre eigene Macht stärken, was zu einem Aufblühen der sozialen Schicht der Shì 士 führte. Berühmte Persönlichkeiten, die zu jener Zeit dafür bekannt waren, solche Shì 士 und Bīnkè 宾客 in großem Stil zu unterhalten, waren die ‚Vier Lords der Streitenden Reiche'.
444 Lord Mèng Cháng 孟尝君 (?–279 v. Chr.), Geburtsname Tián Wén 田文, aus dem Staat Qí 齐国.
445 Lord Píng Yuán 平原君 (308-251 v. Chr.), Geburtsname Zhào Shèng 赵胜, aus dem Staat Zhào 赵国.
446 Lord Xìn Líng 信陵君 (?–243 v. Chr.), Geburtsname Wèi Wújì 魏无忌, aus dem Staat Wèy 魏国.
447 Lord Chūn Shēn 春申君 (?–238 v. Chr.), Geburtsname Huáng Xiē 黄歇, aus dem Staat Chǔ 楚国.

Das Aufkommen der Shì 士

Abb. 36 *Das Zeichen Shì 士 – Bronzeinschrift aus der Frühperiode der Westlichen Zhōu-Dynastie* 西周

Die Frühlings- und Herbstperiode brachte eine Reihe großer intellektueller Durchbrüche mit sich, wie etwa das Aufkommen des Konfuzianismus und der Übergang der als Shì 士[448] bekannten Männerklasse von Soldaten in Intellektuelle. Die Klasse der Shì 士 tauchte schon früh auf und bezog sich allgemein auf Menschen mit bestimmten Talenten. Sie stammten meist aus armen Familien und nutzten ihre Talente, um sich an den Adel zu binden und ihm verschiedene Dienste zu leisten.

Nachdem König Wǔ von Zhōu 周武王 die Zhōu-Dynastie gegründet hatte, teilte er Land und Bevölkerung unter seinen Verwandten und verdienstvollen Beamten auf, um die Stabilität der Zhōu-Dynastie zu sichern. Die Verwandten und Beamten wurden mit verschiedenen Titeln belehnt, die in der Rangfolge Gōng 公 [Herzog], Hóu 侯 [Markgraf], Bó 伯 [Graf], Zi 子 [Vizegraf] und Nán 男

---

448 Shì 士 bezeichnet die Klasse der ‚ritterlichen' Gelehrten, also die Gelehrten-Amtsträger, Ratgeber des Herrschers bzw. Kader, eine Klasse ähnlich den Samurai im mittelalterlichen Japan.

[Baron] ihren Rang und Status definierten; die ihnen zugeteilten Ländereien wurden als Fēngguó 封国 [Vasallenstaat] bezeichnet. Die Herrscher der Vasallenstaaten teilten dann ihre Ländereien wieder unter den eigenen Verwandten sowie hohen Beamten, den sogenannte Qīngdàfū 卿大夫, auf, die ihrerseits die ihnen zugeteilten Lehen an die Angehörigen ihrer Sippe, die Shì 士, ihrem Rang entsprechend aufteilten. Auf diese Weise bildeten die Schichten des Fēnfēng- 分封制 oder Fēngjiàn-Systems 封建制度 [Feudalsystem] eine hierarchische Struktur, in der angefangen vom Zhōu Tiānzǐ 周天子 [Sohn des Himmels von Zhōu; Zhōu-König] über die Zhūhóu 诸侯 [Vasallenherrscher] und die Qīngdàfū 卿大夫 bis hinunter zu den Shì 士 [Gelehrte] eine gegenseitige Abhängigkeit und Reziprozität geschaffen wurde. Diese Aufteilung beruhte hauptsächlich auf Blutlinien, die auch das patriarchalische System der Familie bildeten, in dessen Mittelpunkt der Zhōu Tiānzǐ 周天子 stand.[449]

Dieses als Zōngfǎ 宗法[450] [Abstammungs- oder Patriarchatssystem] bezeichnete System der Westlichen Zhōu baute auf drei Grundprinzipien auf:

1. Vom Zhōu Tiānzǐ bis Zhūhóu, Qīngdàfū und Shì wurde ein System der Nachfolge des erstgeborenen Sohnes der ersten Frau angewandt.
2. Der Xiǎozōng 小宗 oder niedrigere Clan [aus der Linie der übrigen Nachkommen] unterstand dem Dàzōng 大宗 oder obersten Clan [aus der Linie des ältesten Sohns der ersten Frau] und die jüngeren Brüder unterstanden ihren älteren Brüdern; in Bezug

---

449 Siehe Robert H. Gassmann: *Verwandtschaft und Gesellschaft im Alten China. Begriffe, Strukturen und Prozesse*, Bern: Peter Lang, 2006.

450 Das Zōngfǎ-System 宗法 [patriarchalische System] in Chinas Antike sah vor, dass die erstgeborene Linie [der älteste Sohn der ersten Frau] Dàzōng 大宗 [den Hauptclan] und die übrigen Söhne Xiǎozōng 小宗 [die Nebenclans] bildeten. Der Königsthron des Tiānzǐ [Sohnes des Himmels] wurde vom erstgeborenen Sohn geerbt, genannt Dàzōng 大宗; alle übrigen Söhne galten für den Tiānzǐ als Xiǎozōng 小宗. Der Thron eines Zhūhóu 诸侯 [Vasallenherrscher] wurde ebenfalls an den erstgeborenen Sohn vererbt, was in jenem Land Dàzōng 大宗 darstellte; auch hier galten die restlichen Söhne als Xiǎozōng 小宗.

auf die Vasallen galt der Zhōu Tiānzǐ als Dàzōng 大宗 oder Hauptzweig, die Vasallen selbst galten als Xiǎozōng 小宗 oder Nebenzweige. Gleiches galt in den Vasallenstaaten, wo die Zhūhóu 诸侯 als Dàzōng 大宗 und die Qīngdàfū 卿大夫 als Xiǎozōng 小宗 bezeichnet wurden. In diesem Beziehungssystem waren die Xiǎozōng 小宗 stets den Dàzōng 大宗 untergeordnet und verpflichtet, Tribut zu zahlen und bei der Entsendung von Truppen zu helfen; im Gegenzug wurde vom Dàzōng 大宗 erwartet, dass er die Xiǎozōng 小宗 schützen und Streitigkeiten zwischen ihnen schlichten sollte.

3. Die Zhūhóu 诸侯, Qīngdàfū 卿大夫 und Shì 士 bildeten einen Familienverband, gleichzeitig stellte jede Ebene eine Ebene der staatlichen Macht dar. Der Zhōu Tiānzǐ 周天子 war sowohl König als auch das Oberhaupt einer großen Familie. Unter dieser dualen Herrschaftsstruktur wurden Beamte und Verwaltungsorgane auf allen Ebenen auf der Grundlage von ‚Vetternwirtschaft' ausgewählt, die auf der Nähe von Blutsverwandten beruhte.

Das Zōngfǎ-System der Westlichen Zhōu bildete die grundlegende politische Struktur während der Westlichen Zhōu-Dynastie und sollte sicherstellen, dass die Familie, die die Macht innehatte, die patriarchalische Herrschaft über die gesamte Gesellschaft ausüben konnte. Unter ihm wurden die Familienverbände und das staatliche System zu einer Einheit, und Familienwerte, Familienmoral und staatliches Recht waren miteinander verflochten. Das Zōngfǎ-System der Westlichen Zhōu bildete ein wichtiges Element der konfuzianischen Klassiker und hatte einen tiefgreifenden Einfluss auf das Regieren und Verwalten der alten chinesischen Gesellschaft.

Während der Zhōu-Dynastie erhielt die elitäre Klasse, zu der auch die Shì 士 zählten, eine umfangreiche Ausbildung, die in moralische Integrität, Kenntnisse der Moralethik sowie Fertigkeiten und Geschicklichkeit unterteilt wurde. Die Erziehung in moralischer Integrität beinhaltete vor allem die Vermittlung der verschiedenen Grundsätze für den höflichen Umgang mit Menschen sowie des richtigen Verhaltens in der Gesellschaft und umfasste die Sāndé

三德 [Drei Tugenden][451] und Sānxíng 三行 [Drei Verhaltensweisen][452]. Die Ausbildung in Moralethik sowie in Fertigkeiten und Geschicklichkeit umfasste die sogenannten Liùyì 六艺 [Sechs Klassische Künste], bestehend aus Wǔlǐ 五礼 [Fünf Sittlichkeiten], Liùyuè 六乐 [Sechs Instrumente], Wǔshè 五射 [Fünf Stile des Bogenschießens], Wǔyù 五驭 [Fünf Techniken des Lenkens von Pferdewagen], Liùshū 六书 [Sechs Kategorien der chinesischen Schriftzeichen], Jiǔshù 九数 [Neun Verfahren der Mathematik][453] sowie Liùyí 六仪 [Sechs Arten der Etikette bzw. des eigenen Erscheinungsbildes]:

---

451 ‚Shàngshū 尚书 [oder Shūjīng 书经, Buch der Urkunden] – Hóng-Fàn 洪范 [Der große Plan]': „Drei Tugenden: die erste ist Korrektheit und Aufrichtigkeit; die zweite ist Stärke und Zurückhaltung; die dritte ist Milde und Zurückhaltung" (三德：一曰正直，二曰刚克，三曰柔克).

452 ‚Zhōulǐ 周礼 [Riten der Zhōu] – Dìguān-Sītú 地官司徒 [Minister für Zivilverwaltung und Soziales – Büro der Erde]': „Die Söhne des Staates sind mit drei Tugenden zu erziehen: die erste ist die Tugend des Mittelmaßes, die als Wurzel der Moral gilt; die zweite ist die Tugend von Wohlwollen und der Gerechtigkeit zur rechten Zeit als Wurzel des Verhaltens; die dritte ist die Tugend der Achtung vor dem Charakter unserer Vorfahren und Liebe zu unseren Verwandten, die dazu dient, Vergehen und Böses zu verhindern. Die Söhne des Staates sind mit drei Verhaltensweisen zu erziehen: die erste ist der Akt der kindlichen Pietät, der dazu dient, die eigenen Eltern zu lieben; die zweite ist freundschaftlicher Umgang als Ausdruck des respektvollen Umgangs mit tugendhaften und guten Menschen; die dritte ist der Akt des Respekts und des Gehorsams gegenüber Menschen, die man achtet und schätzt" (以三德教国子：一曰至德，以为道本；二曰敏德，以为行本；三曰孝德，以知逆恶。二曰友行，以尊贤良；三曰顺行，以事师长).

453 ‚Zhōulǐ 周礼 [Riten der Zhōu] – Dìguān-Sītú 地官司徒 [Minister für Zivilverwaltung und Soziales – Büro der Erde]': „Gelehrt werden die Sechs klassischen Künste: erstens die Fünf Sittlichkeiten 五礼, zweitens die Sechs Instrumente 六乐, drittens die Fünf Stile des Bogenschießens 五射, viertens die Fünf Techniken des Lenkens von Pferdewagen 五驭, fünftens die Sechs Kategorien der chinesischen Schriftzeichen 六书, sechstens die Neun Verfahren der Mathematik" (九数‘. (乃教之六艺：一曰五礼，二曰六乐，三曰五射，四曰五驭，五曰六书，六曰九数).

- Wǔlǐ 五礼 [Fünf Sittlichkeiten]
  - Jílǐ 吉礼 [Sittlichkeit der Opferdarbringung – hauptsächlich die Rituale für die Götter und Göttinnen des Himmels, der Erde, der Menschen und der Geister]
  - Xiōnglǐ 凶礼 [Sittlichkeit der Barmherzigkeit – Ritus der Trauer und des Beileids für die Leidtragenden]
  - Jūnlǐ 军礼 [Militärsittlichkeit – Exerzieren und Entsenden der Truppen in die Schlacht]
  - Bīnlǐ 宾礼 [Sittlichkeit der Gastlichkeit – Empfang und Betreuung von Gästen]
  - Jiālǐ 嘉礼 [Sittlichkeit der Außergewöhnlichkeit – harmonische Beziehungen, Kommunikation und emotionale Bindung]
- Liùyuè 六乐 [Sechs Instrumente]
  - Zhōng 钟 [Glocke]
  - Bó 镈 [glockenähnliches Instrument mit einer flachen Öffnung, im Gegensatz zur gebogenen Öffnung einer Glocke]
  - Chún 錞 [Kupfertrommel]
  - Zhuó 镯 [eine kleine Glocke, die in der Armee verwendet wurde]
  - Náo 铙 [chinesische Bronzeglocke ohne Klöppel]
  - Duó 铎 [große Glocke]
- Wǔshè 五射 [Fünf Stile des Bogenschießens]
  - Báishǐ 白矢 [der Pfeil durchschlägt das Ziel und die Pfeilspitze ragt dahinter heraus]
  - Cānlián 参连 [vier Pfeile werden hintereinander geschossen, wobei zuerst einer, anschließend drei direkt nacheinander geschossen werden]
  - Yǎnzhù 剡注 [das Ziel wird nur kurz anvisiert, der Pfeil rasch auf das Ziel abgeschossen]
  - Rǎngchǐ 襄尺 [wenn ein Herrscher und seine hohen Beamten zusammen schießen, setzen die Beamten einen Schritt zurück, um dem Herrscher Platz zu machen, womit der Hierarchieunterschied achtungsvoll zum Ausdruck gebracht wird]
  - Jǐngyí 井仪 [mit vier Pfeilen das Ziel in einer Form treffen, die dem Zeichen Jǐng 井 [Brunnen] ähnelt]

- Wǔyù 五驭 [Fünf Techniken des Lenkens von Pferdewagen]
    - Mínghéluán 鸣和鸾 [jeder Wagen fährt im Einklang mit den anderen]
    - Zhúshuǐqū 逐水曲 [Fahren am Rande einer kurvenreichen Schlucht, um die Kontrolle über das Fahrzeug bei schlechten Straßenverhältnissen zu trainieren]
    - Guòjūnbiǎo 过君表 [ehrfurchtsvoller Gruß beim Vorbeifahren an der Kaisertafel]
    - Wǔjiāoqú 舞交衢 [(den Wagen so in eine Kreuzung hineinlenken, dass er wie tänzelnd und rhythmisch durch die Kreuzung gelenkt werden kann]
    - Zhúqínzuǒ 逐禽左 [mit dem Wagen ein wildes Tier verfolgen, es auf die linke Seite drängen und blockieren, damit es erschossen werden kann]
- Liùshū 六书 [Sechs Kategorien der chinesischen Schriftzeichen]
    - Gǔwén 古文 [chinesische Zeichen des Siegelschriftsystems, die aus der Vor-Qín-Zeit überliefert sind, wie Jiǎgǔwén 甲骨文 [Orakelknochenschrift], Jīnwén 金文 [Bronzeinschrift] und Zhòuwén 籀文 [Siegelschrift aus der Vor-Hàn-Zeit, auch bekannt als Dàzhuàn 大篆 und Zhòushū 籀书]]
    - Qízì 奇字 [abgeändert von der Schrift, die in den sechs Staaten während der Zeit der Streitenden Reiche verwendet wurde]
    - Zhuànshū 篆书 [Siegelschrift; es gibt zwei Arten von Siegelschriften: Dàzhuàn 大篆 [Große Siegelschrift] (auch bekannt als Jīnwén 金文 oder Liúshū 镏书) und Xiǎozhuàn 小篆 [Kleine Siegelschrift] (nach der Einigung durch Qín vorgeschriebene Schreibweise)]
    - Zuǒshū 左书 [offizieller Schriftstil der Qín-Dynastie]
    - Miùshū 缪书 oder Miùzhuàn 缪篆 [verwendet zur Gravur einer Reproduktion eines Siegels, deshalb auch als Móyìnhuàn 暴印篆 bezeichnet]
    - Niǎochóngshū 鸟虫书 [Vogelwurm-Robbenschrift, besondere Schrift, die in den südlichen Staaten wie Wú 吴, Yuè 越, Chǔ 楚, Cài 蔡, Xú 徐 und Sòng 宋 von der mittleren bis späten Frühlings- und Herbstperiode bis zur Zeit der Streitenden Reiche vorherrschte]

- Jiǔshù 九数 [Neun Verfahren der Mathematik]
    - Fāngtián 方田 [Methode zur Bestimmung der Fläche eines Feldes durch die Länge der Grenze]
    - Sùmǐ 粟米 [Berechnungsmethode im antiken Getreidehandel]
    - Chàfēn 差分 [die Differenzreihe, die man erhält, wenn man den zweiten Term vom ersten subtrahiert – wenn etwa die erste Reihe: 1, 4, 9, 16, 25 … ist, dann ist ihre Differenzreihe: 1, 3, 5, 7, 9 …]
    - Shǎoguǎng 少广 [Methode zur Bestimmung der Länge einer Seite eines Rechtecks aus der bekannten Fläche des Rechtecks oder dem Volumen des Rechtecks]
    - Shānggōng 商功 [Methode zur Schätzung von Umfang der Arbeits- und Finanzressourcen und Verzögerungsrate für Bauprojekte]
    - Jūnshū 均输 [Methode zur Berechnung der Besteuerung des Grund und Bodens nach der Größe des Feldes, der Größe des Haushalts, der Entfernung der Straße, dem Gewicht der Ladung, dem Durchschnittspreis der Waren usw.]
    - Fāngchéng 方程 [Gleichung]
    - Yíngbùzú 赢不足 [arithmetische Methode zur Berechnung von Gewinn und Verlust]
    - Pángyào 旁要 [Satz des Pythagoras]
- Liùyí 六仪 [Sechs Arten der Etikette bzw. des eigenen Erscheinungsbildes]
    - Jìsì 祭祀 [Göttern und Ahnen Opfergaben darbringen]
    - Bīnkè 宾客 [Betreuung und Unterhaltung von Besuchern und Gästen]
    - Cháotíng 朝廷 [Zeremonien und rituelle Abläufe am kaiserlichen Hof]
    - Sàngjì 丧纪 [Bestattung und Trauerfeierlichkeiten]
    - Jūnlǚ 军旅 [Angelegenheiten, die die Armee und ihre Operationen betreffen]
    - Chēmǎ 车马 [Betreuung und zeremonielle Handhabung der Wagen und Pferde am kaiserlichen Hof]

Der Zusammenbruch des Zōngfǎ-Systems der Westlichen Zhōu brachte gewaltige Veränderungen mit sich, und der zunehmende Wettbewerb zwischen und innerhalb der Staaten machte es erforderlich, dass die jeweiligen Herrscher die besten und fähigsten Personen als Berater heranzogen. Der Begriff Xián 贤[454] wurde dabei als Kriterium für die Auswahl solcher Talente angewandt.[455]

Diese Periode läutete das Goldene Zeitalter der chinesischen Zivilisation ein, eine Ära der akademischen Freiheit und des kulturellen Wohlstands, in der die sogenannten Zhūzǐ-Bǎijiā 诸子百家 [Hundert Denkschulen] entstanden. Bei vielen berühmten und wohlhabenden Vasallenherrscher und Adligen, wie etwa Lord Chūn Shēn 春申君 (?–238 v. Chr.) und Lord Mèng Cháng 孟尝君 (?–289 v. Chr.), wurde es zur Mode, Shì 士 bei sich zu halten und zu unterstützen, manchmal bis zu tausend solcher Männer mit herausragenden Talenten. Man trat mit diesen Shì in gegenseitigen Wettbewerb und trumpfte mit ihnen auf. Von den Shì wurde dabei nicht nur erwartet, dass sie robuste Krieger waren, sondern auch Gentlemen mit gutem Benehmen, herausragenden Fähigkeiten, umfangreicher Ausbildung und Verstand. Sie waren gelehrte Minister und hohe Beamte, die an den staatlichen Höfen oder auf zwischenstaatlichen Konferenzen wortgewandt Geschichte und Poesie zitierten. Aus diesem Umfeld stammte auch Konfuzius (551–479 v. Chr.).

---

454 Xián 贤 meinte eine sittliche und rechtschaffene Person, die als gut und weise galt, einer hohen Funktion würdig war und gleichzeitig als tugendhaft, pflichtgetreu, talentiert und befähigt angesehen wurde.

455 ‚Lúnyǔ 论语 [Analekten des Konfuzius] – Xiàn Wèn 宪问 [Xiàn fragte]': „Konfuzius sagte: ‚Es ist ein tugendhafter Mensch, wer andere nicht von vornherein der Täuschung verdächtigt oder sie als unehrlich betrachtet, sondern in der Lage ist, Täuschung und Unehrlichkeit anderer im Voraus wahrzunehmen'" (子曰：，不逆诈，不亿不信。抑亦先觉者，是贤乎!').

Bǎijiā-Zhēngmíng 百家争鸣
[Wetteifern der Hundert Denkschulen]

Das ‚Wetteifern der Hundert Denkschulen' bezieht sich auf die Entstehung verschiedener philosophischer Denkrichtungen unter den Intellektuellen während der Frühlings- und Herbstperiode (770–476 v. Chr.) und der Zeit der Streitenden Reiche (475–221 v. Chr.) sowie auf den Wettstreit zwischen diesen Denkschulen. Die Zhūzǐ-Bǎijiā 诸子百家 [Hundert Denkschulen] beziehen sich hauptsächlich auf Rújiā 儒家 [Konfuzianismus], Mòjiā 墨家 [Mohismus], Dàojiā 道家 [Daoismus] und Fǎjiā 法家 [Legalismus], gefolgt von Yīnyángjiā 阴阳家 [Yīn-Yáng Schule], Zájiā 杂家 [Eklektiker-Schule], Míngjiā 名家 [Schule der Namen], Zònghéngjiā 纵横家 [Schule der vertikalen und horizontalen Allianzen], Nóngjiā 农家 [Schule der Ackerbauern], Bīngjiā 兵家 [Schule der Militärstrategen] etc. Später wurden diese auch als die Jiǔliú 九流 [Neun Strömungen] bezeichnet.

Abb. 37 Konfuzius befragt Lǎozi nach dem Dào 道

Das ‚Wetteifern der Hundert Denkschulen' spiegelte die intensiven und komplexen politischen Machtkämpfe der damaligen Gesellschaft wider. Die reichen Gedanken jener Blütezeit der chinesischen

Kulturgeschichte legten den Grundstein für die weitere Festigung der chinesischen Kultur, und die klassischen Lehren, die in späteren Zeiten aufgestellt wurden, sind größtenteils von ihnen abgeleitet. Tatsächlich ging die Anzahl der verschiedenen Geistesströmungen, die in dem Ausdruck ‚Hundert Denkschulen' zusammengefasst werden, wohl in die Tausende. Diese sogenannten Hausschulen waren in der Tat eine Manifestation verschiedener humanistischer Ideen, einschließlich politischer Ideen, und sie markieren den Übergang vom traditionellen Denken des ‚alten' China hin zum systematischen Denken mit einer klaren Hauptidee. Diese Epoche kann als eine der prachtvollsten Perioden der chinesischen Zivilisation bezeichnet werden.

Das Entstehen der ‚Hundert Denkschulen' war untrennbar mit den sozialen Umwälzungen jener Zeit verbunden. Während der Frühlings- und Herbstperiode brach das Lǐyuè 礼乐[456] von Herzog Wén von Zhōu 周公且[457], eine der Grundfesten der jahrhundertelangen Stabilität der Westlichen Zhōu-Dynastie, zusammen und der Einfluss des Zhōu-Kaisers wurde immer schwächer, bis er schließlich ganz verblasste. Die Zeit der Streitenden Reiche wurde von den anhaltenden Kriegen um die Alleinherrschaft zwischen den Zhànguó-Qīxióng 战国七雄 [Sieben Mächte der Streitenden Reiche] dominiert. Diese lange Zeit der Unruhen, der wirtschaftlichen und sozialen Unsicherheit und Spannungen inmitten ständiger militärischer Auseinandersetzungen

---

456 Das Lǐyuè 礼乐 [System der Riten und Musik] besteht aus zwei Teilen: Lǐ 礼 [Ritual] und Yuè 乐 [Musik]. Lǐ 礼ist dabei in erster Linie formaler Natur und bezieht sich darauf, was ein angemessenes soziales Verhalten nach außen hin darstellt. Dazu gehört auch, welche Rituale und Pflichten der jeweilige Status erfüllen sollte, was sich schließlich in der gesellschaftlichen Rangordnung ausdrückt; Yuè 乐ist die Bündelung der psychosozialen Orientierungen innerhalb der Herrschaftssphäre, vor allem in emotionaler Hinsicht, wodurch die Schaffung einer einheitlichen und harmonischen sozialen Atmosphäre durch die Entwicklung eines beispielhaften poetischen Repertoires und die Durchführung kollektiver Musik erreicht werden sollte.

457 Zhōu Gōng Dàn 周公且 (?-? v. Chr.) – auch bekannt als Herzog Wén von Zhōu 周文公, oder Herzog von Zhōu 周公, Herrscher der Zhōu-Dynastie von 1042-1035 v. Chr.

bot einen guten Boden für die verschiedenen Denkschulen. Alle Vasallen bauten ihr eigenes unabhängiges Machtsystem auf, um ihr eigenes Territorium und ihre Macht zu erweitern und zu stärken, und sie wetteiferten mit der Zurschaustellung ihrer strategischen Vorteile. So begann ein ‚Krieg um Talente': In aller Herren Länder wurden Experten umworben, die, gut bewandert in Diplomatie, Strategie, Rhetorik und Verhandlungsgeschick, vor allem durch ihre Redegewandtheit überzeugten und als Berater für die zunehmend komplexen Aufgaben eines Monarchen geeignet waren. Dies schuf ein einzigartiges Umfeld für die Gelehrten jener Zeit, und viele begannen mit der Gründung ihrer eigenen Denkschulen, nahmen auf breiter Ebene Anhänger und Schüler auf, begaben sich auf lange Reisen, um bei den Vasallen vorstellig zu werden und sie von ihren Gedanken und Ratschlägen zu überzeugen in der Hoffnung, eine gute Position in deren Diensten und somit Ruhm, Reichtum und Macht zu erhalten.

Von der späten Frühlings- und Herbstperiode bis zur Mitte der Zeit der Streitenden Reiche waren die Vasallenstaaten gezwungen, sich den rasanten Veränderungsprozessen anzupassen und die eigene Macht zu stärken, indem sie selbst umfangreiche Reformprozesse in Angriff nahmen, allen voran die unter Herzog Xiào von Qín 秦孝公 initiierte Politik Fùguó-Qiángbīng 富国强兵, die auf den Reformen von Shāng Yāng 商鞅 basierte. Die konsequente Umsetzung seiner umfangreichen Reformprozesse ermöglichte es Qín, rasch zu einem wirtschaftlich wohlhabenden und militärisch mächtigen Staat aufzusteigen. Um jedoch diese Umdenk- und Reformprozesse in Angriff nehmen und erfolgreich umsetzen zu können, benötigten die Vasallenherrscher fähige und kluge Leute, die die richtigen Überlegungen für sie anstellten und andere zu leiten und zu unterweisen vermochten. An welcher der vielen Denkschulen sich ein Regent letztlich orientierte, hing einerseits davon ab, wie der einzelne Exponent einer Denkrichtung mit seinen Yóushuì-Fertigkeiten 游说 [Lobbying und Überredungskunst][458] überzeugen

---

458 Yóushuì 游说 [Lobbying und Überredungskunst] bezieht sich darauf, dass eine Person ihre eigenen Vorschläge und Ideen zum Ausdruck bringt und hofft, dass sie in ihrem Sinne angenommen und umgesetzt werden. Zur Zeit der Streitenden

konnte, und andererseits davon, ob dessen Prinzipien und Gedanken mit den Forderungen und Zielen der Vasallen, größer und mächtiger zu werden, vereinbar waren.

In der chinesischen Geschichte stellen die Frühlings- und Herbstperiode und die Zeit der Streitenden Reiche herausragende Perioden der intellektuellen und philosophischen Entwicklung wie auch der literarischen Schöpfung in der Vor-Qín-Zeit dar. Im Kapitel Yìwénzhì 艺文志 [Abhandlung über Literatur] des Hànshū 汉书 [Geschichte des ehemaligen Hàn] sind 189 Vertreter verschiedener Denkschulen mit 4.324 Schriften angeführt.[459] In späteren Aufzeichnungen, wie etwa dem Suíshū 隋书 [Geschichte der Suí-Dynastie], wird deren Anzahl mit einigen Tausend angegeben.[460] Es gab jedoch nur eine Handvoll, die weite Verbreitung und Zulauf fanden, sich zu etablierten Denkschulen entwickeln und entsprechend großen Einfluss ausüben konnten: Rújiā 儒家, Fǎjiā 法家, Dàojiā 道家, Mòjiā 墨家, Yīnyángjiā 阴阳家, Míngjiā 名家, Zájiā 杂家, Nóngjiā 农家, Zònghéngjiā 纵横家. Mit ihren wichtigsten Vertretern Kǒngzǐ 孔子 [Meister Kǒng, Konfuzius], Lǎozi 老子 [Meister Lǎo, Alter Meister] und Mòzi 墨子 [Meister Mò] schufen und prägten sie in diesen beiden Perioden die Fundamente einer großartigen chinesischen Kultur mit unverwechselbaren Merkmalen.

Reiche werden mit diesem Begriff die Aktivitäten von Strategen beschrieben, die das Reich und die verschiedenen Vasallenstaaten bereisten, um die jeweiligen Monarchen von ihren politischen Ideen zu überzeugen und für sich zu gewinnen. Der Ursprung findet sich in ‚Hán Fēizi 韩非子 – Wǔdù 五蠹 [Fünf Ungeziefer]': „Wenn ein Monarch auf Lobbying und Überredungskunst seiner Minister hörte, so erhielten sie hohe Titel und Gehälter, noch bevor eine Angelegenheit erfolgreich getan war, und sie wurden nicht für Versagen bestraft; wer von diesen Yóushuì-Meistern würde also nicht allzu gerne ständig eloquente Worte und Ausdrücke nutzen, um nach Ruhm und Profit zu jagen und dadurch seine opportunistischen Absichten voranzutreiben?" (人主之于其听说也，于其臣，事未成则爵禄已尊矣；事败而弗诛，则游说之士，孰不为用矰缴之说而徼幸其后?).

459 ‚Hànshū 汉书 [Geschichte des ehemaligen Hàn] – Band 30: Yìwénzhì 艺文志 [Abhandlung über Literatur]': „Insgesamt 189 Vertreter der verschiedenen Denkschulen, 4.324 Schriften" (凡诸子百八十九家，四千三百二十四篇).

460 ‚Suíshū 隋书 [Geschichte der Suí-Dynastie] – Jīngjízhì 经籍志 [Abhandlungen über Klassiker]': 凡诸子，合八百五十二部，六千四百三十七部.

Bis zur Zeit der Streitenden Reiche hatte die boomende Phase des ‚Wetteiferns der Hundert Denkschulen' Gestalt angenommen.

Zur Zeit von Kaiser Wǔ von Hàn 汉武帝[461] wurde dann auf Empfehlung von Dǒng Zhòngshū 董仲舒[462] die ‚Politik der Abschaffung der Hundert Schulen und der Verehrung des Konfuzianismus als alleinige herrschende Ideologie' umgesetzt. Der Konfuzianismus, vertreten durch Konfuzius und dessen bedeutendsten Nachfolger Mèngzǐ 孟子 [Meister Mèng], wurde zur vorherrschenden und richtungsweisenden Ideologie der herrschenden Klasse und dominierte das chinesische Denken und die Kultur für mehr als zweitausend Jahre.

Der ursprüngliche Wortlaut der Empfehlung von Dǒng Zhòngshū ist in der ‚Biografie von Dǒng Zhòngshū' des Hànshū 汉书 [Geschichte des ehemaligen Hàn] als „Förderung des Konfuzianismus und Unterdrückung der Hundert Schulen" verzeichnet.[463] Im Hànshū 汉书 [Geschichte des ehemaligen Hàn] wird festgehalten, dass „Kaiser Wǔ von Hàn entschieden die Hundert Denkschulen verwarf, nur die Konfuzianer verehrte und energisch die Sechs Klassiker förderte".[464] Die Denkweise entspricht nicht

---

461 Kaiser Wǔ von Hàn 汉武帝 (156–87 v. Chr.) war der siebte Kaiser der Westlichen Hàn-Dynastie (regierte 141–87 v. Chr.).

462 Dǒng Zhòngshū 董仲舒 (179–104 v. Chr.) war ein berühmter Literat, Denker, Staatsmann und wichtiger Vertreter der konfuzianischen Neutextschule der Westlichen Hàn-Dynastie (202–8 v. Chr.)

463 ‚Hànshū 汉书 [Geschichte des ehemaligen Hàn] – Band 56: Dǒng Zhòngshū Zhuàn 董仲舒传 [Biografie von Dǒng Zhòngshū]': „Seit der Thronbesteigung von Kaiser Wǔ von Hàn wurden Dòu Yīng, Markgraf Jī von Wèy, und Tián Fēn, Markgraf von Wǔ'ān, nacheinander Staatsminister und begannen mit der Förderung des Konfuzianismus; und mit den Maßnahmen von Dǒng Zhòngshū wurde der Konfuzianismus gefördert und die Hundert Schulen wurden unterdrückt" (自武帝初立，魏其、武安侯为相而隆儒矣。及仲舒对册，推明孔氏，抑黜百家).

464 Hànshū 汉书 [Geschichte des ehemaligen Hàn] – Band 6: Wǔdì Jì 武帝纪 [Annalen des Kaisers Wǔ]': „Zu Beginn der Regierungszeit von Kaiser Wǔ von Hàn verwarf er entschieden die Hundert Denkschulen, verehrte nur die Konfuzianer und förderte energisch die Sechs Klassiker" (孝武初立，卓然罢黜百家，表章六经). Gemeint waren die sechs alten Texte aus der Vor-Qín-Zeit, die Konfuzius zusammengestellt und gelehrt hatte: Shījīng 诗经 [Buch der Lieder], Shàngshū 尚书 [oder Shūjīng 书经, Buch der Urkunden], Lǐjì 礼记 oder Lǐjīng 礼经 [Buch der Riten], Yìjīng 易经 oder Zhōuyì 周易 [Buch der Wandlungen], Yuèjīng 乐经 [Klassiker der Musik] und Chūnqiū 春秋 [Frühling und Herbstannalen].

mehr der ursprünglichen Form des Gedankenguts des Konfuzianismus der Frühlings- und Herbstperiode und der Zeit der Streitenden Reiche. Vielmehr handelt es sich um eine Mischung aus Ideen des Daoismus, des Legalismus und der Yīn-Yáng-Schule, die den ‚kompatiblen' und ‚sich entwickelnden' Charakter des Konfuzianismus widerspiegeln sollte und eine neue Denkweise darstellt, die mit der Zeit Schritt gehalten hat. Sie hielt die feudale Herrschaftsordnung aufrecht und rückte die Autokratie in ein gutes Licht, weshalb die alten chinesischen Feudalherren und konfuzianischen Gelehrten sie über die Jahrhunderte hinweg verehrten und sie für mehr als zweitausend Jahre zur Orthodoxie und zum Leitgedanken der traditionellen chinesischen Kultur wurde.

Dieses Goldene Zeitalter der chinesischen Philosophie endete mit dem Aufstieg der kaiserlichen Qín-Dynastie.

‚Kampf um die besten Köpfe' während der Frühlings- und Herbstperiode und der Zeit der Streitenden Reiche

Um die besten Talente für sich zu gewinnen, verfolgten die Vasallenstaaten oft eine sehr tolerante Politik gegenüber den Shì 士 und gewährten ihnen ein hohes Maß an intellektueller und akademischer Freiheit. Dies schuf die Voraussetzungen dafür, dass die Shì ihre eigenen Doktrinen schaffen, ihre eigene Meinung äußern und ihre eigenen Ideen entwickeln konnten, was die Emanzipation des Geistes erheblich förderte. Am Beispiel des Staates Qí 齐国 kann dieser Prozess der geistigen Freiheit und der Entstehung des ‚Wetteiferns der Hundert Denkschulen' 百家争鸣 gut dargestellt werden.

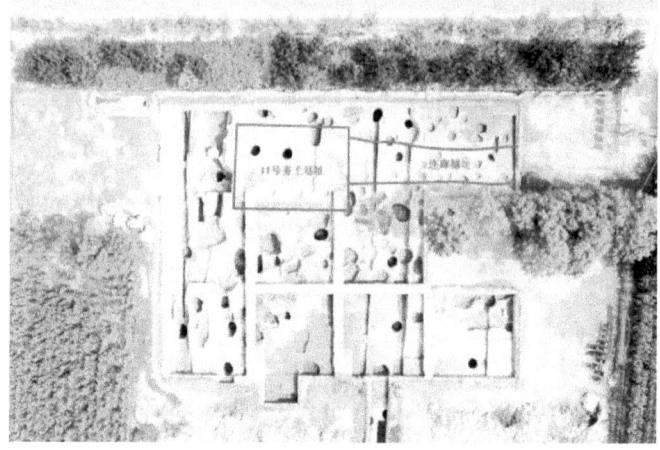

Abb. 38 Fundamente der Fundstelle der Jìxià-Akademie, westlich des Dorfes Xiǎoxú 小徐村, Qídōu 齐都镇, Bezirk Línzī 临淄区, Stadt Zībó 淄博市, Provinz Shāndōng 山东省

Qí war der erste Hegemon der Frühlings- und Herbstperiode, was auf seine gut entwickelte Wirtschaft, eine äußerst aufgeklärte Politik und ein offenes Umfeld in Kultur und Bildung zurückzuführen war. Um die besten Shì anzuziehen, warb der Staat Qí großzügig um sie und brachte Talente aus allen Ländern in der Jìxià-Akademie 稷下学宫[465] zusammen. Das machte diese zu einem hochmodernen und einzigartigen Ort für die akademische Forschung jener Zeit.[466] Von seiner Funktion her kann die Jìxià-Akademie 稷下学宫

---

465 Jìxià-Akademie 稷下学宫 oder ‚Akademie am Stadttor Jì' war die weltweit erste sozialwissenschaftliche Akademie und Denkfabrik in China und bildete das geistige Zentrum der Zeit der Streitenden Reiche. Errichtet in der Zeit von Herzog Huán von Qí 齐桓公 (400–357 v. Chr.), befand sie sich in der Nähe des Jì-Stadttores in Línzī 临淄, der Hauptstadt des Staates Qí (heutiger Bezirk Línzī 临淄区, Stadt Zībó 淄博市, Provinz Shāndōng 山东省).

466 ‚Zhōnglùn 中论 [Diskussionen über den Weg der Mitte] – Wáng-Guó 亡国 [Der Untergang einer Dynastie]': „Alle diese vielen Staaten beherbergen jedoch die Shì der altehrwürdigen Beamten ehemaliger Vorfahren und müssen deshalb jene nicht in der Ferne suchen. Für alle jene, welche aus fernen Staaten eingeladen,

als die Denkfabrik des Qí-Staates angesehen werden. Entsprechend den politischen Bedürfnissen des Königs von Qí formte sie die öffentliche Meinung, entwarf Strategien und Konzepte für den Regenten und erarbeitete Regeln und Vorschriften. Die Jìxià-Akademie war ein Ort, wo sich Talente aus allen Bereichen des Lebens für den akademischen Austausch und die Verbreitung von Kultur engagierten, sich dem gelehrten Diskurs widmen konnten und nicht unbedingt politische Fragen besprechen mussten.[467] Obwohl oder vielmehr gerade weil die Akademie so keine wirklich offizielle Funktion ausübte, bot sie ein ideales Umfeld, um aktuelle Probleme und Staatsangelegenheiten in einer lockeren und freien politischen Atmosphäre diskutieren zu können. Die auf diese Weise entstandenen politischen Ratschläge an den Herrscher von Qí trugen wesentlich zur Stärkung des Staates bei.

Die Jìxià-Akademie bot Gelehrten aller Denkschulen ein ideales Umfeld und gute Bedingungen, um die von Qí zur Verfügung gestellten Vorteile nutzen können. Alle Denkschulen, ob Konfuzianismus, Legalismus, die ‚Schule der vertikalen und horizontalen Allianzen' oder die Yīn-Yáng-Schule, fanden hier einen Ort der Begegnung und des Austausches. Die verschiedenen Denkschulen diskutierten und konkurrierten miteinander, lernten von den Stärken der anderen,

---

deren Talente jedoch nicht genutzt wurden, hat in alten Zeiten Herzog Huán von Qí [齐桓公] die Jìxià-Akademie gegründet, die Schule der hohen Beamten eingerichtet, die großen und ehrwürdigen Menschen angeworben und sie geehrt und gefördert" (然此数国者，皆先君旧臣世禄之士，非远求也。乃有远求而不用之者，昔齐桓公立稷下之官，设大夫之号，招致贤人而尊宠之).

467 ‚Shǐjì 史记 [Aufzeichnungen des Großen Historikers] – Tián Jìng-Zhòng Wán Shìjiā 田敬仲完世家 [Das Haus von Tián Jìngzhòng, auch genannt Wán]': „König Xuān mochte und favorisierte 66 gelehrte und beredte Shì, wie etwa Zōu Yǎn, Chún Yúkūn, Tián Pián, Jiē Yǔ, Shèn Dào und Huán Yuān, die alle eine offizielle Residenz erhielten und zu Shàngdàfū 上大夫 [höchsten Beamten] ernannt wurden, und sie konnten sich dem gelehrten Diskurs widmen, anstatt sich mit politischen Fragen beschäftigen zu müssen. Somit gedieh die Zahl der Jì-Xià-Gelehrten in Qí wieder, von Hunderten auf Tausende" (宣王喜文学游说之士，自如驺衍、淳于髡、田骈、接子、慎到、环渊之徒七十六人，皆赐列第，为上大夫，不治而议论。是以齐稷下学士复盛，且数百千人).

verringerten so eigene Schwächen und bereicherten und entwickelten die Lehren ihrer jeweiligen Denkschulen.

Neben Qí hatten auch andere Länder ihre Bemühungen um Intellektuelle verstärkt, und Bildung und Forschung hatten in fast allen Staaten zugenommen. Auch an der Xīhé-Schule 西河学派[468] des Staates Wèy fanden sich viele herausragende Gelehrte, die zu loyalen und fähigen Ministern ihrer Herren wurden und die Staatsgeschäfte mit viel Umsicht und Weisheit führten.[469]

Politisch gesehen war es eine Zeit großer gesellschaftlicher Veränderungen, großer sozialer Unruhen und ständiger Auseinandersetzungen zwischen den Vasallenstaaten. Deren Könige kämpften um die alleinige Vorherrschaft, warben sich gegenseitig die fähigsten Shì ab und nutzten verschiedene Ideen und Doktrinen, um ihre Staaten reich und mächtig zu machen. Dies schuf ein fruchtbares Umfeld für die Entstehung des ‚Wetteiferns der Hundert Denkschulen'. Wirtschaftlich gab es während der Frühlings- und Herbstperiode eine große Entwicklung, die es bestimmten Leuten ermöglichte, eine ‚Klasse der feinen Leute' zu bilden und Zeit für ihre eigenen akademischen Aktivitäten aufzubringen. In technologischer Hinsicht gab es große Fortschritte, und auch der Grad des Verständnisses der Menschen für materielle Dinge nahm weiter zu, was ihnen ein wachsendes Verständnis auch der geistigen Welt ermöglichte. Kulturell betrachtet weitete sich das ursprünglich akademische und kulturelle Monopol der Aristokratie allmählich auf die unteren Gesellschaftsschichten aus. Die private Bildung florierte, und immer

---

468 Xīhé-Schule 西河学派: Nach dem Tod von Konfuzius kam dessen Schüler Zǐ Xià 子夏 in den Staat Wèi, um am Xīhé 西河 [Westfluss], dem Gebiet entlang des Gelben Flusses im östlichen Teil von Guānzhōng 关中, in der heutigen Provinz Shǎanxī 陕西, zu lehren, konfuzianische Klassiker, Kultur und Gelehrsamkeit zu verbreiten und eine der berühmtesten konfuzianischen Schulen zu gründen. Diese Schule spielte eine wichtige Rolle bei der Förderung und Entwicklung des Konfuzianismus sowie bei der Weiterentwicklung des Legalismus aus den vorangegangenen Perioden.

469 Siehe Wang Hongxia: *On the Academic Differences between Xihe School and Zhusi School, in: Frontiers of Philosophy in China*, 7 (1) (2012), S. 55–74.

mehr Menschen erhielten Zugang zu Wissen, was den Nährboden für die Entstehung vielfältiger Ideen schuf.

Diese Entwicklung ging darauf zurück, dass mit dem Schwinden der Macht des Zhōu-Regenten die herrschenden Familien an Einfluss und Bedeutung verloren. Das als Xuézàiguānfǔ 学在官府 [Lernen in den kaiserlichen Ämtern] bekannte Bildungssystem, ein Charakteristikum der Kultur und des Wissenssystems der Xià-, Shāng- und der Periode der Westlichen Zhōu-Dynastie, unterlag fundamentalen Veränderungen. Wurden bisher Wissenschaft und Bildung von Beamten am kaiserlichen Hof kontrolliert und lagen alle schriftlichen Erlasse, kanonischen Dokumente und zeremoniellen Rituale des Herrschers in den Händen der kaiserlichen Ämter, entglitt der herrschenden Elite mit dem Aufkommen der privaten Bildung in der Frühlings- und Herbstperiode auch die Vorherrschaft über das Wissen und damit dessen Kontrolle. Im Chūnqiū-Zuǒzhuàn 春秋左传 [Überlieferungen des Zuǒ] wird beklagt, dass „dem Sohn des Himmels das bürokratische System aus alten Zeiten verlorengegangen und dieses System in den Ländern der vier Barbarenvölker[470] [Anm.: also in weit entfernten Ländern] noch erhalten geblieben ist".[471] Das Aufkommen von Privatschulen eröffnete neue Wege für Entwicklung und Verbreitung des Bildungswesens.

---

470 Gemeint sind die Sìyí 四夷 [die Vier Barbaren]: Nánmán 南蛮 [südliche Barbaren], Dōngyí 东夷 [östliche Barbaren], Xīróng 西戎 [westliche Barbaren] und Běidí 北狄 [nördliche Barbaren].

471 ‚Chūnqiū-Zuǒzhuàn 春秋左传 [Überlieferungen des Zuǒ] – 17. Jahr von Herzog Zhāo 昭公十七年': „Ich habe gehört, dass dem Sohn des Himmels das bürokratische System aus alten Zeiten verlorengegangen ist, und dieses System ist in den Ländern der vier Barbarenvölker noch erhalten geblieben; diese Bemerkung scheint immer noch wahr zu sein" (吾闻之，天子失官，学在四夷，犹信).

Abb. 39 Konfuzius

Kǒngzǐ 孔子 oder Meister Kǒng, wie Konfuzius allgemein bekannt ist, kann als herausragender Vorreiter der Gründer von Sīxué 私学 [private Bildungseinrichtungen] im antiken China angesehen werden, die während der Zeit der Frühlings- und Herbstperiode nicht nur der obersten Elite zunehmend Zugang zu Bildung und kulturellem Wissen verschaffte. Konfuzius, dessen Vater Shū Liánggē 叔梁纥[472] ebenfalls ein Gelehrter und Nachkomme des Monarchen des Staates Sòng war, war bestrebt, eine große Anzahl von Schülern um sich zu sammeln, um sie zu unterrichten, und alte kulturelle Texte systematisch zusammenzutragen und zu ordnen. Auch Mòzi 墨子[473] ist als einer der wichtigsten Gründer einer privaten Schule zu erwähnen, die einen so weitreichenden Einfluss erreichte, dass sie zusammen mit der Denkströmung des Konfuzius als Xiǎnxué 显学 [Eminente Lehre] bezeichnet wurde. Der Begriff Xiǎnxué 显学, der für wegweisende Disziplinen, Doktrinen und Denkschulen in jener Zeit galt, wurde erstmals in dem alten chinesischen Text Hánfēizi 韩非子 [Meister Hánfēi][474] geprägt, wo es heißt: „In der heutigen

---

472 Shū Liánggē 叔梁纥 (622–549 v. Chr.) stammte aus der Stadt Lìyì 栗邑 im Staat Sòng 宋国 (heute Wánggōnglóu 王公楼村, Gemeinde Liúdiànjí 刘店集乡, Kreis Xiàyì 夏邑县, Stadt Shāngqiū 商丘市, Provinz Hénán 河南省) und war ein Gelehrter und Militäroffizier des Staates Lǔ 鲁国 während der Frühlings- und Herbstperiode.

473 Mòzi 墨子 (468–376 v. Chr.), ursprünglicher Name Mòdí 墨翟, war ein chinesischer Philosoph während der Zeit der Zhūzǐ-Bǎijiā 诸子百家 [Hundert Denkschulen], Gründer und Namensgeber der Mòjiā-Schule 墨家 [Mohismus], eine am Wohlergehen des Volkes ausgerichtete Denkrichtung.

474 Hánfēizi 韩非子 war einer der wichtigsten philosophischen Klassiker des alten

Zeit sind die eminentesten Schulen Konfuzianismus und Mohismus. Der Konfuzianismus wird durch Kǒng Qiū [Anm.: Konfuzius], der Mohismus durch Mòdí *[Anm.: Mòzi]* repräsentiert".⁴⁷⁵

Diese Umwälzungen und Veränderungen im Bildungswesen hatten erhebliche und weitreichende Auswirkungen auf die Entwicklung der chinesischen Gesellschaft. Die neu aufgekommene Klasse der Shì, zu der auch Konfuzius zählte, gehörte ursprünglich zur elitären Klasse, stand aber im untersten Rang der aristokratischen Hierarchie, und im strengen Zōngfǎ-System schwebte stets das Damoklesschwert der Qīngdàfū 卿大夫 über ihren Köpfen. Eine gute Darstellung dessen, was es bedeutete, wenn ein Gelehrter von niedrigem Rang mit dem Gedanken spielte, Ansehen und Macht seiner Familie zu vergrößern, liefert ein Gespräch zwischen Herzog Jǐng von Qí 齐景公⁴⁷⁶ und Nán Kuǎi 南蒯⁴⁷⁷, der Macht und Einfluss des wenig bedeutenden Hauses des Herzogs stärken wollte und daraufhin von diesem gewarnt wurde, „es könnte kein größeres Verbrechen geben, als dass ein Minister einer Familie von niedrigem Stande die Autorität ihres Hauses stärken wolle".⁴⁷⁸

China, eine Sammlung von Aufsätzen in der Tradition des Legalismus über Theorien der Staatsmacht, die sich mit Verwaltung, Diplomatie, Krieg und Wirtschaft befassen, sowie eine Fülle von Anekdoten über das China der Vor-Qin-Zeit. Zugeschrieben wird das Werk Hán Fēi 韩非 (280–233 v. Chr.), einem Denker und Legalisten der Zeit der Streitenden Reiche.

475 ‚Hánfēizi 韩非子 [Meister Hánfēi] – Xiǎnxué 显学 [Eminente Lehren]': „In der heutigen Zeit sind die eminentesten Schulen Konfuzianismus und Mohismus. Der Konfuzianismus wird durch Kǒng Qiū [Anm.: Konfuzius], der Mohismus durch Mòdí [Anm.: Mòzi] repräsentiert" (世之显学，儒、墨也。儒之所至，孔丘也。墨之所至，墨翟也).

476 Herzog Jǐng von Qí 齐景公 (?–490 v. Chr.), von 547 bis 490 v. Chr. Herrscher des Staates Qí während der Frühlings- und Herbstperiode.

477 Nán Kuǎi 南蒯 (?–? v. Chr.) war ein Berater und Gefolgsmann des mächtigen Jìsūn-Clans 季孙氏 in der späteren Zeit des Staates Lǔ 鲁国 und half dem Jìsūn-Clan, die Stadt Fèiyì 费邑 (im heutigen Fèitíng, Yúchéng 鱼城, im Südwesten des Kreis Yútái 鱼台县, Stadt Jìníng 济宁市, Provinz Shāndōng 山东省) zu übernehmen.

478 ‚Chūnqiū-Zuǒzhuàn 春秋左传 [Überlieferungen des Zuǒ] – 14. Jahr von Herzog Zhāo 昭公十四年': „[Nán Kuǎi] antwortete: ‚Ich, Euer Diener, wollte die Macht

Die umfassenden gesellschaftlichen Veränderungen während der Frühlings- und Herbstperiode und in der Zeit der Streitenden Reiche, in der, wie es hieß, „Riten und Musik in Trümmern liegen"[479], brachten fundamentale Veränderungen für das Leben der Shì, die meist adligen Häusern entstammten und wenig bedeutende Funktionen bekleideten, die ihnen jedoch Zugang zu dem Wissen jener Zeit verschufen. So arbeitete etwa Konfuzius als sogenannter Wěilì 委吏, ein kleiner Beamter, der für die Lagerverwaltung der Getreidespeicher zuständig war[480], und Lǎozi 老子, ein weiterer der herausragendsten Vertreter dieser kulturellen und literarischen Blütezeit des antiken China, arbeitete als sogenannter Shǒucángshǐ 守藏史, also als Hofschreiber, an der königlichen Zhōu-Bibliothek[481].

Eine weitere wichtige Quelle der Gelehrtenklasse waren talentierte Männer des einfachen Volkes, und der sogenannte Bùyī-Qīngxiāng 布衣卿相[482] war in der Frühlings- und Herbstperiode und in der Zeit

---

des herzoglichen Hauses stärken.' Zi Hánxī [Anm.: 子韩晳 (?–? v. Chr.), ein Minister des Staates Qí 齐国] sagte: ‚Es könnte kein größeres Verbrechen geben, als dass Ihr, der Minister lediglich einer Familie, die Autorität des herzoglichen Hauses stärken wolltet'" (对曰，臣欲张公室也，子韩晳曰，家臣而欲张公室).

479 ‚Hànshū 汉书 [Geschichte des ehemaligen Hàn] – Band 6: Wǔ Dì Jì 武帝纪 [Annalen des Kaisers Wǔ]': „Ich habe einst gehört, dass man die Menschen durch Riten und Umgangsformen unterrichtet und sie durch Musik kultiviert. Heutzutage liegen Riten und Musik in Trümmern [das heißt, die Gesellschaft befindet sich in völliger Unordnung], und wir bedauern dies zutiefst" (盖闻导民以礼，风之以乐，今礼坏乐崩，朕甚闵焉).

480 ‚Mèngzǐ 孟子 [Mèngzǐ oder Meister Mèng] – Wàn Zhāng II 万章下': „Konfuzius war einst Lagerverwalter und sagte damals: ‚Meine Berechnungen müssen in Ordnung sein. Das ist alles, worum ich mich kümmern muss'" (孔子尝为委吏矣，曰‚会计当而已矣').

481 ‚Shǐjì 史记 [Aufzeichnungen des Großen Historikers] – Lǎozi Hánfēi Lièzhuàn 老子韩非列传 [Biografien von Lǎozi und Hán Fēi]': „Lǎozi stammt aus Qūrénlǐ, Lìxiāng, Landkreis Kǔ, im Staat Chǔ. Sein Clanname [Anm.: Familienname] ist Lǐ, sein Vorname Ěr, sein Höflichkeitsname Dān, er war der für die Bibliothekssammlung der Zhōu-Dynastie zuständige Hofschreiber" (老子者，楚苦县厉乡曲仁里人也，姓李氏，名耳，字聃，周守藏室之史也).

482 Im Gesellschaftssystem der Antike Chinas hatten nur Angehörige des Adels das Recht zu studieren, während die breite Bevölkerung keinen Zugang zur Bildung hatte. Mit der Frühlings- und Herbstperiode und der Zeit der Streitenden Reiche

der Streitenden Reiche keine Seltenheit. Viele dieser Männer von einfacher Abstammung zeigten vor allem während der Zeit der Streitenden Reiche ein hohes Maß an Initiative und großen Tatendrang. Um in die Dienste als Beamter aufgenommen zu werden, waren sie in den verschiedenen Vasallenstaaten unterwegs, einige von ihnen reichten ihr Ersuchen um Aufnahme in den Dienst am Hof direkt bei einem Monarchen ein, setzten gekonnt ihre Yóushuì-Fertigkeiten 游说 [Lobbying und Überredungskunst] ein, formulierten ihre eigenen politischen Ideen und Strategien und hofften auf eine Anstellung in den Beamtendienst, wenn sie sich das Vertrauen eines Monarchen sichern konnten. Diejenigen Beamten, die nicht aus der traditionellen Aristokratie oder dem Landadel stammten, sondern aufgrund ihrer Talente und harter Arbeit hohe Regierungspositionen erreichten, wurden als „einfache Leute" bezeichnet. Sie waren oft arm und trugen einfache Baumwollkleidung. Diese Beamten, auch bekannt als „Minister in einfacher Baumwollkleidung", spielten eine bedeutende Rolle in der Politik und Verwaltung des kaiserlichen China. Auch heute noch sind ihre Geschichten eine Inspiration für viele Menschen.

Die enormen und rasanten Umwälzungen während der Frühlings- und Herbstperiode und der Zeit der Streitenden Reiche, geprägt durch die sich bekriegenden Vasallen im Kampf um Vorherrschaft und Macht, verlangten nach herausragenden Beratern, Diplomaten und Strategen. Im ‚Guǎnzi' 管子 [Meister Guǎn] wird darauf hingewiesen, dass „jede Nation, die sich darum bemüht, stärker als andere zu sein, zunächst um ihre Móulüè 谋略 [Anm.: umfassende Strategie] wetteifern muss"[483]. Dies hatte also oberste Priorität für

---

änderten sich auch hier die Bedingungen dramatisch, der Adel fiel und das einfache Volk stieg auf – nun hatte auch das gewöhnliche Volk grundsätzlich die Möglichkeit zur Weiterbildung, und auch jemand aus dem einfachen Volk war in der Lage, durch sein eigenes Talent sogar den Posten eines Ministers zu bekleiden. Aus diesem Grund wurde jedes offizielle Amt wie das eines Ministers, das ein Bürgerlicher innehatte, ‚Tuchminister' genannt: Bùyī-Qīngxiāng 布衣卿相 [Minister in einfacher Baumwollkleidung].

483 ‚Guǎnzi' 管子 [Meister Guǎn] – Bà-Yán 霸言 [Gespräche des Hegemons]': „Jede Nation, die sich darum bemüht, stärker als andere zu sein, muss zunächst um ihre Móulüè [Anm.: umfassende Strategie], ihre Xíngshì [Anm.: situative

das Überleben und die Stärkung eines Staates. Als wichtigste Vertreter solch herausragender Talente zu jener Zeit, die eine wichtige Rolle bei der Entwicklung des militärischen Móulüè 谋略 spielten, können Sūnzi 孙子, Lǎozi 老子, Tián Rángjū 田穰苴[484], Shāng Yāng 商鞅[485] und Guǎn Zhòng 管仲[486] angeführt werden.

Bedingungen] und ihre Quánlì [Anm.: Macht und Autorität] wetteifern. Dass der Monarch gemocht oder gehasst wird, liegt in Móulüè; dass es eine Nation leicht oder schwer hat, liegt in Xíngshì; dass die Armee vorrückt oder sich zurückzieht, liegt in Quánlì" (夫争强之国，必先争谋争刑争权，令人主一喜一怒者，谋也。命国一轻一重者，刑也。令兵一进一退者，权也).

484 Tián Rángjū 田穰苴 (?–? v. Chr.), auch Sīmǎ Rángjū 司马穰苴 genannt, aus dem Staat Qí 齐国 der späten Frühlings- und Herbstperiode, berühmter Militärexperte während der Frühlings- und Herbstperiode (722–481 v. Chr.).

485 Reformen von Shāng Yāng (商鞅变法): Im Jahr 346 v. Chr. führte Shāng Yāng 商鞅 (390–338 v. Chr., herausragender Reformer im Dienst des Staates Qín) mit Unterstützung des Herzogs Xiào von Qín 秦孝公 (381–338 v. Chr., Herrscher des Staates Qín 361–338 v. Chr.) eine politische Reformkampagne im Staat Qín durch. Nach verschiedenen Gesetzesänderungen durch Shāng Yāng wurde der Staat Qín reich und mächtig, er etablierte sich als einer der ‚Sieben mächtigen Fürstentümer der Streitenden Reiche' und spielte eine wichtige Rolle beim Aufstieg des Staates. Dies war auch die Grundlage für das Verwaltungssystem des Staates Qín unter dem Ersten Kaiser Chinas, Qín Shǐhuáng 秦始皇帝.

486 Guǎn Zhòng 管仲 oder Guǎnzi 管子 (723–645 v. Chr.), berühmter Wirtschaftswissenschaftler, Philosoph, Staatsmann, Militärexperte und wichtigster Vertreter der Legalisten während der Frühlings- und Herbstperiode.

KAPITEL III: **KULTURELLE IDENTITÄT IM ALTEN CHINA**

A. Definition der kulturellen Identität und ihre Entwicklung in China

Abb. 41 Steinabrieb von Pángǔ aus dem 1971 im Landkreis Tánghé 唐河县 (Provinz Hénán 河南省) entdeckten Grab aus der Hàn-Dynastie

Die kulturelle Identität im alten China der Vor-Qín-Zeit war komplex und vielschichtig und hat sich über Jahrtausende hinweg entwickelt. Ihre Ursprünge, Merkmale und Grundlagen haben sich im Zeitraum vom 21. Jahrhundert v. Chr. bis zum dritten Jahrhundert v. Chr. gebildet, stetig weiterentwickelt und gefestigt. Geprägt war sie von einer Vielzahl von Faktoren wie Geografie, Geschichte, Religion, Sprache, Glauben, Sitten und Gebräuchen.

Laut chinesischer Mythologie findet sich die Entstehung einer chinesischen Identität, sozusagen der mythologische Urknall, mit dem das alles beherrschende Dualitätsprinzip von Yīn 阴 und Yáng 阳 geschaffen wurde, in der Erzählung über Pángǔ 盤古, das übernatürliche Urwesen aus dem alten chinesischen Schöpfungsmythos. Dieser Mythos besagt, dass es am Anfang nichts gab und das Universum sich in einem eigenschaftslosen, formlosen Urzustand befand. Dieser Urzustand verschmolz während etwa 18.000 Jahren zu einem kosmischen Ei. In ihm wurden die vollkommen gegensätzlichen Prinzipien von Yīn 阴 und Yáng 阳 ausgeglichen, und Pángǔ erwachte aus seinem tiefen Schlaf in diesem Weltenei. Er teilte das klare Yáng 阳 und das trübe Yīn 阴 nach oben und unten, formte Himmel (Yáng 阳) und Erde (Yīn 阴). Nach weiteren 18.000 Jahren starb Pángǔ vor Erschöpfung, seine Sinne und Lebensenergie sowie jeder Teil seines Körpers verwandelten sich und schufen alles, was in der Welt existiert.

Der Mythos von Pángǔ wurde zunächst in der Folklore bis zur Östlichen Hàn-Dynastie 东汉 (25–220) überliefert und erst in der Zeit der Drei Reiche 三国[487] durch Xú Zhěng 徐整, einen hohen Beamten und Verfasser taoistischer Schriften, niedergeschrieben. Obwohl er in den Texten aus der Vor-Qín-Zeit nicht vorkommt, gibt es Ähnlichkeiten zwischen ihm und dem Mythos des Zhúlóng 烛龙 [Fackeldrachen] im Shānhǎijīng 山海经 [Klassiker der Berge und Meere][488].

---

487 Zeit der Drei Reiche 三国 (220–280): Dreiteilung des chinesischen Reiches in die Staaten Wèy 魏 (220–266), Shǔ 蜀 (221–263) und Wú 吴 (222–280).
488 Shānhǎijīng 山海经 [Klassiker der Berge und Meere] gilt als das älteste überlieferte Werk der chinesischen Mythologie, dessen Entstehungszeitraum zwischen

Die Ursprünge der kulturellen Identität im alten China der Vor-Qín-Zeit lassen sich bis zu der Xià- 夏朝 (2070–1600 v. Chr.), Shāng- 商朝 (1600–1046 v. Chr.) und Zhōu-Dynastie 周朝 (1046–221 v. Chr.) zurückverfolgen. In dieser Zeit entwickelte das chinesische Volk eine einzigartige Kultur, die von seiner natürlichen Umgebung, seinen religiösen Überzeugungen und seinen sozialen Strukturen beeinflusst wurde. Das Volk der Huáxià 华夏族[489] sah sich früh als eine eigenständige Gruppe, die durch eine gemeinsame Geografie, Sprache, Sitten und Gebräuche verbunden war.

Einer der frühesten Ausdrücke kultureller Identität im alten China findet sich im Shījīng 诗经 [Buch der Lieder][490], in der frühesten Sammlung von Gedichten und Liedern vom Beginn der Westliche-Zhōu-Zeit bis zur Mitte der Frühlings- und Herbstperiode, die den Beginn der alten chinesischen Poesie darstellt. Das Shījīng bringt die Werte, den Glauben und die sozialen Normen des Zhōu-Volkes zum Ausdruck und gibt Einblick in seine kulturelle Identität.

---

der Zeit der Streitenden Reiche und der frühen Hàn-Dynastie geschätzt wird. Zusammen mit dem Yìjīng 易经 oder Zhōuyì 周易 [Buch der Wandlungen] und dem Huángdì-Nèijīng 黄帝内经 [Der Innere Klassiker des Gelben Kaisers] eines der drei großen mystischen Werke aus Chinas frühen historischen Zeiten, umfasst es umfangreiche Beschreibungen über antike Geografie, Geschichte, Mythologie, Astronomie, Tiere, Pflanzen, Medizin, Religion sowie Anthropologie, Ethnografie, Ozeanografie und die Geschichte von Wissenschaft und Technik.

489 Huáxià 华夏 war die Selbstbezeichnung des alten Reiches der Mitte; der Begriff Huáxià wird erstmals im Kapitel ‚Erfolgreiche Beendigung des Krieges' 武成 im ‚Shàngshū 尚书 [Buch der Urkunden] – Zhōushū 周书 [Dokumente aus der Zhōu-Dynastie]' erwähnt, einem der Fünf Klassiker des Konfuzius (551–479 v. Chr.): „Unser erhabenes und großes Land und die Stämme des Südens und des Nordens folgen mir gleichermaßen und stimmen mir zu" (华夏蛮貊，罔不率俾).

490 Shījīng 诗经 [Buch der Lieder] ist die älteste Sammlung von chinesischen Gedichten, entstanden zwischen dem 10. und dem 7. Jahrhundert v. Chr.; sie umfasst 305 Lieder, die in 160 Fēng 风 [Volkslieder], Xiǎoyǎ 小雅 [kleinere Festlieder], Dàyǎ 大雅 [größere Festlieder] und Sòng 颂 [Hymnen] unterteilt sind und das politische, soziale und kulturelle Leben der damaligen Zeit widerspiegeln.

Abb. 42 Holzschnitt-Abb. von Shénnóng Yándì 神农炎帝 aus der Táng-Dynastie 唐朝 (618-907)

Die Legende besagt, dass zwischen den Kaisern *Yándì* 炎帝 [Flammenkaiser] und *Huángdì* 皇帝 [Gelber Kaisers] einst in Bǎnquán 阪泉[491] eine große Schlacht stattfand, die erste dokumentierte Schlacht in der chinesischen Geschichte, die im Shǐjì 史记 [Aufzeichnungen des großen Historikers][492] von Sīmǎ Qiān niedergeschrieben

---

491 Bǎnquán 阪泉, die frühere Provinz Chahar 察哈尔省, eine Provinz der Republik China, die von 1912 bis 1936 bestand und größtenteils das Gebiet der östlichen Inneren Mongolei umfasste, heute im Südosten des Kreises Zhuōlù 涿鹿县 in der Provinz Héběi 河北 gelegen.

492 Das Shǐjì 史记 (Aufzeichnungen des Großen Historikers) ist eine monumentale Geschichte des alten China und der Welt, um 94 v. Chr. fertiggestellt durch den Hàn-Dynastie-Beamten Sīmǎ Qiān 司马迁 (145–86 v. Chr.), nachdem sie von seinem Vater, Sīmǎ Tán 司马谈 (165–110 v. Chr.), Großastrologe am kaiserlichen

wurde: „Huángdì trainierte Bären, Füchse, Panther, Luchse und Tiger und kämpfte mit ihrer Hilfe gegen den ‚Flammenkaiser' in der Wüste von Bǎnquán, und nach drei Schlachten wurde sein Ehrgeiz belohnt."[493] Auch im Lùnhéng 论衡[494] [Diskursives Abwägen] findet sich eine entsprechende Darstellung: „*Als Huángdì mit Yándì um die Herrschaft kämpfte, brachte er Bären, Leoparden und Tigern bei, für ihn in der Wildnis von Bǎnquán zu kämpfen. Nach drei Schlachten hatte er sein Ziel erreicht, und Yan Di wurde vernichtend geschlagen.*"[495] Mit dem Sieg des Gelben Kaisers löste in der Folge der Huángdì-Clan die Herrschaft des Yándì-Clans ab. Daraufhin folgte die Zeit der legendären Wǔdì 五帝 [Fünf Kaiser].[496]

Die beiden Clans schlossen sich zusammen, um die Stammesallianz Jiǔlí 九黎 unter der Führung von Chī Yóu 蚩尤 zu bekämpfen.[497] Unter der Führung des Gelben Kaisers führten sie in der Schlacht

---

Hof, begonnen worden war. Das Werk beschreibt die Welt, wie sie den Chinesen damals bekannt war, und umfasst einen Zeitraum von 2.500 Jahren vom Zeitalter des legendären Gelben Kaisers Huángdì 黄帝 bis zur Herrschaft von Kaiser Wǔ von Hàn 汉武帝 (156–87 v. Chr.) zur Zeit des Autors.

493 ‚Shǐjì 史记 [Aufzeichnungen des Großen Historikers] – Wǔdì Běnjì 五帝本纪 [Biografien der Fünf Kaiser]': ‚教熊罴貔貅貙虎，以与炎帝战于阪泉之野。三战然后得其志'.

494 Lùnhéng 论衡 [Diskursives Abwägen], eine Sammlung von philosophischen Essays, soll Wáng Chōng 王充 (27–97 n. Chr.), ein chinesischer Astronom, Meteorologe, Naturforscher, Philosoph und Schriftsteller der Östlichen Hàn-Dynastie (25–220 n. Chr.), verfasst haben.

495 ‚Lùnhéng论衡 [Diskursives Abwägen] – Shuàixìng 率性 [Bildung von Charakteren]': ‚黄帝与炎帝争为天子，教熊罴貔虎以战于阪泉之野，三战得志，炎帝败绩'.

496 Wǔdì 五帝 [Fünf Kaiser]: Huángdì oder Gelber Kaiser 黄帝 (ca. 2674 – ca. 2575 v. Chr.), Zhuānxū 颛顼 (ca. 2490 – ca. 2413 v. Chr.), Dì Kù 帝喾 (ca. 2412 – ca. 2343 v. Chr.), Yáo 尧 (ca. 2343 – ca. 2234 v. Chr.), und Shùn 舜 (ca. 2233 – ca. 2184 v. Chr.).

497 Jiǔlí-Stämme 九黎族, ein altes chinesisches Stammesbündnis, das im Mittel- und Unterlauf des Gelben Flusses und des Jangtse-Flussbeckens lebte, nämlich in den Regionen Shāndōng 山东, Héběi 河北, Hénán 河南 und Jiāngsū 江苏. Die Jiǔlí-Stämme wurden von dem Stammeshäuptling Chī Yóu 蚩尤 angeführt, dem legendären Erfinder der Metallverarbeitung und der Waffen, welcher der Legende nach ein Vasall des Gelben Kaisers war und von diesem nach einer Rebellion und einer Schlacht mit ihm bei Zhuōlù 涿鹿 getötet wurde.

von Zhuōlù 涿鹿之战⁴⁹⁸ einen großen Krieg gegen die Stammesallianz der Jiǔlí. Die Schlacht von Zhuōlù hatte einen großen Einfluss auf den Übergang der Huáxià-Ethnie 华夏族⁴⁹⁹ von der Periode der Antike (historischer Zeitraum von 3 Millionen Jahren vor und bis zum 21. Jahrhundert v. Chr.) bis zur sogenannten Ära der Zivilisation. Chī Yóu wurde besiegt, gefangen genommen und getötet.⁵⁰⁰ Der Zusammenschluss der beiden Clans von Yándì und Huángdì wurde zum Rückgrat aller ethnischen Gruppen in der Zentralchinesischen Ebene, weshalb Yándì und Huángdì auch als ihre gemeinsamen Vorfahren bezeichnet werden.

---

498 Schlacht von Zhuōlù 涿鹿之战 (ca. 2500 v. Chr.): Vor etwa 4.600 Jahren schloss sich der Huángdì-Clan mit dem Yándì-Clan zusammen und kämpfte gegen Chī Yóu 蚩尤. Ziel des ‚Krieges' war der Kampf um die Vorherrschaft auf der Zentralchinesischen Ebene 中原, die sich ideal als Weideland und zu einem geringeren Grad zur Landbewirtschaftung eignete.

499 Huáxià 华夏 war die Selbstbezeichnung des alten Reiches der Mitte; der Begriff Huáxià wird erstmals im Kapitel ‚Erfolgreiche Beendigung des Krieges' 武成 im ‚Shàngshū 尚书 [Buch der Urkunden] – Zhōushū 周书 [Dokumente aus der Zhōu-Dynastie]' erwähnt, einem der Fünf Klassiker des Konfuzius (551–479 v. Chr.): „Unser erhabenes und großes Land und die Stämme des Südens und des Nordens folgen mir gleichermaßen und stimmen mir zu" (华夏蛮貊，罔不率俾).

500 ‚Shǐjì 史记 [Aufzeichnungen des Großen Historikers] – Wǔdì Běnjì 五帝本纪 [Biografien der Fünf Kaiser]': „Chī Yóu war ein Aufrührer, der dem Befehl des Kaisers nicht gehorchte, sodass Huángdì ein Heer der Prinzen aufstellte, gegen Chī Yóu kämpfte, ihn gefangen nahm und in der Wüste von Zhuōlù tötete" (蚩尤作乱，不用帝命。于是黄帝乃徵师诸侯，与蚩尤战于涿鹿之野，遂禽杀蚩尤).

Abb. 43 Darstellung der mythologischen Figur
Xià Gēng 夏耕 im Shānhǎi-Jīng 山海经

Mehr als vierhundert Jahre später (um 1551 v. Chr.) wurde König Jié von Xià 夏桀[501] von Chéng Tāng 成汤[502] besiegt. Dies bedeutete das Ende der Xià-Dynastie, die etwa 500 Jahre gedauert hatte, und führte zur Gründung der Shāng-Dynastie. Im Shānhǎijīng 山海经 [Klassiker der Berge und Meere][503] findet sich dazu folgende Darstellung:

---

501 König Jié von Xià 夏桀,, 17. und letzter Herrscher der Xià-Dynastie, genannt Lǚ Guǐ 履癸, posthumer Name Jié 桀, galt als despotischer und tyrannischer Herrscher und wurde um 1600 v. Chr. von Chéng Tāng 成汤 besiegt, was das Ende der Xià-Dynastie bedeutete.

502 Chéng Tāng 成汤, genannt Zi Lǚ 子履, auf Orakelknochen als Dàyǐ 大乙 verzeichnet, war der erste König der Shāng-Dynastie.

503 Shānhǎijīng 山海经 [Klassiker der Berge und Meere] gilt als ältestes überliefertes Werk der chinesischen Mythologie, dessen Entstehungszeitraum zwischen der Zeit der Streitenden Reiche und der frühen Hàn-Dynastie geschätzt wird. Zusammen mit dem Yìjīng 易经 oder Zhōuyì 周易 [Buch der Wandlungen] und dem Huángdì-Nèijīng 黄帝内经 [Der Innere Klassiker des Gelben Kaisers] eines der drei großen mystischen Werke aus Chinas frühen historischen Zeiten, umfasst es umfangreiche Beschreibungen über antike Geografie, Geschichte, Mythologie, Astronomie, Tiere, Pflanzen, Medizin, Religion sowie Anthropologie, Ethnografie, Ozeanografie und die Geschichte von Wissenschaft und Technik.

„Ein Mann ohne Kopf, der mit einer Streitaxt und einem Schild in der Hand dasteht, wird Xià Gēng 夏耕[504] genannt. Vor langer Zeit besiegte Chéng Tāng in einer Schlacht beim Zhāngshān-Berg 章山 König Jié von Xià 夏桀 und enthauptete Xià Gēng vor den Augen von König Jié von Xià. Als Xià Gēngs Leichnam wieder auferstand, stellte er fest, dass er seinen Kopf verloren hatte, und floh zum Wūshān-Gebirge 巫山[505], um seinen Verfolgern zu entkommen."[506]

Der Zeitraum der mythologischen Herrscher und Gottheiten aus dem alten China, die heute als Kulturhelden gelten, bezieht sich auf die Periode vor der Xià-Dynastie 夏朝 in Chinas Geschichte und wurde durch die sogenannten Wǔshì 五氏 [Fünf Clans][507], Sānhuáng 三皇 [Drei Souveräne][508] und Wǔdì 五帝 [Fünf Kaiser][509] geprägt. Wǔshì meint dabei fünf große Persönlichkeiten bzw. Urstämme, die während der prähistorischen Zivilisation nacheinander auftauchten; die Sānhuáng waren Halbgötter, die dazu beitrugen, die Menschheit zu erschaffen und ihr wichtige Fähigkeiten und Kenntnisse zu vermitteln; die Wǔdì waren vorbildliche Weise, die einen großen moralischen Charakter besaßen.

---

504 Xià Gēng 夏耕 war ein General von König Jié von Xià 夏桀, dem letzten Herrscher der Xià-Dynastie.

505 Wūshān-Gebirge 巫山 – zentralchinesisches Bergland, das sich über die Grenzen von Húběi 湖北, Chóngqìng 重庆 und Húnán 湖南 erstreckt.

506 ‚Shānhǎijīng 山海经 [Klassiker der Berge und Meere] – Dàhuāng-Xījīng 大荒西经 [Klassiker der Großen Wildnis: Westen]': ‚有人无首，操戈盾立，名曰夏耕之尸。故成汤伐夏桀于章山，克之，斩耕厥前。耕既立，无首，走厥咎，乃降于巫山.'

507 Wǔshì 五氏 [Fünf Clans]: bezieht sich auf fünf große Persönlichkeiten bzw. Clans in Chinas prähistorischer Zivilisationsperiode. Gemäß der ‚Tabelle der Chinesischen Geschichte' (中国历史大系表) sind dies Yǒucháo 有巢氏, Suìrén 燧人氏, Fúxī 伏羲氏, Shénnóng 神农氏 und Xuānyuán 轩辕氏.

508 Sānhuáng 三皇 [Drei Souveräne]: Tiānhuáng 天皇 oder Fúxī 伏羲 [Himmelssouverän]; Dìhuáng 地皇 oder Nǚwā 女娲 [Erdsouverän]; Tàihuáng 泰皇 oder Shénnóng 神農 [Menschensouverän].

509 Wǔdì 五帝 [Fünf Kaiser]: Huángdì 黄帝 [Gelber Kaiser, ca. 2674–2575 v. Chr.], Zhuānxū 颛顼 [ca. 2342–2245 v. Chr.], Dì Kù 帝喾 [ca. 2245–2176 v. Chr.], Yáo 尧 [ca. 2188–2089 v. Chr.] und Shùn 舜 [ca. 2187–2067 v. Chr.].

Die mythische Periode Chinas spielte eine entscheidende Rolle bei der Entwicklung einer chinesischen Identität, da sie die Grundlage für eine gemeinsame nationale Geschichte, Kultur und Identität bildete. In dieser Zeit entstanden Geschichten und Legenden, die von den Ursprüngen des chinesischen Volkes und seiner Zivilisation erzählten. Diese Geschichten wurden von Generation zu Generation weitergegeben und prägten das Selbstverständnis der Chinesen und ihren Platz in der Welt. Darüber hinaus schuf die mythische Zeit ein gemeinsames kulturelles Erbe, das das chinesische Volk vereinte. Die Schöpfungsmythen, Heldengeschichten und Legenden dieser Zeit lieferten einen reichen Fundus an kulturellen Bezügen und Symbolen, die in die Kunst, die Literatur und andere Formen des kulturellen Ausdrucks eingingen. Die Mythen und Legenden vermittelten auch ein Gefühl der Kontinuität und Stabilität, das dazu beitrug, ein gemeinsames Gefühl der nationalen Identität zu entwickeln. Die mythische Zeit sorgte so für ein kollektives Gedächtnis, das die Chinesen mit ihrer Vergangenheit verband und ihr Selbstverständnis formte. Die Geschichten und Legenden dieser Zeit halfen, ein Gefühl historischer Kontinuität zu schaffen, die es dem chinesischen Volk ermöglichte, sich als Teil einer langen und glanzvollen Geschichte zu sehen, die bis zu den Anfängen der Zivilisation zurückreichte. Schließlich vermittelte die mythische Periode ein Gefühl der spirituellen Identität und legte damit die Grundlage dafür, das chinesische Volk von anderen Kulturen zu unterscheiden. Die Betonung der Bedeutung der Familie, die Verehrung der Vorfahren und der Glaube an Tiānmìng 天命 [Mandat des Himmels], an das göttliche Recht zu herrschen, waren alles Elemente der chinesischen Kultur, die sie von anderen Zivilisationen abhoben.

Abb. 44 Shén Nóng, einen Zweig kauend, als Heiler
(Gemälde von Guō Xǔ 郭诩 (1456-1532),
Landschaftsmaler aus der Míng-Dynastie (1368-1644)

In dieser mythischen Zeit sollen die legendären Vorfahren und Herrscher die Grundlagen der chinesischen Zivilisation geschaffen haben. Den heroischen Gestalten wurde die Erfindung der Landwirtschaft, der Schrift, der Musik und anderer grundlegender Elemente der chinesischen Kultur zugeschrieben, und ihre Geschichten trugen dazu bei, ein gemeinsames kulturelles Erbe zu schaffen, das in China noch heute gefeiert wird. Zugleich wurde in diesem langen Zeitraum das Konzept der chinesischen Nation etabliert, sollen doch die legendären Herrscher verschiedene Stämme und ethnische Gruppen zu einer einzigen Einheit zusammengeführt haben. Diese Idee einer einheitlichen chinesischen Identität, die auf einer gemeinsamen Geschichte und Kultur beruht, war über die Jahrhunderte hinweg ein zentrales Element des chinesischen Nationalismus.

Die Geschichten und Legenden der mythischen Zeit vermittelten ein Gefühl der historischen Kontinuität und des Nationalstolzes, indem sie die Leistungen der legendären Herrscher Chinas und ihre Beiträge zur chinesischen Zivilisation feierten. Das trug dazu bei, dass sich das chinesische Nationalbewusstsein durch die lange und komplexe Geschichte Chinas hindurch erhalten hat. Kulturelle Identität im alten China der Vor-Qín-Zeit wurde durch ein starkes

Gemeinschaftsgefühl, gemeinsame Überzeugungen und einen tiefen Respekt vor der Tradition geformt. Die Chinesen sahen sich selbst als Teil eines größeren Ganzen und glaubten, dass ihre Handlungen Auswirkungen auf das Wohlergehen ihrer Gemeinschaft als Ganzes hatten.

B. Grundlagen der kulturellen Identität in China

Die Vor-Qín-Zeit war eine entscheidende Zeit für die Entwicklung der chinesischen Identität. Im Folgenden wird erläutert, wie Schrift und Sprache, Glaube und Religion, Überzeugungen und Werte, Sitten und Gebräuche, Geografie und Geschichte sowie kulturelle Eigen- und Fremdbetrachtung die entsprechenden Grundlagen geformt und bestimmt haben.

Schrift und Sprache

Die chinesische Sprache, sowohl in gesprochener als auch in geschriebener Form, war ein wichtiger Aspekt der kulturellen Identität im alten China, und sie spielt bis heute aufgrund der spezifischen Charakteristika dieser Zeichenschrift eine entscheidende Rolle beim Verständnis der kulturellen Unterschiede, wie sie sich in der Kommunikation zwischen chinesisch geprägten und vor allem westlichen Kulturräumen geltend machen. Die frühe Verwendung einer einheitlichen chinesischen Sprache trug dazu bei, die verschiedenen Gruppen von Menschen, die im alten China lebten, zu vereinen, und sie spielte eine Schlüsselrolle bei der Herausbildung ihrer kulturellen Identität.

Ursprünge und Struktur der chinesischen Sprache spiegeln die kulturellen Werte in China wider und haben sie über Jahrtausende geformt und beeinflusst. Da die chinesische Sprache eine tonale Sprache ist, in der verschiedene Töne unterschiedliche Bedeutungen für ein und dasselbe Wort vermitteln, kann diese Eigenschaft der Sprache die Sensibilität für Nuancen in der Kommunikation fördern und die Bedeutung unterstreichen, die der Berücksichtigung des Kontextes in sozialen Interaktionen zukommt. Außerdem verweist das auf Schriftzeichen basierende chinesische Schriftsystem auf ein langes kulturelles und historisches Erbe. Die Entstehung von Schriftzeichen und deren Entwicklung spiegeln ebenfalls veränderte Einstellungen und Überzeugungen wider. Dabei stellte die Beherrschung des Schriftsystems seit jeher einen wichtigen Aspekt der Bildung und des kulturellen Fortschritts für die Chinesen dar.

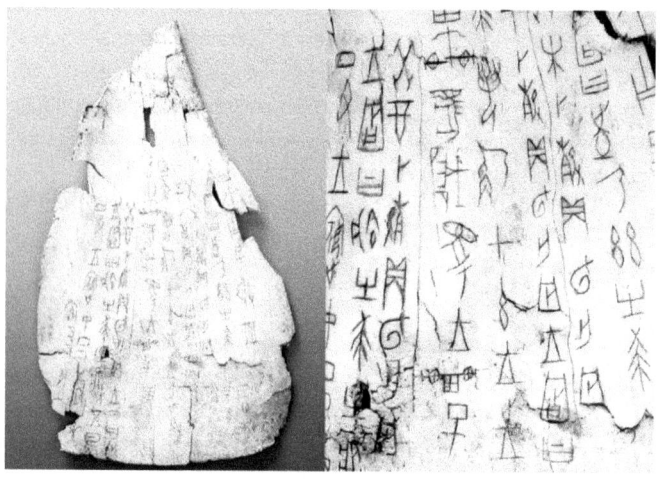

Abb. 45 Knocheninschrift zur Weissagung aus der späten Shāng-Periode (Ausstellungsstück Chinesisches Nationalmuseum Peking)

Diese sprachlichen Merkmale können sich in kulturellen Werten wie der Betonung zwischenmenschlicher Beziehungen, der Bedeutung von Details und dem Wunsch nach Harmonie in sozialen Interaktionen ausdrücken. Diese Werte kommen in verschiedenen Aspekten der chinesischen Kultur zum Ausdruck, so z. B. in den aufwendigen Ritualen des Schenkens und der Gastfreundschaft, in der Verwendung einer indirekten und nuancierten Sprache und in der Bedeutung, die der Wahrung des ‚Gesichts' und der Vermeidung direkter Konfrontationen beigemessen wird.

Angesichts dessen stellt der interkulturelle Austausch zwischen China und dem Westen aufgrund spezifischer Unterschiede in den kulturellen Werten, historischen Besonderheiten, gesellschaftlichen Fundamenten, sprachlichen Eigenheiten, Kommunikationsstilen, Geschäftspraktiken sowie politischen Grundlagen bis heute eine oft große Herausforderung dar. Eine wirksame interkulturelle Kommunikation erfordert ein Verständnis dieser Unterschiede und die Fähigkeit, sich an unterschiedliche kulturelle Normen anzupassen. Sind Sprache und Schrift ein Mittel zur Übermittlung von Informationen und zum Austausch von Ideen, ist das vor allem in der interkulturellen Kommunikation mit Chinesen von entscheidender Bedeutung, wenn Menschen aus so verschiedenen Kulturen wie der chinesischen und der westlichen zusammenkommen, um zu kommunizieren und zu verhandeln.

Die Vielfalt der überlieferten schriftlichen Zeugnisse aus Chinas frühester Vergangenheit reicht zurück bis in die Shāng-Periode (1600–1046 v. Chr.), die erste Dynastie im alten China, die ein belegbares Schriftsystem hatte. Dies ermöglicht einen einzigartigen Einblick in die historischen, literarischen, geografischen, gesellschaftlichen und sozialen Ursprünge des Reichs der Mitte. Vor allem legen diese Überlieferungen ein einmaliges Zeugnis ab von den sprachlichen Charakteristika, die über Jahrtausende die Entwicklung der chinesischen Denk- und Handlungsweise geprägt und geformt haben. Für ein tiefes Verständnis der Besonderheiten und Feinheiten von Überredungskunst, Diplomatie und strategischem Denken der Chinesen sind sie unerlässlich.

Die früheste Form der chinesischen Schriftsprache, die Jiǎgǔwén 甲骨文 [Knochenpanzerschrift], auch als Qìwén 契文 [geschnitzte Schrift], Jiǎgǔbǔcí 甲骨卜辞 [Knochenpanzerorakelschrift], Yīnxūwénzì 殷墟文字 [Yīnxū-Schrift] oder Guījiǎshòugǔwén 龟甲兽骨文 龟甲兽骨文 [Schildkrötenpanzer- und Tierknochenschrift] bekannt, geht auf die späte Shāng-Dynastie 商朝 (1600–1046 v. Chr.) zurück. Da es sich dabei bereits um ein ausgereiftes Schriftsystem handelt, ist davon auszugehen, dass dessen Ursprünge bereits in der Vorperiode, wenn nicht sogar früher zu finden sind. Weder die chinesische Sprache noch das chinesische Volk sind in der zweiten Hälfte des zweiten Jahrtausends v. Chr. aus dem Nichts entstanden. Beide waren in Nordchina und vielleicht auch im größten Teil Zentralchinas sicherlich schon viel früher vorhanden.[510] Jiǎgǔwén stellt dabei das früheste ausgereifte chinesische Schriftsystem dar, das wir kennen. Es bezieht sich hauptsächlich auf die in Schildkrötenpanzer oder Tierknochen eingeritzte Schrift, die von der königlichen Familie zu Wahrsagezwecken verwendet wurde. Diese Orakelknochen wurden für Zhānbǔ 占卜 [Divination] verwendet, wobei der Bǔguān 卜官 [Wahrsager] mit einem scharfen Gegenstand Fragen in die harten Orakelknochen einritzte, sie dann erhitzte, bis sie platzten, und aus den dabei entstandenen Rissen und Sprüngen die Antwort der Ahnen interpretierte. Bis zur Westlichen Zhōu-Dynastie 西周 (1045–771 v. Chr.) hatte sich die Schriftsprache dann zu einer ausgefeilteren Schrift entwickelt, die für eine Vielzahl von Zwecken verwendet wurde, darunter Regierungsdokumente, historische Aufzeichnungen und literarische Werke.

Abb. 46 Inschrift auf einem Dàyúdǐng 大盂鼎
(kreisförmiges Gefäss aus Bronze) aus der Westlichen Zhōu-Dynastie

---

510 Siehe William G. Boltz, „Language and Writing", in: *The Cambridge History of Ancient China*, Cambridge: Cambridge University Press, 1999, S. 75.

Schrift, also die geschriebene Sprache, insbesondere in Form von Texten, hat den Vorteil, dass sie dauerhaft und leicht zugänglich ist. Sie stellt einen Spiegel kultureller Werte, Überzeugungen und Praktiken dar, der als Referenz für zukünftige Generationen dienen kann. Dies ist besonders wichtig für die interkulturelle Kommunikation, da sie ein Mittel ist, um kulturelles Wissen und Traditionen zu bewahren und Menschen aus verschiedenen Kulturen die Möglichkeit zu geben, etwas über die Geschichte und die kulturellen Praktiken der jeweils anderen zu erfahren. Sprache, also die mündliche Form der Kommunikation, ist hingegen unmittelbar und ermöglicht direkte Interaktion und Engagement. In der interkulturellen Kommunikation bietet die mündliche Sprache die Möglichkeit, Ideen, Meinungen und Werte in Echtzeit auszutauschen, was für eine effektive Verhandlung und Problemlösung unerlässlich ist. Aufgrund der langen Geschichte und der Einzigartigkeit der chinesischen Sprache ist das Verständnis des schriftlichen und mündlichen Chinesisch als wichtigstes Instrument für eine erfolgreiche interkulturelle Kommunikation und Verständigung unerlässlich. Nur so ist man in der Lage, die verborgenen Feinheiten der chinesischen Sprache, wie kontextabhängige Bedeutung, idiomatische Ausdrücke, implizite Bedeutung, Förmlichkeit und Höflichkeit etc., zu verstehen.

Die chinesische Sprache hat einige einzigartige Merkmale, die es schwierig machen, sie mit einer westlichen Denkweise zu übersetzen und zu erklären. Das Verständnis dieser Merkmale ist für die interkulturelle Kommunikation indes von entscheidender Bedeutung, da es dazu beitragen kann, Missverständnisse zu vermeiden und sicherzustellen, dass das Gesagte korrekt übermittelt und vom Gegenüber im für ihn richtigen Kontext interpretiert werden kann. Einige dieser Merkmale sind die folgenden:

1. Zeichenbasiertes Schriftsystem: Im Gegensatz zum westlichen bzw. latinisierten Schriftsystem, das auf dem Alphabet gründet, verwendet die chinesische Sprache ein auf Zeichen basierendes Schriftsystem. Jedes Zeichen steht für ein Wort oder ein Konzept und hat seine eigene Bedeutung, Aussprache und Geschichte. Dies macht die chinesische Sprache reich an kulturellem

und historischem Kontext, kann aber auch dazu führen, dass sie schwer in andere Sprachen übersetzt werden kann.
2. Kontextabhängige Bedeutung: In der chinesischen Sprache kann sich die Bedeutung eines Wortes je nach dem Kontext, in dem es verwendet wird, ändern. So kann zum Beispiel ein und dasselbe Zeichen bzw. die Zeichenkombination je nach Tonfall, den umgebenden Wörtern und dem kulturellen Kontext unterschiedliche Bedeutungen haben. Das bedeutet, dass die chinesische Sprache Feinheiten und Nuancen vermitteln kann, die sich nur schwer in andere Sprachen übertragen lassen.
3. Idiomatische Ausdrücke: Die chinesische Sprache ist reich an idiomatischen Ausdrücken, die oft in der Kultur und Geschichte Chinas verwurzelt sind. Diese Ausdrücke lassen sich nur schwer in andere Sprachen übersetzen, da sie oft komplexe kulturelle Bedeutungen haben, die nur in der chinesischen Sprache und Kultur vorkommen.
4. Implizite Bedeutung: Die chinesische Sprache beruht oft auf impliziten Bedeutungen, bei denen der Sprecher davon ausgeht, dass der Zuhörer die beabsichtigte Botschaft durch den Kontext und den Tonfall versteht, anstatt sie direkt auszusprechen oder ausführlicher darzulegen. Dieser indirekte Kommunikationsstil kann für Menschen aus dem westlichen Kulturkreis schwer zu verstehen und zu interpretieren sein, da er im Westen oft direkter ist.
5. Förmlichkeit und Höflichkeit: In der chinesischen Sprache gibt es verschiedene Stufen der Förmlichkeit und Höflichkeit, die den hierarchischen Charakter der chinesischen Gesellschaft widerspiegeln. Es ist wichtig, die Rolle von Förmlichkeit und Höflichkeit in der chinesischen Sprache zu verstehen, da sie die Interpretation einer Nachricht stark beeinflussen können.

Die Sprache, sowohl in mündlicher als auch in schriftlicher Form, ist die wichtigste Grundlage für die Kommunikation. Das führt zugleich zu einer der größten Herausforderungen in der interkulturellen Kommunikation: zu den unterschiedlichen Kommunikationsstilen. Die westliche Kommunikation ist in der Regel direkt und geradlinig, während die chinesische Kommunikation oft indirekt und weniger eindeutig ist. Dies kann leicht zu Missverständnissen und Verwirrung führen, insbesondere bei Verhandlungen, bei denen vor allem im westlichen Kontext eine direkte Kommunikation oft als notwendig angesehen wird, um Fortschritte zu erzielen. So ist es beispielsweise in westlichen Verhandlungen üblich, dass die Teilnehmer ihre Meinung und ihre Bedenken direkt äußern, während es in China eher üblich ist, dass man sich zurückhält und seine Meinung nicht offen bzw. direkt bekundet.

Glaube und Religion

Glaube und Religion spielten eine wichtige Rolle bei der Herausbildung der kulturellen Identität im alten China. Das chinesische Volk praktizierte eine Vielzahl religiöser Traditionen, darunter die Ahnenverehrung, die Verehrung von Naturgeistern und die Anbetung von Gottheiten. Die Chinesen der Antike waren sich bewusst, dass es eine höchste schöpferische und souveräne Macht geben musste, die über allen Dingen im Universum und dem menschlichen Schicksal stand. Glaube und Religion waren in der Shāng-Zeit eine ausschließlich elitäre Angelegenheit, und der wichtigste Shāng-Kult, die Verehrung der königlichen Ahnen, war das Vorrecht des Königs selbst, der dabei von vielen Ritualspezialisten unterstützt wurde. Der andere wichtige Elitekult war die Verehrung von Dì 帝 [erhabenes Wesen, Kaiser, Göttlichkeit][511]

---

511 ‚Yìjīng 易经 [Buch der Wandlungen] – ䷏Yù 豫 [Zufriedenheit]': „Der Donner dröhnt auf dem Boden und hebt die Erde an, dies ist der Ausdruck von Freude und Zufriedenheit der Natur. Auf der Grundlage von Donner und Erdbeben, wenn die Natur glücklich und fröhlich war, schufen die weisen Herrscher der Vergangenheit Musik und nutzten diese Musik zur ehrfürchtigen Förderung der großen Tugenden. Mit großem Pomp und Zeremoniell widmeten sie die Musik Shàng-Dì und nutzten sie zur Verehrung ihrer Ahnen" (雷出地奋，豫。先王以作乐崇德，殷荐之上帝，以配祖考).

oder Shàngdì 上帝 [oberste Göttlichkeit][512], der über Angelegenheiten wie Landwirtschaft, Wetter und Gesundheit herrschte.[513] Diese religiösen Überzeugungen trugen dazu bei, das Gemeinschaftsgefühl und die gemeinsamen Werte des chinesischen Volkes zu stärken.

Dì 帝 wurde als ‚oben' angesehen; er konnte Unheil und Zustimmung auf die Menschen ‚unten' herabschicken und war praktisch die einzige Macht, die direkt den Regen oder den Donner befehlen konnte sowie die Windkräfte unter ihrer Kontrolle hatte.[514] Der Ausdruck Shàngdì kommt von Hàotiān-Shàngdì 昊天上帝, auch bekannt als Huángtiān-Shàngdì 皇天上帝, Tiāndì 天帝, Lǎotiānyé 老天爷 oder Hàoshén 昊神, und bezeichnete in der chinesischen Mythologie und Legende den ‚Herrn der Götter'. Der Begriff Tiān 天 ist formlos, wird Hàotiān 昊天 [klarer Himmel] genannt und ist ein Symbol für eine primitive Form des Glaubens im alten China.[515]

---

512 ‚Yìjīng 易经 [Buch der Wandlungen] – ䷗Yù 豫 [Zufriedenheit]': „Der Donner dröhnt auf dem Boden und hebt die Erde an, dies ist der Ausdruck von Freude und Zufriedenheit der Natur. Auf der Grundlage von Donner und Erdbeben, wenn die Natur glücklich und fröhlich war, schufen die weisen Herrscher der Vergangenheit Musik und nutzten diese Musik zur ehrfürchtigen Förderung der großen Tugenden. Mit großem Pomp und Zeremoniell widmeten sie die Musik Shàng-Dì und nutzten sie zur Verehrung ihrer Ahnen" (雷出地奋，豫。先王以作乐崇德，殷荐之上帝，以配祖考).

513 John S. Major/Constance A. Cook, *Ancient China. A History*, New York/London: Routledge, 2017, S. 237–238.

514 Siehe David. N. Keightley, „The Upper Pantheon", in: *The Cambridge History of Ancient China*, Cambridge: Cambridge University Press, 1999, S. 252.

515 Siehe Sarah Allan, „On the identity of SHANG DI 上帝 and the origin of the concept of a celestial mandate (TIAN MING 天命)", in: *Early China*, Vol. 31 (2007), S. 1–46.

Jiǎgǔ-Wén 甲骨文
[Knochenpanzerschrift]

Jīn-Wén 金文
[Bronzeinschrift]

Chǔ-Xì Jiǎn-Bó 楚系簡帛
[Bambus- und
Holztäfelchen sowie
Seidenschriften aus der
Chǔ-Periode]

Xiǎo-Zhuàn 小篆 [Kleine
Siegelschrift bzw. Qín-
Schrift 秦篆]

Kǎi-Shū 楷书
[Regelschrift]

Abb. 47 Entwicklung des Zeichens Dì 帝

Das Zeichen Dì 帝 für den ‚erhabenen Gott' findet sich erstmals in den Orakelknochen- und den Bronzeinschriften der Shāng-Zeit. Die ursprüngliche Form weist eine Ähnlichkeit mit dem Verbrennen von Holz auf, um dem Himmel zu opfern, die archaische Form des chinesischen Schriftzeichens Dì 禘 [Opferung in der Antike]; eine andere Beschreibung besagt, dass es die archaische Form des chinesischen Schriftzeichens Dì 蒂 darstellt, eine Orakelglyphe, die an die volle Form einer Blumenspitze erinnert: Der obere Teil ähnelt dem Fruchtknoten der Blüte und der mittlere Teil dem Kelch (der grüne Teil an der Außenseite der Blütenblätter), der untere, hängende Teil wiederum den männlichen und weiblichen Staubblättern (Stempel). Ursprünglich bedeutet es ‚Blumenspitze' (Teil einer Blüte oder Frucht, der an einem Zweig oder Stiel befestigt ist). Die Grundbedeutung von Dì 帝 ist Tiāndì 天帝 oder Shàngdì 上帝 und bezieht sich auf die ehemaligen Könige bzw. ehemaligen Kaiser, in den konfuzianischen Schriften vor allem auf die weisen Herrscher

Yáo 尧[516], Shùn 舜, Yǔ 禹[517] und Chéng Tāng 成汤[518] sowie die Könige der Zhōu-Zeit. In der Periode der Zhōu-Dynastie vor der Zeit der Streitenden Reiche konnte sich der Begriff auch auf eine Person mit großen moralischen Tugenden und Verdiensten beziehen; nach der Qín-Dynastie wurde es zur Kurzform Huángdì 皇帝 [Kaiser].

Die wichtigste gesellschaftliche Rolle von Shàngdì in der Xià-, der Shāng- und der Zhōu-Periode bestand darin, den potenziellen Konflikt zwischen Erbanspruch und Regentschaft durch Tugendhaftigkeit zu schlichten. Diese Rolle zeigte sich vor allem darin, dass es eine legitime Erklärung für das Fortbestehen oder die Ablösung von Dynastien lieferte. Der Wechsel der Dynastien führte zu Zusammenprall und Verschmelzung verschiedener ethnischer Kulturen, was eine Fülle neuer Mythen hervorbrachte. Diese Verschmelzung alter und neuer Mythen und die Aufnahme von Legenden und Überlieferungen benachbarter Völker bereicherte in hohem Maße die Kultur Chinas. Dieser Prozess des kulturellen Wandels brachte das humanistische Denken der Vor-Qín-Zeit hervor, das zu einer unverzichtbaren Triebkraft der Zivilisation der sogenannten ‚Achsenzeit'[519] wurde.

---

516 Kaiser Yáo 帝尧, auch bekannt als Táng Yáo 唐尧, der vierte der sogenannten Wǔdì 五帝 [Fünf Kaiser – Huángdì oder Gelber Kaiser 黄帝 (ca. 2674 – ca. 2575 v. Chr.), Zhuānxū 颛顼 (ca. 2490 – ca. 2413 v. Chr.), Dì Kù 帝喾 (ca. 2412 – ca. 2343 v. Chr.), Yáo 尧 (ca. 2333 – ca. 2234 v. Chr.) und Shùn 舜 (ca. 2233 – ca. 2184 v. Chr.)].

517 Yǔ 禹, auch Dàyǔ 大禹 [Yǔ der Große], Xiàyǔ 夏禹 bzw. Róngyǔ 戎禹 genannt, mythischer erster Kaiser (soll von 2205 bis 2147 v. Chr. geherrscht haben) der semi-legendären Xià-Dynastie 夏朝 (2070–1600 v. Chr.) und Nachfolger der Wǔdì 五帝, der fünf mythischen Urkaiser Chinas, die als Kulturheroen und Begründer der chinesischen Zivilisation gelten.

518 Chéng Tāng 成汤, genannt 子履Zǐ Lǚ, auf Orakelknochen als Dàyǐ 大乙 verzeichnet, war der erste König der Shāng-Dynastie.

519 Als ‚Achsenzeit' bezeichnet der deutsche Psychiater und Philosoph Karl Jaspers (1883–1969) in seinen geschichtsphilosophischen Betrachtungen *Vom Ursprung und Ziel der Geschichte* (1949) die Zeitspanne von ca. 800 bis 200 v. Chr. In dieser Zeitspanne hätten die Gesellschaften von vier voneinander unabhängigen Kulturräumen gleichzeitig bedeutende philosophische und technische Fortschritte gemacht; gemeint ist also ein gewisser zeitlicher Parallelismus der Kulturen.

Die Bezeichnung Dì 帝 lässt sich erstmals am Ende der Shāng-Dynastie (1600–1046 v. Chr.) finden und wurde auch während der Zhōu-Dynastie (1046–221 v. Chr.) weiterverwendet. Bis etwa Mitte der Shāng-Periode wurde die oberste Gottheit bzw. das höchste Wesen Dì 帝 genannt; der Ausdruck Shàngdì 上帝 fand dann am Ende der Shāng-Dynastie und während der Zhōu-Dynastie Verwendung. In der Westliche-Zhōu-Periode (1046–771 v. Chr.) kam jedoch der Titel Tiān 天 bzw. Tiāndì 天帝 auf, der sich auf dasselbe höchste Wesen wie Shàngdì 上帝 bezog.[520] Shàngdì ist eine der Kernlehren des konfuzianischen Glaubens. Im Kapitel Lǐ 礼 [Riten] des Tōngdiǎn 通典[521] heißt es: „Die Vitalität des sogenannten Hàotiān-Shàngdì [昊天上帝] ist gewaltig, und so wird er Hàotiān 昊天 genannt. Er sieht von Ferne das Grenzenlose, Leere und Weite und wird so Cāngtiān 苍天 genannt, und es gibt niemanden, der mehr respektiert wird als Dì 帝, dem der Himmel anvertraut ist, daher der Name Shàngdì 上帝".[522]

Der Wille des Tiāndì 天帝 durchdringt die Wǔjīng 五经 [Fünf Klassiker][523] und den Èrshísìshǐ 二十四史 [Vierundzwanzig Dynastiegeschichten][524], von denen sich die älteste Erwähnung im Abschnitt Shùndiǎn 舜典 [Statuten des Shùn] im Shàngshū findet: „Kaiser Shùn [舜帝] sagte: Ah! Seid vorsichtig, ihr zweiundzwanzig Männer!

---

520 Siehe Allan, „On the identity of SHANG DI 上帝".

521 Tōngdiǎn 通典 [Umfassende Statuten], eine universelle Verwaltungsgeschichte, geschrieben vom Táng-Gelehrten Dù Yòu 杜佑 (735–812).

522 ‚Tōngdiǎn 通典 [Umfassende Statuten] – Lǐ 礼 [Kapitel Riten Nr. 66] – Shénwèi 神位 [Ahnentafel]': 所谓昊天上帝者，盖元气广大则称昊天，远视苍苍即称苍天，人之所尊，莫过于帝，托之于天，故称上帝.

523 ‚Fünf Klassiker des Konfuzianismus' 儒家五经 – Shàngshū 尚书 [oder Shūjīng 书经, Buch der Urkunden], Shījīng 诗经 [Buch der Lieder], Lǐjì 礼记 [Buch der Riten], Yìjīng 易经 oder Zhōuyì 周易 [Buch der Wandlungen] und Chūnqiū 春秋 [Frühlings- und Herbstannalen].

524 Èrshísìshǐ 二十四史 [Vierundzwanzig Dynastiegeschichten] – allgemeiner Begriff für die 24 Geschichtsbücher, die von den alten chinesischen Dynastien geschrieben wurden. Sie beginnen mit dem legendären Gelben Kaiser Huángdì 黄帝 (ca. 2550 v. Chr.), enden im 17. Regierungsjahr von Chóng Zhēn 崇祯 (6. Februar 1611 – 25. April 1644) der Míng-Dynastie 明朝 und bestehen aus 3213 Bänden mit etwa 40 Millionen Wörtern, geschrieben in einem einheitlichen Chronik- und Biografiestil.

Kümmert euch gut um die Angelegenheiten unter dem Himmel [der Welt]!"[525] Tiāndì 天帝 stellt in der chinesischen Mythologie die oberste Kraft dar, die das Schicksal der Menschheit oder die Entwicklung der Dinge steuert und lenkt und die Herrschaft über den Himmel und alles auf Erden innehat. Im alten China brachte der Wechsel der Dynastien eine Verehrung jeweils verschiedener oberster Gottheiten mit sich. Seit dem Aufstieg des Konfuzianismus wurden alle obersten Kräfte der chinesischen Mythologie durch Huángtiān-Shàngdì 昊天上帝 ersetzt, der bis zum Ende des chinesischen Imperialsystems am Ende der Qīng-Dynastie 清朝 (1636–1912) das offizielle und orthodoxe oberste übernatürliche Wesen [Gottheit] der jeweils aufeinanderfolgenden Dynastien blieb.

In der Antike verehrten die Menschen die jeweiligen Anführer eines bestimmten Stammesbündnisses als Tiāndì 天帝, so etwa Fúxī 伏羲, Shénnóng 神农, Huángdì 黄帝, Zhuānxū 颛顼, Kaiser Kù 喾 und Yáo 尧, die alle in verschiedenen Generationen von historischen Texten aus der Vor-Qín Zeit als Tiāndì bezeichnet werden. Während der Xià-Dynastie 夏朝 (2070–1600 v. Chr.) wurden den Stammesführern wie Fúxī 伏羲, Shénnóng 神农 und Huángdì 黄帝 Opfer dargebracht. In der Shāng-Dynastie 商王朝 (1600–1046 v. Chr.) war es möglicherweise Kaiser Kù 帝喾, den man als Tiāndì 天帝 verehrte. Entsprechend den unterschiedlichen Dynastien wurden auch unterschiedliche oberste Wesen verehrt. Zum Beispiel brachte Herzog Xiāng von Qín 秦襄公[526] dem ‚Kaiser des Westens' Báidì 白帝[527] Opfergaben

---

525 ‚Shàngshū 尚书 [Buch der Urkunden] – Yúshū 虞书 [Dokumente aus Yú – Shùndiǎn 舜典 [Statuten des Shùn]' (帝曰：„咨！汝二十有二人，钦哉！惟时亮天功").

526 Herzog Xiāng von Qín 秦襄公 (833–766 v. Chr.), erster Herrscher des Vasallenstaates Qín 秦国 von 777 bis 766 v. Chr.

527 Báidì 白帝 (oder Shǎohào 少昊, auch bekannt als Xuánxiāo 玄嚣, Jīntiān 金天, Báizhāojù 白招拒, Shǎohào 少皞), einer der fünf Götter der chinesischen Mythologie, soll etwa zwischen 2597 und 2514 v. Chr. regiert haben (gemäß anderen Quellen ca. 2395–2322 v. Chr.); assoziiert mit der Essenz von Metall und der Jahreszeit Herbst, seine Tierform ist der Weiße Drache 白龙 (Báilóng); das

Abb. 48 Künstlerische Darstellung von Fúxī 伏羲

Land, das er ursprünglich gründete, soll sich im Gebiet von Rì-Zhào 日照 am Ostchinesischen Meer in der Provinz Shāndōng 山东省 bis zum größten Teil der Stadt Liányúngǎng 连云港市 in der Provinz Jiāngsū 江苏省 erstreckt haben.

dar[528], Herzog Xuān von Qín 秦宣公[529] opferte Qīngdì 青帝[530], dem Kaiser des Ostens[531], und der Herzog Líng von Qín 秦灵公[532] verehrte die beiden Stammesführer Yándì 炎帝 und Huángdì 黄帝[533]. Nach der Reichseinigung durch die Qín-Dynastie (221–207 v. Chr.) wurde den oben genannten vier Kaisern geopfert; in der Westlichen Hàn-Dynastie 西汉 (202 v. Chr. – 8 n. Chr.) wurde der ‚Kaiser des Nordens' Hēidì 黑帝[534] zu den Vier Kaisern hinzugefügt, die schließlich als die Wǔfāng-Shàngdì 五方上帝 [Fünf Formen der Höchsten Gottheit], die fünffache Manifestation des obersten Herrschers des Tiān 天 [Himmels], bekannt wurden. In der Östlichen Hàn-Dynastie

---

528 ‚Shǐjì 史记 [Aufzeichnungen des Großen Historikers] – Fēngchánshū 封禅书 [Opfergaben für Himmel und Erde]': „Herzog Xiāng von Qín war ein Vasall und lebte an der Grenze im Westen. Er hielt sich für den Vertreter von Shǎohào und opferte im Westen Báidì ein Pferdefohlen, einen Ochsen und einen Ziegenbock" (秦襄公既侯，居西垂，自以为主少暤之神，作西畤，祠白帝，其牲用騮駒黄牛羝羊各一云).

529 Herzog Xuān von Qín 秦宣公 (?–664 v. Chr.), Herrscher des Vasallenstaates Qín 秦国 während der Frühlings- und Herbstperiode.

530 Qīngdì 青帝 [Türkisfarbene Gottheit], auch bekannt als Líng Wēiyǎng 灵威仰, Tàihào 太昊 bzw. 太暤, Dàhào 大暤, Fúxī 伏羲, soll ca. 2852–2737 v. Chr. regiert haben.

531 ‚Shǐjì 史记 [Aufzeichnungen des Großen Historikers] – Fēngchánshū 封禅书 [Opfergaben für Himmel und Erde]': „Nach weiteren vier Jahren brachte Herzog Xuān von Qín südlich des Wèishuǐ-Flusses geheim Opfergaben dar, um Qīngdì zu ehren" (其後年，秦宣公作密畤於渭南，祭青帝).

532 Herzog Líng von Qín 秦灵公 (?–415 v. Chr.), Herrscher des Staates Qín 秦国 von 424 bis 415 v. Chr.

533 ‚Shǐjì 史记 [Aufzeichnungen des Großen Historikers] – Fēngchánshū 封禅书 [Opfergaben für Himmel und Erde]': „Mehr als hundert Jahre brachte Herzog Líng von Qín ein Opfer für Huángdì in Wú Yáng dar; und er brachte ein Opfer dar, um Yándì zu ehren" (其后百餘年，秦灵公作吴阳上畤，祭黄帝；作下畤，祭炎帝).

534 Hēidì 黑帝 [Schwarze Gottheit], auch genannt Zhuānxū 颛顼, Gāoyáng 高阳, Xuándì 玄帝, soll um 2322–2245 v. Chr. regiert haben und wird mit der Essenz des Wassers und des Winters assoziiert; seine Tierform ist Xuánlóng 玄龙 [Schwarzer Drache].

东汉 (25–220 n. Chr.) wurde Tàiyī 太一[535] zur höchsten Gottheit ernannt, die über den Wǔfāng-Shàngdì 五方上帝 stand. Daneben wurden auch verschiedene Naturmächte (wie etwa Tǔdìshén 土地神, auch Tǔdìgōng 土地公 oder Tǔdìpó 土地婆 [Landgott], Héshén 河神 [Flussgott], Yuèshén 岳神 [Berggott]), verstorbene Herrscher (wie Náo 夒 bzw. Dì Kù 帝喾, Wáng Hài 王亥, der sechste Enkel des Shāng-Patriarchen È Bó 阏伯), die sechs prädynastischen Vorfahren (Shàng Jiǎwēi 上甲微, Monarch der Shāng-Dynastie, die drei Bào 报[536], Zhǔrén 主壬[537] und Zhǔguǐ 主癸[538]) und die dynastischen Vorfahren (beginnend mit dem ersten König Dà Yǐ 大乙[539]) verehrt.

Nach der Herrschaft von Wǔ Dīng 武丁, dem 22. Herrscher der Shāng-Dynastie, nutzten die Könige die Orakel immer seltener, um Dì für Regen oder Donner zu bitten, und sie erbaten auch nicht mehr seine Zustimmung oder Hilfe. Stattdessen erhielten die Ahnenkönige der Hauptlinie Tempelnamen, die den Titel Dì enthielten, was auf einen zunehmenden Glauben der Shāng an die übernatürliche

---

535 Tàiyī 太一, auch geschrieben Tàiyī 太乙 und Tàiyī 泰一, war ursprünglich der Name eines Sterns in der alten chinesischen Astronomie, des Nordsterns, wurde aber später in den Qín- und Hàn-Dynastien zur obersten Gottheit Tàiyīshén 太一神 des Volksglaubens und als Himmelskaiser Tiāndì 天帝 (Himmelskaiser), gleichbedeutend mit Shàngdì 上帝, verehrt. Die Intellektuellen hoben dann Tàiyī 太一 auf eine philosophische Ebene und stellten es sich als das ewige und unveränderliche Gesetz, das Dào 道, oder den Ursprung des Universums vor. Während der Herrschaft von Kaiser Wǔ von Hàn 汉武帝 (156–87 v. Chr.) wurde Tàiyī 太一 zum offiziellen Glauben; er stand über den ‚Fünf Formen der Höchsten Gottheit' 五方上帝 und wurde vom Kaiser verehrt.

536 Bào-Yǐ 报乙 (Sohn von Shàng Jiǎwēi 上甲微), Bào Bǐng 报丙 (Sohn von 报乙 Bào Yǐ, Urgroßvater von Chéng Tāng 成汤, dem Gründungsmonarchen der Shāng-Dynastie) und Bào Dīng 报丁 (Monarch des Staates Shāng 商国 während der Xià-Dynastie).

537 Zhǔ Rén 主壬 (in Orakelknocheninschriften auch mit den Zeichen Shì Rén 示壬 bezeichnet), Monarch des Staates Shāng 商国 während der Xià-Dynastie, Großvater von Chéng Tāng 成汤.

538 Zhǔ Guǐ 主癸 (in Orakelknocheninschriften mit den Zeichen Shì Guǐ 示癸 angeführt), Sohn von Zhǔ Rén 主壬, Vater von Chéng Tāng 成汤.

539 Chéng Tāng 成汤, genannt 子履 Zi Lǚ, auf Orakelknochen als Dàyǐ 大乙 bezeichnet.

Kraft ihrer Vorfahren hinweist und eine wachsende Autorität der Könige selbst widerspiegelte.[540] Shāng-Könige galten als Schamanen – das Wort Wáng 王 [König] war mit Wörtern wie Wāng 尪 [gebrechlich, abgemagert, verkrüppelt] und Kuáng 狂 [verrückt, wild] verwandt, die beide Zustände benennen, die als charakteristisch für Schamanen galten.

In kosmologischer Hinsicht stellten sich die Shāng die Welt quadratisch vor, nach den Himmelsrichtungen ausgerichtet und einen Kernbereich umfassend, der als Zhōngshāng 中商 [Zentral-Shāng] bezeichnet wurde. Außerhalb dieses Kerngebiets wurde das Shāng-Gebiet in vier Regionen unterteilt, die als Sìtǔ 四土 [vier Länder] oder ‚die Länder' bezeichnet wurden, die sich in Sìfāng 四方 [die vier Himmelsrichtungen] erstreckten. Chén Mèngjiā 陈梦家[541] verwendet in seinem Buch *An Overview of Yīnxū Divination*[542] das Thema Sìfāng-Sìtǔ 四方四土, um in diesem Zusammenhang die Bedeutung der ‚Hauptstadt der Shāng' zu untersuchen: „Sìtǔ 四土 bezieht sich auf die vier Regionen im Osten, Westen, Süden und Norden, Sìfāng 四方 auf die vier Richtungen Osten, Westen, Süden und Norden. […] Dàyì 大邑 oder Dàyìshāng 大邑商 kann man sich als Hauptstadt der Shāng vorstellen, die im Zentrum der Sìfāng bzw. Sìtǔ gelegen war. Dàyì oder Dàyìshāng bezieht sich auf einen Bereich von Land, also auf ein Gebiet, auf dem die Hauptstadt gelegen war, …"

---

540 David. N. Keightley, „The Shang: China's First Historical Dynasty", in: *The Cambridge History of Ancient China*, Cambridge: Cambridge University Press, 1999, S. 261.

541 Chén Mèngjiā 陈梦家 (1911–1966) war ein chinesischer Gelehrter, Dichter, Paläograf und Archäologe, Professor für Chinesisch an der Tsinghua-Universität in Peking und galt als die wichtigste Autorität für Orakelknochen.

542 考古學專刊甲種, 第二號, 殷虛卜辭綜述 [An Overview of Yīnxū Divination], Kapitel 9: Gebietsverwaltung – Abschnitt 2: 第九章 – 整治區域 – 第二節 – 四土四方, Chén Mèngjiā 陳夢家, 中華書局出版, 1988, S. 319.

Überzeugungen und Werte

Abb. 49 Konfuzius – Porträt von Wú Dàozi 吴道子 (680-759),
berühmter Maler der Táng-Dynastie 唐朝 (618-907)

Das alte China beherbergte ein reiches Geflecht religiöser und philosophischer Überzeugungen, zu denen unter anderem Konfuzianismus, Daoismus und Legalismus gehörten. Die chinesische Identität in der Vor-Qín-Zeit wurde durch eine reiche und komplexe Mixtur von Werten, Glaubensvorstellungen sowie religiösen und philosophischen Überzeugungen und Praktiken geprägt, die sich im Laufe der Zeit entwickelten. Sie alle trugen dazu bei, die kulturelle Identität der Menschen im alten China zu formen, und beeinflussten die Art und Weise, wie die Chinesen die Welt und ihren Platz darin sahen. Einige dieser philosophischen Fundamente und Wertvorstellungen, die zur Herausbildung der chinesischen Identität in jener Zeit beigetragen haben, sind:

1. Konfuzianismus: Er bildete eines der einflussreichsten philosophischen Systeme im alten China und betonte die Bedeutung von moralischem Verhalten, sozialer Ordnung und Respekt vor Autoritäten. Die Ideen von Konfuzius und seinen Anhängern trugen dazu bei, die sozialen Normen und Werte des chinesischen Volkes in dieser Zeit zu prägen. Das ‚menschenzentrierte Denken' (das Volk ist wichtiger als der Herrscher)[543] des Konfuzianismus, ‚Ruhe und Nichthandeln'[544] des Daoismus sowie die ‚Notwendigkeit von Belohnung und Strafe'[545] des Legalismus haben während der Vor-Qín-Zeit ähnlich dem unentwegten Fließen des Wassers über Steine die kulturelle Identität der Chinesen geformt und konditioniert.

---

543 ‚Liù Tāo 六韬 [Sechs geheime militärische Lehren] – Wén-Tāo 文韬 [Zivil-Geheimlehre] – Yíng-Xū 盈虚 [Fülle und Leere]': „Wenn also die Menschen auf der Welt reich und glücklich sind, ohne Hunger und Kälte, so verehren sie ihren Herrscher wie die Sonne und den Mond und kommen ihm näher als ihren Eltern" (故万民富乐而无饥寒之色。百姓戴其君如日月，亲其君如父母).

544 ‚Liù Tāo 六韬 [Sechs geheime militärische Lehren] – Wǔ-Tāo 武韬 [Militär-Geheimlehre] – Wén-Qǐ 文启 [Zivile Anweisungen]': „So kann, ohne dass der Mensch etwas tut, sich nur an den natürlichen Verlauf aller Dinge im Universum hält, sich alles entwickeln und vollbracht werden, und die Menschen können auch ohne Almosen wohlgenährt und glücklich sein; dies ist das tugendhafte Regieren der Weisen" (是以天无为而成事，民无与而自富。此圣人之德也).

545 ‚Liù Tāo 六韬 [Sechs geheime militärische Lehren] – Wén-Tāo 文韬 [Zivil-Geheimlehre] – Shǎng-Fá 赏罚 [Belohnung und Bestrafung]': „In jedem Fall ist Belohnung wichtig, um zu betonen, dass das, was gesagt wird, auch getan wird; Bestrafung ist wichtig, damit erteilte Befehle auch durchgeführt und Anordnungen befolgt werden" (凡用赏者贵信，用罚者贵必).

2. Daoismus: Als ein weiteres wichtiges philosophisches System im alten China verwies der Daoismus auf die Bedeutung eines Lebens in Harmonie mit der natürlichen Welt. Lǎozi 老子[546] und Zhuāngzi 庄子[547] verfolgten eine Ordnung, die durch Wúwéi 无为[548] definiert war. Diese taoistischen Ideen über Gleichgewicht, Einfachheit und Selbstkultivierung beeinflussten maßgeblich die chinesische Identität während dieser Zeit.
3. Legalismus: Der Legalismus war eine politische Philosophie, die die Bedeutung strenger Gesetze und harter Strafen zur Aufrechterhaltung der sozialen Ordnung betonte. Obwohl er nicht so einflussreich war wie der Konfuzianismus oder der Daoismus, spielte er eine wichtige Rolle bei der Gestaltung von Werten und Glauben der Chinesen in der Vor-Qín-Zeit.
4. Familienwerte: Die Familie als kleinste soziale Einheit bildete den Eckpfeiler der chinesischen Gesellschaft in der Vor-Qín-Periode, und Xiào 孝 [kindliche Pietät bzw. Respekt vor den Eltern und Vorfahren], eine der vier Grundtugenden des Konfuzianismus[549], stellte einen der wichtigsten Grundwerte dar. Die Familie war auch für die Weitergabe von kulturellen Traditionen und Werten von einer Generation zur nächsten verantwortlich.
5. Landwirtschaft: Die Chinesen waren von frühester Zeit an eine Agrargesellschaft, weshalb die Landwirtschaft ein wichtiger Faktor

---

546 Lǎozi 老子 (?571–?471 v. Chr.), Name der Familie war Lǐ 李, Rufname Ěr 聃, Höflichkeitsname (im alten China traditionell an Männer im Alter von 20 Jahren vergeben) Bó-Yáng 伯阳. Denker, Philosoph, Schriftsteller und Historiker, Gründer und Hauptvertreter der taoistischen Schule. Gemäß Shǐjì 史记 [Aufzeichnungen des Chronisten] wurde Lǎozi in der Zeit der Frühlings- und Herbstperiode im Staat Chén 陈国 geboren. Lǎozis Dàodéjīng (Tao Te Ching 道德经, auch bekannt als Lǎozi) ist eines der weltweit am häufigsten veröffentlichten Werke.
547 Zhuāngzi 庄子 (369–286 v. Chr.), Vertreter der taoistischen Schule in der Mitte der Zeit der Streitenden Reiche, Denker, Philosoph und Literaturwissenschaftler.
548 Wúwéi 无为 – dem himmlischen Schicksal bzw. Willen folgen, der Natur ihren Lauf lassen, kein Grund verlangt nach Handlung; sich nicht auf menschliche Eingriffe einlassen, sondern alles sich natürlich entwickeln lassen.
549 Rén 仁 [Menschlichkeit], Yì 义 [Rechtschaffenheit], Xiào 孝 [Pietät, Respekt, Gehorsam] und Lǐ 礼 [Sittlichkeit].

war, der zur Herausbildung der chinesischen Identität in der Vor-Qín-Zeit beitrug. Sie spielte in vielerlei Hinsicht eine entscheidende Rolle bei der Gestaltung der Werte und Überzeugungen der Chinesen jener Zeit. Landwirtschaft war die Hauptbeschäftigung der meisten Chinesen; die Menschen mussten große Anstrengungen auf sich nehmen, um sich zu versorgen. Entsprechend wurden die Werte der harten Arbeit und der Selbstgenügsamkeit in der chinesischen Gesellschaft tief verankert. Sie trugen dazu bei, die chinesische Arbeitsethik und die Bedeutung der Selbstversorgung zu prägen. Die landwirtschaftliche Tätigkeit unterstrich die Bedeutung der Zusammenarbeit und der Harmonie mit der Natur. Als Beispiel für die Relevanz der Landwirtschaft in der Festigung der sozialen Strukturen jener Zeit kann das Jǐngtián-System 井田制[550] [Brunnenfeldsystem] angeführt werden, das die Zhōu-Herrscher nach der Zerstörung der Shāng durch König Wǔ von Zhōu 周武王[551] als einen der vier Pfeiler, auf denen ihr stabiles politisches System ruhte, errichteten. Als Grundlage der chinesischen Gesellschaft in der Vor-Qín-Zeit spielte es eine wichtige Rolle bei der Herausbildung der chinesischen Identität, indem es den hohen Stellenwert von Selbstversorgung, Respekt vor der Natur, Zusammenarbeit und Gemeinschaft sowie von harter Arbeit und Beharrlichkeit formte und festigte.

Diese verschiedenen Philosophien, Werte und Praktiken trugen gemeinsam dazu bei, die chinesische Identität während der

---

550 Jǐngtián 井田, das Brunnenfeldsystem, war ein System des Landbesitzes in der alten chinesischen Gesellschaft, das in der Shāng-Dynastie aufkam und bis zur Westlichen Zhōu-Dynastie gut entwickelt war. Dazu wurden Straßen und Kanäle kreuz und quer angelegt, um das Land in Quadrate zu unterteilen, die wie das Zeichen Jǐng 井 [Brunnen] geformt sind, daher der Name Jǐngtián 井田 [Brunnenfeld]. Während der Frühlings- und Herbstperiode löste sich das System der Brunnenfelder allmählich auf, unter anderem aufgrund des Aufkommens von eisernen landwirtschaftlichen Werkzeugen und der Beliebtheit des Pflügens mit Ochsen.
551 König Wǔ von Zhōu Jī Fā 周武王姬发 (1076–1043 v. Chr.), in den Bronzeinschriften der Westlichen Zhōu-Dynastie oft König Wǔ珷王 genannt, Gründungsmonarch der Westlichen Zhōu-Dynastie.

Vor-Qín-Zeit zu formen und zu gestalten. Sie bildeten damit auch die Grundlage für die Entwicklung der chinesischen Kultur, Sprache und Gesellschaft in den folgenden Jahrhunderten.

Sitten und Gebräuche

Sitten und Gebräuche sind tief in der chinesischen Kultur verwurzelt und werden seit Tausenden von Jahren von Generation zu Generation weitergegeben. Seit der Vor-Qín-Zeit spielen sie eine entscheidende Rolle bei der Herausbildung der chinesischen Identität und sind auch heute noch ein wichtiger Bestandteil der chinesischen Kultur. Diese Praktiken spiegeln die Werte und Überzeugungen des chinesischen Volkes wider und trugen dazu bei, ein Gefühl der gemeinsamen Identität, des kulturellen Stolzes und des sozialen Zusammenhalts zu fördern. Als solche sind sie nach wie vor ein wesentlicher Bestandteil des chinesischen Kulturerbes und werden die chinesische Identität auch für kommende Generationen prägen.

Seit Beginn schriftlicher Aufzeichnung zeichnete sich China durch ein reiches kulturelles Erbe aus, das eine Vielzahl von Bräuchen und Traditionen umfasst, unter anderem die Ahnenverehrung, das Feiern von Festen und die Ausübung traditioneller Künste und Handwerke. So etablierte Herzog Wén von Zhōu 周公旦 das sogenannte Lǐyuè 礼乐[552], ein komplexes System von Riten und Musik, das die Strukturen der Zhōu-Dynastie festigte und deren Langlebigkeit

---

552 Das Lǐyuè 礼乐 [System der Riten und Musik] besteht aus zwei Teilen: Lǐ 礼 [Ritual] und Yuè 乐 [Musik]. Lǐ 礼 ist dabei in erster Linie formaler Natur und bezieht sich darauf, was ein angemessenes soziales Verhalten nach außen hin darstellt. Dazu gehört auch, welche Rituale und Pflichten der jeweilige Status erfüllen sollte, was sich schließlich in der gesellschaftlichen Rangordnung ausdrückt. Yuè 乐 ist die Bündelung der psychosozialen Orientierungen innerhalb der Herrschaftssphäre, vor allem in emotionaler Hinsicht, wodurch die Schaffung einer einheitlichen und harmonischen sozialen Atmosphäre durch die Entwicklung eines beispielhaften poetischen Repertoires und die Durchführung kollektiver Musik erreicht werden sollte.

garantierte. In den ersten Jahren der Westlichen Zhōu-Dynastie griff Herzog Wén von Zhōu 周公旦 auf die alten Strukturen der Xià- und Shāng-Dynastien zurück und führte ein ganzes System von Riten und Musik ein, das von jedem, vom Kaiser bis zum einfachen Volk, befolgt werden musste und so den Grundstein für eine Reichhaltigkeit an Sitten und Gebräuchen legte. Das Ritual- und Musiksystem bildete die kulturelle Grundlage der Zhōu-Herrschaft, und es entwickelte sich ein kultureller Konsens zwischen allen Klassen oberhalb des einfachen Volkes, ein Konsens, der zweifellos dazu beitrug, die Identifikation der gesamten Nation mit der Legitimität der Zhōu-Herrschaft zu festigen.

Abb. 50 Darstellung von Herzog Wén von Zhōu 周公旦 im Sāncái Túhuì 三才图会, einem Nachschlagewerk aus dem Jahr 1609 während der Míng-Dynastie 明朝 (1368-1644)

1. Die Ahnenverehrung war stets ein wesentlicher Bestandteil der kulturellen und religiösen Praktiken im China der Vor-Qín-Zeit. Dadurch konnten die Menschen ihren Vorfahren Respekt und Ehre erweisen und um ihren Segen und ihre Führung bitten. Dabei ehrte man seine Vorfahren und bat sie um Führung und Schutz. Der Ahnenkult trug dazu bei, die Bedeutung von Familie und Gemeinschaft zu stärken und ein Gefühl der Kontinuität und der Verbundenheit mit der Vergangenheit zu schaffen. Im China der Vor-Qín-Zeit war die Ahnenverehrung stark mit dem Begriff Zōng 宗, der Abstammung, den Vorfahren, der Sippe bzw. Blutlinie verbunden. Der Schwerpunkt lag auf der Verehrung der Vorfahren der eigenen Familie oder des eigenen Clans und nicht auf einer umfassenderen Vorstellung von Abstammung. Diese Praxis stärkte die Bedeutung der Familieneinheit und trug zur Aufrechterhaltung der sozialen Ordnung bei. Das sogenannte Zōngfǎ-System 宗法[553] [Abstammungs- oder Patriarchatssystem] bildete einen der vier Pfeiler, auf denen die Stabilität des politischen Systems der Westlichen Zhōu-Dynastie ruhte.

Die frühesten Wurzeln der Ahnenverehrung finden sich in Literatur und Geschichte der Vor-Qín-Zeit bis zurück ins 11. vorchristliche Jahrhundert. So enthält etwa das Shàngshū 尚书 [oder Shūjīng 书经, Buch der Urkunden][554], einer der ältesten erhaltenen Texte der chinesischen Geschichte, eine Reihe von Hinweisen auf die Ahnenverehrung. Es beschreibt die Praxis, den Geistern der Vorfahren Opfer zu bringen, und zeigt die Bedeutung von Xiào 孝 [Pietät]. Das Lǐjì 礼记 oder Lǐjīng 礼经 [Buch der Riten], eine Sammlung von Ritualen und Zeremonien, die im alten China praktiziert wurden, enthält detaillierte Beschreibungen der

---

553 Zōngfǎ 宗法 meint das Abstammungs- oder patriarchalische System bzw. das Verwandtschaftssystem.
554 Das Shàngshū 尚书 [oder Shūjīng 书经, Buch der Urkunden] zählt seit der Hàn-Dynastie 汉朝 (206 v. Chr. – 220 n. Chr.) zu den sogenannten Wǔjīng 五经 [Fünf Klassiker – fünf klassische Werke der chinesischen Literatur] und diente mit seinen Texten, deren Entstehungszeit bereits 1.000 Jahre zurücklag, mehr als 2.000 Jahre lang der chinesischen politischen Philosophie als Basis.

Ahnenverehrung, einschließlich der Darbringung von Opfergaben und der Verwendung von Ahnentafeln. Im Lúnyǔ 论语 [Analekten des Konfuzius][555] spiegelt sich die Ideologie des Konfuzius wider, der ein großer Verfechter der Ahnenverehrung war. Das Lúnyǔ 论语 enthält viele Hinweise auf die Bedeutung von Xiào 孝 [Pietät] und die Pflicht der Kinder, ihre Eltern und Vorfahren zu ehren. Ein weiteres Beispiel für die frühesten schriftlichen Zeugnisse der Ahnenverehrung in Chinas Vor-Qín-Zeit findet sich im Shījīng 诗经 [Buch der Lieder]. In einigen der Gedichte wird beschrieben, wie den Geistern der Vorfahren Opfergaben dargebracht werden und wie wichtig es ist, das Gefühl der Kontinuität mit der Vergangenheit zu bewahren. Jiǎgǔwén 甲骨文 [Knochenpanzerschrift] bzw. Orakelknocheninschriften, die auf die Shāng-Dynastie 商朝 (1600–1046 v. Chr.) zurückgehen, gehören zu den frühesten Zeugnissen der Ahnenverehrung in China. Sie geben Hinweise für Opfergaben an die Geister der Vorfahren und die Anwendung von Wahrsagerei, um mit ihnen zu kommunizieren.

2. Feste und Feiern waren ein wichtiger Bestandteil des Lebens im alten China und spielten eine Schlüsselrolle bei der Förderung des sozialen Zusammenhalts und der Stärkung der kulturellen Werte. Das chinesische Neujahrsfest zum Beispiel, das auch heute noch gefeiert wird, war eine Zeit, in der die Familien zusammenkamen, Essen und Geschenke austauschten und ihren Vorfahren Respekt zollten. Die ältesten Hinweise über Feste und

---

555 Das Lúnyǔ 论语 [Analekten des Konfuzius] ist eine Sammlung von Zitaten und Gesprächen des herausragenden Philosophen und Denkers der Frühlings- und Herbstperiode Konfuzius und seiner Schüler, die von den Schülern und Nachschülern des Konfuzius in der Spätzeit der Streitenden Reiche 战国时代 (475–221 v. Chr.) zusammengestellt wurde und als einer der ‚Dreizehn Klassiker' 十三经 des Konfuzianismus gilt. Das Buch besteht aus 20 Kapiteln und 492 Abschnitten, hauptsächlich in Form von Zitaten und ergänzt durch Erzählungen, und gibt in konzentrierter Form die politischen Ideen, ethischen Gedanken, Moralvorstellungen und Erziehungsprinzipien des Konfuzius und der konfuzianischen Schule wieder.

Feiern im China der Vor-Qin-Zeit finden sich in den beiden literarischen Quellen Lǐjì 礼记 oder Lǐjīng 礼经 [Buch der Riten][556] und Shījīng 诗经 [Buch der Lieder][557]. Das Lǐjì 礼记 ist eine Textsammlung, die die sozialen Bräuche, Feste, Rituale und Zeremonien, darunter das chinesische Neujahrsfest, das Mittherbstfest und das Frühlingsfest des alten China, beschreibt. Auch verweist es auf Zeremonien und Rituale im Zusammenhang mit Geburten, Eheschließungen, Beerdigungen und anderen wichtigen Lebensereignissen. Die Gedichte im Shījīng 诗经 berichten vom sozialen, kulturellen und politischen Leben im alten China und geben Einblicke in die Glaubens- und Wertvorstellungen der damaligen Zeit. Neben diesen Werken gibt es auch viele andere historische und literarische Quellen, die auf Feste und Feiern im China der Vor-Qin-Zeit eingehen. In den Aufzeichnungen des großen Historikers der Hàn-Dynastie Sīmǎ Qiān 司马迁[558] werden

---

556 Lǐjì 礼记 oder Lǐjīng 礼经 [Buch der Riten] – neben Shījīng 诗经 [Buch der Lieder], Shàngshū 尚书 oder Shūjīng 书经 [Buch der Urkunden], Yìjīng 易经 oder auch Zhōuyì 周易 [Buch der Wandlungen] sowie Chūnqiū 春秋 [Frühlings- und Herbstannalen] einer der sogenannten Wǔjīng 五经 [Fünf Klassiker – fünf klassische Werke der chinesischen Literatur]. Seine Entstehung dürfte auf den Zeitraum der Westlichen Hàn-Dynastie 西汉 (202 v. Chr. – 8 n. Chr.) zu datieren sein, und das Werk beschreibt soziale Verhaltensweisen und Hofzeremonien (die konfuzianischen Riten).

557 Shījīng 诗经 [Buch der Lieder] – die älteste existierende Sammlung chinesischer Poesie, die 305 Werke aus dem 11. bis 7. Jahrhundert vor Christus umfasst. Die meisten Oden stammen aus der Westlichen-Zhōu-Periode 西周 (1046–771 v. Chr.) und wurden in den Provinzen und Städten der Zhōngyuán 中原 [Zentralchinesische Ebene] (bezieht sich auf den Mittel- und Unterlauf des Gelben Flusses mit dem Gebiet von den Städten Luòyáng 洛阳 bis Kāifēng 开封 als Zentrum; im engeren Sinne handelt es sich um die heutige Provinz Hénán 河南省) verfasst. Ein abschließender Abschnitt von 5 Shāngsòng 商颂 [Lobgesänge der Shāng] gibt vor, rituelle Lieder der Shāng-Dynastie zu sein, wie sie von ihren Nachkommen im Staat Sòng 宋国 überliefert wurden, es wird aber allgemein davon ausgegangen, dass seine Entstehungszeit sehr spät ist.

558 Sīmǎ Qiān 司马迁 (145–86 v. Chr.) war ein chinesischer Historiker der frühen Hàn-Dynastie, der mit der Erstellung des Shǐjì 史记 [Aufzeichnungen des Großen Historikers], einer allgemeinen Geschichte Chinas, als Vater der chinesischen Geschichtsschreibung gilt.

beispielsweise viele der wichtigsten Feste und Zeremonien des alten China beschrieben, darunter die Verehrung der Ahnen und das Feiern der Ernte. Auch in den Schriften des Philosophen Mòzǐ 墨子[559] geht es um die Bedeutung von Festen und Feiern für die Förderung der sozialen Harmonie und der moralischen Werte. All diese Werke bieten wertvolle Einblicke in das kulturelle und soziale Leben des alten China und helfen uns, die Feste und Feiern, die ein wichtiger Teil der chinesischen Identität in dieser Zeit waren, besser zu verstehen.

3. Respekt vor Älteren ist in der chinesischen Kultur seit Jahrtausenden ein zentraler Wert, der sich in vielen Bräuchen und Traditionen widerspiegelt. So wird etwa von jüngeren Familienmitgliedern erwartet, dass sie den Älteren Respekt zollen und sich von ihnen leiten und beraten lassen. Diese Praxis trug und trägt bis heute dazu bei, die Harmonie zwischen den Generationen zu fördern und die Bedeutung der Familie zu stärken. Im Konfuzianismus, im chinesischen Buddhismus und in der daoistischen Ethik ist Xiào 孝 [kindliche Pietät bzw. Respekt vor den Eltern und Vorfahren] eine der vier konfuzianischen Grundtugenden[560]: die Tugend des Respekts vor den Eltern, den Älteren und den Ahnen. Das konfuzianische Traktat Xiàojīng 孝经 [Klassiker der kindlichen Pietät], einer der ‚Dreizehn Klassiker' 十三经[561]

---

[559] Mòzǐ 墨子 (468–376 v. Chr.), ursprünglicher Name Mòdí 墨翟, chinesischer Philosoph, der während der Zeit der sogenannten ‚Hundert Schulen' 诸子百家 (Zhū-Zǐ Bǎi-Jiā) (früher Teil der Periode der Streitenden Staaten von ca. 475–221 v. Chr.) die Schule des Mohismus begründete.

[560] Rén 仁 [Menschlichkeit], Yì 义 [Rechtschaffenheit], Xiào 孝 [Pietät, Respekt, Gehorsam] und Lǐ 礼 [Sittlichkeit].

[561] Die ‚Dreizehn Klassiker' 十三经, ein klassischer Textkanon im Konfuzianismus, umfassen Yìjīng 易经 oder Zhōuyì 周易 [Buch der Wandlungen], Shījīng 诗经 [Buch der Lieder], Shàngshū 尚书 oder Shūjīng 书经 [Buch der Urkunden], Lǐjì 礼记 oder Lǐjīng 礼经 [Buch der Riten], Chūnqiū 春秋 [Frühling und Herbstannalen], Zhōulǐ 周礼 [Riten der Zhōu], Yílǐ 仪礼 [Zeremonien und Etikette)], Xiàojīng 孝经 [Klassiker der kindlichen Pietät], Lúnyǔ 论语 [Analekten des Konfuzius)], Mèngzǐ 孟子 [Mèngzǐ oder Meister Mèng], Ěryǎ 尔雅 [Nahe der Korrektheit], Chūnqiū Gōng-Yáng Zhuàn 春秋公羊传 [Gōng-Yáng-Kommentare zu

des Konfuzianismus, gibt Ratschläge zur kindlichen Pietät, also darüber, wie man sich gegenüber einem Älteren wie einem Vater, einem älteren Bruder oder einem Herrscher verhalten soll. Der hohe Stellenwert von Xiào 孝 als moralische Grundlage für einen ehrenwerten und achtenswerten Menschen findet sich deshalb auch in den alten chinesischen Kriegsklassikern wie Wèi Liáozi 尉缭子 [Meister Wèi Liáo], einem herausragenden Werk der Militärstrategie aus der Zeit der Streitenden Reiche, wieder. Hier wird die Auffassung vertreten, dass der erste Schritt zur Verbesserung der Kampfeffizienz darin besteht, die Rolle des Menschen in vollem Umfang ins Spiel bringen zu können, wobei der Schwerpunkt auf Kampfeswillen und Entschlossenheit der Soldaten liegt. Um dies zu erreichen, muss der Souverän die volle Unterstützung und Kraft des einfachen Volkes gewinnen, indem er ihm „Rechtschaffenheit durch Lǐ 礼 [Riten], Xìn 信 [Aufrichtigkeit und Integrität], Qīn 亲 [Nähe und Vertrautheit] und Ài 爱 [Fürsorge und Wertschätzung] gibt und eine Sitte von Xiào 孝 [Pietät], Cí 慈 [Wohlwollen und Güte], Lián 廉 [Aufrichtigkeit und Integrität] und Chǐ 耻 [Scham] hat"[562]. Dadurch kann er sich die Zuneigung, das Vertrauen und die Unterstützung der Untertanen sichern.

4. Die Esskultur der Vor-Qín-Zeit spielte ebenfalls eine wichtige Rolle bei der Herausbildung der kulturellen Identität des Landes. Speise und Trank dienten nicht nur als Nahrungsmittel, sondern

---

den Frühlings- und Herbstannalen] und Chūnqiū Gǔ-Liáng Zhuàn 春秋谷梁传 [Gǔ-Liáng-Kommentare zu den Frühlings- und Herbstannalen].

562 ‚Wèi Liáozi 尉缭子 [Meister Wèi Liáo] – Zhànwēi 战威 [Militärische Imposanz]': „Deshalb muss der Staat dem einfachen Volk Rechtschaffenheit durch Riten, Aufrichtigkeit und Integrität, Nähe und Vertrautheit, Fürsorge und Wertschätzung zu geben in der Lage sein und kann so den Hunger besiegen und die Menschen mit ausreichend Nahrung und warmer Kleidung versorgen; der Staat muss eine Sitte von Pietät, Wohlwollen und Güte, Aufrichtigkeit und Integrität sowie Scham haben und kann so Gefahren und Nöte überwinden und Existenz und Überleben des Volkes sicherstellen" (故国必有礼、信、亲、爱之义，则可以饥易饱；国必有孝、慈、廉、耻之俗，则可以死易生).

auch als Ausdruck sozialer und kultureller Werte. Bereits in der Vor-Qín-Zeit war die Ernährung eng mit dem sozialen Status verbunden: Die Reichen und Mächtigen genossen eine viel abwechslungsreichere und luxuriösere Ernährung als das einfache Volk. Die frühe Qín-Bevölkerung ernährte sich insgesamt recht vielfältig. Die Mehrheit der Bevölkerung (rund 85 %) aß jedoch überwiegend Mischkost. Wenn wir davon ausgehen, dass die Menschen der Oberschicht mehr Zugang zu Reichtum, Macht und Produktionsmitteln hatten, könnten sie sich von der Mehrheit abgesetzt haben, indem sie Nahrungsmittel konsumierten, die vielleicht nahrhafter, exotischer oder seltener zu bekommen waren.[563] Die Qualität des Essens wurde oft als ein Symbol für Reichtum und Macht angesehen. Die Betonung der Bedeutung des Essens für den sozialen Status zog sich entsprechend durch die gesamte chinesische Geschichte und ist auch heute noch in der kulinarischen Kultur des Landes spürbar. In der chinesischen Esskultur ist Ausgewogenheit der Schlüssel. Dazu gehört ein Gleichgewicht der Geschmacksrichtungen (wie süß, sauer, bitter und salzig), der Texturen und der Farben. Dieses Konzept des Gleichgewichts hat seine Wurzeln in der traditionellen chinesischen Medizin, die betont, wie wichtig es ist, das Gleichgewicht zwischen den Yīn- 阴 und Yáng-Energien 阳 des Körpers zu erhalten. Dieser Gedanke des Gleichgewichts spiegelt sich in vielen Aspekten der chinesischen Esskultur wider, von der Verwendung bestimmter Zutaten bis hin zur Art und Weise, wie die Gerichte zubereitet und präsentiert werden.

Vor allem ist die Rolle des Essens bei familiären und gesellschaftlichen Zusammenkünften als wichtiger Faktor bei der Herausbildung und Formung der chinesischen Identität zu verstehen: Essen hat in China schon immer eine wichtige Rolle bei familiären

---

563 Ying Ma/Benjamin T. Fuller/Liang Chen/Chunsheng Zhao/Yaowu Hu/Michael P. Richards, „Reconstructing Diet of the Early Qin (ca. 700–400 BC) at Xishan, Gansu Province, China", in: *International Journal of Osteoarchaeology*, veröffentlicht 13. November 2015 in der Wiley Online Library.

und gesellschaftlichen Zusammenkünften gespielt, und das war auch in Vor-Qín-Zeit so. Bankette und Festmahle waren eine Möglichkeit, Menschen zusammenzubringen und soziale Bindungen zu stärken. Tatsächlich wurde das Teilen von Essen oft als Ausdruck von Freundschaft und Respekt gesehen. Schließlich war die Kultur von Speise und Trank auch ein wichtiger Bestandteil religiöser und kultureller Rituale in der Vor-Qín-Zeit. So wurden beispielsweise den Göttern und Ahnen mithilfe von Speisen und Getränken Opfergaben dargebracht, und bei Festen und anderen wichtigen Ereignissen wurden besondere Speisen zubereitet und verzehrt. Der Einfluss der Esskultur aus der Vor-Qín-Zeit auf die chinesische Identität lässt sich auch heute noch in vielen Aspekten der chinesischen Esskultur erkennen. So ist beispielsweise die Betonung von Ausgewogenheit und Harmonie bei der Zubereitung und Präsentation von Speisen immer noch ein grundlegender Aspekt der chinesischen Küche. Darüber hinaus sind die Tradition des gemeinsamen Essens und die Bedeutung des Teilens von Lebensmitteln mit anderen nach wie vor ein wichtiger Teil der chinesischen Sozialkultur. Auch die Verwendung von Lebensmitteln in religiösen und kulturellen Ritualen ist immer noch ein wichtiger Teil der chinesischen Identität, und viele traditionelle Lebensmittel und Gerichte werden nach wie vor bei Festen und anderen wichtigen Ereignissen verzehrt.

5. Die Vor-Qín-Zeit war eine Zeit großer künstlerischer und kultureller Innovationen im antiken China. Viele der damals entstandenen Kunstwerke haben die chinesische Kunst und Kultur nachhaltig beeinflusst und eine wichtige Rolle bei der Gestaltung der chinesischen Identität gespielt. Zu den herausragendsten Beispielen und Formen der Kunst und des Kunsthandwerks aus der Vor-Qín-Zeit gehören Bronzegegenstände wie Ritualgefäße, Waffen und Musikinstrumente, Jadeschnitzereien, Töpferwaren, Lackwaren, Seidenstickereien und Kalligrafie. Repräsentativ dafür sind die Artefakte aus der 1986 entdeckten Fundstätte der Sānxīngduī 三星堆 Kultur, die in die Zeit des 12. bis 11. Jahrhunderts v. Chr. einzuordnen ist. Unter anderem wurden hier Relikte wie Menschenfiguren aus Bronze, ein Bronzebaum,

Bronzeschlangen sowie tiger- und drachenförmige Artefakte der Shāng- und Zhōu-Zeit entdeckt.[564] Diese Gegenstände aus dem Bereich Kunst und Handwerk waren nicht nur eine Form des ästhetischen Ausdrucks, sondern auch eine Möglichkeit, soziale, kulturelle und spirituelle Werte zu vermitteln.

Das Kunsthandwerk der Vor-Qín-Zeit basierte auf den ästhetischen Prinzipien der Einfachheit, Harmonie und Ausgewogenheit. Diese Prinzipien spiegeln sich in den Formen, Farben und Materialien wider, die in Kunst und Kunsthandwerk verwendet wurden. Ihre Betonung zieht sich durch die gesamte chinesische Geschichte und ist auch heute noch ein grundlegender Aspekt der chinesischen Kunst und des Kunsthandwerks. Diese Kunst hatte in der Vor-Qín-Zeit auch eine spirituelle Bedeutung. Man glaubte, dass Jade- und Bronzegegenstände übernatürliche Kräfte besaßen, und verwendete sie oft in religiösen Zeremonien, um mit Ahnen und Göttern zu kommunizieren. Diese spirituelle Bedeutung ist auch heute noch in der chinesischen Kunst und im Kunsthandwerk zu finden, wo viele Werke symbolische Bedeutungen und Assoziationen haben. Entsprechend zeigt sich der Einfluss dieser frühen Zeit in vielen Aspekten der heutigen chinesischen Kultur. So ist beispielsweise die Betonung der ästhetischen Prinzipien der Einfachheit, Harmonie und Ausgewogenheit nach wie vor ein grundlegender Aspekt der chinesischen Kunst und des Designs. Auch die Verwendung traditioneller Materialien und Techniken spiegelt die Bedeutung des kulturellen Erbes für die chinesische Identität wider. Viele chinesische Künstler der heutigen Zeit arbeiten in ihren Werken mit symbolischen und spirituellen Motiven, die spirituelle Bedeutung von Kunst und Kunsthandwerk ist offensichtlich immer noch vorhanden.

---

564 Robert Bagley (Hg.), *Ancient Sichuan. Treasures from a Lost Civilization*, Princeton/New Jersey: Seattle Art Museum/Princeton University Press, 2001.

Geografie und territoriale Identität

Abb. 51 Koreanische Weltkarte aus dem 18. Jahrhundert zeigt China (weiß markiertes Gebiet im Zentrum) bzw. Zhōngyuán 中原 als Mittelpunkt der Welt.

Die Geografie des alten China, einschließlich seiner vielfältigen Landschaften, seines Klimas und seiner natürlichen Ressourcen, hatte einen erheblichen Einfluss auf die kulturelle Identität seiner Bewohner. Das zerklüftete Gelände der zentralen und westlichen Regionen prägte beispielsweise den unabhängigen und autarken Charakter der dort lebenden Menschen, während die fruchtbaren Ebenen des Ostens eine eher landwirtschaftlich geprägte Gesellschaft hervorbrachten[565]. Insgesamt sind folgende Momente für die Ausbildung der chinesischen Identität in der Vor-Qín-Zeit festzuhalten:

---

565 Carl Whiting Bishop, „The Geographical Factor in the Development of Chinese Civilization", in: *Geographical Review*, Vol. 12, No. 1 (Jan., 1922), S. 19–41.

1. China ist von natürlichen Barrieren umgeben: dem Himalaya, der Wüste Gobi, der Taklamakan-Wüste und dem Pazifischen Ozean. Diese Barrieren trugen dazu bei, ein Gefühl der Trennung von und des Schutzes vor dem Rest der damals bekannten Welt zu schaffen. Sie förderten zudem ein Gefühl der Einheit und der gemeinsamen Identität zwischen den verschiedenen chinesischen Reichen der Vor-Qín-Zeit.
2. China verfügt über zwei große Flusssysteme, den Huánghé-Fluss 黄河 [Gelber Fluss] und den Chángjiāng 长江 [Jangtse]. Das Huánghé-Becken war die Wiege der chinesischen Landwirtschaft und lieferte den für den Anbau von Feldfrüchten erforderlichen reichen Boden und das Wasser. Diese landwirtschaftliche Grundlage bildete die Basis der chinesischen Gesellschaft, und der Gelbe Fluss wurde als der ‚Mutterfluss' des chinesischen Volkes bekannt. Die Bedeutung dieser Flüsse für die chinesische Wirtschaft und Lebensweise trug dazu bei, eine gemeinsame Identität des chinesischen Volkes zu fördern.
3. China hat eine vielfältige Geografie, die vom trockenen, dürren Norden bis zum subtropischen Süden reicht. Diese Vielfalt brachte es mit sich, dass das chinesische Volk ein Gefühl der regionalen Identitäten entwickelte, förderte aber gleichzeitig das Gefühl der gemeinsamen Identität, da alle Regionen Teil der gleichen größeren chinesischen Zivilisation waren.
4. Die Chinesen der Antike glaubten, dass das Universum aus fünf Elementen besteht – Mù 木 [Holz], Huǒ 火 [Feuer], Tǔ 土 [Erde], Jīn 金 [Metall] und Shuǐ 水 [Wasser] – und dass diese Elemente mit den verschiedenen Regionen Chinas verbunden sind. Dieses Glaubenssystem trug dazu bei, ein Gefühl der Einheit und der gemeinsamen Identität zwischen den verschiedenen Regionen Chinas zu schaffen.

5. Auch in der chinesischen Philosophie und Literatur der Vor-Qín-Zeit spielte die Geografie eine wichtige Rolle. So enthält beispielsweise das Shānhǎijīng 山海经 [Klassiker der Berge und Meere][566], ein alter chinesischer Text, Beschreibungen der Geografie sowie der Flora und Fauna verschiedener Regionen Chinas. Das Werk trug dazu bei, ein gemeinsames kulturelles Erbe zu schaffen und die chinesische Identität weiter zu festigen.

Eine zentrale Rolle der geografischen Charakteristika bei der Schaffung einer chinesischen Identität nahm dabei Zhōngyuán 中原[567], die Zentralchinesische Ebene, ein. Sie gilt als Geburtsstätte der chinesischen Kultur und Zivilisation, als die Wiege der chinesischen Nation und wurde von den Chinesen der Antike als das ‚Zentrum unter dem Himmel' betrachtet und mit dem Begriff Zhōngguó 中国 [das Reich der Mitte], dem heute für China gebräuchlichen Ausdruck im Chinesischen, bezeichnet.

Gelegen im Herzen Chinas, verfügte Zhōngyuán 中原 aufgrund der umliegenden Flüsse wie dem Huánghé 黄河 [Gelber Fluss] und dem Huáihé 淮河 [Huáihé-Fluss][568] über eine äußerst fruchtbare

---

566 Das Shānhǎijīng 山海经 [Klassiker der Berge und Meere] gilt als ältestes überliefertes Werk der chinesischen Mythologie, dessen Entstehungszeitraum zwischen der Zeit der Streitenden Reiche und der frühen Hàn-Dynastie geschätzt wird. Zusammen mit dem Yìjīng 易经 oder Zhōuyì 周易 [Buch der Wandlungen] und dem Huángdì-Nèijīng 黄帝内经 [Der Innere Klassiker des Gelben Kaisers] eines der drei großen mystischen Werke aus Chinas frühen historischen Zeiten, umfasst es umfangreiche Beschreibungen über antike Geografie, Geschichte, Mythologie, Astronomie, Tiere, Pflanzen, Medizin, Religion sowie Anthropologie, Ethnografie, Ozeanografie und die Geschichte von Wissenschaft und Technik.

567 Zhōngyuán 中原 oder Zentralchinesische Ebene, im Chinesischen auch bekannt als das Zhōngtǔ 中土, Zhōngzhōu 中州 und Huáxià 华夏, bezieht sich auf den Mittel- und Unterlauf des Gelben Flusses mit dem Gebiet von den Städten Luòyáng 洛阳 bis Kāifēng 开封 als Zentrum. Im engeren Sinne handelt es sich um die heutige Provinz Hénán 河南省. In Bezug auf fremde Ethnien und Clans meint Zhōngyuán auch Zhōngguó 中国 im Allgemeinen.

568 Der Huáihé-Fluss 淮河 ist ein 1.078 km langer Strom in China, der im Gebiet des Tóngbǎi-Gebirge 桐柏山 in der Provinz Hénán 河南省 entspringt und dessen Hauptstrom bei Sānjiāngyíng 三江营, Yángzhōu 扬州, Provinz Jiāngsū 江苏, in den Chángjiāng 长江 [Jangtsekiang] mündet.

Landschaft. Dies machte es zu einem idealen Standort für die Landwirtschaft, die die Grundlage der alten chinesischen Zivilisation bildete. Dadurch wurde Zhōngyuán rasch zu einer Drehscheibe für den kulturellen Austausch, zu einem Treffpunkt für verschiedene ethnische Gruppen und Zivilisationen. Da Zhōngyuán ideal an den wichtigsten Handelswegen lag, welche die verschiedenen Regionen des damaligen China miteinander verbanden, trug es als wichtiges Zentrum für Handel und Gewerbe zur Entwicklung einer hoch entwickelten Wirtschaft bei und erleichterte den Austausch von Waren und Ideen, was wiederum bei der Schaffung einer einzigartigen chinesischen Identität und der Entwicklung der chinesischen Kultur half. Diese Umstände machten Zhōngyuán zum Zentrum der politischen Macht, war es doch die Heimat der mächtigen und einflussreichen Dynastien der Vor-Qín-Zeit, der Xià 夏朝, Shāng 商朝 und Zhōu 周朝. Diese Dynastien trugen dazu bei, die politischen und sozialen Institutionen Chinas zu formen, und haben die chinesische Kultur nachhaltig beeinflusst.

Eines der frühesten Beispiele für geografische Darstellungen in der altchinesischen Literatur findet sich im Shàngshū 尚书 [oder Shūjīng 书经, Buch der Urkunden], das Beschreibungen der Geografie, des Klimas und der Bräuche verschiedener Regionen Chinas sowie Berichte über historische Ereignisse und politische Intrigen enthält. Im Kapitel Yŭgòng 禹贡 [Tribute des Yŭ] taucht erstmals der Begriff Jiŭzhōu 九洲 auf; gemeint sind neun Gebiete bzw. Provinzen, in die Dàyŭ 大禹[569] [Yŭ der Große], der mythische erste Kaiser der Xià-Dynastie, die damalige bekannte Welt der antiken Chinesen aufteilte[570] und die seit der Antike ein nationales Territorialkonzept der chinesischen Vorfahren des Hàn-Volkes bilden. Seit der Zeit der

---

569 Dàyŭ 大禹 (ca. 2123–2025 v. Chr.), Familienname Sì, Vorname Wén Mìng 文命, Xiàhòu-Clan 夏后, gebürtig aus Ānyì 安邑 (im heutigen Kreis Xià 夏县, Provinz Shānxī 山西省省), Gründerkönig der Xià-Dynastie.

570 ‚Shàngshū 尚书 oder Shūjīng 书经 [Buch der Urkunden] – Yŭgòng 禹贡 [Tribute des Yŭ]': „Yŭ trennte neun Gebiete voneinander ab, den Gebirgen folgend und die Flüsse trockenlegend, und legte die Vielfalt und die Höhe der Abgaben entsprechend den besonderen Bedingungen des jeweiligen Gebietes fest" (禹别九州，随山浚川，任土作贡).

Streitenden Reiche ist „Jiǔ Zhōu" ein Synonym für das alte China, seit der Hàn-Dynastie 汉朝 (202 v. Chr. – 220 n. Chr.) ein Sammelbegriff für die Hàn-Region, auch bekannt als Hàndì-Jiǔzhōu 汉地九州 (die neun Regionen der Hàn-chinesischen Gebiete).

Dàyǔ wird von vielen als der früheste Geograf der alten chinesischen Geschichte angesehen. Er ist bekannt für seine Errungenschaften im Bereich des Hochwasserschutzes, das heißt für den Bau von Gräben, Kanälen und anderen Systemen zur Regulierung des Flusslaufs und zur Verhinderung von Überschwemmungen. Dies erforderte ein tiefes Verständnis der Topografie und Geografie des Landes sowie der natürlichen Zyklen der Flüsse und anderer Gewässer. Einigen Legenden und historischen Berichten zufolge soll Dàyǔ während seiner Herrschaft als erster Kaiser der Xià-Dynastie ausgedehnte Reisen durch China unternommen und dabei persönliche Beobachtungen zu der Landschaft, den natürlichen Ressourcen und anderen geografischen Merkmalen der besuchten Regionen angestellt sowie entsprechende Informationen gesammelt und aufgezeichnet haben. Einige Gelehrte behaupten, Dàyǔ sei der Verfasser des Klassikers Shānhǎijīng 山海经 [Klassiker der Berge und Meere][571], eines alten chinesischen Textes, der die Geografie, das Klima, die Flora und die Fauna verschiedener Regionen Chinas beschreibt. Es gibt zwar keine definitiven Beweise dafür, dass er tatsächlich der Verfasser war, doch gilt der genannte Text als eines der frühesten Werke der chinesischen Geografie und Kartografie.

---

571 Das Shānhǎijīng 山海经 [Klassiker der Berge und Meere] gilt als ältestes überliefertes Werk der chinesischen Mythologie, dessen Entstehungszeitraum zwischen der Zeit der Streitenden Reiche und der frühen Hàn-Dynastie geschätzt wird. Zusammen mit dem Yìjīng 易经 oder Zhōuyì 周易 [Buch der Wandlungen] und dem Huángdì-Nèijīng 黄帝内经 [Der Innere Klassiker des Gelben Kaisers] eines der drei großen mystischen Werke aus Chinas frühen historischen Zeiten, umfasst es umfangreiche Beschreibungen über antike Geografie, Geschichte, Mythologie, Astronomie, Tiere, Pflanzen, Medizin, Religion sowie Anthropologie, Ethnografie, Ozeanografie und die Geschichte von Wissenschaft und Technik.

Jiǔzhōu 九洲 *[Neun Regionen]*

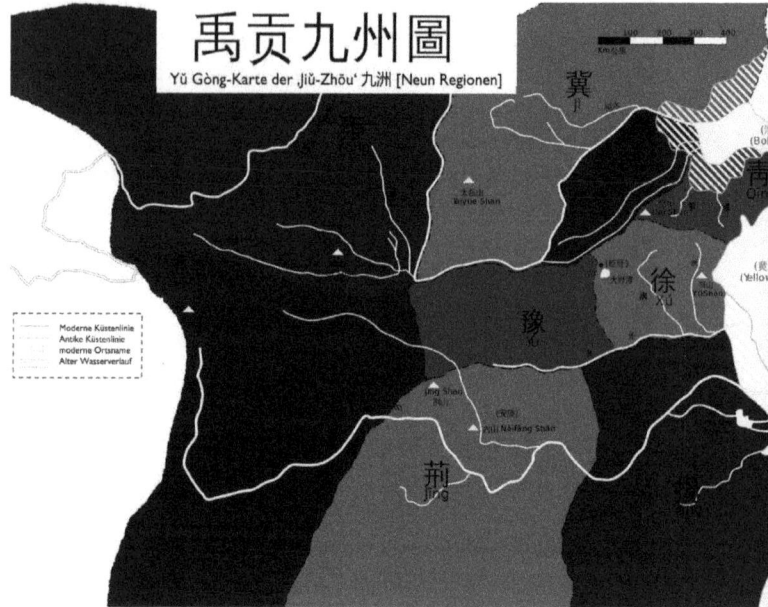

Abb. 52 Yǔ Gòng-Karte der ‚Jiǔzhōu' 九洲 [Neun Regionen]

Der Begriff Jiǔzhōu 九洲, auch bekannt als Hàndì 汉地, Zhōngtǔ 中土, Shénzhōu 神州 und Shí'èrzhōu 十二州, taucht erstmals im Kapitel Yǔgòng 禹贡 [Tribute des Yǔ] im Shàngshū 尚书 oder Shūjīng 书经 [Buch der Urkunden] auf[572] und bildet seit der Antike ein nationales Territorialkonzept der chinesischen Vorfahren des Hàn-Volkes. Seit der Zeit der Streitenden Reiche ist Jiǔzhōu ein Synonym für das alte

---

572 ‚Shàngshū 尚书 oder Shūjīng 书经 [Buch der Urkunden] – Yǔgòng 禹贡 [Tribute des Yǔ]': „Yǔ trennte neun Gebiete voneinander ab, den Gebirgen folgend und die Flüsse trockenlegend, und legte die Vielfalt und die Höhe der Abgaben entsprechend den besonderen Bedingungen des jeweiligen Gebietes fest" (禹别九州，随山浚川，任土作贡).

China und seit der Hàn-Dynastie 汉朝 (202 v. Chr. – 220 n. Chr.) ein Sammelbegriff für die Hàn-Region, auch bekannt als Hàndì-Jiǔzhōu 汉地九州 (die neun Regionen der Hàn-chinesischen Gebiete).

In der Antike haben die Vorfahren des Hàn-Volkes ihr Heimatland in neun Regionen aufgeteilt, die als Jiǔzhōu 九洲 bekannt sind. Im Kapitel ‚Die Tribute des Yǔ' 禹贡 im Shàngshū lautet die Reihenfolge der neun Regionen: Jìzhōu 冀州, Yǎnzhōu 兖州, Qīngzhōu 青州, Xúzhōu 徐州, Yángzhōu 扬州, Jīngzhōu 荆州, Yùzhōu 豫州, Liángzhōu 梁州 und Yōngzhōu 雍州. Im Ěryǎ 尔雅 [Nahe der Korrektheit] finden sich Yōuzhōu 幽州 und Yíngzhōu 营州, aber nicht Qīngzhōu 青州 oder Liángzhōu 梁州.[573] In der Vor-Qín-Zeit beschränkte sich das Gebiet des damaligen Chinas auf Vasallenstaaten wie Lǔ 鲁, Jìn 晋, Qí 齐, Zhèng 郑, Cài 蔡, und Wèi 卫, die „Söhne, Mütter, Brüder, Neffen oder Onkel des Königs"[574] waren, sowie auf Vasallenstaaten wie Sòng 宋 oder Chén 陈. Die Hàn-Dynastie entwickelte das Konzept des späteren Hànzú-Jiǔzhōu 汉族九州 [neun Regionen der Hàn-chinesischen Gebiete] auf der Grundlage der Vor-Qín-Staaten.

Spätestens ab der Hàn-Dynastie war das Huáxià-Gebiet identisch mit den im Shàngshū 尚书 angeführten Regionen der Jiǔzhōu 九洲, und Jiǔzhōu war gleichbedeutend mit Hàndì 汉地. Darüber hinaus gab es Begriffe wie Dōngxià 东夏 [Östliches Xià], Nánxià 南夏 [Südliches Xià] und Xīxià 西夏 [Westliches Xià], die sich auf lokale Gebiete innerhalb der Hàndì-Region bezogen. Jiǔzhōu bedeutet

---

573 ‚Ěryǎ 尔雅 [Nahe der Korrektheit] – Shìdì 释地 [Über die Erde]': „Die Gegend zwischen den beiden Flüssen heißt Jìzhōu 冀州, das Gebiet südlich des Flusses heißt Yùzhōu 豫州, das Gebiet westlich des Flusses heißt Yōngzhōu 雝州, Hànnán 汉南 heißt Jīngzhōu 荆州, Jiāngnán 江南 heißt Yángzhōu 扬州, das Gebiet am Jì-Fluss 济河 heißt Yǎnzhōu 兖州, östlich vom Jìhé-Fluss 济河 heißt es Xúzhōu 徐州, Yàn 燕 heißt Yōuzhōu 幽州, Qí 齐 heißt Yíngzhōu 营州" (两河间曰冀州，河南曰豫州，河西曰雝州，汉南曰荆州，江南曰杨州，济河间曰兖州，济东曰徐州，燕曰幽州，齐曰营州).

574 ‚Guóyǔ 国语 [Gespräche über die Staaten] – Zhèngyǔ 郑语 [Gespräche über Zhèng]': „Wenn diese Länder nicht mit den Zhōu-Königen verwandt waren, wie z. B. Söhne, Mütter, Brüder, Neffen oder Onkel, dann waren sie alle Barbaren wie die Mán 蛮, Jīng 荆, Róng 戎 oder Dí 狄" (是非王之支子母弟甥舅也，则皆蛮、荆、戎、狄之人也).

also Hàndì [das Land der Hàn]. Die Wǔyuè 五岳[575] [Fünf Heilige Berge des Daoismus], die Wǔzhèn 五镇[576] [Fünf Städte Chinas] sowie die Sìdú 四渎[577] [Vier Flüsse] liegen alle innerhalb des geografischen Gebiets von Jiǔzhōu, wobei die geografischen Grenzen von Jiǔzhōu in der Hàn-Dynastie festgelegt wurden.

Im Kapitel Yǔgòng 禹贡 [Tribute des Yǔ] des Shàngshū 尚书 [oder Shūjīng 书经 – Buch der Urkunden] heißt es, dass Dàyǔ 大禹[578] in alten Zeiten ein System zur Kontrolle von Überschwemmungen entwickelte und dadurch in die chinesische Geschichte als ‚Großer Yǔ, der die Gewässer beherrscht', einging. Dàyǔs Arbeit zur Flutkontrolle machte ihn mit allen Regionen des damaligen Hàn-chinesischen Territoriums vertraut, und er teilte Tiānxià 天下 (alles unter dem Himmel, die chinesische ‚Welt', Gebiete in den Becken des Gelben Flusses und des Jangtse, die von der Hàn-chinesischen Zivilisation besiedelt waren) in Jiǔzhōu oder neun Regionen ein. Dàyǔ begann, diese Aufteilung zunächst mit den Regionen von Tiānxià 天下: „Yǔ trennte neun Gebiete voneinander ab, den Gebirgen folgend und die Flüsse trockenlegend, und legte die Vielfalt und die Höhe der Abgaben entsprechend den besonderen Bedingungen des jeweiligen

---

575 Wǔyuè 五岳 [Fünf Heilige Berge des Daoismus]: Tàishān 泰山 (Shāndōng-Provinz 山东), Huáshān 华山 (Shǎanxī-Provinz 陕西), Héngshān 衡山 (Húnán-Provinz), Héngshān 恒山 (Shānxī-Provinz 山西省) und Sōngshān 嵩山 (Hénán-Provinz 河南).

576 Wǔzhèn 五镇 [Fünf Städte Chinas], Sammelname für die außerhalb der ‚Fünf Heiligen Berge des Daoismus' gelegenen Berge Yíshān 沂山 bei der Stadt des Ostens Qīngzhōu 青州 (Dōngzhèn 东镇, Shāndōng-Provinz 山东), Wúshān 吴山 bei der Stadt des Westens Yōngzhōu 雍州 (Xīzhèn 西镇, Shǎanxī-Provinz 陕西), Huòshān 霍山 bei der Stadt des Zentrums Jìzhōu 冀州 (Zhōngzhèn 中镇, Shānxī-Provinz 山西省), Kuàijīshān 会稽山 bei der Stadt des Südens Yángzhōu 扬州 (Nánzhèn 南镇, Zhèjiāng-Provinz 浙江) sowie Yīwūlúshān 医巫闾山 bei der Stadt des Nordens Yōuzhōu 幽州 (Běizhèn 北镇, Liáoníng-Provinz 辽宁).

577 Sìdú 四渎 [Vier Flüsse], Sammelname für die vier Flüsse Chángjiāng 长江 [Jangtse-Fluss], Huánghé 黄河 [Gelber Fluss], Huáihé 淮河 [Huáihé-Fluss] und Jìshuǐ 济水 [Jì-Fluss].

578 Dàyǔ 大禹 (ca. 2123–2025 v. Chr.), Familienname Sì, Vorname Wén Mìng 文命, Xiàhòu-Clan 夏后, gebürtig aus Ānyì 安邑 (im heutigen Kreis Xià 夏县, Provinz Shānxī 山西省省), Gründerkönig der Xià-Dynastie.

Gebietes fest".⁵⁷⁹ Diese neun Regionen werden symbolisch als ein quadratisches Gitter mit drei mal drei Feldern dargestellt. Im Kapitel Yǔgòng 禹贡 [Tribute des Yǔ] werden sie genau beschrieben:

1. Jìzhōu 冀州: „Nachdem die Bauarbeiten von Húkǒu 壶口⁵⁸⁰ aus begannen, wurden die Arbeiten in der Region Liáng 梁 und dem Qíshān 岐山 [Qíshān-Berg]⁵⁸¹ in Angriff genommen. Sobald die Arbeiten bei Tàiyuán 太原 fertig waren, ging es südlich vom Tàiyuèshān 太岳山 [Tàiyuèshān-Gebirge]⁵⁸² weiter. Nachdem die Arbeiten beim Gebiet um Tánhuái 覃怀⁵⁸³ erfolgreich abgeschlossen waren, ging es weiter zu dem quer fließenden Zhāngshuǐ 漳水⁵⁸⁴. [Zhāngshuǐ- bzw. Zhānghé-Fluss]. Der Boden dieser Region besteht aus weißem Lehm, ihr Beitrag zu den Steuereinnahmen war der höchste in der obersten Klasse, mit einem gewissen Anteil der zweiten Klasse, und deren Landwirtschaftsfelder sind in der fünften Klasse. Die Gewässer des Héngshuǐ [Héngshuǐ-Fluss]⁵⁸⁵

---

579 ‚Shàngshū 尚书 oder Shūjīng 书经 [Buch der Urkunden] – Yǔgòng 禹贡 [Tribute des Yǔ]': „Yǔ trennte neun Gebiete voneinander ab, den Gebirgen folgend und die Flüsse trockenlegend, und legte die Vielfalt und die Höhe der Abgaben entsprechend den besonderen Bedingungen des jeweiligen Gebietes fest" (禹别九州，随山浚川，任土作贡).
580 Húkǒu 壶口 – im südlichen Teil der Qínjìn-Schlucht 秦晋峡谷, etwa 65 Kilometer südlich von Lóngmén 龙门 und 5 Kilometer südlich von Mèngmén 孟门, im Grenzgebiet der Provinzen Shǎanxī 陕西省 und Shānxī 山西省.
581 Qíshān 岐山 – in der heutigen Provinz Shǎanxī 陕西省, Kreis Qíshān 岐山县
582 Tàiyuèshān 太岳山 [Tàiyuèshān-Gebirge] – im Zentralgebiet der Provinz Shānxī 山西省, im südlichen Teil des Tàiyuán-Becken 太原盆地 und im nordöstlichen Teil des Línfén-Becken 临汾盆地.
583 Tánhuái 覃怀 – im Gebiet der heutigen Stadt Qìnyáng 沁阳市 und vom Kreis Wēn 温县 in der Provinz Hénán 河南省.
584 Der Zhānghé 漳河 [Zhānghé-Fluss] ist der größte Nebenfluss des Wèihé 卫河 [Wèihé-Fluss] im Einzugsgebiet des Hǎihé 海河 [Hǎihé-Fluss] in China. Seine Quellen liegen im Südosten der Provinz Shānxī 山西省省, die beiden Flüsse Qīngzhānghé 清漳河 und Zhuózhānghé 浊漳河 vereinen sich im südwestlichen Gebiet von Héběi 河北省 und der Fluss trägt ab dort den Namen Zhānghé 漳河.
585 Héngshuǐ 恒水 [Héngshuǐ-Fluss] – der heutige Běihénghé 北横河 im Kreis Qǔyáng 曲阳县, Provinz Héběi 河北省

und des Wèishuǐ 卫水 [Wèishuǐ-Fluss][586] wurden bereits in ihre richtigen Verläufe geleitet, und das Festland wurde kultivierbar gemacht. Das Volk der Dǎoyí 岛夷 (Inselbarbaren; alte Bezeichnung für die Bewohner des östlichen Teils des Landes an der Küste und auf den Inseln Chinas) brachten Kleidung aus Leder, um Tribut zu zahlen; zuerst näherte man sich dem Jiéshíshān 碣石山 [Jiéshí-Berg][587] auf der rechten Seite, um dann in den Gelben Fluss einzutreten."[588]

2. Yǎnzhōu 兖州: „Zwischen dem Jìshuǐ 济水 [Jìshuǐ-Fluss][589] und dem Huánghé 黄河 [Gelber Fluss] liegt Yǎnzhōu 兖州. An den neun Nebenflüssen des unteren Gelben Flusses wurden bereits die Flussläufe reguliert, und Léixià 雷夏[590] [auch bekannt als Léizé 雷泽, gelegen am südlichen Ufer des Gelben Flusses, nordöstlich der heutigen Stadt Hézé 菏泽市 in der Provinz Shāndōng 山东省] wurde zu Seen und Seengebieten gemacht, wo die Flüsse Yōngshuǐ 灉水[591] und Jǔshuǐ 沮水[592] zusammenfließen und im

---

586 Wèishuǐ 卫水 [Wèishuǐ-Fluss] – entsprang im Nordosten des Kreises Língshòu 灵寿县 (heute Kreis Zhèngdìng 正定县), Provinz Héběi 河北省.
587 Jiéshíshān 碣石山 [Jiéshí-Berg] – im Kreis Chānglí 昌黎县, Stadt Qínhuángdǎo 秦皇岛市, Provinz Héběi 河北省
588 ‚Shàngshū 尚书 oder Shūjīng 书经 [Buch der Urkunden] – Yǔgòng 禹贡 [Tribute des Yǔ]': „冀州：既载壶口，治梁及岐。既修太原，至于岳阳；覃怀砥绩，至于衡漳。厥土惟白壤，厥赋惟上上错，厥田惟中中。恒、卫既从，大陆既作。岛夷皮服，夹右碣石入于河。"
589 Jìshuǐ 济水 [Jìshuǐ-Fluss] – ein ehemaliger Fluss im Nordosten Chinas, der den Städten Jìyuán 济源市 und Jǐnán 济南市 ihren Namen gab. Er verschwand während einer der großen Überschwemmungen des Gelben Flusses im Jahr 1852, als der Gelbe Fluss seinen Lauf von unterhalb der Halbinsel Shāndōng nach nördlich davon verlagerte. Dabei überflutete er den Jìshuǐ-Fluss und nahm sein Bett ein.
590 Léixià 雷夏 – im heutigen Kreis Fàn 范县, Stadt Púyáng 濮阳, Provinz Hénán 河南省, und im Kreis Juànchéng 鄄城县, Stadt Hézé 菏泽市, Provinz Shāndōng 山东省.
591 Yōngshuǐ 灉水 – Name eines Flusses in der Antike, der sich etwa im Gebiet der heutigen Stadt Hézé 菏泽市 in der Provinz Shāndōng 山东省 und der Stadt Shāngqiū 商丘市 in der Provinz Hénán 河南省 befindet.
592 Jǔshuǐ 沮水 – eine der wichtigsten Wasserquellen des Léixiàzé 雷夏泽

Léixiàzé 雷夏泽 [Léixià-Seengebiet]⁵⁹³ münden. An allen Orten, an denen Maulbeerbäume gepflanzt wurden, wurden bereits Seidenraupen gezüchtet, und die Menschen zogen von den Hügeln hinunter, um in der Ebene zu leben. Hier ist der Boden dunkel und reichhaltig, hier ist das Gras üppig, hier sind die Bäume lang und schlank. Die Felder hier sind von der sechsten Klasse, die Steuern von der neunten Klasse, und die Felder mussten dreizehn Jahre lang bebaut werden, bis sie mit den anderen acht Regionen gleichgezogen hatten. Die Tribute hier sind Lack und Seide sowie farbige Seiden in Bambuskörben. Die Tributgegenstände werden mit Booten aus den Gewässern der Flüsse Jìshuǐ 济水 und Luòshuǐ 漯水⁵⁹⁴ zum Gelben Fluss gebracht."⁵⁹⁵

3. Qīngzhōu 青州: „Zwischen dem Bóhǎi-Meer 渤海 und dem Tàishān 泰山 [Tàishān-Berg]⁵⁹⁶ liegt Qīngzhōu 青州. Nachdem Yúyí 嵎夷 [bezeichnete in der Antike das Küstengebiet im Osten der Provinz Shāndōng 山东] befriedet worden war, wurden auch die Flussläufe der Flüsse Wéishuǐ 潍水 [Wéishuǐ-Fluss]⁵⁹⁷ und Zīshuǐ 淄水

---

593 Léixiàzé 雷夏泽 [Léixià-Seengebiet] – auch bekannt unter Léixiàzé 雷夏泽 bzw. Lóngzé 龙泽, befand sich etwa 60 Lǐ nordöstlich der heutigen Stadt Hézé 菏泽市, Provinz Shāndōng 山东省

594 Luòshuǐ 漯水 – war im Altertum ein Nebenfluss des Gelben Flusses, dessen Verlauf vom Kreis Shè 涉县 in der Provinz Hénán 河南省 abzweigte, nördlich des heutigen Gelben Flusses verlief, über die Provinz Héběi 河北省 in die Provinz Shāndōng 山东省 eintrat und südlich des heutigen Gelben Flusses nach Osten ins Meer mündete. Aufgrund der wiederholten Änderungen des Flusslaufs sind die Angaben in der Literatur manchmal unterschiedlich, und die alten Spuren sind heute nicht mehr vorhanden.

595 ‚Shàngshū 尚书 oder Shūjīng 书经 [Buch der Urkunden] – Yǔgòng 禹贡 [Tribute des Yǔ]': „济河惟兖州。九河既道，雷夏既泽，灉、沮会同。桑土既蚕，是降丘宅土。厥土黑坟，厥草惟繇，厥木惟条。厥田惟中下，厥赋贞，作十有三载乃同。厥贡漆丝，厥篚织文。浮于济、漯，达于河。"

596 Tàishān 泰山 [Tàishān-Berg] – einer der sogenannten Wǔyuè 五岳 [Fünf Heilige Berge des Daoismus]: Tàishān 泰山 (Shāndōng-Provinz 山东省), Huáshān 华山 (Shǎnxī-Provinz 陕西省), Héngshān 衡山 (Húnán-Provinz 湖南省), Héngshān 恒山 (Shānxī-Provinz 山西省) und Sōngshān 嵩山 (Hénán-Provinz 河南省).

597 Wéishuǐ 潍水 – auch Wéihé-Fluss 潍河 bzw. Huáihé-Fluss 淮河 genannt, ist der einzige Fluss in der Provinz Shāndōng, der in das Bóhǎi-Meer 渤海 mündet.

[Zīshuǐ-Fluss]⁵⁹⁸ reguliert. Der Boden hier ist weiß und fruchtbar und entlang der Meeresküste gibt es ein großes Gebiet mit salzhaltigen Böden. Hier sind die Felder drittklassig und die Steuern viertklassig. Besonders beliebt sind hier Salz und feine Hanfgewebe 细葛布 sowie eine große Auswahl an Meeresfrüchten. Daneben gibt es auch Seide, Hanf, Zinn, Kiefer und exotische Steine aus dem Tàishān-Tal 泰山谷. Weidehaltung ist in der Umgebung von Láiyí 莱夷⁵⁹⁹ möglich. Bei den hier angebotenen Tributgegenständen handelt es sich um Tussahseide 柞蚕丝, die in Körben verpackt wird. Die Tributschiffe fahren den Wènshuǐ 汶水 [Wènshuǐ-Fluss]⁶⁰⁰ entlang bis zum Jìshuǐ-Fluss 济水."⁶⁰¹

4. Xúzhōu 徐州: „Zwischen dem Gelben Meer, dem Tàishān-Gebirge und dem Huáihé 淮河 [Huáihé-Fluss] liegt Xúzhōu 徐州. Nachdem die Flüsse Huáihé und Yíshuǐ 沂水 [Yíshuǐ-Fluss]⁶⁰² reguliert wurden, ist das Gebiet um Méngshān 蒙山 [Méngshān-Gebirge]⁶⁰³

---

598 Zīshuǐ 淄水 [Zīshuǐ-Fluss] – bzw. Zīhé-Fluss 淄河, ein Nebenfluss des Xiǎoqīnghé 小清河, der in der Láizhōu-Bucht 莱州湾 im Süden des Bóhǎi-Meeres 渤海 im Zentrum der Provinz Shāndōng ins Meer mündet.
599 Láiyí 莱夷, Name eines Staates im alten China. Während der Shāng- 商朝 (1600–1046 v. Chr.) und Zhou-Dynastie 周朝 (1046–770 v. Chr.) befand er sich im nordöstlichen Teil der heutigen Halbinsel Shāndōng 山东. Láiyí wurde im sechsten Jahr der Herrschaft von Herzog Xiāng von Lǔ 鲁襄公 (575–542 v. Chr.) zerstört.
600 Wènshuǐ 汶水 [Wènshuǐ-Fluss] – Dàwènhé-Fluss 大汶河, früher bekannt als Wènshuǐ 汶水, ein Nebenfluss des Unterlaufs des Gelben Flusses in der Provinz Shāndōng, entspringt im Kreis Yíyuán 沂源县 in der Provinz Shāndōng.
601 ‚Shàngshū 尚书 oder Shūjīng 书经 [Buch der Urkunden] – Yǔgòng 禹贡 [Tribute des Yǔ]': „海岱惟青州。嵎夷既略，潍、淄其道。厥土白坟，海滨广斥。厥田惟上下，厥赋中上。厥贡盐絺，海物惟错。岱畎丝、枲、铅、松、怪石。莱夷作牧。厥篚檿丝。浮于汶，达于济。"
602 Yíshuǐ 沂水 [Yíshuǐ-Fluss] – bzw. Yíhé-Fluss 沂河, ein großer Fluss im Sìyíshù-System 泗沂沭水系 des Huáihé-Flussbeckens 淮河流域, der im südlichen Teil der Provinz Shāndōng und im nördlichen Teil der Provinz Jiāngsū 江苏省 liegt.
603 Méngshān 蒙山 [Méngshān-Gebirge] – in der Antike Dōngméng 东蒙, Dōngshān 东山 genannt, auch bekannt als Yàdài 亚岱, befindet sich nordwestlich der Stadt Línyí 临沂市, Provinz Shāndōng, im Hinterland vom Yíméng-Bergkreis 沂蒙山区.

und Yǔshān 羽山 [Yǔshān- oder Federberg]⁶⁰⁴ bereit für den Anbau, der Dàyězé 大野泽 [Dàyě-See]⁶⁰⁵ hatte aufgehört, tiefes Wasser zu sammeln, und das Gebiet der östlichen Ebenen konnte bewirtschaftet werden. Hier ist der Boden rot, klebrig und fruchtbar, und das Gras wächst ständig und wuchernd wie ein Dickicht. Die Felder hier sind zweitklassig und die Steuern fünftklassig. Als Tribut werden reine Naturerde in fünf Farben 五色土, Swinhoefasane 大山鸡 aus dem Tal des Yǔshān-Berges, spezielle Paulownien 桐木 [Blauglockenbaumgewächse] aus dem Süden vom Yìshān-Berg 峄山, Steine, die als Glockenspiel verwendet werden können, vom Rande des Sìshuǐ-Flusses 泗水 sowie Muschelperlen und Fische aus dem Land der Huáiyí 淮夷 (Barbaren in Meeresnähe nördlich und südlich vom Huáishuǐ-Fluss 淮水 während der Zhōu-Dynastie) angeboten. Daneben gibt es auch in Körben verpackte feine schwarze Seide und weißes robustes Seidengewebe. Die Tribute werden mit Booten über den Huáihé-Fluss 淮河 und den Sìshuǐ 泗水 [Sìshuǐ-Fluss]⁶⁰⁶ gebracht und kommen in Hézé 荷泽 an, das mit dem Jì-Fluss 济水 verbunden ist."⁶⁰⁷

---

604 Yǔshān 羽山 [Yǔshān- oder Federberg] – liegt an der Grenze zwischen dem Kreis Dōnghǎi 东海县, Stadt Liányúngǎng 连云港市, Provinz Jiāngsū 江苏省, und dem Kreis Línshù 临沭县, Stadt Línyí 临沂市, Provinz Shāndōng.

605 Dàyězé 大野泽 [Dàyě-See] – auch bekannt als Jùyězé 巨野泽, Jùyězé 钜野泽, Guǎngyězé 广野泽, einer der sogenannten Jiǔzé 九泽 [neun Seen: Dàlùzé 大陆泽, Léixiàzé 雷夏泽 (Léizé 雷泽), Dàyězé 大野泽, Mèngzhūzé 孟潴泽 (Mèngzhǔzé 孟渚泽), Pénglízé 彭蠡泽 (Póyánghú 鄱阳湖), Yúnmèngzé 云梦泽 (Dòngtínghú 洞庭湖), Hézé 菏泽 (Hézé 渮泽), Zhènzé 震泽 (Tàihú 太湖), Xíngzé 荥泽] in der Antike, befand sich ursprünglich nördlich vom Kreis Jùyě 巨野县, Stadt Hézé 菏泽市, Provinz Shāndōng 山东省

606 Sìhé-Fluss 泗河 – in der Antike Sìshuǐ 泗水 [Sìshuǐ-Fluss] genannt, ein Nebenfluss des Yíshùsì-Systems 沂沭泗水系 des Huáihé-Flussgeblets 淮河流域, ist ein größerer Fluss in der Mitte der Shāndōng 山东省.

607 ‚Shàngshū 尚书 oder Shūjīng 书经 [Buch der Urkunden] – Yǔgòng 禹贡 [Tribute des Yǔ]': „海、岱及淮惟徐州。淮、沂其乂，蒙、羽其艺，大野既猪，东原砥平。厥土赤埴坟，草木渐包。厥田惟上中，厥赋中中。厥贡惟土五色，羽畎夏翟，峄阳孤桐，泗滨浮磬，淮夷蠙珠暨鱼。厥篚玄纤、缟。浮于淮、泗，达于河。"

5. Yángzhōu 扬州: „Zwischen dem Huáihé 淮河 [Huáihé-Fluss] und dem Gelben Meer liegt Yángzhōu 扬州. Im Pénglízé 彭蠡泽 [Pénglí-See][608] hat sich bereits tiefes Wasser gesammelt, und die Wandervögel können auf den südlichen Inseln in Frieden leben. Die drei Flüsse fließen nun bereits ins Meer und Zhènzé 震泽 konnte auch reguliert werden. Überall haben sich kleine und große Bambusse ausgebreitet, das Gras ist üppig und die Bäume sind hoch. Feuchter Schlamm bildet hier den Boden. Das Feld ist von neunter Klasse, die Steuern sind in der siebten Klasse und Verschiedenes ist von sechster Klasse. Als Tribut werden von dort Gold, Silber, Kupfer, schöne Jade, schöne Steine, kleiner und großer Bambus, Elfenbein, Nashornhaut, Vogelfedern, Schwänze vom Hausyak und Holz angeboten. Die Menschen auf den Inseln vor der Südostküste tragen Strohkleidung. In diesem Gebiet werden Kaurischnecken-Stickereien in Körbe gegeben und darin Mineola-Früchte als Tribut eingewickelt. Diese Tribute reisen über den Jangtse und das Gelbe Meer bis zum Huáihé 淮河 [Huáihé-Fluss] und Sìshuǐ 泗水."[609]
6. Jīngzhōu 荆州: „Südlich der Berge Jīngshān 荆山[610] und Héngshān 衡山 liegt Jīngzhōu 荆州. Die Flüsse Jangtse und Hànshuǐ 汉水 [Hànshuǐ-Fluss][611] fließen wie Fürsten, die dem Sohn des Himmels begegnen, ins Meer, das Wassersystem des Dòngtíng

---

608 Póyánghú 鄱阳湖 [Póyáng-See]– in der Antike Pénglízé 彭蠡泽, Péngzé 彭泽, Guāntínghú 官亭湖, Yánglán 扬澜 bzw. Dànshíhú 担石湖 genannt, befindet sich im Norden der Provinz Jiāngxī 江西省.
609 ‚Shàngshū 尚书 oder Shūjīng 书经 [Buch der Urkunden] – Yǔgòng 禹贡 [Tribute des Yǔ]': „淮海惟扬州。彭蠡既猪，阳鸟攸居。三江既入，震泽砥定。筱、簜既敷，厥草惟夭，厥木惟乔。厥土惟涂泥。厥田唯下下，厥赋下上，上错。厥贡惟金三品，瑶、琨、筱、簜、齿、革、羽、毛惟木。鸟夷卉服。厥篚织贝，厥包橘柚，锡贡。沿于江、海，达于淮、泗。"
610 Jīngshān 荆山 – eine Bergkette gelegen im westlichen Teil der Provinz Húběi 湖北省, südöstlich vom Wǔdāngshān-Gebirge 武当山 und am Westufer vom Hànjiāng 汉江 [Hànjiāng-Fluss].
611 Hànjiāng 汉江 [Hànjiāng-Fluss] –in der Antike auch als Hànshuǐ 汉水, Xiānghé 襄河 oder Miǎnshuǐ 沔水 bezeichnet, ist der längste Nebenfluss des Jangtse 长江.

洞庭湖 [Dòngtíng-See]⁶¹² ist weitgehend geordnet, und nach Freilegung der Flussläufe der beiden Flüsse Tuóshuǐ 沱水⁶¹³ und Qiánshuǐ 潜水⁶¹⁴ konnte das Gebiet um das Yúnmèngzé 云梦泽 [Yúnmèng-Seengebiet]⁶¹⁵ kultiviert werden. Hier ist der Boden feuchter Schlamm, hier sind die Felder von der achten und die Steuern von der dritten Klasse. Die von hier kommenden Tribute sind Federn, Schwänze vom Hausyak, Elfenbein, Nashornhaut und Gold, Silber und Kupfer, Chinesischer Surenbaum 椿树, Seidenraupenbaum 柘树, Chinesischer Wacholder 桧树 und Zypressengewächse 柏树, grobe und feine Mühlsteine, Steine für Pfeilspitzen, Zinnober 丹砂 sowie langer, dünner Bambus und Hù-Holz 楛木 [rote strauchartige Pflanze mit Dornen und einem Stiel, der als Pfeil verwendet werden kann]. Die drei Vasallenstaaten boten ihre berühmten Produkte als Tribute an, eingewickelte Yángméi 杨梅 (Pappelpflaume), Jīngmáo 菁茅⁶¹⁶ [Eleocharis tricostata], in Körben verpackte bunte Seide und Perlenketten. Aus dem Landkreis Jiǔjiāng 九江⁶¹⁷ kommen große Schildkröten als Tribut. Über die Flüsse Jangtse, Tuóshuǐ 沱水, Qiánshuǐ 潜水 und Hànshuǐ 汉水 erreichen diese Tributgüter den Oberlauf des Hànshuǐ 汉水, werden dann auf dem Landweg zum Luòshuǐ 洛水

---

612 Dòngtíng 洞庭湖 [Dòngtíng-See] – einer der fünf größten Süßwasserseen Chinas, liegt im nördlichen Teil der Provinz Húnán 湖南省, südlich des Jīngjiānghé-Abschnitts 荆江河 des Jangtse-Flusses 长江, und ist nach dem Qīnghǎi-See 青海湖 und dem Póyáng-See 鄱阳湖 der drittgrößte See Chinas.
613 Tuójiāng 沱江 [Tuójiāng-Fluss] – früher Tuóshuǐ 沱水, Jiāngtuó 江沱, Wàijiāng 外江 und Zhōngjiāng 中江 genannt, ist ein Fluss im zentralen Teil der Provinz Sìchuān 四川省 und ein kleinerer Nebenfluss des Jangtse 长江.
614 Qiánshuǐ 潜水 [Qiánshuǐ-Fluss] – ein mystischer alter Fluss, von dem es heute sowohl in der Provinz Húběi 湖北省 als auch der Provinz Sìchuān 四川省 einen Fluss mit diesem Namen gibt.
615 Yúnmèngzé 云梦泽 [Yúnmèng-Seengebiet] – Sammelname für eine Gruppe alter Seen in der Jiānghàn-Ebene 江汉平原 in der Provinz Húběi 湖北省, VR China
616 Jīngmáo 菁茅 ist eine Art von Gras bzw. Stroh. In Ritualen des alten China wurde der Wein vom Bodensatz abgeseiht, was als ‚Weinschrumpfen' bekannt ist, und Jīngmáo 菁茅 wurde dabei für das ‚Weinschrumpfen' benutzt.
617 Jiǔjiāng 九江 – in der heutigen Provinz Jiāngxī 江西省

[Luòshuǐ-Fluss]⁶¹⁸ gebracht und gelangen schließlich zum Nánhé 南河 [Nánhé-Fluss]⁶¹⁹

7. Yùzhōu 豫州: „Zwischen dem Jīngshān-Berg 荆山 und dem Gelben Fluss liegt Yùzhōu 豫州. Die Flüsse Yīshuǐ 伊水⁶²⁰, Chánshuǐ 瀍水⁶²¹ und Jiànshuǐ 涧水⁶²² fließen bereits alle wieder zuerst in den Luòshuǐ-Fluss 洛水 und dann in den Gelben Fluss, und das Xíngbōzé 荥波泽⁶²³ hat aufgehört, große Menge an stehendem Wasser zu sammeln. Der Hézé 菏泽 wurde bereinigt und beim Mèngzhūzé 孟猪泽 [Mèngzhū-Seengebiet]⁶²⁴ wurde ein Damm gebaut. Der Boden hier ist weicher Lehm, der Boden in der Tiefebene ist ein fruchtbarer schwarzer Hartboden. Die Felder hier sind von der vierten Klasse, die Steuern von der zweiten Klasse und Verschiedenes von der ersten Klasse. Die Tribute aus dieser Gegend bestehen aus Lasur, Hanf, Kudzu 细葛 und Ramie-Pflanzen 纻麻, die zusammen mit Steinen zum Bearbeiten und

---

618 Luòhé 洛河 [Luòhé-Fluss] – ursprünglich Luòshuǐ 洛水 [Luòshuǐ-Fluss] genannt, ist ist ein Nebenfluss des Huánghé 黄河 [Gelber Fluss], der bei Luòyuán 洛源, Provinz Shǎanxī 陕西省, südwestlich vom Huàshān-Berg 华山 entspringt.

619 Nánhé 南河 [Nánhé-Fluss] – rechter Nebenfluss des Mínjiāng 岷江, eines Nebenflusses des Jangtse 长江.

620 Yīshuǐ 伊水 [Yīshuǐ-Fluss] – auch Yīhé 伊河 genannt, ist einer der Nebenflüsse des Luòshuǐ 洛水 am Südufer des Gelben Flusses, und entspringt bei Táowān 陶湾镇 in der Stadt Luòyáng 洛阳市 in der Provinz Hénán 河南省.

621 Chánhé 瀍河 [Chánhé-Fluss] – auch Chánshuǐ 瀍水 genannt, ein Nebenfluss des Luòhé 洛河, entspringt im Dorf Hánliàng 寒亮村 östlich der Gemeinde Héngshuǐ 横水镇 im Kreis Mèngjīn 孟津县, Provinz Hénán 河南省.

622 Jiànshuǐ 涧水 [Jiànshuǐ-Fluss] – entspringt beim Báishí-Berg 白石山 im Süden vom Kreis Xīn'ān 新安县, Provinz Héběi 河北省.

623 Xíngbōzé 荥波泽 [Xíngbō-Seengebiet] – wenn der alte Jìshuǐ 济水 [Jìshuǐ-Fluss] vom Kreis Wēn 温县 (Provinz Hénán 河南省) kommend in den Gelben Fluss mündete, wurde der Überlauf im Süden Xíng 荥 genannt und sammelte sich zu einem sogenannten Zé 泽 [Teich oder Schwemmgebiet], welcher in alten Zeiten Xíngzé 荥泽 genannt wurde.

624 Mèngzhūzé 孟猪泽 [Mèngzhū-Seengebiet] – einer der sogenannten Jiǔzé 九泽 [neun Seen], ehemals im Gebiet der heutigen Provinz Hénán 河南省, östlich von Shāngqiū 商丘.

Polieren von Yùqìng 玉磬[625] in runde bedeckte Körbe, ausgelegt mit leichter Seide und feiner Baumwolle, gegeben werden. Die Boote mit den Tributen erreichen den Gelben Fluss vom Luòshuǐ 洛水 [Luòshuǐ-Fluss] aus."[626]

8. Liángzhōu 梁州: „Zwischen dem südlichen Teil des Berges Huàshān 华山 und dem Nùjiāng-Fluss 怒江 liegt Liángzhōu 梁州. Nachdem die Berge Mínshān 岷山[627] und Bōshān 嶓山[628] wieder kultivierbar gemacht wurden, fließen nun auch die Flüsse Tuóshuǐ 沱水 und Qiánshuǐ 潜水 wieder in ihren regulären Verläufen. Nach der Kultivierung des Càijiāshān 蔡家山 [Càijiāshān-Berg][629] und des Méngshān 蒙山 [Méngshān-Berg] wurde auch das Land der wilden Völker am Hé 和[630] befriedet und stabilisiert. Der Boden hier besteht aus lockerem Mollisol 黑土, die Felder sind von der siebten Klasse, die Steuern sind von der achten Klasse, die siebte und die neunte Klasse von Steuern können auch gelegentlich gezahlt werden. Als Tribute kommen von hier schöne Jade, Eisen, Silber, harter Stahl, Steine für Pfeilspitzen, Glockenspiele 磬, Bären, Braunbären, Füchse und Wildkatzen. Zhīpí 织皮 [eine Gattung von Filz, die aus Tierhaaren gewebt wird] und andere

---

625 Yùqìng 玉磬 bezeichnet ein Jadeglockenspiel, ein altes Steininstrument mit einem klaren, weithin hörbaren Klang, eines der bekanntesten Schlaginstrumente des alten China.

626 ‚Shàngshū 尚书 oder Shūjīng 书经 [Buch der Urkunden] – Yǔgòng 禹贡 [Tribute des Yǔ]': „荆河惟豫州。伊、洛、瀍、涧既入于河，荥波既猪。导菏泽，被孟猪。厥土惟壤，下土坟垆。厥田惟中上，厥赋错上中。厥贡漆、枲，絺、纻，厥篚纤、纩，锡贡磬错。浮于洛，达于河。"

627 Mínshān 岷山 [Mínshān-Gebirge] – im Grenzgebiet zwischen dem nördlichen Teil der Provinz Sìchuān 四川省 und dem Süden der Provinz Gānsù 甘肃省.

628 Bōshān 嶓山 [Bōshān-Berg] bzw. Bōzhǒngshān 嶓冢山 [Bōzhǒngshān-Berg] – nördlich vom Kreis Níngqiáng 宁强县 in der heutigen Provinz Shǎanxī 陕西省.

629 Cài 蔡 – es bestehen Unklarheiten, ob es sich dabei um den Berg Càijiāshān 蔡家山 südöstlich von Yǎ'ān 雅安, oder den É'méishān 峨嵋山 [É'méishān-Berg] im südwestlichen Randgebiet des Sìchuān-Beckens 四川盆地 handeln sollte – auf jeden Fall ist es ein Berg in der Provinz Sìchuān 四川省.

630 Hé 和 – dabei dürfte es sich um den heutigen Dàdùhé 大渡河 im Mittelwesten der Provinz Sìchuān 四川省 handeln.

Tribute vom Xīqīngshān 西倾山 [Xīqīngshān-Berg]⁶³¹ werden über den Huánshuǐ 桓水 [Huánshuǐ-Fluss] hertransportiert. Die Tribute werden mit Booten zuerst über den Qiánshuǐ 潜水 [Qiánshuǐ-Fluss] transportiert, verlassen dann die Boote und werden danach über Land transportiert, bis sie wieder auf Boote auf dem Miǎnshuǐ 沔水 [Miǎnshuǐ-Fluss] geladen werden und bis zum Wèishuǐ-Fluss 渭水 gelangen und schließlich den Wèishuǐ-Fluss 渭水 überqueren und zum Gelben Fluss gelangen."⁶³²

9. Yōngzhōu 雍州: „Zwischen den Flüssen Hēishuǐ 黑水 [Hēishuǐ-Fluss]⁶³³ und Xīhé 西河⁶³⁴ [Xīhé-Fluss] liegt Yōngzhōu 雍州. Der Ruòshuǐ 弱水 [Ruòshuǐ-Fluss]⁶³⁵ fließt bereits wieder nach Westen, der Jīnghé 泾河 [Jīnghé-Flus]⁶³⁶ fließt in die Bucht des Wèihé 渭河, der Qījǔshuǐ 漆沮水 hat sich mit dem Luòshuǐ 洛水 vereint und fließt in den Gelben Fluss, und der Fēngshuǐ 沣水

---

631 Xīqīngshān 西倾山 [Xīqīngshān-Berg] – gelegen im Südwesten der Provinz Gānsù 甘肃省, im östlichen Teil der Provinz Qīnghǎi 青海省, am nordöstlichen Rand des tibetischen Plateaus und gehört zum Kūnlún-Gebirgssystem, einem Ausläufer des Bayan-Har-Gebirges.

632 ‚Shàngshū 尚书 oder Shūjīng 书经 [Buch der Urkunden] – Yǔgòng 禹贡 [Tribute des Yǔ]': „华阳、黑水惟梁州。岷、嶓既艺，沱、潜既道。蔡、蒙旅平，和夷砥绩。厥土青黎，厥田惟下上，厥赋中下，三错。厥贡璆、铁、银、镂、砮磬、熊、罴、狐、狸、织皮，西倾因桓是来，浮于潜，逾于沔，入于渭，乱于河。"

633 Hēishuǐ 黑水 [Hēishuǐ-Fluss] – im Gebiet der heutigen Provinz Hēilóngjiāng 黑龙江

634 Xīhé 西河 [Xīhé-Fluss] – in der Antike als Zhōuhé 洲河 bekannt und stromabwärts auch Tiānhé 天河 genannt, ist ein rechtsufriger Nebenfluss des Yùxīhé 裕溪河, eines Nebenflusses des Jangtse.

635 Ruòshuǐ 弱水 [Ruòshuǐ-Fluss] – im Norden der heutigen Provinz Gānsù 甘肃省, floss westlich in den Jūyánhǎi 居延海, einen ehemaligen See in der Wüste Gobi, gelegen im westlichen Teil der Inneren Mongolei 内蒙古自治区, in Ejin-Banner der Alxa-Liga 阿拉善盟额济纳旗, nahe der Grenze zur Äußeren Mongolei.

636 Jīnghé 泾河 [Jīnghé-Fluss] – auch Jīngshuǐ 泾水 genannt, ein Nebenfluss des Wèihé 渭河, entspringt im Liùpánshān 六盘山 [Liùpán-Gebirge] im Autonomen Gebiet Níngxià 宁夏回族自治区, fließt durch die Provinz Gānsù 甘肃省 und mündet im Gebiet von Gāolíng 高陵 in Xī'ān 西安市 in den Wèihé 渭河.

[Fēngshuǐ-Fluss]⁶³⁷ fließt nach Norden und vereinigt sich mit dem Wèihé 渭河 [Wèihé-Fluss]. Nach der Kultivierung der Berge Jīngshān 荆山 und Qíshān 岐山 wurden alle Berge vom Zhōngnánshān 终南山⁶³⁸ [Zhōngnánshān-Gebirge] und Dūnwùshān 惇物山⁶³⁹ bis hin zum Niǎoshǔshān 鸟鼠山 [Niǎoshǔshān-Berg]⁶⁴⁰ behandelt. Bei den Wasserschutzprojekten entlang der ursprünglichen Ebenen und Niederungen bis zum Zhūyězé 猪野泽 [Zhūyězé-See]⁶⁴¹ sind große Erfolge erzielt worden. Sānwēi 三危⁶⁴² wurde zur Besiedlung freigegeben und die Menschen von Sānmiáo 三苗⁶⁴³ wurden gut angesiedelt. Hier ist der Boden gelb, hier sind die Felder erstklassig und die Steuern sechstklassig. Die Tribute von hier sind wunderschöne Jade, Steine und Schmuck. Vom Gelben Fluss in der Nähe des Jīshíshān 积石山 [Jīshíshān-Gebirge]⁶⁴⁴

---

637 Fēnghé 沣河 [Fēnghé-Fluss] – auch Fēngshuǐ 沣水 [Fēngshuǐ-Fluss] genannt, ein rechtsseitiger Nebenfluss des Wèihé 渭河, südwestlich von Xī'ān 西安市.

638 Zhōngnánshān 终南山 [Zhōngnánshān-Gebirge] – ein ca. 40 km südlich der Stadt Xī'ān 西安市 gelegenes Gebirge, ein Vorläufer des Qínlǐngshān 秦岭山 [Qínlǐngshān-Gebirge].

639 Tàibáishān 太白山 [Tàibáishān-Berg] – im Kapitel Yǔgòng 禹贡 [Tribute des Yǔ] des Shàngshū 尚书 oder Shūjīng 书经 [Buch der Urkunden] als Dūnwùshān 惇物山 bezeichnet, im Südwesten der Provinz Shǎanxī 陕西省.

640 Niǎoshǔshān 鸟鼠山 [Niǎoshǔshān-Berg] – auch bekannt als Niǎoshǔtóngxuéshān 鸟鼠同穴山 bzw. Qīngquèshān 青雀山, liegt 18 Kilometer südwestlich vom Kreis Wèiyuán 渭源县 in der Provinz Gānsù 甘肃省.

641 Zhūyězé 猪野泽 [Zhūyězé-See] – am nördlichen Rand des tibetischen Plateaus in den südlichen Ausläufern vom Qíliánshān-Gebirge 祁连山 in der Übergangszone zwischen der Wüste Gobi und dem Plateau.

642 Sānwēi 三危 – alte Bezeichnung für das tibetische Plateau und der älteste in historischen Büchern aufgezeichnete Ortsname von Dūnhuáng 敦煌, einer alten Oasenstadt im Nordwesten der westchinesischen Provinz Gānsù 甘肃省.

643 Sānmiáo 三苗 – auch genannt Yǒumiáo 有苗, Name eines Stammes im alten China von der Zeit des Huángdì 黄帝 [Gelber Kaiser] bis zur Zeit von Yáo 尧, Shùn 舜 und Yǔ 禹, dreier Stammesführer im Einzugsgebiet des Gelben Flusses.

644 Jīshíshān 积石山 [Jīshíshān-Gebirge] – Sammelbezeichnung einer Reihe von Gipfeln und ihrer östlichen Nebengipfel im Süden der westlichen Grenze der Präfektur Línxià 临夏州 in der Provinz Gānsù 甘肃省, vom Tǔmén-Pass 土门关 im Süden bis zum Gelben Fluss im Norden.

erreichen die Tributschiffe Lóngmén 龙门[645] und den Xīhé 西河 [Xīhé-Fluss], wo sie mit den Schiffen zusammentreffen, die vom Wèihé 渭河 [Wèihé-Fluss] stromaufwärts in den Norden des Wèihé 渭河 fahren. Die Völker der Xīzhī 析支[646] und Qúsōu 渠搜[647], die sich mit Filzkleidung bedecken, siedelten am Fuß des Kūnlún 昆仑 [Kūnlún-Gebirge][648], und die verschiedenen Xīróng-Stämme ließen sich nieder und waren gehorsam."[649]

---

645 Lóngmén 龙门 – das östliche Stadttor von Yǐngchéng 郢城, der Hauptstadt des Chǔ-Staates 楚国 in der Zeit der Streitenden Reiche von 475 bis 221 v. Chr.
646 Xīzhī 析支 – auch bekannt als Xiānzhī 鲜支, Cìzhī 赐支 und Héqūqiāng 河曲羌, Name eines antiken Stammes der Xīróng 西戎, dessen Verbreitungsgebiet sich von Shíshān 石山 in der Provinz Qīnghǎi 青海省 bis Héqū 河曲 im Kreis Guìdé 贵德县 erstreckte.
647 Qúsōu 渠搜 – antiker Volksstamm, verbreitet im Gebiet von Jiǔquán 酒泉 in der heutigen Provinz Gānsù 甘肃省 bis Shànshàn 鄯善 im westlichen Teil Chinas; soll auch der alte Qúsōu-Staat im Ferghanatal im heutigen Usbekistan gewesen sein.
648 Kūnlún 昆仑 [Kūnlún-Gebirge] – ein hoher Gebirgszug im Westen Chinas am nördlichen Rand des tibetischen Plateaus, welches sich vom östlichen Teil des Pamir-Plateaus 帕米尔高原 im Westen bis zum oberen Tal vom Qaidam 柴达木河 [Qaidam-Fluss] im Osten erstreckt.
649 Shàngshū 尚书 oder Shūjīng 书经 [Buch der Urkunden] – Yǔgòng 禹贡 [Tribute des Yǔ]: „黑水、西河惟雍州。弱水既西，泾属渭汭，漆沮既从，沣水攸同。荆、岐既旅，终南、敦物，至于鸟鼠。原隰砥绩，至于猪野。三危既宅，三苗丕叙。厥土惟黄壤，厥田惟上上，厥赋中下。厥贡惟球、琳、琅玕。浮于积石，至于龙门、西河，会于渭汭。织皮崑崙、析支、渠搜，西戎即叙。"

Wǔfú 五服 *[Fünf Zonen]*

In Chinas Antike waren die Randgebiete von Wángjī 王畿[650] in fünf Gebiete zu jeweils 500 Lǐ 里[651] in alle vier Himmelsrichtungen unterteilt, von den am nächsten liegenden bis zu den entferntesten. Sie wurden mit dem Sammelbegriff Wǔfú 五服 bezeichnet, mit Fú 服 im Sinne von ‚dem Kaiser dienen' oder ‚den Befehlen des Kaisers gehorchen'. Im Shǐjì 史记 [Aufzeichnungen des Großen Historikers] sind sie folgendermaßen beschrieben:

„Yǔ der Große legte fest, dass das Gebiet 500 Lǐ jenseits der Hauptstadt des Sohnes des Himmels Diànfú genannt werden sollte: innerhalb von 100 Lǐ ist das ganze Korn einschließlich Halm mit Kornähre [Anm.: die gesamte Pflanze] zur Entrichtung der Steuer abzuliefern; innerhalb der zweiten 100 Lǐ sind es die Ähren [Anm.: und ein Teil des Stiels] des ungeschälten Korns; innerhalb der dritten 100 Lǐ sind es die Körner ohne Stiel und Granne [Anm.: gedroschenes und geschältes Getreide]; innerhalb der vierten 100 Lǐ sind es die Ähren und Körner; innerhalb der fünften 100 Lǐ sind es die Getreidekörner. Das Gebiet 500 Lǐ jenseits von Diànfú wird Hóufú genannt: Das Gebiet innerhalb der ersten 100 Lǐ steht im Dienst des Sohnes des Himmels [Anm.: hier verrichtet das Volk alle Arten von Arbeit für den Himmelssohn]; das Gebiet innerhalb der zweiten 100 Lǐ ist für die Verwaltung nationaler Angelegenheiten zuständig; das Gebiet innerhalb der dritten 100 Lǐ muss auf die Befehle des Sohnes des Himmels warten [Anm.: hauptsächlich für Garnisonsaufgaben zuständig]. Das Gebiet 500 Lǐ jenseits von Hóufú wird Suífú genannt: innerhalb der ersten 300 Lǐ ist Kultur und Bildung zu betreiben [Anm.: die dort ansässige

---

650 Wángjī 王畿 bezeichnete im Altertum das Gebiet von tausend Lǐ um die Hauptstadt des Regenten. Während der Westliche Zhōu Periode 西周 (1045–770 v. Chr.) bezog es sich auf das Gebiet, das direkt unter der Herrschaft des Zhōu-Königs in und um die Hauptstadt Hàojīng 镐京 stand; während der Östliche-Zhōu-Periode 东周 (770–256 v. Chr.) war es das entsprechende Gebiet in und um die Hauptstadt Luòyì 洛邑 (Luòyáng 洛阳).
651 Lǐ 里, alte chinesische Längeneinheit; die Werte waren in Xià (405 m), Westliche Zhōu (358 m), Östliche Zhōu (416 m) usw. unterschiedlich.

Bevölkerung sollte den Umständen entsprechend erzogen werden]; das Gebiet innerhalb der nächsten 200 Lǐ muss alles zum Schutz der kaiserlichen Familie tun [Anm.: die dortige Bevölkerung sollte sorgfältig mit militärischen Angelegenheiten vertraut gemacht werden und in der Lage sein, das Gebiet zu verteidigen]. Das Gebiet 500 Lǐ hinter Suífú wird als Yāofú bezeichnet: Innerhalb der ersten 300 Lǐ sind die üblichen Gesetze des Sohnes des Himmels zu beachten [Anm.: die dortige Bevölkerung soll sich der Verwaltung unterwerfen und mit den übrigen in Frieden leben]; innerhalb der angrenzenden 200 Lǐ wird nur das Strafrecht des Sohnes des Himmels durchgesetzt [Anm.: die dortige Bevölkerung soll sich an die entsprechenden Gesetze und Anordnungen halten]. Das Gebiet 500 Lǐ hinter Yāofú wird als Huāngfú bezeichnet: Innerhalb der ersten 300 Lǐ sind feindliche oder rebellische Soldaten durch wohlwollende Güte und Amnestie angeworben worden; die Bevölkerung im Umkreis der nächsten 200 Lǐ kann sich frei bewegen und unterliegt keiner Tributpflicht."[652]

Diese Einteilung legt – abhängig von der Entfernung zum ‚Zentrum der Welt', dem Herrschaftssitz des Himmelssohns – somit auch die Kennzeichnung der Bevölkerung jener Gebiete fest:

1. Diànfú 甸服: kaiserliche Domäne bzw. Zone des Sohnes des Himmels; Land innerhalb von Diànfú 甸服 und dem Xià-Regenten mit der Hauptstadt des Reiches als Zentrum, 500 Lǐ in jede Himmelsrichtung.
2. Hóufú 侯服: Herrschaftsbereich der Adligen und Fürsten, Land, in dem enge Verwandte des Kaisers lebten; Gebiet von 500 Lǐ jenseits der ersten 1.000 Lǐ der Hauptstadt des Königs.
3. Suífú 绥服 oder Bīnfú 宾服: befriedeter Bereich, Gebiet von 500 Lǐ der Stabilität und Unterwerfung außerhalb von Hóufú 侯服.

---

652 ‚Shǐjì 史记 [Aufzeichnungen des Großen Historikers] – Xià Běnjì 夏本纪 [Biografien der Xià-Dynastie]': „令天子之国以外五百里甸服：百里赋纳总，二百里纳铚，三百里纳秸服，四百里粟，五百里米。甸服外五百里侯服：百里采，二百里任国，三百里诸侯。侯服外五百里绥服：三百里揆文教，二百里奋武卫。绥服外五百里要服：三百里夷，二百里蔡。要服外五百里荒服：三百里蛮，二百里流。"

4. Yāofú: halbkultivierte Zone, Gebiet zwischen 1.500 und 2.000 Lǐ von der Hauptstadt entfernt, mit „300 Lǐ der verbündeten Yí 夷 und 200 Lǐ der Cài 蔡 (verbannte Sünder)." – ‚Die ersten 300 Lǐ wurden von den Yí-Stämmen besiedelt, die anderen 200 von Verbrechern, die sich in geringer Verbannung befanden."[653]
5. Huāngfú 荒服: Wildnisgebiet, verlassene Zone der Grausamkeit, wovon „300 Lǐ von den Mán-Stämmen besetzt, die anderen 200 Lǐ von Verbrechern besiedelt waren, die der größeren Verbannung unterlagen."[654] Damit wurde das Gebiet zwischen 2.000 und 2.500 Lǐ von der Hauptstadt entfernt bezeichnet. Im Shàngshū 尚书 oder Shūjīng 书经 [Buch der Urkunden] findet sich dazu folgende Aufzeichnung: „Ich habe geholfen, die Fünf Zonen abzugrenzen, bis zu einer Entfernung von 5.000 Lǐ."[655] Auch im Shǐjì 史记 [Aufzeichnungen des Großen Historikers] wird Yǔ mit folgender Aussage wiedergegeben: „Ich habe dem Kaiser geholfen, die Fünf Zonen zu schaffen, die ein Gebiet von 5.000 Lǐ umfassen."[656]

Eine genaue Betrachtung des Wǔfú-Systems 五服 ermöglicht ein tieferes Verständnis des antiken chinesischen Konzepts der ‚Welt' und ist gleichzeitig von großer Bedeutung für die Untersuchung der Beziehungen zwischen der chinesischen Dynastie und den umliegenden Gemeinschaften in den 2.000 Jahren nach der Qín-Dynastie (221–207 v. Chr.). So waren die verschiedenen Clans und Stämme, die in den Gebieten Diànfú, Hóufú und Suífú lebten, enge Verwandte bzw. Nachkommen der Xià 夏, die bereits eine relativ stabile Huáxià-Ethnie 华夏族 gebildet hatten. Jiǔzhōu 九洲 [die zivilisierte Welt]

---

653 ‚Shǐjì 史记 [Aufzeichnungen des Großen Historikers] – Xià Běnjì 夏本纪 [Biografien der Xià-Dynastie]': „三百里夷，二百里蔡。"
654 ‚Shǐjì 史记 [Aufzeichnungen des Großen Historikers] – Xià Běnjì 夏本纪 [Biografien der Xià-Dynastie]': „三百里蛮，二百里流。"
655 ‚Shàngshū 尚书 [oder Shūjīng 书经 – Buch der Urkunden] – Yúshū 虞书 [Dokumente aus Yú] – Yì-Jì 益稷 [Yì und Jì]: „弼成五服，至于五千。"
656 ‚Shǐjì 史记 [Aufzeichnungen des Großen Historikers] – Xià Běnjì 夏本纪 [Biografien der Xià-Dynastie]': „辅成五服，至于五千里。"

und Wǔfú 五服 [die ganze Welt] sind also Darstellungen der Welt, wie sie die Chinesen damals verstanden hatten.

Im Zhōulǐ 周礼 [Riten der Zhōu] finden sich ethnische Unterscheidungen in den Berichten über die vier Völker der Yí 夷, die acht der Mán 蛮, die sieben der Mǐn 闽, die neun der Mò 貉, die fünf der Róng 戎 und die sechs der Dí 狄:

> „Zhífāng Shì war für die Karte von Tiānxià [alles unter dem Himmel] zuständig.[657] Indem er alles Land von Tiānxià gut verstand und wusste, wie man es benutzt, ermittelte er alle Vasallenstaaten, die Lehensländer im Herrschaftsgebiet von Wángjī 王畿, alle Menschen der vier Völker der Yí 夷, die acht der Mán 蛮, die sieben der Mǐn 闽, die neun der Mò 貉, die fünf der Róng 戎 und die sechs der Dí 狄 und die genaue Anzahl ihrer Besitztümer, ihrer wichtigsten Kulturpflanzen und ihrer sechs Nutztiere [Schwein, Rind, Schaf, Pferd, Huhn und Hund], um zu wissen, wo ihre Stärken und Schwächen liegen."[658]

Bedeutung von Wǔfú 五服 und Jiǔzhōu 九洲 bzw. Jiǔ-Fú 九服 im kulturellen Kontext

Die Machtkämpfe der herrschenden Klasse in den antiken Gesellschaften brachten insbesondere die Huāngfú 荒服 in der Terminologie der Wǔfú 五服 hervor. Das Zeichen Fú 服 bedeutet hier ‚dienen'. Das heißt, die außenliegenden Regionen leisteten unterschiedliche Dienste für Wángjī 王畿, Hauptstadt und Sitz des Regenten. Oder anders ausgedrückt mussten sie ‚Herrscher und Land aus der Ferne dienen', das heißt, die Herrschaft des Regenten dehnt sich nach

---

657 Diese Karte identifizierte die verschiedenen Staaten, ihre Hauptstädte, Menschen und Ressourcen, kannte ihre Gewinne und Verluste und legte den Tribut dar, den jeder Staat zu entrichten hatte.

658 ‚Zhōulǐ 周礼 [Riten der Zhōu] – Xiàguān-Sīmǎ 夏官司马 [Sīmǎ des Büros des Sommers]': „职方氏：掌天下之图，以掌天下之地。辨其邦国、都鄙、四夷、八蛮、七闽、九貉、五戎、六狄之人民，与其财用、九谷、六畜之数要，周知其利害。"

außen aus, seine Autorität etabliert sich Schicht für Schicht, wobei Huāngfú 荒服 den äußersten politischen Raum darstellt.

Laut unterschiedlichen Quellen gilt Dàyǔ 大禹 als Gründer der Wǔfú 五服. Wissenschaftler haben jedoch herausgefunden, dass es in China während der Xià-Dynastie noch kein Wǔfú-System gab, sondern nur die sogenannten Jiǔzhōu 九洲. Der größte Teil des Kapitels Yǔgòng 禹贡 [Tribute des Yǔ] ist dem Jiǔzhōu-System gewidmet, und der plötzlich auftretende Abschnitt über ein Wǔfú-System könnte auch erst von einer späteren Generation hinzugefügt worden sein. In seinem Buch ‚中国地理学史：先秦至明代' [*Geschichte der chinesischen Geografie: Prä-Qín bis Míng-Dynastie*] meinte der berühmte moderne Geograf Chinas Wáng Chéngzǔ 王成组 (1902–1987) dazu:

> „*Insgesamt vermittelt die Darstellung der Wǔfú eine zusätzliche Vorstellung über ein Gebiet, in dem das System der Lehen und der politische Einfluss je nach Entfernung zur kaiserlichen Hauptstadt abnahmen. Es gibt einen klaren Widerspruch in der Beurteilung der Unterschiede der Wǔfú und der Gemeinsamkeiten der Jiǔzhōu aus der Sicht von Konfuzius bei der Formulierung seines politischen Plans. Die Rolle von Wǔfú ist vor allem ein Hinweis darauf, dass man sich des unvermeidlichen Einflusses der Nähe auf die politische Kultur bewusst ist. Ein Hauptkriterium von Wǔfú liegt vor allem darin, dass erkannt wurde, dass politische und kulturelle Aspekte unweigerlich durch Distanz beeinflusst werden.*"[659]

Die Wǔfú 五服 wurden definiert als die fünf ‚Dienstleistungszonen' mit jeweils einer Region, die in Stufen zu 500 Lǐ von der Hauptstadt entfernt in den vier Himmelsrichtungen lag. Infolge der Urbarmachung von Wasser und Land und der Errichtung der Jiǔzhōu 九洲 und Wǔfú 五服 „reicht der Osten bis ans Meer; der Westen erstreckt sich bis zu den Gebieten des Treibsands; bis an die äußersten Grenzen des Nordens und des Südens – sein Ruhm und sein Einfluss erfüllen

---

659 Wáng Chéngzǔ, 王成组, 中国地理学史：先秦至明代 [*Geschichte der chinesischen Geografie: Prä-Qín bis Míng-Dynastie*], Beijing: The Commercial Press 商務印書館, China Publishing Group, 2015, S. 23.

(alle innerhalb) der vier Meere. Yǔ überreicht das Xuánguī 玄圭[660] als Symbol seines Ranges und verkündet die Vollendung seiner Arbeit."[661] Dies ist eine wichtige historische Legende über die Gestaltung der chinesischen Kulturlandschaft im geografischen Raum. Yǔs große Leistung bestand darin, aus einer Welt im Chaos von Überschwemmungen eine große zivilisatorische Ordnung zu schaffen, wie es im Zuǒzhuàn 春秋左传 [Überlieferungen des Zuǒ] wiedergegeben wird: „Die ausgedehnten Spuren von Yǔ von Xià sind weit verzweigt in allen Regionen von Jiǔzhōu 九洲."[662] Die Kernpunkte der großen geografischen Ordnung dieser Zivilisation bildeten Hierarchie und Zentralismus, und ein ganz wichtiger Teil dabei war, ‚alles im Umkreis von 5.000 Lǐ für den Dienst des Königs verfügbar zu machen'. Damit wurde eine wichtige ideologische Grundlage für die Gründung der späteren Einheitsdynastie geschaffen.

Obwohl weder Jiǔzhōu 九洲 noch Wǔfú 五服 zu der Zeit, als das Kapitel Yǔgòng 禹贡 [Tribute des Yǔ] geschrieben wurde, real existierten, lässt die Tatsache, dass sich hier das Konzept zum ersten Mal formuliert findet, darauf schließen, dass es in der chinesischen Gesellschaft bereits eine Bewegung in Richtung Vereinheitlichung gab, die von Denkern und Politikern wahrgenommen werden konnte, und dass Jiǔzhōu 九洲 und Wǔfú 五服 nicht nur die Launen einiger weniger Weiser waren, die keine Grundlage in der gesellschaftlichen Realität hatten, sondern auf der Ebene des gesellschaftlichen Denkens zu dieser Zeit durchaus real waren.

---

660 Xuánguī 玄圭 ist ein schwarzes Jadegefäß mit spitzem Oberteil und spitzem Unterteil, das in der Antike verwendet wurde, um Menschen für besondere Verdienste zu belohnen.

661 ‚Shàngshū 尚书 oder Shūjīng 书经 [Buch der Urkunden] – Yǔgòng 禹贡 [Tribute des Yǔ]': „东渐于海，西被于流沙，朔南暨声教讫于四海。禹锡玄圭，告厥成功。"

662 ‚Zuǒzhuàn 春秋左传 [Überlieferungen des Zuǒ] – 4. Jahr von Herzog Xiāng von Qín 秦襄公': „芒芒禹迹，画为九州"。

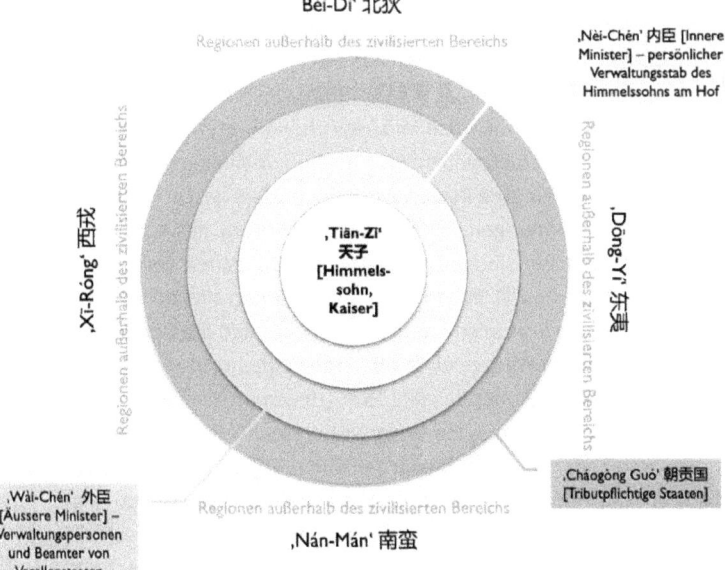

Abb. 53 Schematische Darstellung der ‚Huáyí-Zhìxù' 华夷秩序 bzw. ‚Yí-Xià Zhī-Biàn' 夷夏之辨 (Chinesisch-barbarische Dichotomie): historisches chinesisches Konzept, das ein kulturell definiertes ‚China' (bzw. das 'Huáxià'-Volk 华夏) von kulturellen oder ethnischen Außenseitern (den sogenannten 'Mán-Yí' 蛮夷) unterschied.

Die Formulierung, dass die Huáxià-Welt in Jiǔzhōu 九洲 dargestellt ist, findet sich nicht nur im Kapitel Yǔgòng 禹贡 [Tribute des Yǔ], sondern auch in anderen Texten aus der Vor-Qín-Periode, wie etwa im Kapitel Xiàguān-Sīmǎ 夏官司马 [Büros des Sommers] im Zhōulǐ 周礼 [Riten der Zhōu]. Auch im Lǚshì-Chūnqiū 吕氏春秋 [Frühling und Herbst des Lǚ Bùwéi][663] wird Jiǔzhōu 九洲 angeführt, lediglich der Name für eine Region wird hier anders geschrieben. Diese vielen Erwähnungen spiegeln die Verbreitung des Konzepts in den geografischen und gesellschaftlichen Bereichen der Vor-Qín-Zeit wider. Jiǔzhōu 九洲 und Wǔfú 五服 wurden allmählich zu den grundlegenden Prinzipien für das Verständnis und die Organisation der chinesischen Welt, zu einer obersten Ordnung, die kein Zhūhóu 诸侯 [Feudalfürst] oder Bàwáng 霸王 [Hegemon-König] im gesamten Reich offen für unwahr erklären durfte. Jiǔzhōu 九洲 bedeutete also Zhōngguó 中国 [Reich der Mitte, China], und die Integrität von Jiǔzhōu 九洲 stand für die Integrität von Zhōngguó 中国. Es ist erstaunlich, dass eine so umfassende soziogeografische Vision der großen Territorialmonarchie und eine so spezifische Vision der räumlichen Regulierung der Dynastie in jener Zeit entstehen konnte. Dies zeigt aber, dass die historische Entwicklung des gesellschaftlichen Einigungsprozesses damals bereits einen hohen Reifegrad erreicht hatte.

---

663 ‚Lǚshì-Chūnqiū 吕氏春秋 [Frühling und Herbst des Lǚ Bùwéi] – Yǒushǐlǎn 有始览 [Betrachtung über die Anfänge] – Yǒushǐ 有始 [Anfänge]': „Was sind die Jiǔzhōu? Zwischen dem Gelben Fluss und dem Hàn-Fluss befindet sich Yùzhōu, das Land der Zhōu. Zwischen diesen beiden Flüssen befindet sich Jìzhōu, das Land der Jìn. Zwischen dem Gelben Fluss und dem Jì-Fluss befindet sich Yǎnzhōu, das Land der Wèi. Im Osten befindet sich Qīngzhōu, das Land der Qí. Am Sì-Fluss befindet sich Xúzhōu, das Land der Lǔ. Im Südosten befindet sich Yángzhōu, das Land der Yuè. Im Süden befindet sich Jīngzhōu, das Land der Chǔ. Im Westen befindet sich Yōngzhōu, das Land der Qín. Im Norden befindet sich Yōuzhōu, das Land der Yàn" (何谓九州？河、汉之间为豫州，周也。两河之间为冀州，晋也。河、济之间为兖州，卫也。东方为青州，齐也。泗上为徐州，鲁也。东南为扬州，越也。南方为荆州，楚也。西方为雍州，秦也。北方为幽州，燕也).

Das Kapitel Yŭgòng 禹贡 [Tribute des Yŭ] des Shàngshū 尚书 kann somit als erste geografische Beschreibung von ‚China' verstanden werden, während die Geografie der Wàiyí 外夷, der ‚auswärtigen Barbarenstämme', erstmals im Shǐjì 史记 [Aufzeichnungen des Großen Historikers] und im Hànshū 汉书 [Geschichte des ehemaligen Hàn] beschrieben wird. Im Shǐjì 史记 wird festgehalten, dass „nach außen die Verteidigung des Landes gegen die Yí und Dí [Anm.: Nicht-Hàn-Stämme im Osten und Norden des alten China] und andere Barbarenstämme angestrebt" wurde.[664] Im Hànshū 汉书 [Geschichte des ehemaligen Hàn] findet sich dazu folgende Beschreibung: „Das Land der Präfektur Wŭdū 武都郡[665] wird von einer Mischung der Dī- und Qiāng-Völker bewohnt. Daneben gibt es noch die Präfekturen Qiánwéi 犍为郡[666], Zāngkē 牂柯郡[667] und Yuèguī 越嶲郡[668], die alle

---

664 ‚Shǐjì 史记 [Aufzeichnungen des Großen Historikers] – Tiānguānshū 天官书 [Aufzeichnungen astronomischer Beobachtungen]': „Wann haben die Könige der früheren Dynastien seit der Entstehung der menschlichen Gesellschaft nicht darauf geachtet, die Bewegungen von Sonne, Mond und Sternen zu beobachten, um Kalender zu erstellen? Zur Zeit der Drei Souveräne und Fünf Kaiser [Anm.: ?9684–2015 v. Chr.] entwickelten sie das von ihren Vorfahren geerbte Wissen weiter und wurden sich seiner Gesetzmäßigkeiten bewusster. Nach innen strebten sie Harmonie zwischen den verschiedenen ethnischen Gruppen der Huáxià-Nation und nach außen die Verteidigung des Landes gegen die Yí und Dí [Anm.: Nicht-Hàn-Stämme im Osten und Norden des alten China] und andere Barbarenstämme an, sie unterteilten das Land der Mitte in zwölf Gebiete, sodass beim Erheben des Kopfes die Zeichen des Himmels beobachtet und beim Senken des Kopfes die Veränderungen aller Dinge auf der Erde verfolgt werden konnten" (自初生民以来，世主曷尝不历日月星辰？及至五家、三代，绍而明之，内冠带，外夷狄，分中国为十有二州，仰则观象于天，俯则法类于地).

665 Die Präfektur Wŭdū 武都郡 wurde in der Qín- und Hàn-Dynastie gegründet, seine Kreisstadt lag westlich vom heutigen Kreis Chéng 成县, im Südosten der Provinz Gānsù 甘肃省 und am Nordufer des westlichen Hànshuǐ 西汉水.

666 Präfektur Qiánwéi 犍为郡, im heutigen Gebiet Lèshān 乐山, Provinz Sìchuān 四川省.

667 Präfektur Zāngkē 牂柯郡, gegründet in der Westlichen Hàn-Dynastie etwa 111 v. Chr. im südwestlichen Gebiet vom heutigen Kreis Huángpíng 黄平县, Provinz Guìzhōu 贵州省, gemäß anderen Quellen in der Nähe der heutigen Provinzhauptstadt Guìyáng 贵阳.

668 Präfektur Yuèguī 越嶲郡 (bzw. auch Yuèsuǐ ausgesprochen), dessen Verwaltungssitz im Kreis Qióngdōu 邛都县 südöstlich der heutigen Stadt Xīchāng 西昌市, Provinz Sìchuān 四川省 lag.

außerhalb des Südwestens liegen, bevölkert von auswärtigen Barbarenstämmen und gegründet zur Zeit von Kaiser Wǔ von Hàn."[669]

Auch wenn das Kapitel Yǔgòng 禹贡 [Tribute des Yǔ] keinen spezifischen Bericht über die Wàiyí 外夷 enthält, so nimmt es doch klar Stellung dazu und führt den Gedanken einer Abgrenzung zwischen Huá 华 [chinesisches Volk] und Yí 夷 [ausländisches Volk der Barbaren] in der Humangeografie ein. Dies stellte auch im alten China ein äußerst wichtiges geografisches Konzept dar. So wird deutlich, dass die kaiserliche Hauptstadt Wángjī 王畿 das Zentrum der Zivilisation von Tiānxià 天下 [alles unter dem Himmel, die chinesische ‚Welt'] war, und je weiter die Entfernung von Wángjī 王畿 war, desto niedriger wurde das Niveau der dort vorherrschenden Zivilisation angesehen. Die beiden von Wángjī 王畿 am weitesten entfernten Wǔfú-Regionen, nämlich Yàofú 要服 und Huāngfú 荒服, galten als Gebiete der Wàiyí 外夷 außerhalb von Jiǔzhōu 九洲, was bedeutet, dass sowohl Yàofú 要服 als auch Huāngfú 荒服 den Yí 夷 [Barbaren] und nicht den Xià 夏 [dem ‚chinesischen' Volk] zugeordnet wurden. Die Vorstellung von einer Abgrenzung zwischen den Yí 夷 [ausländisches Volk der Barbaren] und den Xià 夏 [Ethnie der Chinesen] war in vielen Vasallenstaaten bereits in der Vor-Qín-Zeit verbreitet und findet sich an vielen Stellen der Chūnqiū-Sānzhuàn 春秋三传 [Drei Kommentare zu den Frühlings- und Herbstannalen][670] wieder.

---

669 ‚Hànshū 汉书 [Geschichte des ehemaligen Hàn] – Dìlǐzhì 地理志下 [Abhandlung über Geografie – 2]': „Das Land des Kreises Wǔdū wird von einer Mischung der Dī- und Qiāng-Völker bewohnt. Daneben gibt es noch die Kreise Qiánwéi, Zāngkē und Yuèguī, die alle außerhalb des Südwestens liegen, bevölkert von auswärtigen Barbarenstämmen und gegründet zur Zeit von Kaiser Wǔ von Hàn" (武都地杂氐、羌，及犍为、牂柯、越巂，皆西南外夷，武帝初开置).

670 Chūnqiū-Sānzhuàn 春秋三传 [Drei Kommentare zu den Frühlings- und Herbstannalen] ist der Sammelname der drei Werke Chūnqiū-Zuǒshìzhuàn 春秋左氏传 [Kommentare von Zuǒ], Chūnqiū-Gōngyángzhuàn 春秋公羊传 [Kommentare von Gōng-Yáng] und Chūnqiū-Gǔliánzhuàn 春秋榖梁传 [Kommentare von Gǔ-Liáng]. Die ‚Frühlings- und Herbstannalen' 春秋 sind Texte der konfuzianischen Klassiker, die nur wenige Worten umfassen, aber voller tiefgründiger Bedeutung sind, und ohne Kommentare wären sie schwer zu verstehen. Von den

Bezüglich der Huáxià-Region 华夏 gibt es noch einen weiteren Ausdruck im Zuǒzhuàn 春秋左传 [Überlieferungen des Zuǒ], nämlich die ‚Spuren des Großen Yǔ' 禹迹: „Die ausgedehnten Spuren von Yǔ von Xià sind weit verzweigt in allen Regionen von Jiǔzhōu."[671] Dieser Gedanke scheint schon sehr früh entstanden zu sein, und unter dem Einfluss der Vorstellung der Abgrenzung zwischen Huá 华 und Yí 夷 wetteiferten die verschiedenen Staaten darum, ihren Platz innerhalb der ‚Spuren des Großen Yǔ' 禹迹 zu behaupten. Es heißt, dass die Menschen in den Shāng- und Zhōu-Dynastien diese ‚Spuren' verehrten, wie dies einige schöne Beispiele aus dem Shījīng 诗经 [Buch der Lieder] zeigen: *„Die ergiebigen Gewässer fließen nach Osten, die Verdienste des Großen Yǔ dürfen nicht vergessen werden. Die Vasallen aller Himmelsrichtungen folgen dem guten Beispiel, mit dem der große König vorangeht. Der Große König ist wahrhaft ein weiser Herrscher!"*[672] An anderer Stelle heißt es: „Der Himmel hat die Fürsten der Vasallenstaaten aufgefordert, ihre Hauptstadt in den Ländern zu errichten, in denen der Große *Yǔ die Gewässer befriedet hatte.*"[673] Im Kapitel Chángfā 长发 [Beständiges Gedeihen] des Shījīng 诗经 [Buch der Lieder] findet sich schließlich noch folgende Beschreibung: „Die Überschwemmungen des Flutzeitalters waren groß und weitreichend, der Große Yǔ besänftigte die Gewässer und verwaltete alle Länder unter dem Himmel. Er

---

ursprünglich fünf Kommentarwerken sind lediglich die drei oben erwähnten erhalten, die beiden anderen (die Kommentare von Zōu sowie die Kommentare von Jiā) sind bereits in der Hàn-Dynastie verloren gegangen.

671 ‚Zuǒzhuàn 春秋左传 [Überlieferungen des Zuǒ] – Qín Xiāng-Gōng 秦襄公 [4. Jahr von Herzog Xiāng von Qín]': „芒芒禹迹，画为九州."

672 ‚Shījīng 诗经 [Buch der Lieder] – Sòng 颂 [Lobgesänge] – Wén-Wáng Zhī Shén 文王之什 [Jahrzehnt von König Wén] – Wén-Wáng Yǒu Shēng 文王有声 [Hohes Ansehen von König Wén]': „丰水东注、维禹之绩。四方攸同、皇王维辟。皇王烝哉."

673 ‚Shījīng 诗经 [Buch der Lieder] – Sòng 颂 [Lobgesänge] – Shāngsòng 商颂 [Lobgesänge der Shāng] – Yīnwǔ 殷武 [Die kriegerischen Erfolge von Kaiser Yīn]': „天命多辟、设都于禹之绩 [迹]."

nahm die umliegenden Vasallenstaaten als seine Grenzen, und sein Reich erstreckte sich über alle Länder."[674]

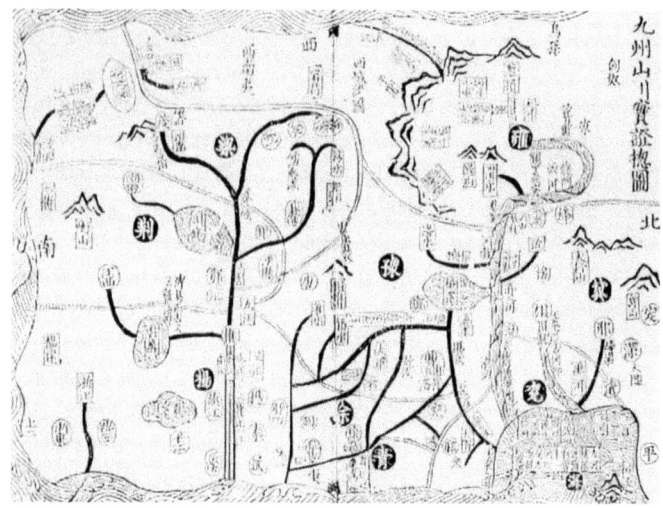

Abb. 54 'Yǔgòng-Karte' 禹贡图

Die durch spätere Generationen angefertigten Karten Chinas wurden oft als sogenannte Yǔgòng-Karte 禹贡图[675], Yǔjī-Karte 禹迹图[676] und

---

674 ‚Shījīng 诗经 [Buch der Lieder] – Sòng 颂 [Lobgesänge] – Shāngsòng 商颂 [Lobgesänge der Shāng] – Chángfā 长发 [beständiges Gedeihen]': „洪水芒芒、禹敷下土方、外大国是疆."
675 Yǔgòng-Karte 禹贡图 [Karte des Großen Yǔ] – eine Art historischer Karte, die auf dem Text des Kapitels ‚Tribute des Yǔ' 禹贡 im Shàngshū 尚书 oder Shūjīng 书经 (Buch der Urkunden) basiert und die Geografie der Berge und Flüsse sowie die Aufteilung der Jiǔzhōu-(九洲-)Gebiete darstellt.
676 Yǔjī-Karte 禹迹图 [Karte der Spuren des Yǔ] – die in der Sòng-Dynastie 宋代 (960–1279) gemalte und gravierte ‚Karte der Spuren des Yǔ' ist eine der ältesten erhaltenen in Stein gemeißelten Landkarten Chinas. Es gibt zwei Originalsteine, die in den ‚Stelenwäldern' (Museum) von Xī'ān 西安 in der Provinz Shǎanxī 陕西 und Jiāoshān 焦山 in Zhènjiāng 镇江, Provinz Jiāngsū 江苏, erhalten sind. Die ‚Karte der Spuren des Yǔ' nimmt jedoch keine Trennung zwischen den Huá 华 (Chinesen) und den Yí 夷 (Barbaren) vor und beschreibt auch nicht die Verwaltungseinheiten der Sòng-Dynastie.

Huáyí-Karte 华夷图[677] bezeichnet. Ungeachtet dessen, ob man von Yǔjī-Karte 禹迹图 oder Jiǔzhōu 九洲 spricht, drückten beide einen bedeutenden Teil der Ideologie des dynastischen Staates aus. Es genügte nicht, wenn der Herrscher eines Staates die Kontrolle über die Teile, aus denen sich der neue Staat zusammensetzte, mit Gewalt ausübte. Vielmehr musste er auch eine Ideologie über das Staatssystem schaffen und ein Konzept der staatlichen Legitimität etablieren. Und Yǔjī 禹迹 bzw. Jiǔzhōu 九洲 bildete die geografische Definition für das legitime Konstrukt eines Staates, das sowohl Erhabenheit als auch Verfassungs- und Rechtstradition innehatte. Daraus hat sich eine wichtige politische Tradition in der chinesischen Geschichte entwickelt, nämlich die, dass die Gründung eines echten und anerkannten Staates die Besetzung eines bestimmten Territoriums mit einer entsprechenden zentralen Autorität voraussetzt. Das Konzept von Jiǔzhōu 九洲 stellt ein solches spezifisches Territorium dar, und die spätere Geschichte Chinas hat die Unzerstörbarkeit dieses Konzepts bewiesen, sodass es von den Chinesen auch heute noch verwendet wird, um die Unantastbarkeit des nationalen Territoriums auszudrücken.

Ein weiterer früher Text, der Bezüge zur Geografie und botanische Beschreibungen enthält, ist das Shījīng 诗经 [Buch der Lieder] aus der Westlichen Zhōu-Dynastie. Die Gedichte im Shījīng beschreiben oft die Naturlandschaften Chinas, wie Berge, Flüsse und Wälder, und geben einen Einblick in die Art und Weise, wie die alten Chinesen ihre Umwelt wahrgenommen haben.[678]

---

677 Huáyí-Karte 华夷图 [Karte der Chinesen und der Barbaren] – eine in Stein gemeißelte Landkarte von China aus der Sòng-Dynastie 宋代 (960–1279). Die Karte basiert auf der Karte Hǎinèi-Huáyítú 海内华夷图 [‚Huá-Yí'-Landkarte von der ganzen Welt], die von Jiǎ Dān 贾耽 (730–805), chinesischer Beamter, General, Geograf und Kartograf, im 17. Jahr der Táng-Dynastie 唐代 (617–907) fertiggestellt wurde.

678 ‚Shījīng 诗经 [Buch der Lieder] – Guófēng 国风 [Die Oden der Staaten] – Qínfēng 秦风 [die Oden von Qín] – Zhōngnán 终南': „Was gibt es auf dem Berg Zhōngnánshān? Es gibt üppige Bergtrompetenbäume und Pflaumenbäume. Was gibt es auf dem Berg Zhōngnán-Shān? Es gibt Bocksdornpflanzen und Birnenbäume" (终南何有、有条有梅。终南何有、有纪有堂).

Entstehung des Begriffes Zhōngguó 中国 [Land der Mitte]

Die ursprüngliche Bedeutung von Zhōngyuán 中原 lautete ‚das offene Land im Zentrum unter dem Himmel' 天下至中的原野. Es gilt als Geburtsstätte der Huáxià-Zivilisation 华夏文明, der ‚chinesischen' Kultur und Zivilisation, der Wiege der chinesischen Nation, und wurde von den Chinesen der Antike als das ‚Zentrum unter dem Himmel', das Zentrum der damals bekannten Welt der Chinesen, betrachtet. In der Antike wurden dafür die Begriffe Zhōngguó 中国, Zhōngtǔ 中土, Zhōngzhōu 中州 häufig als Synonyme für das Reich der Mitte verwendet.

Während der Frühlings- und Herbstperiode 春秋时期 und in der Zeit der Streitenden Reiche 战国时期 umfasste Zhōngyuán das heutige Gebiet südlich von Jìnzhōng 晋中 (eine Stadt im Osten der chinesischen Provinz Shānxī 山西省), den südlichen und zentralen Teil der Provinz Héběi 河北省, das gesamte Gebiet der Provinz Hénán 河南省, einen Teil des Westens sowie den gesamten Südwesten der Provinz Shāndōng 山东省, das Gebiet östlich vom Kreis Huàshān 华山县 in der Provinz Shǎanxī sowie das Gebiet um die Stadt Huáiběi 淮北 im Norden der Provinz Ānhuī 安徽省 und den Norden sowie Teile des Nordwestens der Provinz Húběi 湖北省. Es handelte sich somit um das riesige Gebiet, das sich von der Provinz Hénán 河南省 bis zum Mittel- und Unterlauf des Gelben Flusses erstreckt und als die Geburtsstätte der alten Huáxià-Ethnie 华夏族 betrachtet wird, woraus das Selbstbewusstsein einer gemeinsamen kulturellen Abstammung der verschiedenen Zusammenschlüsse der ethnischen Vorfahren der Hàn 汉族 aus der Vor- Qín-Zeit erwächst.

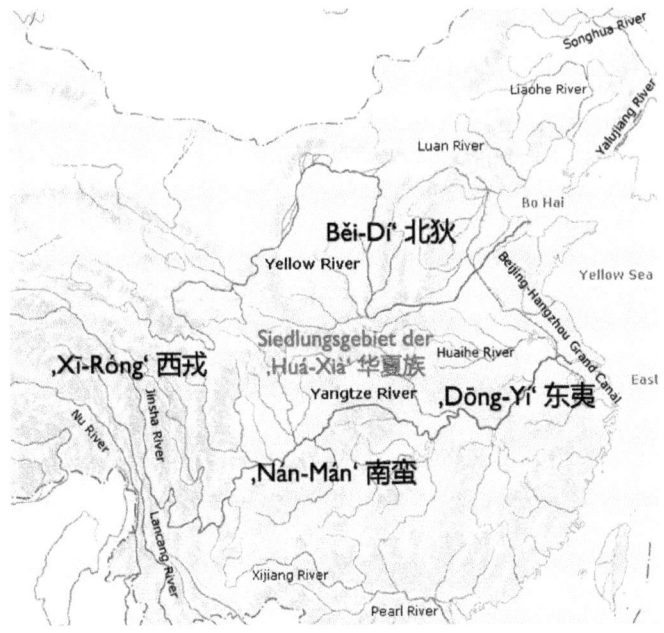

Abb. 55 Antikes Siedlungsgebiet der ‚Huáxià' 华夏, umgeben von den sogenannten Sìyí 四夷 (vier fremde Völker, Barbaren)

Das Gebiet von Zhōngyuán breitete sich mit der Integration der Huáxià-Nation und der Expansion der Zhōngyuán-Zivilisation allmählich weiter aus und verstärkte den Austausch zwischen dem Volk der Hàn 汉族, welches das Zentrum der Zhōngyuán-Zivilisation darstellte, und den anderen verschiedenen ethnischen Gruppen. Das damals kulturell und zivilisatorisch fortschrittlichere Volk der Huáxià 华夏 wurde China genannt, um es von den sogenannten Sìyí 四夷 (vier fremde Völker, Barbaren) zu unterscheiden. Die ethnische Gruppe Huáxià 华夏族 ist der Vorläufer der Volksgruppe der Hàn 汉族, wobei die Huáxìa auch Huá 华, Zhuhuá 诸华, Xià 夏, Zhūxià 诸夏 oder Zhōngxià 中夏 genannt wurden. Huáxià ist also der Name, den die Vorfahren der Hàn-Chinesen, die in der Antike im Zhōngyuán-Gebiet lebten, sich selbst gaben, um sich von den Sìyí 四夷 im Süden (Nánmán 南蛮),

Osten (Dōngyí 东夷), Westen (Xīróng 西戎) und Norden (Běidí 北狄) zu unterscheiden; sie sind auch als Zhōnghuá 中华 bekannt.

Der Ausdruck Zhōngguó 中国 findet sich erstmals im Shījīng 诗经 [Buch der Lieder][679]. Dieses Zhōngguó bedeutet jedoch in Wirklichkeit ‚die Mitte des Landes [Reiches]' und bezieht sich noch nicht wirklich auf ein Land. Als Bezeichnung für ein eigenes Land ist es dann aber in den Schriften der sogenannten Zhūzǐ-Bǎijiā 诸子百家 [Hundert Denkschulen][680] der Zeit der Streitenden Reiche bereits gebräuchlich. So wird im Mèngzǐ auf den großen Konfuzianer Chén Liáng 陈良 hingewiesen, der „nach Norden ins Reich der Mitte kam, um zu studieren"[681]. An einer anderen Stelle weist Meister Mèng darauf hin, dass sich „die Wege der Tiere und Vögel im ganzen Reich der Mitte kreuzten"[682]. Im Zhuāngzi 庄子 [Meister Zhuāng], einem der Grundlagentexte des Daoismus, wird davon berichtet, dass sich ein Wēnbó-Xuězǐ 温伯雪子 genannter daoistischer Gelehrter aus dem Staat Chǔ auf seinem Weg nach Qí 齐国 einige Zeit in Lǔ 鲁国 aufhielt, wo einige

---

679 ‚Shījīng 诗经 [Buch der Lieder] – Dàyǎ 大雅 [Große Festlieder des Königreichs] – Shēngmín Zhī Shén 生民之什 [Jahrzehnt der Geburt unseres Volkes] – Mínláo 民劳 [verdienstvolle Tat des Volkes]': „Das Volk hat schwer zu tragen, und etwas Frieden und Wohlstand wird ihnen guttun. Hegen und pflegen wir dieses Reich der Mitte [Zhōngguó 中国], damit Friede in allen Himmelsrichtungen herrsche. Den Schlauen und Schurken soll keine Nachsicht gewährt werden, um die Gewissenlosen zur Vorsicht zu mahnen. Die Plünderer und Tyrannen sind zu bändigen, da sie den Willen des Himmels nicht fürchten. Lasst uns die Menschen aus nah und fern schätzen und umsorgen, damit des Königs Macht gedeihen kann" (民亦劳止，汔可小康。惠此中国，以绥四方。无纵诡随，以谨无良。式遏寇虐，憯不畏明。柔远能迩，以定我王).
680 Zhūzǐ-Bǎijiā 诸子百家 [Hundert Denkschulen] meint Philosophien und Denkschulen, die vom 6. Jahrhundert bis 221 v. Chr. während der Frühlings- und Herbstperiode und der Zeit der Streitenden Reiche blühten.
681 ‚Mèngzǐ 孟子 – Herzog Wén von Téng (Teil I) 滕文公上': „Chén Liáng stammte aus Chǔ. Er war von den Lehren von Zhōu Gōng und Zhòng Ní angetan und kam nach Norden ins Reich der Mitte, um sie zu studieren" (陈良，楚产也。悦周公、仲尼之道，北学于中国).
682 ‚Mèngzǐ 孟子 – Herzog Wén von Téng (Teil I) 滕文公上': „Die Wege, die von den Füßen der Tiere und den Abdrücken der Vögel markiert wurden, kreuzten sich im ganzen Reich der Mitte" (兽蹄鸟迹之道，交于中国).

wichtige Beamte um ein Gespräch mit ihm baten. Er lehnte jedoch mit den Worten ab, dass „die Erhabenen des Reichs der Mitte zwar etwas von Zeremonien und Rechtschaffenheit verstehen, aber bedauerlicherweise keine Ahnung vom Geist der Menschen haben"[683].

All dies deutet darauf hin, dass sich das hier genannte Zhōngguó 中国 auf das spätere Zhōngyuán bezieht. Doch das damalige Gebiet von Zhōngguó war sicherlich nicht so groß wie das des heutigen Zhōngyuán, sondern entsprach etwa der Fläche der heutigen Provinzen Shānxī 山西, Shāndōng 山东, Hénán 河南 und Héběi 河北.

Geschichtliche Hintergründe

Die Vor-Qín-Periode in China war eine Zeit bedeutender historischer Entwicklungen, die eine entscheidende Rolle bei der Herausbildung der chinesischen Identität spielten. Die Geschichte jener Zeit, einschließlich des Aufstiegs und Niedergangs von Dynastien, des Wachstums und Niedergangs von Städten und der Entwicklung von Handel und Gewerbe, hat die kulturelle Identität des chinesischen Volkes bis heute geformt und geprägt. Die gemeinsamen Erfahrungen mit Krieg, Frieden, Wohlstand und Widrigkeiten trugen dazu bei, ein Gefühl für die gemeinsame Geschichte und ein gemeinsames kulturelles Bewusstsein zu schaffen. Diese Identität im alten China wurde durch eine Reihe von Faktoren geprägt, darunter Sprache, Glaube, Bräuche, Werte, Geografie und Geschichte. Ihr Verständnis gewährt wertvolle Einblicke in die kulturellen, historischen und intellektuellen Wurzeln Chinas und hilft, Brücken des gegenseitigen Verständnisses und Lernens zwischen verschiedenen Kulturen zu bauen. In dieser Zeit entstanden auch historisch

---

683 ‚Zhuāngzi 庄子 [Meister Zhuāng] – Wàipiān 外篇 [Äußere Kapitel] – Tiánzi Fāng 田子方': „Ich habe gehört, dass die Erhabenen des Reichs der Mitte etwas von Zeremonien und Rechtschaffenheit verstehen, aber bedauerlicherweise keine Ahnung vom Geist der Menschen haben. Ich wünsche nicht, sie zu sehen" (吾闻中国之君子，明乎礼义而陋于知人心，吾不欲见也).

einzigartige Aufzeichnungen und Chroniken, die den Grundstein für die Entwicklung der chinesischen Geschichtsschreibung legten und die Entwicklung der chinesischen Identität beeinflussten.

Als einige der wichtigsten historischen Faktoren bei der Formung einer beständigen chinesischen Identität können dabei angeführt werden:

1. In den historischen Texten der Vor-Qín-Periode wurde stets großer Wert auf Moral und Tugend gelegt, da diese als Schlüsselfaktoren für den Erfolg oder Misserfolg einer Dynastie oder eines Staates angesehen wurden. Begriffe wie Yì 义 [Rechtschaffenheit], Zhōng 忠 [Loyalität] und Xiào 孝 [kindliche Pietät bzw. Respekt vor den Eltern und Vorfahren] wurden in historischen Texten häufig erwähnt und sind auch heute noch grundlegende Werte in der chinesischen Gesellschaft.

2. Auch die politische Geschichte nimmt in diesen Texten eine wichtige Stelle ein, indem sie den Aufstieg und Fall von Dynastien und die politischen Handlungen von Herrschern und Staaten dokumentierten. Dieser Schwerpunkt ist noch heute ein wichtiger Aspekt der chinesischen Geschichtsschreibung.

3. Das Konzept des Tiānmìng 天命 [Mandat des Himmels] wurde von den Herrschern der Zhōu nach ihrem Sturz der Shāng-Dynastie als Legitimation ihrer Herrschaft entwickelt und spielte eine wichtige Rolle bei der Bildung des chinesischen Geschichtsdenkens. Als Konzept des ‚Leistungsauftrags von oben', des göttlichen Rechts zu herrschen, besagte es, dass die Autorität eines Herrschers durch den ‚Willen des Himmels' verliehen worden sei, dass „die Könige früherer Zeiten stets ehrfürchtig das Mandat des Himmels befolgten"[684] und es dem Herrscher oblag, sein Mandat durch eine gerechte und tugendhafte Herrschaft aufrechtzuerhalten. Dieses Konzept hat die chinesische Identität

---

684 ‚Shàngshū 尚书 [Buch der Urkunden] – Shāngshū 商书 [Dokumente aus der Shāng-Dynastie] – Pán Gēng 盘庚上 [Pán Gēng Teil 1]': „Wenn die Könige früherer Zeiten irgendeine (wichtige) Angelegenheit hatten, befolgten sie ehrfürchtig das Mandat des Himmels" (先王有服，恪謹天命).

nachhaltig geprägt und ist auch heute noch ein Schlüsselelement im politischen und kulturellen Denken Chinas.
4. Historische Aufzeichnungen aus der Vor-Qín-Zeit hatten einen großen Einfluss auf Charakter und Entwicklung der Literatur. In der Literatur wurde häufig auf historische Ereignisse und Persönlichkeiten Bezug genommen, und viele literarische Werke wurden von historischen Ereignissen inspiriert. Diese Integration von Geschichte und Literatur hat die chinesische Identität und Kultur maßgeblich geprägt.

Die Nicht-Zhōu-Völker

Als die Zhōu die Gebiete im Osten eroberten, wurden ihre Vasallenstaaten hauptsächlich als Garnisonsstationen an strategischen Punkten gegründet. Zu den von Zhōu-Adligen angeführten Truppen gehörten in der Regel die Männer des Königs, Abordnungen verbündeter Truppen und einige Shāng, die sich den Zhōu ergeben hatten. Die einheimische Bevölkerung dieser Staaten (in den chinesischen Quellen als Sìyí 四夷, die vier Barbarenvölker, bezeichnet) wurde als Untertanen regiert, jedoch ohne dem eigentlichen Staat der Zhōu zuzugehören, was mit der Staatsbürgerschaft in den griechischen Stadtstaaten vergleichbar gewesen wäre. Diese Zhōu-Garnisonsstaaten waren allerdings keine unabhängigen Gemeinwesen wie die griechischen Stadtstaaten, sondern Teil des Zhōu-Feudalnetzes.

Der Begriff Sìyí 四夷 wird in der chinesischen Literatur regelmäßig zur Bezeichnung der nicht-chinesischen Völker verwendet, die außerhalb der Grenzen des alten China lebten. Ein besseres Gespür für die Unterscheidung zwischen ‚Chinesen' und anderen Völkern zeigt sich in der Verwendung der Begriffe Xià 夏[685], Huá 华[686] und Zhōngguó 中国[687].

Für das Jahr 661 v. Chr. enthält das Zuǒzhuàn 春秋左传 [Überlieferungen des Zuǒ] die folgende aufschlussreiche Aussage: „Die Dí waren in Xíng eingefallen. Guǎn Zhòng sprach zu Herzog Huán von Qí: ‚Die Dí und Róng gleichen Schakalen und Wölfen, welche zutiefst zu verabscheuen sind; alle Länder in der Zentralchinesischen Ebene sind alle nahezu verwandt und stehen sich nahe, und keines darf aufgegeben werden. Der Wunsch nach Bequemlichkeit und Genuss ist gleichbedeutend mit Selbstmord durch Trinken von vergiftetem Wein, und man darf sich dem nicht hingeben."[688]

Der Ausdruck Zhōngguó 中国 (heute die offizielle chinesische Bezeichnung für ‚China') wird in den frühen chinesischen Schriften auf verschiedene Weise verwendet. So kehrt er in dem Gedicht Mínláo 民劳 [verdienstvolle Tat des Volkes] wieder, dessen Anfangszeilen wie folgt lauten: „Das Volk hat schwer zu tragen, und etwas Frieden und Wohlstand wird ihm guttun. Hegen und pflegen wir dieses Reich der Mitte [Zhōngguó 中国], damit Friede in allen Himmelsrichtungen herrsche. Den Schlauen und Schurken soll keine Nachsicht gewährt werden, um die Gewissenlosen zur Vorsicht zu mahnen. Die Plünderer und Tyrannen sind zu bändigen, da sie den Willen des

---

685 Xià 夏, auch Huáxià 华夏 oder Zhūxià 诸夏.
686 Huá 华, alter Namen für China, chinesisch, z. B. in Huáyí 华夷 (Huá华 ist die Hàn-Nationalität, Yí 夷 bezieht sich auf andere Minderheiten als die Hàn-Nationalität) oder Huá-Fēng 华风 (bezieht sich auf die Bräuche der Hàn-Nationalität oder der Zentralebene).
687 Zhōngguó 中国: In der Antike hatte die chinesische Hàn-Kultur ihren Ursprung im Becken des Gelben Flusses und galt als das Zentrum der damals bekannten Welt, daher der Name ‚Staat der Mitte' (Zhōngguó 中国). In späteren Dynastien war das Territorium so groß, dass alle Gebiete, die unter ihrer Herrschaft standen, ‚Zhōngguó' 中国 genannt wurden.
688 ‚Zuǒzhuàn 春秋左传 [Überlieferungen des Zuǒ] – Lǔ Mǐn Gōng Yuánnián 鲁闵公元年 [1. Jahr von Herzog Mǐn von Lǔ]': „狄人伐邢，管敬仲言于齐侯曰，戎狄豺狼，不可厌也，诸夏亲昵，不可弃也，宴安酖毒，不可怀也。"

Himmels nicht fürchten. Lasst uns die Menschen aus nah und fern schätzen und umsorgen, damit des Königs Macht gedeihen kann."[689]

Der Unterschied zwischen den Staaten des Zentrums, des ‚Landes der Mitte' [Zhōngguó 中国], und den anderen Staaten wird in zwei Passagen aus dem Guóyǔ 国语 [Gespräche über die Staaten] hervorgehoben, wobei impliziert wird, dass die Staaten des Zentrums eine Reihe gemeinsamer Werte teilen. Im Unterschied zu den Völkern von Staaten wie Jìn 晋国, dessen Ursprung der legendären Xià-Dynastie zugeschrieben wird, sagte man den Völkern der Mán 蛮, Yí 夷, Róng 戎 und Dí 狄 nach, sich lange Zeit nicht einer kulturellen und ethischen Führung unterworfen zu haben und für Zhōngguó 中国 (die ‚Länder der Mitte') nicht von Nutzen gewesen zu sein.[690] In einer zweiten Passage wird den ‚Drei Armeen'[691] ein energisches Vorgehen gegen die barbarischen Sìyí 四夷 empfohlen: „Die drei Armeen müssen dem arroganten und respektlosen

---

689 ‚Shījīng 诗经 [Buch der Lieder] – Dàyǎ 大雅 [Große Festlieder des Königreichs] – Shēngmín Zhī Shén 生民之什 [Jahrzehnt der Geburt unseres Volkes] – Mínláo 民劳 [verdienstvolle Tat des Volkes]': „民亦劳止，汔可小康。惠此中国，以绥四方。无纵诡随，以谨无良。式遏寇虐，憯不畏明。柔远能迩，以定我王."

690 Guóyǔ 国语 [Gespräche über die Staaten] – Chǔyǔ Shàng 楚语上 [Gespräche über Chǔ – Teil 1]': „Die Barbarenstämme der Mán, Yí, Róng und Dí haben sich dem Sohn des Himmels schon seit langer Zeit nicht mehr unterworfen, und sie sind für die Vasallenstaaten des Landes der Mitte [Zhōngguó 中国] nicht mehr von Nutzen" (蛮、夷、戎、狄，其不宾也久矣，中国所不能用也).

691 Sānjūn 三军 [Drei Armeen] ist ein chinesischer Begriff für die Armee, der bis in die Frühlings- und Herbstzeit zurückreicht, aber seine Bedeutung hat sich im Laufe der Geschichte stark verändert. Der früheste Begriff ‚Drei Armeen' bezieht sich auf die Armeen der alten chinesischen Vasallenstaaten in der Frühlings- und Herbstperiode. Nach dem Zhōu-System konnte der Sohn des Himmels (Tiānzǐ 天子) sechs Armeen und die großen Vasallenstaaten konnten drei Armeen haben, die oft als Obere Armee (Shàngjūn 上军), Mittlere Armee (Zhōngjūn 中军) und Untere Armee (Xiàjūn 下军) bezeichnet wurden und traditionell jeweils auf einem System von 12.500 Mann basierten; in der Zeit der Streitenden Reiche wurden damit die drei Verbände Streitwagen, Kavallerie und Infanterie bezeichnet.

Verhalten der Mán, Yí, Róng und Dí entgegentreten und sollten daher Gewalt anwenden."[692]

Die Westliche Zhōu etablierte die als Zōngfǎ 宗法[693] und Fēnfēng 分封[694] bekannten politischen Strukturen, die auf Blutlinien basierten. Mit dem als Fēngjiàn 封建[695] bezeichneten Beziehungssystem festigten die Zhōu die Stabilität ihrer politischen Macht. Unter Fēngjiàn besaß der König das gesamte Land. Er, der König, verteilte große Teile des Landes in seinem Reich an die Herrscher der Vasallenstaaten, die sogenannten Zhūhóu 诸侯[696], die Feudalfürsten, die über die ihnen zugeteilten Länder, die Zhūxià 诸夏[697], herrschten. Es hieß, die Zhūxià seien ursprünglich von Barbaren bevölkert gewesen, die der König mit Gewalt unterworfen habe.

---

692 ‚Guóyǔ 国语 [Gespräche über die Staaten] – Zhōuyǔ 周语中 [Gespräche über Zhōu]': „夫三军之所寻，将蛮、夷、戎、狄之骄逸不虔，于是乎致武。"

693 Zōngfǎ-Zhìdù 宗法度 meint das Abstammungs- oder patriarchalische System bzw. das Verwandtschaftssystem.

694 Fēnfēng-Zhì 分封制 steht für Feudalismus, Belehnungssystem.

695 Fēngjiàn 封建 oder Feudalzeitalter wird im Allgemeinen als der Zeitraum definiert, in dem ein Feudalsystem bestand, in dem die politische und wirtschaftliche Macht von einer zentralen Dynastie oder dem Patriarchen (Himmelssohn) durch ein Belehnungssystem, genannt Fēnfēng 分封, unter den einzelnen Herren aufgeteilt wurde. Im alten China umspannt dieser Zeitraum die Jahre 1046–221 v. Chr. Das heißt, das chinesische Feudalsystem wurde in der Zhōu-Dynastie formell eingeführt und endete 221 v. Chr. mit der Vereinigung der Sechs Reiche durch die Qín-Dynastie. Während der feudalen Ära gehörte alles Land dem ‚Sohn des Himmels' (Herrscher), der es unter den Feudalfürsten aufteilte, die es wiederum gemäß Hierarchiestufe bis hinunter zu den Bauern und Leibeigenen aufteilten. Die sozialen Beziehungen zwischen den verschiedenen Klassen wurden als Fēngjiàn-System 封建制度 bezeichnet.

696 Zhūhóu 诸侯 waren Feudalfürsten, also die Herzöge oder Fürsten unter einem Kaiser.

697 Zhūxià 诸夏 bezieht sich auf die Vasallenstaaten der Zentralchinesischen Ebene sowie auf die ersten Feudalfürsten (Zhūhóu 诸侯) mit gleichem Nachnamen 同姓 und ehelicher Beziehung 姻亲 und auf verdiente Vasallen 受功 der Zhōu-Dynastie; es wurde später als Synonym für die Vasallenstaaten der Zentralebene weithin bekannt und taucht häufig in den kanonischen Texten der Frühlings- und Herbstperiode und der Streitenden Reiche auf.

Die Orakelknochen der Shāng (1556–1046 v. Chr.) und die schriftlichen Dokumente der Zhōu-Dynastie enthalten eine beträchtliche Menge an Daten über die Namen von Völkern, gegen die die Shāng kämpften oder mit denen sie Beziehungen unterhielten.[698] Archäologische Funde weisen auch auf die Existenz sehr unterschiedlicher Shāng-Kulturen hin, die zu unterschiedlichen Stämmen in verschiedenen Gebieten gehörten. Diese Völker werden in der Regel als Fāng 方[699] bezeichnet, wobei ihnen jeweils ein Zeichen vorangestellt wurde, das wahrscheinlich ihren ethnischen Namen angab. Die bekanntesten Stämme jener Zeit waren etwa die Sùshèn 肃慎[700]

---

698 Chén Mèngjiā 陈梦家, Yīnxū Bǔcí Zòngshù [Eine Rezension der Yīnxū-Wahrsagungen] 殷虚卜辞综述, Zhōng-Huá Book Company 中华书局, 1956, S. 249–312; Lǐ Xuéqín 李学勤, Yīndài Dìlǐ Jiǎlùn [Eine kurze Einführung in die Geografie der Yīn-Dynastie] 殷代地理简论), Science Press 科学出版社, 1959.
699 Fāng 方 – Ort, Region, Gebiet, Land; Volksgruppe, Clan.
700 Sùshèn 肃慎, auch bekannt als Xīshèn 息慎 und Jìshèn 稷慎, war ein Volksstamm, der während der Xià- und Shāng-Dynastien in der Gegend um die Täler des Hēishuǐ 黑水 (Hēishuǐ-Fluss, der heutige Hēilóngjiāng 黑龙江) und des Sōnghuājiāng 松花江 [Sōnghuā-Fluss] im Gebiet der heutigen Provinz Jílín 吉林省 und Provinz Hēilóngjiāng 黑龙江省 lebte und wahrscheinlich von den Tungusen 通古斯族 abstammte. Neben den Hàn 汉族, den Yemaek 濊貊 und den Dōnghú 东胡 [Östliche Hú] war er als eine der vier großen ethnischen Gruppen des alten Nordostchina und der Äußeren Mandschurei bekannt und galt als eine der ersten ethnischen Gruppen in Nordostchina, die in der alten chinesischen Literatur erwähnt wurden.

im Nordosten, die Dōngyí 东夷[701] im Südosten, die Chǔ 楚族[702], Bā 巴人[703] und Shǔ 蜀人[704], im Norden des Gebietes der heutigen

---

701 Dōngyí 东夷, auch Yí oder Yírén 夷人 genannt, bezieht sich in der Vor-Qín-Periode auf die als Barbaren bezeichneten Nicht-Zhōu-Völker, die den Unterlauf des Gelben Flusses (die Gebiete der antiken Staaten Qīngzhōu 青州, Yǎnzhōu 兖州 und Xúzhōu 徐州) bewohnten. In den Aufzeichnungen der Shāng-Orakelknochen finden sich erstmals Hinweise auf kriegerische Auseinandersetzungen zwischen den Yí und den Shāng sowie die Erwähnung eines Staates der Yífāng 夷方. Während der Zhōu-Dynastie waren sie als Dōngyí 东夷 [östliche Barbaren] bekannt, aber in den meisten Fällen bezog sich Dōngyí auf die Bewohner Ostchinas, später auch der koreanischen Halbinsel und Japans.
702 Die Vorfahren der Chǔ 楚族 waren zunächst in der Zentralebene im Becken des Gelben Flusses aktiv, einer ihrer Zweige zog im Strudel der alten ethnischen Konflikte und der Unterdrückung und Angriffe feindlicher Stämme allmählich nach Süden. Das Chǔ-Volk wanderte ursprünglich von Xīnzhèng 新郑 in der heutigen Provinz Hénán in den Südwesten von Hénán und in den Südosten von Shǎanxi und erreichte in den frühen Jahren der Westlichen Zhōu-Dynastie das Grenzgebiet von Dānshuǐ 丹水 und Xīshuǐ 淅水. Danach siedelten sie in der Nähe des Jīngshān 荆山 [Jīngshān-Berg] weiter gen Süden.
703 Die Bā 巴人 waren während der Shāng- und Zhōu-Dynastien im östlichen Teil des heutigen Sìchuān-Beckens und in der Nähe des alten Staates Shǔ 蜀国 aktiv. Sie gründeten den Staat Bā 巴国 während der Xià-Dynastie 夏朝, dessen erste Hauptstadt Yíchéng 夷城 (heute Ēnshī 恩施) in der Provinz Húběi 湖北 lag, und zogen später nach Dānshān 丹山 (heute Xùyǒng 叙永, Provinz Sìchuān). Während der Shāng-Dynastie und der Westlichen Zhōu-Dynastie befand sich die Hauptstadt von Bā in Wūshān 巫山. Während der Frühlings- und Herbstperiode kam es häufig zu Kriegen zwischen den Staaten Bā und Chǔ. 316 v. Chr. vernichtete der berühmte Qín-General Sīmǎ Cuò 司马错 den Staat Bā, und das Bā-Volk wurde fortan in die chinesische Zivilisation integriert.
704 Das Volk der Shǔ 蜀人 ist ein Stamm aus der Vor-Qín-Period und auch einer der Vorfahren des Hàn-Volksstammes 汉族. Sie lebten ursprünglich im Hànzhōng-Becken 汉中盆地 im Süden der Provinz Shǎanxī 陕西 und am Oberlauf des Mínjiāng 岷江 [Mínjiāng-Fluss]. Der Legende nach waren sie Nachkommen des Gelben Kaisers 黄帝; Cán Cóng 蚕丛, Bó Guàn 柏灌 und Yú Fú 鱼凫 galten als ihre Könige, und sie standen in regem Austausch mit den Xià 夏 und den Shāng 商. Nach der Eroberung durch König Wǔ von Zhōu 周武王 wurde Shǔ auf ihn übertragen.

Provinz Shānxī lebten die Tǔfāng 土方[705], die Gōngfāng 吾方[706] und Guǐfāng 鬼方[707] besiedelten den Nordwesten, die Qiāngfāng 羌方[708], Yuèfāng 戉方, Gènfāng 亘方[709] und Zhōufāng 周方 waren im Westen und die Yífāng 夷方 und Rénfāng 人方 im Südosten beheimatet. Sie interagierten wohl schon früh mit den Huáxià-Stämmen in der Zentralchinesischen Ebene 中原[710] und legten gemeinsam das Fundament der alten chinesischen Zivilisation.

---

[705] Tǔfāng 土方, alter Stamm in China während der Xià- 夏 und Shāng-Dynastien 商, in den Gebieten der heutigen Gebiete Shānxī 山西省, Shǎanxī 陕西 und im Norden der Inneren Mongolei 内蒙古.

[706] Gōngfāng 吾方: Auf den Orakelknochen, die in den Yīn-Ruinen gefunden wurden, werden die Gōngfāng 吾方 als Stamm aus der Shāng-Dynastie erwähnt. Den Wahrsagetexten zufolge lebten sie während der Herrschaft von König Wǔ Dīng 武丁 im nordwestlichen Randgebiet der Shāng, westlich der Tǔfāng 土方, etwa in der zentralen Region der heutigen Provinz Shǎanxī 陕西省, nordwestlich des Tàiháng-Gebirges 太行山. Die Gōngfāng waren wohl lange Zeit ein den Shāng feindlich gesinnter Staat und schlossen sich möglicherweise mit den Tǔfāng zum Kampf gegen die Shāng zusammen.

[707] Guǐfāng 鬼方 war ein Stamm, der während der Shāng- und Zhōu-Dynastien im Nordwesten Chinas lebte und aus dem Clan der Dà-Kuí 大隗氏 hervorging, einem Clan, der durch Heirat mit dem Gelben Kaiser [Xuān Yuán 轩辕] verbunden war.

[708] Qiāngfāng 羌方, auch Yángfāng 羊方 genannt, siedelten im Gebiet der heutigen Regionen Shǎanxī 陕西 und Gānsù 甘肃.

[709] Gènfāng 亘方, auch Xuānfāng 宣方 genannt, waren die Einwohner eines Nachbarstaates der Shāng. Wissenschaftler gehen davon aus, dass sich dieser Staat im Südosten vom heutigen Kreis Yuánqū 垣曲县 in der Provinz Shānxī 山西省省 befand.

[710] Zhōngyuán 中原 oder Zentralchinesische Ebene, im Chinesischen auch bekannt als das Zhōngtǔ 中土, Zhōngzhōu 中州 und Huáxià 华夏, bezieht sich auf den Mittel- und Unterlauf des Gelben Flusses mit dem Gebiet von den Städten Luòyáng 洛阳 bis Kāifēng 开封 als Zentrum. Im engeren Sinne handelt es sich um die heutige Provinz Hénán 河南省. In Bezug auf fremde Ethnien und Clans meint Zhōngyuán auch Zhōngguó 中国 im Allgemeinen.

Frühe Texte bezeichnen die Urbevölkerung in jenen Gebieten als Yěrén 野人, als ‚Menschen der Felder' bzw. Unzivilisierte, im Gegensatz zu den Guórén 国人, den ‚Menschen in und um die Städte'.[711] Die Guórén 国人 waren hauptsächlich Handwerker oder boten verschiedene Dienstleistungen an. Sie konnten sich zu einem gewissen Grad am politischen Leben beteiligen, in die Politik eingreifen, hatten Mitspracherecht bei Diplomatie und Kriegsführung und auch bei der Verlegung der nationalen Hauptstadt. Am deutlichsten war dies in den kleinen und mittelgroßen Staaten der Zentralchinesischen Ebene 中原 wie Zhèng 郑, Wèi 卫, Sòng 宋, Cáo 曹, Chén 陈 und auf der Halbinsel Shāndōng, wahrscheinlich weil in diesen Gebieten mehr vom Erbe der ursprünglichen Kommune erhalten geblieben war.

---

711 ‚Mèngzǐ 孟子 – Herzog Wén von Téng (Teil I) 滕文公上': „Ein Gebiet von einem Lǐ 里 in Länge und Breite gilt als ‚Brunnenfeld' [井田 Jǐngtián), das neunhundert Mǔ [1 Mǔ = 666,667 m²] umfasst, wobei das Feld in der Mitte das öffentliche Feld ist. Acht Familien, die jeweils ihre eigenen hundert Mǔ haben, bewirtschaften gemeinsam das öffentliche Feld. Erst wenn die gemeinsame Arbeit erledigt ist, kümmert sich jede Familie um ihre privaten Angelegenheiten. Auf diese Art und Weise unterscheiden sich die Menschen der Felder von denen höheren Ranges" (方里而井，井九百亩，其中为公田。八家皆私百亩，同养公田。公事毕，然后敢治私事，所以别野人也。此其大略也).

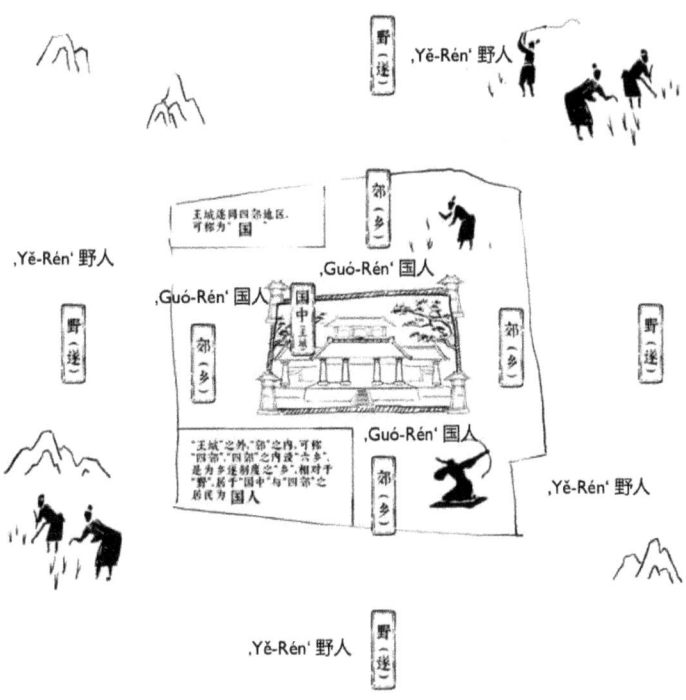

Abb. 56 Die Yěrén 野人 waren für die landwirtschaftliche Produktion verantwortlich, während die Guórén 国人 eher für Armee und Militärdienst zuständig waren.

Die Yěrén 野人, jene auf den Feldern und in der Wildnis lebenden ‚unkultivierten Menschen', waren mit der herrschenden Klasse der Westlichen Zhōu nicht blutsverwandt, sondern stammten aus den eroberten Völkern. In der Westliche-Zhōu-Periode wurde eine Unterscheidung zwischen Shùrén 庶人, dem ‚gemeinen Volk' oder ‚einfachen Mann', und den Guórén 国人 gemacht; Ersteres bezog sich auf Menschen, die nicht zur selben Sippe gehörten, Letzteres auf Menschen aus dem Stamm der Zhōu. Der Unterschied in ihrem Status war jedoch sehr deutlich zu erkennen. Obwohl die damaligen Yěrén 野人 auch in Kommunen organisiert waren, gibt es in den antiken Texten keine Beispiele dafür, dass sie sich an der Politik beteiligten.

Zur Zeit der Östlichen Zhōu bestanden die Dōngyí-Gruppen hauptsächlich aus den Xú 徐 (auch Xúróng 徐戎 oder Xúyí 徐夷 genannt)[712], Shūguó 舒国[713], Huáiyí 淮夷[714] und Láiyí 莱夷[715]; Mán 蛮 scheint ein Oberbegriff für die Völker im Süden gewesen zu sein. Chǔ wurde als

---

712 Die Xúróng 徐戎 oder Xúyí 徐夷 siedelten während der Xià- bis Zhōu-Zeit im mittleren und unteren Teil des heutigen Huáihé 淮河 [Huáihé-Fluss], der im nordwestlichen Tal des Tóngbǎi-Gebirges 桐柏山 im Kreis Tóngbǎi 桐柏县 in der Provinz Hénán 河南省 entspringt und durch die Provinzen Húběi 湖北省, Hénán 河南省, Ānhuī 安徽省 und Jiāngsū 江苏省 fließt, bevor er bei Sānjiāngyíng 三江营 in der Stadt Yángzhōu 扬州市 in der Provinz Jiāngsū 江苏省 in den Fluss mündet. Zu Beginn der Zhōu-Dynastie gründeten sie den Staat Xúguó 徐国; als mächtigster unter den Dōngyí-Stämmen schlossen sie sich mehrmals mit den 'Huái' 淮 und anderen Völkern zusammen, um die Zhōu anzugreifen. In der Frühlings- und Herbstperiode wurden sie von den Chǔ 楚 besiegt und 512 v. Chr. schließlich vom Staat Wúguó 吴国 annektiert.
713 Der Staat Shūguó 舒国 befand sich im Gebiet der alten Stadt Shūchéng 舒城, rund 20 km südwestlich vom Kreis Lújiāng 庐江县 in der Provinz Ānhuī 安徽省. Laut historischen Quellen dürfte 657 v. Chr. Shū an den Staat Xúguó 徐国 gefallen sein. Aufgrund der großen Entfernung konnte Xú den Staat Shū jedoch nicht lange halten, der in der Folge zu einem Vasallen von Chǔ wurde. 615 v. Chr. beging Shū Verrat an Chǔ, der daraufhin den Herrscher von Shū gefangen nahm und Shū vernichtete. Nach dem Untergang des Staates Shū übernahm die Stammesfamilie den Staatsnamen als ihren Clannamen und wurde so als Shū-Clan bekannt.
714 Die Huáiyí 淮夷 sind ein Zweig, der zu den Dōngyí-Gruppen gehört. Sie waren ein Stamm in der chinesischen Antike, der am Mittel- und Unterlauf des Huáihé-Flusses 淮河 lebte und zum Hauptclan der Dōngyí gehörte. Es wird angenommen, dass er ein Zweig der Volksgruppe der Niǎoyí 鸟夷 innerhalb des Dōngyí-Verbundes war. Huáiyí wird auf Orakelknochen häufig mit den beiden Zeichen 隹夷 geschrieben, durch Voranstellen des Radikals 氵 [Aussprache: Shuǐ; Bedeutung: Wasser, Flüssigkeit] beim Zeichen 隹 [Bedeutung: Kurzschwanzvögel; Aussprache: Zhuī] wird dieses zum Zeichen 淮 [Bedeutung: Name des Flusses Huáihé 淮河], weshalb die Huáiyí 淮夷 identisch mit dem Stamm der Niǎoyí waren.
715 Die Láiyí 莱夷 waren ein antiker Volksstamm, der im Zentralgebiet und im Osten der heutigen Provinz Shāndōng 山东 siedelte. Der antike Staat Lái 莱国 befand sich in der Xià-Periode im zentralen und östlichen Shandong und hatte die Hauptstadt Màiqiūyì 麦丘邑; während der Yīn- und Zhōu-Periode umfasste er den nordöstlichen Teil der heutigen Halbinsel Shāndōng 山东半岛; 575 v. Chr. wurde er durch den Staat Qí 齐国 zerstört.

ein Mán-Staat angesehen; Róng 戎 scheint sich auf die verschiedenen Gruppen von Nicht-Zhōu-Völkern zu beziehen, die im nördlichen Hochland verstreut lebten, insbesondere in den Bergen der heutigen Provinzen Shǎanxī, Shānxī, Héběi und Shāndōng; die Völker der Dī 氐 siedelten auch verstreut in den nördlichen Regionen. Während der Frühlings- und Herbstperiode wurden diese verschiedenen nichtchinesischen Gruppen allmählich in die Zhōu-Staaten integriert und so in die gemeinsame Identität der Huáxià 华夏[716] einbezogen.

C. Entstehung und Festigung charakteristischer Eigenschaften der kulturellen Identität

Seit alten Zeiten ist die Verteidigung der nationalen Unabhängigkeit sowie der Gedanke, „sich dem Dienst für sein Land zu widmen"[717], tief im chinesischen Volk verwurzelt. So etwa wird im Lúnyǔ 论语 [Analekten des Konfuzius] folgendes Gespräch zwischen Konfuzius und seinen beiden Schülern Zǐ Lù 子路[718] und Zi Gòng 子贡[719] wiedergegeben:

---

716 Huáxià 华夏 war die Selbstbezeichnung des alten Reiches der Mitte; der Begriff Huáxià wird erstmals im Kapitel ‚Erfolgreiche Beendigung des Krieges' 武成 im ‚Shàngshū 尚书 (Buch der Urkunden) – Dokumente aus der Zhōu-Dynastie 周书' erwähnt, einem der Fünf Klassiker des Konfuzius (551–479 v. Chr.): „Unser erhabenes und großes Land und die Stämme des Südens und des Nordens folgen mir gleichermaßen und stimmen mir zu" (华夏蛮貊，罔不率俾).

717 ‚Zhōngjīng 忠经 [Buch der Treue] – Bàoguózhāng 报国章 [Dienst am Vaterland]': „Es gibt vier Methoden, sich dem Dienst für sein Land zu widmen: erstens, dem Monarchen Personen mit herausragenden Talenten zu empfehlen; zweitens, dem Monarchen Strategien anzubieten und Ratschläge zu erteilen; drittens, verdienstvolle Leistungen und Dienste zu vollbringen; viertens, einen Beitrag zum Wohle des Volkes zu leisten" (报国之道有四：一曰贡贤。二曰献猷。三曰立功。四曰兴利).

718 Zhòng Yóu 仲由 (542–480 v. Chr.), bekannt unter der Höflichkeitsanrede Zǐ Lù 子路, war einer der bekanntesten und treuesten Schüler des Konfuzius.

719 Duān Mùcì 端木赐 (520–456 v. Chr.), auch bekannt als Zi Gòng 子贡, stammte aus der Stadt Hèbì 鹤壁市 im Kreis Jùn 浚县 in der heutigen Provinz Hénán 河南省 und war Geschäftsmann, Philosoph, Politiker, Schüler des Konfuzius und ein Begründer der konfuzianischen Schule.

Zǐ Lù sagte: "Als Herzog Huán von Qí 齐桓公[720] *den Adelssohn Gōngzǐ Jiū*[721] *hinrichten ließ, beging Shào Hū*[722] *Selbstmord, um mit ihm begraben zu werden, aber Guǎn Zhòng*[723] *brachte sich nicht um. Ist es nicht so, dass es Guǎn Zhòng an Tugendhaftigkeit und Ehre mangelte?" Konfuzius antwortete: "Herzog Huán konnte dank den Fähigkeiten und der Stärke von Guǎn Zhòng viele Bündnisse zwischen den Vasallenstaaten schließen, ohne Gewalt anzuwenden. Darin zeigte sich seine wohlwollende moralische Integrität."*

Zi Gòng fragte Konfuzius: "Guǎn Zhòng kann nicht als Mann von Tugend und Ehre betrachtet werden, oder? Als Herzog Huán von Qí den Adelssohn Jiū töten ließ, starb er nicht den Märtyrertod für Gōngzǐ Jiū, stattdessen wurde er Oberster Kanzler von Herzog Huán von Qí." Konfuzius antwortete: "Guǎn Zhòng unterstützte Herzog Huán, zum Hegemonen der feudalen Vasallen aufzusteigen und alle Königreiche zu vereinen und wiederherzustellen, und das Volk erfreut sich noch heute an seinen Wohltaten [und sagt]: Wenn es Guǎn Zhòng nicht gäbe, würden wir jetzt wohl alle unser Haar ungebunden und offen tragen und das Revers unserer Mäntel auf der linken Seite knöpfen. [Anm.: sich kleiden wie ein Barbar – bezeichnete in der Antike die Kleidung der östlichen und nördlichen Minderheitenvölker].[724]"

Seitdem hat sich im chinesischen Gedankengut die Überzeugung tief verwurzelt, dass es die Würde der Nationalität (Ethnie) und die nationale Kultur zu verteidigen und zu schützen gilt.

---

720 Herzog Huán von Qí 齐桓公 (?-643 v. Chr.), Herrscher des Staates Qí 齐 von 685-643 v. Chr.

721 Gōngzǐ Jiū 公子纠 (?-685 v. Chr.), der Adelssohn Jiū, aus dem Staat Qí während der Frühlings- und Herbstperiode, Sohn des Herzog Xī von Qí 齐僖公 (730-698 v. Chr.), und Bruder des Herzog Huán von Qí 齐桓公

722 Shào Hū 召忽 (?-685 v. Chr.), stand gemeinsam mit Guǎn Zhòng als Berater Gōngzǐ Jiū bei

723 Guǎn Zhòng 管仲 (723-645 v Chr.), berühmter chinesischer Ökonom, Philosoph, Politiker und Militärführer; Vertreter der Legalisten in der Frühlings- und Herbstperiode

724 ‚Lúnyǔ 论语 [Analekten des Konfuzius] – Xiàn Wèn 宪问 [Xiàn fragte]': „Wenn es Guǎn Zhòng nicht gäbe, würden wir jetzt wohl alle unser Haar ungebunden und offen tragen und die Revers unserer Mäntel auf der linken Seite knöpfen" (微管仲，吾其被发左衽矣).

Die chinesische Kultur blickt auf eine Geschichte von 5.000 Jahren. Die Tatsache, dass die chinesische Kultur nicht nur so lange überdauern, sondern immer wieder aufleben konnte, beweist, dass es in der chinesischen Kultur eine Menge fundamentaler und vitaler Kerninhalte geben muss. Die Herausbildung chinesischer kultureller Dimensionen und Rationalitäten in der Vor-Qín-Zeit wurde durch verschiedene Schlüsselmerkmale wie Sprache, Glaube, Überzeugungen, Bräuche und Geschichte sowie durch die Vielfalt regionaler Kulturen und Traditionen innerhalb Chinas beeinflusst. Das Zusammenspiel dieser Faktoren trug dazu bei, dass das chinesische Volk von der Westliche-Zhōu-Periode 西周 (1045–770 v. Chr.) bis zur Reichseinigung durch die Qín-Dynastie im Jahr 221 v. Chr. eine Reihe von spezifischen Charaktermerkmalen entwickelte, welche die chinesische Kultur und Identität im Laufe der Geschichte bis heute geprägt haben.

Gāngjiàn 刚健[725]
[Stärke und Unerschütterlichkeit des Charakters]

Das Zhōuyì 周易 [Buch der Wandlungen][726] betont an verschiedenen Stellen die Bedeutung von ‚Stärke und Unerschütterlichkeit des Charakters'. So wird beim Hexagramm Qián 乾 [Das Schöpferische] auf dessen ‚Stärke und Unerschütterlichkeit, Gerechtigkeit und Ehrbarkeit'[727] hingewiesen; das Hexagramm Xū 需 [Das Erwarten]

---

725 Gāngjiàn 刚健 meint Festigkeit und Stärke des Charakters, des Stils, der Körperhaltung usw., Robustheit, ebenso Standhaftigkeit, Beständigkeit, Beharrlichkeit, Unerschütterlichkeit, Stabilität.

726 Zhōuyì 周易 [Buch der Wandlungen], auch Yìjīng 易经 oder I-Ching, alter chinesischer Wahrsagetext und einer der ältesten traditionellen chinesischen Klassiker, der von König Wén von Zhōu 周文王 (1152–1050 v. Chr.), König des Staates Zhōu während der späten Shāng-Dynastie, geschrieben worden sein soll.

727 ‚Yìjīng 易经 [Buch der Wandlungen] – Qián 乾 [Hexagramm 1: Das Schöpferische]': „Wie mächtig ist Qián! Energisch und entschlossen, gerecht und ehrbar; es ist das Reinste und Unverfälschteste" (大哉乾乎！刚健中正，纯粹精也).

betont, dass man mit ‚Stärke und Unerschütterlichkeit nicht scheitern wird'728; das Hexagramm Dàyǒu 大有 [Der Besitz von Großem] spricht von ‚Stärke und Unerschütterlichkeit der Tugend, die sich im Einklang mit der natürlichen Ordnung aller Dinge im Universum bewegt'729; und das Hexagramm Dàchù 大畜 [Die zähmende Kraft des Großen] beschreibt die ‚Herrlichkeit der Tugend der starken und unerschütterlichen Redlichkeit und Aufrichtigkeit'730.

Abb. 57 Frühling auf einem friedlichen Markt' 太平春市图 von Dīng Guānpéng 丁观鹏 (?-?), chinesischer Maler während der Qīng-Dynastie 清朝 (1636-1912)

---

728 ‚Yìjīng 易经 [Buch der Wandlungen] – Xū 需 [Hexagramm 5: Das Erwarten]': „Xū bedeutet abzuwarten; Gefahr ist im Verzug. In Stärke und Entschlossenheit wird man nicht scheitern, was bedeutet, dass man nicht in eine Notlage geraten wird" (需，须也；险在前也。刚健而不陷，其义不困穷矣).

729 ‚Yìjīng 易经 [Buch der Wandlungen] – Dàyǒu 大有 [Hexagramm 14: Der Besitz von Großem]': „Dessen Tugend ist stark und unnachgiebig und auch kultiviert, es bewegt sich im Einklang mit der natürlichen Ordnung des Himmels und ist so die große Einheit, extremes Glück" (其德刚健而文明，应乎天而时行，是以元亨).

730 ‚Yìjīng 易经 [Buch der Wandlungen] – Dàchù 大畜 [Hexagramm 26: Die zähmende Kraft des Großen]': „In Dàchù strahlt die Herrlichkeit der Tugend der starken und entschlossenen Redlichkeit und Aufrichtigkeit, erstrahlend in Glanz und Herrlichkeit, dessen Tugend täglich erneuernd" (大畜，刚健笃实辉光，日新其德).

Der Gedanke an ein ‚unablässiges Streben nach Selbstverbesserung'[731] hat viele chinesische Intellektuelle im Laufe der Geschichte inspiriert. Obwohl ‚Stärke und Unerschütterlichkeit' nicht von Konfuzius eingebracht wurden, hat er diesen Begriffen doch eine gewisse Bedeutung beigemessen, wie im Lúnyǔ 论语 [Analekten des Konfuzius] zu lesen ist. Hier sagt er im Gespräch mit seinem Schüler Zǐ Lù 子路: „Entschlossenheit, Unbeirrbarkeit, Einfachheit, Bescheidenheit – diese vier Tugenden stehen der Menschlichkeit und Güte nahe."[732] Dies zeigt, dass Konfuzius die ‚Unerschütterlichkeit des Charakters' als wertvolle Tugend betrachtete.

Menzius verachtete ‚Gehorsam und Konformität'[733] als Leitprinzipien für große und erhabene Männer, indem er darauf hinwies, dass ein junger Mann, der an der Guānlǐ-Zeremonie 冠礼[734] teilnimmt, von seinem Vater unterwiesen wird; wird jedoch eine junge Frau verheiratet, unterweist und ermahnt sie ihre Mutter: „Wenn du zum Haus deiner Schwiegereltern kommst, musst du respektvoll sein und darauf achten, dass du deinem Mann nicht ungehorsam bist." Menzius beschreibt einen Mann von Stärke und Unerschütterlichkeit als echten Menschen von Charakter, als jemanden, den „Reichtum und

---

731 ‚Yìjīng 易经 [Buch der Wandlungen] – Qián 乾 [Hexagramm 1: Das Schöpferische]': „Die Bewegung des Himmels [der Lauf der Natur] ist stark und unerschütterlich, und dementsprechend sollte ein ehrenwerter Mensch unablässig nach Selbstverbesserung streben" (天行健，君子以自强不息).
732 ‚Lúnyǔ 论语 [Analekten des Konfuzius] – Zǐ Lù 子路': „子曰：‚刚毅、木讷，近仁.'"
733 ‚Mèngzǐ 孟子 [Menzius] – Téng Wén Gōng 滕文公下 [Herzog Wén von Téng II]': „Den Gehorsam zum obersten Prinzip zu machen, gilt als das Grundprinzip des Frauseins" (顺为正者，妾妇之道也).
734 In der Antike Chinas nahm ein Mann im Alter von zwanzig Jahren (bzw. zwölf Jahren bei Kaisern oder Vasallenherrschern) an der Guānlǐ 冠礼 [Konfuzianische Volljährigkeitszeremonie] teil.

Ehre nicht in Versuchung führen, Armut und Niedrigkeit nicht zu Verrat und Abtrünnigkeit verleiten, Drohungen und Einschüchterungen nicht dazu bringen, sich zu fügen und aufzugeben."[735]

Konfuzius weist also auf ‚Stärke und Unerschütterlichkeit' als wichtige Tugenden hin, während Lǎozi im Dàodéjīng 道德经 immer wieder betont, dass „Sanftmut und Weichheit sich gegen Stärke und Festigkeit durchsetzen"[736]. Es sind dies zwei entgegengesetzte Eigenschaften, herausragende Erkenntnisse der alten Philosophie Chinas, die beide bis heute weitreichenden Einfluss auf die chinesische Identität ausüben.

Aus einigen Kapiteln des Shǐjì 史记 [Aufzeichnungen des Großen Historikers] lässt sich ableiten, dass Lǎozi und Konfuzius in derselben Zeit lebten und dass Lǎozi älter war als Konfuzius. In zahlreichen historischen Aufzeichnungen gibt es zwei Versionen des Alters von Lǎozi bei seinem Tod: Die eine besagt, er sei 160 Jahre alt geworden, die andere spricht von über 200 Jahren. Tatsache dürfte jedoch sein, dass Lǎozi ein langes Leben hatte. Als Veranschaulichung seiner Betonung von Sanftmut und Weichheit kann folgende kurze Geschichte dienen:

> Als Lǎozi über 100 Jahre alt war, bat Konfuzius Lǎozi, ihm die Prinzipien und Methoden des Dào 道 [der rechte Weg; die richtige Art und Weise] darzulegen. Lǎozi saß jedoch nur da, ohne ein Wort zu sagen, aber er öffnete den Mund und streckte Konfuzius die Zunge heraus. Konfuzius war sehr verwirrt und fragte erneut nach dem Dào. Lǎozi sagte lange Zeit nichts, während Konfuzius weiterhin mit respektvoller Aufmerksamkeit zuhörte. Lǎozi konnte Konfuzius nicht widerstehen und öffnete schließlich wieder seinen Mund, um ihm seine verlorenen Zähne zu zeigen. Lǎozi

---

735 ‚Mèngzǐ 孟子 [Menzius] – Téng Wén Gōng 滕文公下 [Herzog Wén von Téng II]': „Reichtum und Ehre können ihn nicht in Versuchung führen; Armut und Niedrigkeit können ihn nicht zu Verrat und Abtrünnigkeit verleiten; Drohungen und Einschüchterungen können ihn nicht dazu bringen, sich zu fügen und aufzugeben" (富贵不能淫，贫贱不能移，威武不能屈).
736 ‚Dàodéjīng 道德经 – Kapitel 36': „Sanftmut und Weichheit können sich gegen Stärke und Festigkeit durchsetzen" (柔弱胜刚强).

sah, dass er Konfuzius nicht umstimmen konnte, öffnete schließlich seinen Mund wieder und zeigte Konfuzius seinen bereits zahnlosen Kiefer. Dieses Mal hatte Konfuzius einen Moment der Erleuchtung. Was Lǎozǐ Konfuzius sagen wollte, war dies: Die Zunge ist weich und die Zähne sind fest, aber am Schluss ist es so, dass die Zähne zuerst ausfallen und die Zunge unverändert bleibt.

In der Tat betont Lǎozǐ in seinem Dàodéjīng 道德经 wiederholt die Einsicht, Weichheit und Sanftmut seien besser als Stärke und Macht. So verdeutlicht er am Beispiel der Menschen und aller Vegetation seine Überlegungen, denn alle Lebewesen sind in ihrem Leben weich, zart, gar zerbrechlich; sterben und vergehen sie, werden sie hart und fest. Daraus schlussfolgert er, dass „Macht und Stärke minderwertig und nachteilig, Sanftmut und Weichheit überlegen und vorteilhaft sind"[737]. Er bedauert, dass zwar wohl „jeder auf der Welt dieses grundlegende Prinzip kennt, aber niemand es in die Tat umzusetzen vermag"[738].

Lǎozǐ verfolgte eine Ordnung, die durch Wúwéi 无为[739] definiert ist. Konfuzius hingegen glaubte, dass der Mensch am täglichen

---

737 ‚Dàodéjīng 道德经 – Kapitel 76': „Der menschliche Körper ist weich und sanft, wenn er lebendig ist; der Körper wird hart und fest, wenn ein Mensch stirbt; Bäume und Pflanzen sind zart und zerbrechlich, wenn sie voller Leben sind; sie werden verdorrt und ausgetrocknet, wenn sie sterben. Deshalb kann man sagen, dass das Starke und Feste zu der Kategorie des Todes zählen, während das Weiche und Sanfte zur Kategorie des Lebens zählen. So wird eine Armee, die voller Stärke und ohne Weichheit ist, nicht siegen; ein Baum, der voller Härte und ohne Sanftheit ist, wird brechen. Daher sind Macht und Stärke minderwertig und nachteilig, Sanftmut und Weichheit sind überlegen und vorteilhaft" (人之生也柔弱，其死也坚强。万物草木之生也柔脆，其死也枯槁。故坚强者死之徒，柔弱者生之徒。是以兵强则不胜，木强则共。强大处下，柔弱处上).

738 ‚Dàodéjīng 道德经 – Kapitel 78': „Weichheit siegt über Härte und Festigkeit, Schwäche siegt über Stärke und Macht; jeder auf der Welt kennt dieses grundlegende Prinzip, aber niemand kann es in die Tat umsetzen" (弱之胜强，柔之胜刚，天下莫不知，莫能行).

739 Wúwéi 无为 bedeutet, dem himmlischen Schicksal bzw. Willen zu folgen, der Natur ihren Lauf zu lassen; kein Grund verlangt nach Handlung; sich nicht auf menschliche Eingriffe einzulassen, sondern alles sich natürlich entwickeln zu lassen.

Leben aktiv Anteil haben sollte. Er drückte dies so aus: „Den ganzen Tag lang zu essen und an nichts denken zu müssen, das ist wirklich hart! Gibt es nicht eine Partie Bó 博 [altes Schachspiel] und Xiàqí 下棋 [chinesisches Schach]? Eines davon zu spielen wäre immer noch besser als nur untätig zu sein."[740]

Die Gedanken zu ‚Festigkeit und Stärke' und zur ‚Selbstverbesserung' im ‚Buch der Wandlungen' hatten eine bedeutende Rolle dabei gespielt, die chinesische Kultur im Laufe der Geschichte voranzutreiben. Die Lehre von Qīngjìng-Wúwéi 清静无为 [Ruhe und Nichthandeln][741], also der Meditation des klaren Geistes und der Übereinstimmung mit der Natur des Daoismus, bildet eine Ergänzung zu Konfuzius' ‚Festigkeit und Stärke'. Beide stehen sich gegenüber und regen sich doch gegenseitig an; sie bilden so einen fundamentalen Charakterzug der traditionellen chinesischen Kultur.

---

740 ‚Lúnyǔ 论语 [Analekten des Konfuzius] – Yáng Huò': „阳货: 子曰：饱食终日，无所用心，难矣哉！不有博弈者乎？为之犹贤乎已。"

741 Qīngjìng-Wúwéi 清静无为 [Ruhe und Nichthandeln] meint friedliches und ruhiges Nicht-Handeln, auch als ‚Nicht-Handeln gereinigt von verunreinigender Illusion' bezeichnet; es bedeutet, vor allem auf die Natur zu hören, ohne sie den Menschen aufzwingen zu müssen. Gemeint ist das philosophische Denken und die philosophische Technik des Daoismus in der Frühlings- und Herbstperiode: Der natürliche Weg des Himmels ist das Nichthandeln, befürwortet werden Leere und Stille des Geistes, das Festhalten an der Ruhe und die Rückkehr zur Natur. Siehe dazu ‚Huáinán-Zi 淮南子 [Meister von Huáinán] – Zhǔshù Xùn 主术训 [Von der Lehre des Herrschens]': „Wenn [der Herrscher] sich in Ruhe und Nichthandeln befindet, wird der Himmel die Jahreszeiten für ihn bereitstellen; wenn [der Herrscher] ehrlich und sparsam ist und sich an Mäßigung hält, wird die Erde ihm ihren Reichtum geben; wenn [er] seine Intelligenz ausschöpft und dennoch mit hoher Moral übereinstimmt, wird selbst der Weise für ihn Rat und Tat festlegen" (清静无为，则天与之时；廉俭守节，则地生之财；处愚称德，则圣人为之谋).

Héxié 和谐 [Harmonie] und Zhōngyōng 中庸[742] [Mitte und Maß]

Vom Ende der Westlichen Zhōu-Dynastie (1046–771 v. Chr.) bis zur Frühlings- und Herbstperiode (770–476 v. Chr.) gab es den sogenannten Hétóng-Diskurs 和同 [Harmonie und Einmütigkeit][743]. Hier bedeutet Hé 和 die Harmonie zwischen allen Dingen und Tóng 同 Gleichheit oder Uniformität.

Im Guóyǔ 国语 [Gespräche über die Staaten] werden die Worte von Shǐ Bó 史伯[744] wiedergegeben, der zwischen Hé 和 [Harmonie] und Tóng 同 [Gleichheit] so unterscheidet: „Harmonie ist, verschiedene Dinge in Einklang zu bringen und auszugleichen, damit sie sich reichlich entwickeln und alles, was existiert, in Einklang kommt; bringt man Dinge von Gleichheit zusammen, werden sie ihr Dasein verlieren, sobald sie erschöpft und vollständig aufgebraucht sind."[745] Damit betont er die Wichtigkeit, nicht nach Uniformität zu trachten, sondern Unterschiedlichkeiten zu suchen, zusammenzuführen und in einen Zustand von Ausgewogenheit zu bringen. Dies wird Hé 和 [Harmonie] genannt, auf diese Weise können neue Dinge entstehen.

---

742 Zhōngyōng 中庸: Mitte und Maß, die goldene Mitte; Mäßigung; moderat; ethischer Standard des Konfuzianismus, Unparteilichkeit im Umgang mit anderen, Harmonie und Kompromiss.

743 ‚Harmonie und Gleichheit' 和同.

744 Shǐ Bó 史伯 (?–? v. Chr.) war ein Denker in der späten Westlichen Zhōu-Dynastie; er war zuständig für die Abfassung von Dokumenten, die Bestellung von Vasallen, die Aufzeichnung historischer Ereignisse, das Schreiben von Geschichtsbüchern und auch für den staatlichen Codex, die Astronomie und den Kalender usw.

745 ‚Guóyǔ 国语 [Gespräche über die Staaten] – Zhèng-Yǔ 郑语 [Gespräche über Zhèng]': „In der Tat ist Harmonie der einzige Weg, alles Leben und alle Dinge hervorzubringen; wenn alles gleich ist, kann sich nichts entwickeln. Harmonie ist, verschiedene Dinge in Einklang zu bringen und auszugleichen, damit sie sich reichlich entwickeln und sich alles, was existiert, in Einklang kommt; bringt man die gleichen Dinge zusammen, werden sie ihr Dasein verlieren, sobald sie erschöpft und vollständig aufgebraucht sind" (夫和实生物，同则不继。以他平他谓之和，故能丰长而物归之；若以同裨同，尽乃弃矣).

Das ist das Prinzip der Schöpfung, der ständigen Weiterentwicklung von allem Leben im Universum.

Konfuzius unterschied ebenfalls zwischen Hé 和 [Harmonie] und Tóng 同 [Gleichheit], als er sagte: „Ein Mensch von edlem Charakter legt Wert auf Harmonie und folgt nicht blindlings und unwissend der Gleichheit; ein Mensch von niedrigem Charakter sucht nur völlige Einmütigkeit und Gleichheit und strebt nicht nach Harmonie."[746] Damit bringt er zum Ausdruck, dass ein ehrenwerter Mensch unterschiedliche Meinungen und Ansichten toleriert und respektiert, auch wenn er nicht unbedingt mit allem und jedem einverstanden ist; er sucht das Gespräch, den Austausch, den Dialog, um so Konsens, also Hé 和 [Harmonie] erreichen zu können. Dagegen beharrt jener Mensch, der sich nicht um die Ansichten und Meinung anderer kümmert bzw. diese ignoriert, darauf, dass die anderen immer mit ihm überstimmen, sich nach ihm richten sollen, weshalb er kaum Harmonie mit ihnen erreichen kann.

Konfuzius befasste sich jedoch nur wenig mit der Unterscheidung zwischen Harmonie und Gleichheit, sondern legte das Konzept von Zhōngyōng 中庸[747] [Mitte und Maß] vor, das bis heute einen starken und weitreichenden Einfluss auf die chinesische Kultur ausübt. Er sagte: „Die Tugend des goldenen Mittelweges sollte am erhabensten sein! Doch diese Tugend fehlt den Menschen schon seit langer Zeit."[748] Der ‚goldene Mittelweg' ist der moralische Standard des Konfuzianismus: Menschen und Dinge neutral und friedlich zu behandeln, sich der Zeit anzupassen (Wege und Methoden entsprechend der aktuellen Situation zu verwenden), das eigene Handeln der Natur der Menschen und Dinge anzupassen, den jeweiligen Gegebenheiten zu entsprechen – also im Einklang mit der menschlichen Natur zu handeln, aus der die theoretischen Wurzeln des

---

746 ‚Lúnyǔ 论语 [Analekten des Konfuzius] – Zǐ Lù 子路': 子曰：„君子和而不同，小人同而不和."

747 Zhōngyōng 中庸 [Mitte und Maß], auch bekannt als ‚Der Zustand des Gleichgewichts und der Harmonie', ist eine Lehre des Konfuzianismus.

748 ‚Lúnyǔ 论语 [Analekten des Konfuzius] – Yōng Yě 雍也 [Ah, Zhòng Gōng!]': 子曰：„中庸之为德也，其至矣乎！民鲜久矣."

Konfuzianismus stammen. ‚Die Tugend des goldenen Mittelweges sollte am erhabensten sein!', was bedeutet, immer das ‚Mittelmaß' zu finden, einen ‚Weg in der Mitte' zu suchen, es weder zu übertreiben noch darüber hinauszugehen oder nicht an ihn heranzukommen‘[749] – darin drückt sich der Kern der Tugend von Zhōngyōng aus.

Zhèngdé 正德[750], Lìyòng 利用[751] und Hòushēng 厚生[752]

In der Frühlings- und Herbstperiode wurde der Begriff der ‚drei Angelegenheiten' aufgegriffen. Das Zuǒzhuàn 春秋左传 [Überlieferungen des Zuǒ][753] gibt ein Gespräch zwischen Xì Quē 郤缺[754] und Zhào

---

749 ‚Lǐjì 礼记 [Buch der Riten] – Zhōngyōng 中庸 [Mitte und Maß]': „Konfuzius sagt: Ich kenne den Grund, warum der goldene Mittelweg nicht beschritten wird: die Wissenden gehen darüber hinaus, und die Dummen kommen nicht an ihn heran" (子曰：„道之不行也，我知之矣：知者过之，愚者不及也").
750 Zhèngdé 正德 meint Tugend und sittliche Reinheit, reine und unverfälschte Tugend und Moral.
751 Lìyòng 利用: nützlich; Annehmlichkeiten des Lebens; bestmögliche Nutzung aller Ressourcen.
752 Hòushēng 厚生 bedeutet das Leben der Menschen zu verbessern und zu bereichern.
753 Chūnqiū-Zuǒzhuàn 春秋左传 [Überlieferung des Zuǒ zur Zeit der Frühling-und-Herbstperiode], historisches literarisches Werk, soll von Zuǒ Qiūmíng 左丘明 (502–422 v. Chr.) aus dem Staate Lǔ 鲁国 am Ende der Frühlings- und Herbstperiode zur Erklärung von Konfuzius' Werk Chūnqiū 春秋 [Frühling und Herbst] verfasst worden sein, wurde jedoch wohl zwischen den Streitenden Reichen oder den beiden Hàn-Dynastien geschrieben (202 v. Chr. – 220 n. Chr.); es umfasst den Zeitraum 722–454 v. Chr.
754 Xì Quē 郤缺 (?–597 v. Chr.) – Shàngqīng 上卿 [Großminister] des Staates Jìn 晋国 während der Frühlings- und Herbstperiode.

Dùn 赵盾[755] wieder[756], in dem die ‚drei großen Angelegenheiten' definiert werden als Zhèngdé 正德 [reine und unverfälschte Tugend und Moral], Lìyòng 利用 [bestmögliche Nutzung aller Ressourcen] und Hòushēng 厚生 [Bereicherung und Verbesserung des Lebens der Menschen]. Zhèngdé bedeutet demnach Korrektheit von Charakter und Tugend der Menschen, vor allem des Regenten; Lìyòng bezieht sich auf die Mittel und Wege, die die Annehmlichkeiten des Lebens ermöglichen; Hòushēng bedeutet, ausreichend Mittel für den Lebensunterhalt zu sichern. Zhèngdé dient somit zur Verbesserung des spirituellen Lebens, Lìyòng und Hòushēng sollen das materielle Leben verbessern und bereichern.

Eine gute Regierungsführung zum Nutzen des Volkes galt in der chinesischen Geschichte als grundlegende Verantwortung und Pflicht des Herrschers. Das Shàngshū 尚书 [oder Shūjīng 书经, Buch der Urkunden] betrachtet die gegenseitige Abstimmung und Harmonisierung der drei großen Angelegenheiten'[757] als wichtigste Grundlage

---

755 Zhào Dùn 赵盾 (655–601 v. Chr.), von seinen Zeitgenossen auch Zhào Xuānzi 赵宣子 oder Xuān Mèng 宣孟 genannt, hoher Beamter, hervorragender Politiker und strategischer Befehlshaber des Staates Jìn 晋国 in der frühen Frühlings- und Herbstperiode.

756 ‚Zuǒzhuàn 春秋左传 [Überlieferungen des Zuǒ] – Siebentes Jahr des Herzog Wén 文公七年': „Reine und unverfälschte Tugend und Moral, bestmögliche Nutzung aller Ressourcen, und Bereicherung und Verbesserung des Lebens der Menschen – diese werden als die drei Angelegenheit bezeichnet" (正德，利用，厚生，谓之三事).

757 ‚Shàngshū 尚书 [oder Shūjīng 书经, Buch der Urkunden] – Yúshū 虞书 [Dokumente aus Yú] – Dàyǔmó 大禹谟 [Die Ratschläge des Großen Yǔ]': „Yǔ der Große sprach: Ah! Wie weitsichtig Sie sind! Die Tugend des Kaisers sollte zu einer wohlwollenden und guten Politik und Regierung im Land führen, tugendhafte Politik beruht auf der guten Versorgung des Volkes. Die sechs Grundlagen zum Lebensunterhalt – Wasser, Feuer, Gold, Holz, Erde und Getreide – müssen gut gehandhabt und verwaltet werden; die drei großen Angelegenheiten – reine und unverfälschte Tugend und Moral, bestmögliche Nutzung aller Ressourcen sowie Bereicherung und Verbesserung des Lebens der Menschen – müssen aufeinander abgestimmt und in Harmonie gebracht werden. Diese neun Aspekte sollten in Ordnung gebracht werden, und wenn sie in Ordnung gebracht sind, werden die Menschen natürlich und fröhlich sein und sie preisen" (禹曰：„于！帝念哉！德惟善政，政在养民。水、火、金、木、土、谷，惟修；正德、利用、厚生、惟和。九功惟叙，九叙惟歌").

und Voraussetzung für eine friedliche und ausgewogene Regierung. Damit der Kaiser friedlich über alles unter dem Himmel herrschen konnte, stand Zhèngdé 正德 an erster Stelle und bildete die fundamentale Voraussetzung für Lìyòng 利用 und Hòushēng 厚生. Nur wenn die Moral des Regenten aufrecht und gefestigt war, konnte er alle Aufgaben mit Tugendhaftigkeit und Stärke auf sich nehmen und bewältigen, um den Menschen Wohlstand zu bringen und deren Leben zu bereichern. Die Konzepte von Zhèngdé, Lìyòng und Hòushēng gelten somit als wichtige Leitprinzipien in der Geschichte der chinesischen Kultur und sind prägend für die chinesischen Charaktereigenschaften.

Tiānshí 天时 [die Zeit des Himmels – die natürliche Ordnung] – Dìlì 地利 [die Vorteile der Erde – vorteilhafte Bedingungen] – Rénhé 人和 [die Harmonie des Menschen – Unterstützung durch die Menschen]

Die Frage nach dem Verhältnis zwischen Tiān 天 [Himmel], Dì 地 [Erde] und Rén 人 [Mensch] bzw. die Frage, welcher dieser drei Aspekte der wichtigste ist, hat die chinesische Philosophie im Laufe der gesamten Geschichte beschäftigt. Den Ursprung für dieses einzigartige chinesische Konzept der Betrachtung der Welt finden wir bei Xúnzi 荀子, wo es heißt: „Wenn die Bauern sich ehrlich bemühen und die Anzahl der anderen Unternehmungen reduzieren, um die sie sich kümmern, dann werden sie die Jahreszeiten des Himmels über sich nicht verpassen, sie werden sich die Vorteile der Erde unter sich nicht entgehen lassen, sie werden Harmonie zwischen den Menschen in der Mitte erreichen, und alle ihre Aufgaben werden nicht vernachlässigt."[758] Mit ‚Jahreszeiten des Himmels' meinte Xúnzi im militärischen Kontext die für die Schlacht geeignete Jahreszeit und das Klima, mit ‚Vorteile der Erde' das für die Schlacht günstige

---

758 ‚Xúnzi 荀子 – Wáng-Bà 王霸 [Von Königen und Vasallenherrschern]': „农夫朴力而寡能，则上不失天时，下不失地利，中得人和，而百事不废。"

Terrain und mit ‚Harmonie zwischen den Menschen' die Gewinnung der Zustimmung des Volkes und die Eintracht zwischen Himmel und Erde. Er unterschied jedoch nicht, ob einer dieser drei Aspekte wichtiger sei als die anderen, sondern legte alle drei als gleichwertig fest.

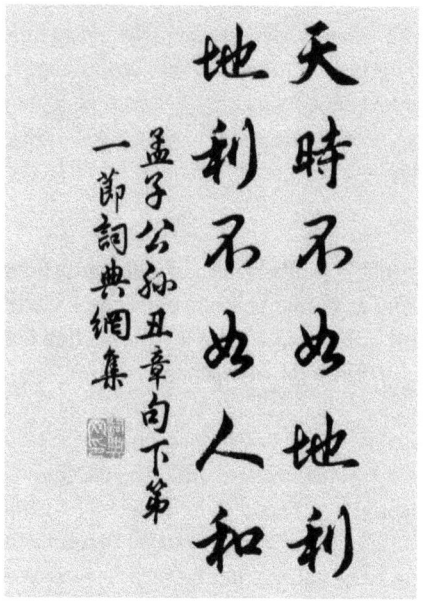

Abb. 58 ‚Mèngzǐ 孟子 [Menzius] – Gōngsūn Chǒu Xià 公孙丑下 [Gōngsūn Chǒu – II]': 孟子曰：„天时不如地利，地利不如人和."

Bei Menzius heißt es dazu: „Die Gelegenheiten, welche die natürlichen Abläufe der Dinge bieten, sind nicht gleich den vorteilhaften Bedingungen des Geländes; die Gelegenheiten, welche ein vorteilhaftes Gelände bieten, sind nicht gleich den Vorteilen, die sich aus der Übereinstimmung der Menschen ergeben."[759] Seine Analyse

---

759 ‚Mèngzǐ 孟子 [Menzius] – Gōngsūn Chǒu Xià 公孙丑下 [Gōngsūn Chǒu – II]': 孟子曰：„天时不如地利，地利不如人和."

des Verhältnisses zwischen Tiān 天 [Himmel], Dì 地 [Erde] und Rén 人 [Mensch] ist hauptsächlich militärischer Natur. Mit Tiānshí 天时 meint Menzius, ob Wetterbedingungen wie Regen, Sonnenschein, Kälte und Hitze vorteilhaft für die Kriegsführung sind; Dìlì 地利 bedeutet hier, ob die Gegebenheiten und die Beschaffenheit des Geländes sowie die Angriffs- und Verteidigungsanlagen für einen Sieg im Kampf günstig sind; Rénhé 人和 bezieht er darauf, ob innere Einheit und Solidarität im Volk stark genug sind, um einen Krieg gewinnen zu können. Menzius vertritt mit Blick auf die Gewichtung dieser drei Faktoren einen klareren Standpunkt, indem er Rén 人 [Mensch] als wichtigsten und entscheidendsten an erster Stelle sieht, gefolgt von Dì 地 [Erde] und Tiān 天 [Himmel]. Dies ist untrennbar mit seiner Vorstellung verbunden, dass der Mensch eine aktive Rolle in seinem Leben einnehmen sollte. Das bedeutet, dass die Einhaltung des ‚rechten Weges' die Voraussetzung für Harmonie und Vertrauen zwischen den Menschen ist, denn nur ein rechtschaffener Mensch erhalte von vielen Hilfe und Beistand.[760]

In der ‚Kunst der Kriegsführung' von Sūn Bìn 孙膑[761] findet sich folgende Aussage: „Ist eine der drei Bedingungen – Tiānshí [die natürliche Ordnung der Dinge; die richtige Zeit], Dìlì [der richtige Ort; die vorteilhaften Bedingungen der Erde], Rénhé [die richtigen Menschen; Harmonie zwischen den Menschen] – nicht vorhanden, dann werden selbst bei einem Sieg schlimme Folgen und Schäden für die Zukunft hinterlassen bleiben."[762] Auch er bezieht sich hier auf die Kriegsführung, in der diese drei Faktoren – die natürlichen klimatischen Bedingungen, die geografische Umgebung und die Unterstützung

---

760 ‚Mèngzǐ 孟子 [Menzius] – Gōngsūn Chǒu Xià 公孙丑下 [Gōngsūn Chǒu – II]': „Derjenige, der Rechtschaffenheit erlangt, erhält von vielen Menschen Hilfe und Beistand; derjenige, der Rechtschaffenheit verliert, erhält nur von wenigen Menschen Hilfe und Beistand" (得道者多助，失道者寡助).

761 Sūn Bìn 孙膑 (382–316 v. Chr.), Nachfahre von Sun Zi, war ein Militärstratege des Staates Wèy 魏; er erlangte hohe Bekanntheit im Staat Qí 齐 und verfasste das Werk „Sūn Bìns Kunst der Kriegsführung" 孙膑兵法.

762 ‚Sūn Bìn Bīngfǎ 孙膑兵法 [Sūn Bìns Kunst des Krieges]': „天时、地利、人和，三者不得，虽胜有殃."

oder der Widerstand der Menschen zur Zeit der Schlacht – entscheidend sind.

Als veranschaulichendes Beispiel führen R. F. Watters und T. G. McGee Tiānshí, Dìlì und Rénhé unter den Gründen für die Entwicklung einer exportorientierten Industrie in der südchinesischen Stadt Dōngguǎn 东莞市 an[763]: Im Jahr 1985 wurde Dōngguǎn von der chinesischen Verwaltung zu einer Stadt der Bezirksebene erhoben, wodurch sie zum Zentrum der Leichtindustrie im Zuge der Reform- und Öffnungspolitik Chinas wurde. Als wichtigste Faktoren, warum Dōngguǎn so erfolgreich Investitionen und Verarbeitungsaktivitäten aus Hongkong und Übersee anziehen konnte, nennen lokale Beamte gerne die Bedeutung von Tiānshí [die richtige Zeit – Umsetzung der Reform- und Öffnungspolitik der chinesischen Regierung], Dìlì [die richtige Lage – die geografische Nähe von Dōngguǎn zu Hongkong] sowie Rénhé [Öffentlichkeitsarbeit – Schaffung guter persönlicher Beziehungen mit Investoren in Hongkong].

Tiānrén-Héyī 天人合一

Das Konzept von Tiānrén-Héyī[764], der Einheit von Tiān 天 [Himmel, das höchste Prinzip, die oberste Kraft, das Überirdische; der natürliche Verlauf der Dinge] und Rén 人 [Mensch; das Irdische], ist eine chinesische philosophische Betrachtungsweise, die vom Konfuzianismus, Daoismus und Buddhismus weiterentwickelt wurde, sich aber bereits bei Zhuāngzi 庄子 [Meister Zhuāng] findet: „Der Mensch existiert wegen des Himmels, und auch der Himmel existiert wegen des

---

763 R. F. Waters/T. G. McGee, *New Geographies of the Pacific Rim*, Wellington, Victoria University Press, 1997, Part IV, S. 254.
764 Tiānrén-Héyī 天人合一 meint die Einheit von Himmel und Menschheit. Dabei ist der Mensch ein integraler Bestandteil der Natur. Es besteht der Glaube, dass der ‚Himmel' einen Willen hat und der Mensch die Manifestation des himmlischen Willens ist. Der Wille des Himmels kann den Menschen leiten, und der Mensch kann den Willen des Himmels bewegen, sodass beide eins werden.

Himmels."⁷⁶⁵ Der daoistische Begriff Tiān 天 nimmt meist Bezug auf die Natur und den himmlischen Weg. Als ‚Einheit von Himmel und Mensch' kann der Zustand verstanden werden, in dem Mensch und Dào vereint sind, in dem „Himmel und Erde nebeneinander mit mir bestehen und alle Dinge eins mit mir sind"⁷⁶⁶ und so die Harmonie von Himmel und Mensch ausdrücken.

Die Beziehung zwischen den übernatürlichen Kräften und den Menschen in der Yīnshāng-Periode 殷商时期⁷⁶⁷ war eine göttlich-menschliche Beziehung, in der der Mensch sich den überirdischen Mächten gänzlich unterordnete. Im Lǐjì 礼记 [Buch der Riten] wird festgehalten, dass das System von Strafe und zivilisiertem Umgang miteinander beim Yīn-Volk zwar als respektvoll, aber nicht als herzlich und umgänglich betrachtet werden könne, was dazu geführt habe, dass das gemeine Volk zügellos, moralisch hemmungslos, unruhig und aggressiv geworden sei und kein Schamgefühl gehabt habe.⁷⁶⁸ Damit soll ausgedrückt werden, dass die Menschen der

---

765 ‚Zhuāngzi 庄子 – Wàipiān 外篇 [Äußere Kapitel] – Shānmù 山木 [Der Baum im Gebirge]': „有人，天也；有天，亦天也."
766 ‚Zhuāngzi 庄子 – Nèipiān 内篇 [Innere Kapitel] – Qíwù Lùn 齐物论 [Diskurs über den Ausgleich der Dinge]': „天地与我并生，而万物与我为一."
767 Die Yīnshāng-Periode 殷商时期 (ca. 1300 – ca. 1046 v. Chr.) war eine Periode der Shāng-Dynastie 商朝 (1600–1046 v. Chr.). Die Hauptstadt wurde während der frühen Phase der Shāng-Dynastie mehrmals verlegt und erst während der Herrschaft von Pán Gēng 盘an ihrem endgültigen Standort in Yīn 殷 (Gebiet der heutigen Stadt Ānyáng 安阳市, Provinz Hénán河南省) angesiedelt. Von da an war die Shāng-Dynastie auch als Yīn-Dynastie 殷朝 oder Yīnshāng 殷商 bekannt.
768 ‚Lǐjì 礼记 [Buch der Riten] – Biǎojì 表记 [Die Aufzeichnung zum Beispiel]': „Die Menschen der Yīn-Dynastie verehrten übernatürliche Wesen, der Monarch befahl dem einfachen Volk, übernatürlichen Wesen zu dienen; so gaben sie sich zuerst übernatürlichen Wesen hin und praktizierten erst dann Etikette und Zeremonie; sie bestraften zuerst und belohnten erst dann; daher kann das System von Strafe und zivilisiertem Umgang miteinander beim Yīn-Volk zwar als respektvoll, aber nicht als herzlich und umgänglich betrachtet werden. Fehlverhalten und lang andauernder Missbrauch waren die Folge: Das gemeine Volk wurde zügellos, moralisch hemmungslos und unruhig, es wurde aggressiv und hatte kein Schamgefühl" (殷人尊神，率民以事神，先鬼而后礼，先罚而后赏，尊而不亲；其民之敝：荡而不静，胜而无耻).

Yīn-Periode sich zwar den Göttern fügten, dabei jedoch Moral und Anstand missachteten, weil sie glaubten, dass die Götter alles beherrschten und die höchste Autorität hätten.

Während der Westlichen Zhōu 西周 (1046-771 v. Chr.) blieb die Beziehung zwischen Tiān 天 und Rén 人 göttlich-menschlich, aber die Tugend des Menschen rückte nun in den Vordergrund, denn ‚der Himmel zeigt für niemanden eine besondere Zuneigung, sondern hilft nur denen, die tugendhaft sind'[769]. Tiān 天 erhielt also das moralische Attribut der ‚Achtung der Tugend und des Schutzes des Volkes'.

Die Gedanken von Jìngdé-Bǎomín 敬德保民 [Achtung der Tugend und Schutz des Volkes] bildeten das theoretische Grundgerüst der politischen Linie der Westlichen Zhōu-Dynastie. Dessen Bedeutung umfasste die Verehrung übernatürlicher Wesen bis hin zu allen Belangen des menschlichen Lebens. Dabei stellte Jìngdé 敬德 [Achtung der Tugend] als höchstes Prinzip das politische Leitkonzept, die theoretische Grundlage dar, während Bǎomín 保民 [Schutz des Volkes] die praktische Umsetzung der politischen Linie symbolisierte. Der ‚Schutz des Volkes' war also logische Folge und konkreter Ausdruck der ‚Achtung der Tugend'. Diese beiden bildeten die untrennbaren Aspekte der politischen Leitgedanken der Zhōu-Dynastie.

---

769 ‚Shàngshū 尚书 [oder Shūjīng 书经, Buch der Urkunden] – Zhōushū 周书 [Dokumente aus der Zhōu-Dynastie] – Cài-Zhòng Zhī Mìng 蔡仲之命 [Die Ernennung des Zhòng-Hú von Cài]': „皇天无亲，惟德是辅."

Abb. 59 Die Biānzhōng des Markgrafen Yǐ von Zēng (曾侯乙编钟), oder Zēnghóuyǐ-Glocken, ist der Name eines alten Musikinstruments aus Glocken (genannt Biānzhōng), das 1978 im Grab des Markgrafen Yǐ von Zēng in der Gemeinde Léigǔdūn (擂鼓墩社区), Nánjiāo Subdistrikt (南郊街道), Provinz Húběi 湖北省, China,) ausgegraben wurde.
Die Biānzhōng wurden im Jahr 433 v. Chr. hergestellt.

Das sogenannte Lǐyuè 礼乐⁷⁷⁰ [System der Riten und Musik] des Herzog von Zhōu sah ‚Achtung der Tugend' und ‚Schutz des Volkes' als grundlegende Leitprinzipien vor. Da ‚der Himmel für niemanden eine besondere Zuneigung zeigt, sondern nur denen hilft, die tugendhaft sind', wird nur derjenige vom Himmel gesegnet und beschützt, der über Moral und Tugend verfügt; der ‚Schutz des Volkes' wird durch den Herrscher als Personifizierung der obersten Mächte Tiān 天 gewährleistet, denn „der Himmel hat Erbarmen mit den Menschen, die Wünsche des Volkes werden durch den Himmel erfüllt"⁷⁷¹. Dieser ‚Schutz des Volkes' bedeutete in der Tat den Schutz des Staates und der Nation.

Das Prinzip von ‚Achtung der Tugend und Schutz des Volkes' des Herzogs von Zhōu als ein Grundpfeiler des politischen Systems und der Legitimität der Zhōu-Dynastie stellte einen wichtigen Wandel im chinesischen Denken dar, das in den vorangegangenen Perioden der Xià 夏朝 (2070–1600 v. Chr.) und Shāng 商朝 (1600–1046 v. Chr.) noch durch Verehrung von Geistern und übernatürlichen Kräften gekennzeichnet war. Im Lǐjì 礼记 [Buch der Riten] wird zwar erwähnt, dass auf Etikette und zeremonielle Riten, auf Wohltätigkeit und moralischen Anstand in der Westlichen Zhōu-Dynastie Wert gelegt worden sei, jedoch auch darauf hingewiesen, dass das gemeine Volk gierig nach Profit gewesen sei und schnelle Lösungen

---

770 Das Lǐyuè 礼乐 [System der Riten und Musik] besteht aus zwei Teilen: Lǐ 礼 [Ritual] und Yuè 乐 [Musik]. Lǐ 礼ist dabei in erster Linie formaler Natur und bezieht sich darauf, was ein angemessenes soziales Verhalten nach außen hin darstellt. Dazu gehört auch, welche Rituale und Pflichten der jeweilige Status erfüllen sollte, was sich schließlich in der gesellschaftlichen Rangordnung ausdrückt. Yuè 乐ist die Bündelung der psychosozialen Orientierungen innerhalb der Herrschaftssphäre, vor allem in emotionaler Hinsicht, wodurch die Schaffung einer einheitlichen und harmonischen sozialen Atmosphäre durch die Entwicklung eines beispielhaften poetischen Repertoires und die Durchführung kollektiver Musik erreicht werden sollte.

771 ‚Shàngshū 尚书 [oder Shūjīng 书经, Buch der Urkunden] – Zhōushū 周书 [Dokumente aus der Zhōu-Dynastie] – Tàishì Shàng 泰誓上 [Der große Eid I]': „天矜于民，民之所欲，天必从之."

bevorzugt, mit seinen Worten geprahlt und übertrieben habe und die Menschen ohne Scham gewesen seien.[772]

In der Östlichen Zhōu-Dynastie (770–256 v. Chr.) betrachteten die Vertreter der konfuzianischen Schule, allen voran Konfuzius selbst, den Menschen als durch Tiān 天 ausgestattet mit Moral und Tugend, argumentativ handelnd und sein Schicksal selbst lenkend. Konfuzius glaubte, der Himmel habe einen Willen, der die Grundlage moralischer Autorität bilde. Er drückte dies so aus: „Die Vorsehung hat mir Tugend verliehen; was kann Huán Tuí[773] mir schon antun?"[774] Konfuzius sah Gutherzigkeit, Menschlichkeit und Wohlwollen als Kern von Moral und Tugend und betrachtete Gefühle wie kindliche Pietät und brüderliche Pflicht als „Essenz des Wohlwollens"[775].

Menzius trat für das Prinzip von Tiānrén-Héyī ein und betonte: „Indem man sich bemüht, den einem Menschen innewohnenden Kern der Herzensgüte zu entwickeln und auszubauen, kann man die Natur

---

772 ‚Lǐjì 礼记 [Buch der Riten] – Biǎojì 表记 [Die Aufzeichnung zum Beispiel]': „Die Menschen der Zhōu-Dynastie achteten auf Etikette und zeremonielle Riten, sie schätzten die Wohltätigkeit gegenüber anderen, sie verehrten fromm übernatürliche Wesen und hielten einen respektvollen Abstand zu ihnen, sie pflegten enge soziale Beziehungen und legten Wert auf Treue und Ehrlichkeit, Belohnungen und Bestrafungen wurden gemäß der Reihenfolge des Ranges einer Person vergeben, daher kann das System von Strafe und zivilisiertem Umgang miteinander des Zhōu-Volkes als herzlich und umgänglich, aber nicht als respektvoll betrachtet werden. Fehlverhalten und langanhaltender Missbrauch waren die Folge: Das gemeine Volk wird gierig nach Profit und opportun für schnelle Lösungen, sie prahlen mit Worten und übertreiben und sind ohne Scham" (周人尊礼尚施，事鬼敬神而远之，近人而忠焉，其赏罚用爵列，亲而不尊；其民之敝：利而巧，文而不惭，贼而蔽).
773 Huán Tuí 桓魋 (?–? v. Chr.), Beamter aus dem Staat Sòng 宋国 (heutiges Gebiet Shāngqiū 商丘, Provinz Hénán 河南) während der Frühlings- und Herbstperiode der Östlichen Zhōu-Dynastie (770–256 v. Chr.), war für die Militärverwaltung des Sòng-Staates zuständig und hatte entsprechend dort die militärische Macht inne.
774 ‚Lúnyǔ 论语 [Analekten des Konfuzius] – Shù-Ér 述而 [Weitergeben]': 子曰：„天生德于予，桓魋其如予何？"
775 ‚Lúnyǔ 论语 [Analekten des Konfuzius] – Xué-Ér 学而 [Lernen]': „Kindliche Pietät und brüderliche Unterordnung, das ist wahrlich die Essenz des Wohlwollens" (孝弟也者，其为仁之本与!).

des Menschen erkennen. Wenn man das Wesen des Menschen kennt, versteht man die guten und tugendhaften Prinzipien des Himmels."[776] Er glaubte an die Existenz des Tiānmìng 天命, des himmlischen Mandats, und daran, dass diesem Tiānmìng nicht widersprochen werden sollte. Anders jedoch als Konfuzius vertrat Menzius kein passives Warten auf die Vorsehung des Himmels, sondern betonte, dass das Mandat des Himmels nicht unveränderlich sei[777] und es durch „Kultivierung seines moralischen Charakters und seines Geistes den Auftrag des Himmels anzunehmen" gelte[778]. Damit unterstreicht er einerseits den großen Wert der Persönlichkeit des Einzelnen und gleichzeitig dessen moralische Verantwortung. Der menschliche Charakter sei von Natur aus gut, er habe vom Himmel den Verstand erhalten, „und wenn ein Mensch zuerst seine edle Größe festigt, wird das Minderwertige von ihm nicht in der Lage sein, damit zu konkurrieren"[779]. Deshalb sei die Bindung zwischen Tiān 天 und Rén 人 untrennbar.

---

776 ‚Mèngzǐ 孟子 [Menzius] – Jìnxīn Shàng 尽心上 [Aus ganzem Herzen – I]': „尽其心者，知其性也。知其性，则知天矣."
777 ‚Mèngzǐ 孟子 [Menzius] – Lílóu Shàng 离娄上 [Lílóu – I]': „Das Mandat des Himmels ist nicht unveränderlich" (天命靡常).
778 ‚Mèngzǐ 孟子 [Menzius] – Jìnxīn Shàng 离娄上 [Aus ganzem Herzen – I]': „Seinem Herzen treu bleiben, die menschliche Natur kultivieren – dies ist die Methode, dem himmlischen Gesetz zu dienen und es zu beachten. Sich keine Sorgen zu machen, ob das Leben kurz oder lang ist; nicht am himmlischen Gesetz zu zweifeln; seinen moralischen Charakter zu kultivieren und darauf zu warten, dass das himmlische Schicksal eintrifft – das ist die Methode, seinen moralischen Charakter und seinen Geist zu kultivieren und den Auftrag des Himmels anzunehmen" (存其心，养其性，所以事天也。夭寿不贰，修身以俟之，所以立命也).
779 ‚Mèngzǐ 孟子 [Menzius] – Gàozi Shàng 告子上 [Gàozi – I]': „Organe wie die Ohren und die Augen denken nicht, sodass sie leicht von äußeren Einflüssen geblendet werden. Sobald sie mit äußeren Dingen in Kontakt kommen, werden sie leicht in die Irre geführt. Der Verstand dient zum Nachdenken, und wenn man denkt, begreift man, und wenn man nicht denkt, begreift man nichts. Dies hat uns Tiān [der Himmel] geschenkt, und wenn ein Mensch zuerst seine edle Größe festigt, wird das Minderwertige von ihm nicht in der Lage sein, damit zu konkurrieren" (耳目之官不思，而蔽于物，物交物，则引之而已矣。心之官则思，思则得之，不思则不得也。此天之所与我者，先立乎其大者，则其小者弗能夺也。此为大人而已矣).

Die taoistische Vorstellung von der Einheit von Tiān 天 und Rén 人 hat keine menschlich-moralischen Konnotationen; sie betrachtet die Belange der Menschen als niedrig, setzt sie herab und plädiert dafür, Rén nicht über Tiān zu stellen. Lǎozi 老子[780] betont das Eins-Sein mit dem Dào 道, denn dieses „ist stets gleichbleibend und folgt dem natürlichen Verlauf, und doch gibt es nichts, was es nicht tut."[781] Tiān 天 und Rén 人 erreichen Harmonie, indem sie dem Dào folgen, denn „das Gesetz des Dào ist die unverfälschte Reinheit der Natur."[782]. In Lǎozi's Dàodéjīng wird darauf hingewiesen, dass „der Mensch sein Gesetz von der Erde nimmt; die Erde nimmt ihr Gesetz vom Himmel; der Himmel nimmt sein Gesetz vom Dào [dem Weg]. Das Gesetz des Dào ist sein Sein, das, was es ist."[783]

---

[780] Lǎozi 老子 (?571–?471 v. Chr.), Name der Familie war Lǐ 李, Rufname Ěr 聃, Höflichkeitsname (im alten China traditionell an Männer im Alter von 20 Jahren vergeben) Bó-Yáng 伯阳. Denker, Philosoph, Schriftsteller und Historiker, Gründer und Hauptvertreter der taoistischen Schule. Gemäß Shǐjì 史记 (Aufzeichnungen des Chronisten) wurde Lǎozi in der Zeit der Frühlings- und Herbstperiode im Staat Chén 陈国 geboren. Lǎozis Dàodéjīng (Tao Te Ching 道德经, auch bekannt als Lǎozi) ist eines der weltweit am häufigsten veröffentlichten Werke.

[781] ‚Dàodéjīng 道德经 – Kapitel 37': „道常无为而无不为."

[782] ‚Dàodéjīng 道德经 – Kapitel 25': „Der Mensch erhält sein Gesetz von der Erde; die Erde erhält ihr Gesetz vom Himmel; der Himmel erhält sein Gesetz vom Dào; das Gesetz des Dào ist die unverfälschte Reinheit der Natur" (人法地，地法天，天法道，道法自然).

[783] ‚Dàodéjīng 道德经': „人法地，地法天，天法道，道法自然."

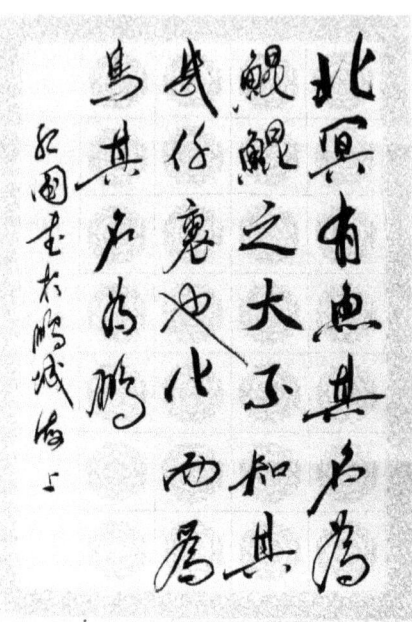

Abb. 60 Kalligrafie der ersten Sätze aus dem Kapitel 'Xiāoyáoyóu 逍遥游'
[Ein unbekümmerter Ausflug] des ‚Zhuāngzi 庄子': ‚Zhuāngzi 庄子 –
Nèipiān 内篇 [Innere Kapitel] – Xiāoyáoyóu 逍遥游 [Ein unbekümmerter Ausflug]':
„Im nördlichen Ozean gibt es einen riesigen sagenumwobenen Fisch mit dem
Namen Kūn – ich weiß nicht, wie viele tausend Lǐ an Länge er misst. Er verwandelt sich in einen fabelhaften Vogel von enormer Größe mit dem Namen Péng –
Ich weiß nicht, wie viele tausend Lǐ sein Rücken lang ist". (北冥有鱼，其名为鲲。
鲲之大，不知其几千里也。化而为鸟，其名为鹏。鹏之背，不知其几千里也。)

Laut Zhuāngzi 庄子[784] ist alles, was im Himmel und auf Erden existiert, miteinander verbunden, denn „aus der Sicht des Dào gibt es keine edlen oder minderwertigen Dinge; aus der Sicht der Dinge selbst sind alle Dinge wertvoll für sich selbst und minderwertig gegenüber anderen Dingen; aus weltlicher Sicht sind weder das

---

784 Zhuāngzi 庄子 (369–286 v. Chr.), Vertreter der taoistischen Schule in der Mitte der Zeit der Streitenden Reiche, Denker, Philosoph und Literaturwissenschaftler.

Erhabene noch das Minderwertige den Dingen selbst inhärent."[785] Daher sollten alle menschlichen Angelegenheiten den Gesetzen der Natur folgen und es sollte nach Harmonie zwischen Mensch und Natur getrachtet werden. Nach Zhuāngzis Überzeugung sollte die Natur sich selbst überlassen werden, denn nur so lasse sich das Ideal eines Zhēnrén 真人[786] erreichen, der in alten Zeiten weder um die Schönheit des Lebens noch um die Abscheulichkeit des Todes wusste: Er wurde ohne Freude geboren und starb ohne viel Aufhebens; er kam eilig und ging eilig, und es war vorbei; er vergaß nicht, woher er kam, und versuchte nicht herauszufinden, wohin er ging; er fand Gefallen an dem, was er erhielt; er vergaß es und gab es wieder zurück. Ein Zhēnrén würde den himmlischen Weg der Natur nicht durch sein eigenes Verlangen beeinträchtigen und aufgeben, nicht die Mittel der Menschen nutzen, „um dem Himmel beizustehen".[787] Das heißt, er wird in Eintracht mit den Gesetzen der Natur leben, damit „Himmel und Mensch sich nicht gegenseitig zur Unterwerfung zwingen"[788].

Aus diesen Ausführungen lässt sich erkennen, dass die traditionelle chinesische Kultur das Ergebnis vieler Faktoren ist, so etwa der geografischen Umgebung, der Agrarzivilisation und des Zōngfǎ-Systems

---

785 ‚Zhuāngzi 庄子 – Wàipiān 外篇 [Äußere Kapitel] – Qiūshuǐ 秋水 [Herbsthochwasser]': 以道观之，物无贵贱；以物观之，自贵而相贱；以俗观之，贵贱不在己。"
786 Zhēnrén 真人 ist das Ideal des ‚wahren Menschen', der die seiner Natur innewohnenden Qualitäten fortlaufend nährt und kultiviert, die Wahrheit erreicht hat, sich der spirituellen Entwicklung widmet, in Einheit mit dem Universum existiert und das Dào verwirklicht hat.
787 ‚Zhuāngzi 庄子 – Nèipiān 内篇 [Innere Kapitel] – Dàzōngshī 大宗师 [Der erhabene Gelehrte]': „Das nennt man den himmlischen Weg der Natur nicht durch sein eigenes Verlangen zu beeinträchtigen und aufzugeben, nicht die Mittel der Menschen zu nutzen, um dem Himmel beizustehen. Dies ist ein wahrer Mensch" (是之谓不以心捐道，不以人助天。是之谓真人).
788 ‚Zhuāngzi 庄子 – Nèipiān 内篇 [Innere Kapitel] – Dàzōngshī 大宗师 [Der erhabene Gelehrte]': „Wenn Himmel und Mensch sich nicht gegenseitig zur Unterwerfung zwingen, dann nennt man das einen wahren Menschen" (天与人不相胜也，是之谓真人).

宗法 der Westlichen Zhōu-Dynastie, die sich stets gegenseitig beeinflussten und durchdrangen und so zusammen den fruchtbaren Boden der kulturellen Schöpfung bildeten und die einzigartigen Züge und Eigenschaften der traditionellen chinesischen Kultur formten.

Das sogenannte Zōngfǎ- 宗法 oder Lineage-System, ein System zur Regulierung der Clanverhältnisse, hat seine Wurzeln im patriarchalischen System der Clan-Gesellschaft. Je nach Blutsverwandtschaft wurde zwischen Dàzōng 大宗 [die Linie des ältesten Sohns der ersten Frau] und Xiǎozōng 小宗 [die Linie der übrigen Nachkommen] unterschieden. Historisch gesehen stellte es auch das wichtigste politische System der Westlichen Zhōu-Dynastie (1046–771 v. Chr.) dar. Das System beruhte auf Blutsbanden und hatte die Primogenitur als Kernelement. Dieses System diente der Aufrechterhaltung der politischen Hierarchie der Westlichen Zhōu-Dynastie und der Stabilisierung der sozialen Ordnung.

Historischen Aufzeichnungen zufolge gab es Zōngzi 宗子 und Dàzōng 大宗 als Bezeichnung für den erstgeborenen Sohn (bzw. ein und denselben Familiennamen) eines großen Clans bzw. den Hauptclan in China bereits zu Beginn der Zhōu-Dynastie. So heißt es etwa im Shījīng 诗经 [Buch der Lieder], dass „Dàzōng 大宗 [der Hauptclan] das Rückgrat des Reiches und Zōngzi 宗子 [ein und derselbe Familienname] wie eine befestigte Stadtmauer ist."[789] Die Begriffe Dàzōng 大宗 und Zōngzi 宗子 beziehen sich hier auf jene Mitglieder des Zhōu-Adels, die aufgrund von Blutsbanden die Autorität über ihre Clanmitglieder hatten. Dies deutet darauf hin, dass es damals wohl bereits ein Lineage-System gab.

Eine umfassendere Darstellung des Inhalts des Zōngfǎ-Systems der Westlichen Zhōu-Dynastie ist auch in zwei literarischen Werken aus der Vor-Qín-Periode enthalten: dem Yílǐ 仪礼 [Zeremonien und Riten] sowie dem Lǐjì 礼记 oder Lǐjīng 礼经 [Buch der Riten], zwei der sogenannten

---

789 ‚Shījīng 诗经 [Buch der Lieder] – Dàyǎ 大雅 [Große Festlieder] – Shēngmín Zhī Shén 生民之什 [Das Jahrzehnt der Menschen]': „Die Vasallenstaaten sind wie eine schützende Barriere des Reiches, der Hauptclan ist das Rückgrat des Reiches, Tugendhaftigkeit ist die Garantie für den Frieden im Reich, ein und derselbe Familienname [Zōngzi 宗子] ist wie eine befestigte Stadtmauer" (大邦维屏、大宗维翰、怀德维宁、宗子维城).

‚Dreizehn Klassiker' 十三经[790]. So findet sich etwa im Yílǐ 仪礼 [Zeremonien und Riten] bezüglich der Überbringung der entsprechenden Instruktionen für die Hochzeit eines gewöhnlichen Beamten der Hinweis, dass „die Mutter einen Boten mit Instruktionen zu schicken hat, wenn der Vater eines Zōngzi 宗子 bereits verstorben ist; sind sowohl Vater als auch Mutter verstorben, so schickt er selbst einen Boten mit den Instruktionen." In einem solchen Fall beauftragt der Zhīzǐ 支子[791] im Namen des Zōngzi 宗子 den Boten.[792] Das Lǐjì 礼记 [Buch der Riten] berichtet, dass im Falle einer durch einen sogenannten Biézǐ 别子[793] gebildeten Hauptlinie „derjenige, der ihm folgte, Dàzōng [大宗 die Linie des ältesten Sohns der Ersten Frau] und dessen gewöhnliche Söhne Xiǎozōng [小宗 die Linie der übrigen Nachkommen] stellten"[794].

---

790 Die ‚Dreizehn Klassiker' 十三经, ein klassischer Textkanon im Konfuzianismus, umfassen Yìjīng 易经 oder Zhōuyì 周易 [Buch der Wandlungen], Shījīng 诗经 [Buch der Lieder], Shàngshū 尚书 oder Shūjīng 书经 [Buch der Urkunden], Lǐjì 礼记 oder Lǐjīng 礼经 [Buch der Riten], Chūnqiū 春秋 [Frühling und Herbstannalen], Zhōulǐ 周礼 [Riten der Zhōu], Yílǐ 仪礼 [Zeremonien und Etikette)], Xiàojīng 孝经 [Klassiker der kindlichen Pietät], Lúnyǔ 论语 [Analekten des Konfuzius)], Mèngzǐ 孟子 [Mèngzǐ oder Meister Mèng], Ěryǎ 尔雅 [Nahe der Korrektheit], Chūnqiū Gōng-Yáng Zhuàn 春秋公羊传 [Gōng-Yáng-Kommentare zu den Frühlings- und Herbstannalen] und Chūnqiū Gǔ-Liáng Zhuàn 春秋谷梁传 [Gǔ-Liáng-Kommentare zu den Frühlings- und Herbstannalen]

791 Zhīzǐ 支子 – im Zōngfǎ-System wurden alle Söhne nach dem erstgeborenen Sohn der ersten Frau (der Hauptfrau) sowie alle Söhne der Konkubinen Zhīzǐ 支子 genannt.

792 Yílǐ 仪礼 [Zeremonien und Riten] – Shì-Hūn Lǐ 士昏礼 [Hochzeitsriten eines gewöhnlichen Beamten]': „Wenn der Vater des Zōngzi [宗子 – der älteste Sohn der ersten Frau] bereits verstorben ist, schickt die Mutter einen Boten mit den Instruktionen. Sind sowohl Vater als auch Mutter verstorben, so schickt er selbst einen Boten mit den Instruktionen. In einem solchen Fall beauftragt der Zhīzǐ [支子] im Namen des Zōngzi den Boten. Unter gleichen Umständen erteilt auch ein jüngerer Bruder des Zōngzi die Anweisungen im Namen seines älteren Bruders" (宗子无父，母命之。亲皆没，己躬命之。支子，则称其宗。弟，则称其兄).

793 Biézǐ 别子 ist die Bezeichnung für jeden gewöhnlichen Sohn, der nicht der älteste Sohn der ersten Frau war.

794 ‚Lǐjì 礼记 [Buch der Riten] – Dàzhuàn 大传 [Das große Traktat]'. „Wenn ein Biézǐ [ein anderer Sohn als der älteste der ersten bzw. Hauptfrau] zum Stammvater einer Linie wurde, stellte derjenige, der ihm folgte, Dàzōng [大宗 – die Linie des ältesten Sohns der Ersten Frau] und dessen gewöhnlichen Söhne stellten Xiǎozōng [小宗 – die Linie der übrigen Nachkommen]" (别子为祖，继别为宗，继祢者为小宗).

Diese klare Abgrenzung zwischen Dàzōng und Xiǎozōng ist unter anderem auch beim Begräbnisritual von großer Bedeutung, bei dem „der Dàzōng beim Übergangsritus assistiert, der Xiǎozōng richtet die zu stellenden Fragen an das Schildkrötenorakel und der Wahrsager deutet die Omen aus den Rissen der Schildkrötenpanzer."[795]

Dem Lǐjì 礼记 [Buch der Riten] zufolge bildeten alle männlichen Nachkommen des Tiānzǐ 天子 [796] [Himmelssohn, Kaiser] oder der Vasallenherrscher der Zhōu mit Ausnahme desjenigen, der auf den Thron folgte, einen eigenen Clan, genannt Zōngzú 宗族, mit sich selbst als Patriarch. Dadurch wurde ausgedrückt, dass im Hinblick auf die Blutsverwandtschaft eine Trennung vom Sohn des Himmels oder den Vasallen, welche die Macht des Staates repräsentierten, bestand. Diese männlichen adeligen Nachkommen wurden im Lǐjì 礼记 [Buch der Riten] denn auch Biézǐ 别子 genannt.

In einem durch einen Biézǐ 别子 gegründeten Clan hatte sein Erbe die Gerichtsbarkeit und Herrschaft über den gesamten Clan inne, stellte das Oberhaupt des gesamten Clans dar und wurde als Dàzōng 大宗 oder Zōngzǐ 宗子 bezeichnet. Theoretisch hatte der Dàzōng 大宗, egal wie viele Generationen vergingen, die Rechtsprechung über alle Nachkommen der Biézǐ 别子 inne und verfügte über sie. Auf diese Weise waren die Nachkommen der Biézǐ 别子 immer in einer festen Stammesgruppe verbunden. Deshalb bezeichnete man die Dàzōng 大宗 als die „Clans, die seit hundert Generationen unverändert bestehen"[797]. Jedes Zōngzú-Mitglied war in ein komplexes System von Beziehungen der Ehrerbietung und des Gehorsams gegenüber dem Dàzōng sowie zu gewissen Verwandten innerhalb eines bestimmten Blutverwandtschaftsgrades eingebunden.

---

795 ‚Lǐjì 礼记 [Buch der Riten] – Zájì Shàng 杂记上 [Sonstige Aufzeichnungen Teil 1]': 大夫之丧，大宗人相，小宗人命龟，卜人作龟).

796 Tiānzǐ 天子 ist die alte Bezeichnung für den Kaiser, der ‚alles unter dem Himmel' regierte (Tiānxià 天下, die Welt). Im Altertum glaubte man, dass der Kaiser vom Himmel (Tiān 天) dazu bestimmt wurde, die Welt zu regieren; daher war der Kaiser der Sohn (Zǐ 子) des Himmels und wurde entsprechend Tiānzǐ 天子 genannt.

797 ‚Lǐjì 礼记 [Buch der Riten] – Dàzhuàn 大传 [Das große Traktat]': „Es gibt Clans, die seit hundert Generationen unverändert bestehen – dies sind die Dàzōng [大宗]; es gibt Clans, die sich in fünf Generationen veränderten – dies sind die Xiǎozōng [小宗]" (有百世不迁之宗，有五世则迁之宗).

Tiānrén-Héyī bedeutet also, in Harmonie mit den natürlichen Instinkten (den inhärenten Qualitäten der Natur) zu sein, zum Dào, zu den ursprünglichen Wurzeln zurückzukehren und sein Leben entsprechend auszurichten. Dabei soll Tiānrén-Héyī nicht bloß eine Betrachtungsweise oder eine Ideologie sein, sondern vielmehr einen konkreten Zustand (eine Bedingung) zum Ausdruck bringen. In der traditionellen chinesischen Kultur bietet Tiānrén-Héyī eine Möglichkeit, die Frage zu beantworten, woher die Moral kommt und warum die Menschen moralisch sein sollten, indem man argumentiert, dass Himmel und Mensch miteinander verflochten sind.

Ob konfuzianische Idee von ‚Menschlichkeit und Mitgefühl', ob Menzius, der dafür plädiert, „das einfache Volk zur rechten Zeit an die Arbeit zu setzen"[798], ob Lǎozi, der darauf besteht, dass „das Gesetz des Dào sein Sein ist, das, was es ist", oder ob Zhuāngzi, der dafür plädiert, man soll ‚nicht die Natur durch menschliches Tun zerstören'[799] – alle betonen, dass der Mensch die Natur schützen soll, während er sie nutzt, und wenden sich gegen die übermäßige Inanspruchnahme und Zerstörung der Natur durch das ‚Ablassen des Teiches, um an die Fische zu kommen' (im Sinne einer erschöpfenden Ausbeutung).

---

[798] Lúnyǔ 论语 [Analekten des Konfuzius]: „Konfuzius sagte: ‚Um ein Land mit tausend Streitwagen zu regieren, muss man die Staatsgeschäfte gewissenhaft führen, dabei sein Wort halten und ehrlich sein, bei den finanziellen Ausgaben sparen und gleichzeitig die Bürokraten und Hofbeamten lieben und das gemeine Volk zur rechten Zeit zur Arbeit schicken" (子曰：„道千乘之国，敬事而信，节用而爱人，使民以时").

[799] ‚Zhuāngzi 庄子 – Wàipiān 外篇 [Äußere Kapitel] – Qiūshuǐ 秋水 [Herbsthochwasser]': „Deshalb heißt es, zerstöre nicht die Natur durch menschliches Tun, zerstöre nicht das natürliche Wesen durch vorsätzliche Handlungen, verlasse nicht deinen Weg, nur um nach Ruhm zu streben. Wenn man an seinen natürlichen Anlagen festhält, ohne sie zu verlieren, nennt man das die Rückkehr zu seinem wahren natürlichen Wesen" (故曰：无以人灭天，无以故灭命，无以得殉名。谨守而勿失，是谓反其真).

Kollektivistische Kultur

Die westliche Kultur ist eine individualistische Kultur, die traditionelle chinesische Kultur ist eine ganzheitliche Kultur. In der traditionellen Kultur sind die Unterscheidung zwischen ‚Gruppe und Selbst' sowie zwischen ‚öffentlich und privat' sowie die Beziehung zwischen ‚Individuum und Staat', zwischen ‚Individuum und Welt' stets ganzheitlich miteinander verbunden. Landwirtschaftliche Produktion ist in hohem Maße vom Wasser und vom Umgang mit dieser Ressource abhängig, was ein Gefühl der persönlichen Identifikation mit dem großen Ganzen hervorruft. In fast allen antiken Texten der Vor-Qín-Zeit wird von Überschwemmungen berichtet:

- So findet sich etwa im Shānhǎijīng 山海经 [Klassiker der Berge und Meere][800] folgender Hinweis: „Die Fluten schienen bis hinauf in den Himmel zu stürmen. Gǔn 鲧[801] nahm heimlich Xīrǎng 息壤[802]

---

[800] Das Shānhǎijīng 山海经 [Klassiker der Berge und Meere] gilt als ältestes überliefertes Werk der chinesischen Mythologie, dessen Entstehungszeitraum zwischen der Zeit der Streitenden Reiche und der frühen Hàn-Dynastie geschätzt wird. Zusammen mit dem Yìjīng 易经 oder Zhōuyì 周易 [Buch der Wandlungen] und dem Huángdì-Nèijīng 黄帝内经 [Der Innere Klassiker des Gelben Kaisers] ist es eines der drei großen mystischen Werke aus Chinas frühen historischen Zeiten und enthält umfangreiche Beschreibungen über antike Geografie, Geschichte, Mythologie, Astronomie, Tiere, Pflanzen, Medizin, Religion sowie Anthropologie, Ethnografie, Ozeanografie und die Geschichte von Wissenschaft und Technik.

[801] Gǔn 鲧, Vater von Dàyǔ 大禹, erster mystischer Kaiser China (?2205–?2147 v. Chr.) der semi-legendären Xià-Dynastie 夏朝 (2070–1600 v. Chr.) und Nachfolger der Urkaiser Chinas – Huángdì 黄帝 (Gelber Kaiser), Zhuānxū 颛顼, Dì Kù 帝喾, Yáo 尧 und Shùn 舜 –, die als Kulturheroen und Begründer der chinesischen Zivilisation gelten.

[802] Xīrǎng 息壤, auch bekannt als lebendige, sich selbst erneuernde Erde, atmende Erde und unerschöpfliche Erde, bezeichnet in der chinesischen Mythologie eine magische Substanz, die die Fähigkeit hatte, sich selbst zu erweitern und kontinuierlich zu wachsen.

vom Kaiser und benutzte sie, um die Fluten zu stoppen[803], ohne den Befehl des Herrschers des Himmels abzuwarten. So schickte der Herrscher des Himmels Zhùróng 祝融[804] aus, um ihn in der Gegend des Yǔshān 羽山[805] zu töten."

- Das Shǐjì 史记 [Aufzeichnungen des Großen Historikers] knüpft hier an und hält fest, dass „Yǔ traurig war über den Tod seines Vaters Gǔn, der getötet wurde, weil er die Fluten nicht unter Kontrolle bringen konnte"[806].

---

803 Die ‚Eindämmung der Großen Flut durch Gǔn und Yǔ' 鲧禹治水 wird traditionell auf etwa 2300–2200 v. Chr. datiert; demnach wurde das Reich der Mitte von einer großen Flut heimgesucht, bei der sintflutartige Regenfälle ganze Hügel und Täler überschwemmten. Jahr für Jahr wurden Massen von Menschen obdachlos und mussten auf Berggipfel fliehen. Als Nachkommen des Huángdì 黄帝 [Gelber Kaiser] wurden Vater Gǔn 鲧 und Sohn Yǔ 禹 (auch bekannt als Dàyǔ 大禹) von den beiden Kaisern Táng Yáo 唐尧 (?2356–?2255 v. Chr.) und Yú Shùn 虞舜 (?–?2184 v. Chr.) mit der Kontrolle und Eindämmung des Hochwassers und der Überschwemmungen beauftragt.

804 Zhùróng 祝融: Zu den Urkaisern Chinas gehören neben den Wǔdì 五帝 [Fünf mythische Urkaiser] auch die Sānhuáng 三皇 [Drei Souveräne oder Drei Erhabene] Fúxī 伏羲, Shénnóng 神农 und Suìrén 燧人, auch als Fúxī 伏羲, Shénnóng 神农 und Zhùróng 祝融 (Gott des Feuers) bezeichnet.

805 Yǔshān 羽山 [Federberg] ist einer von vielen wichtigen mythologischen Bergen in der chinesischen Mythologie, die insbesondere mit der Großen Flut in Verbindung gebracht werden.

806 ‚Shǐjì 史记 [Aufzeichnungen des Großen Historikers] – Xià Běnjì 夏本纪 [Biografien der Xià-Dynastie]': „Yǔ war traurig über den Tod seines Vaters Gǔn, der getötet wurde, weil er die Fluten nicht unter Kontrolle bringen konnte, und so war er, seiner geistigen und körperlichen Kräfte beraubt, 13 Jahre lang fort und wagte es nicht, sein eigenes Haus zu betreten, obwohl er mehrmals daran vorbeikam" (禹伤先人父鲧功之不成受诛，乃劳身焦思，居外十三年，过家门不敢入).

- Im Lùnhéng 论衡 [Diskutives Abwägen], einem chinesischen Klassiker, verfasst von Wáng Chōng 王充 (27–97 n. Chr.), chinesischer Astronom, Meteorologe, Naturforscher, Philosoph und Schriftsteller während der Östlichen Hàn-Dynastie (25–220 n. Chr.), wird erwähnt, dass die Überschwemmungen zur Zeit von Shùn und Yǔ nicht unter Kontrolle gebracht wurden.[807]

Be- und Entwässerung von Anbauflächen müssen im Einklang stattfinden und dürfen sich nicht gegenseitig behindern. Für den Einzelnen oder einzelne Familien war die Integration in die große Gemeinschaft für die eigene Landwirtschaft und das eigene Überleben notwendig und unvermeidlich. Deshalb erfordert die Agrarzivilisation die kollektive Ausübung bestimmter gemeinschaftlicher Funktionen, bedarf also der Stabilität der Gruppe und der Koordination und Harmonisierung innerhalb der Gruppe sowie der Untrennbarkeit des Einzelnen von der Gemeinschaft. Aus der Perspektive menschlicher Beziehungen ist eine solche ‚an die Heimaterde gebundene Gesellschaft'[808] ein soziales Gefüge von Bekanntschaften, wobei als Regel- und Kontrollinstrument eher öffentliche Ordnung und Moral als Mittel der Beständigkeit wirken und der Hauptzweck darin

---

807 ‚Lùnhéng论衡 [Diskutives Abwägen] – Shūxū 书虚 [Unwahrheiten in Büchern]': „Die wirkliche Situation war, dass die Überschwemmungen zur Zeit von Shùn und Yǔ nicht unter Kontrolle gebracht wurden. Yáo übergab seine Macht und Stellung an Shùn, Shùn nahm die Abdankung und die Übertragung der Herrschaft an ihn an und wurde Kaiser. So teilte er die Gebiete mit Yǔ dem Großen auf, und sie machten sich an die Bekämpfung der Überschwemmungen. Nach dem Tod von Yáo war Shùn bereits in hohem Alter, und so übergab er den Thron an Yǔ. So zog Shùn in den Süden, um die Gewässer zu kontrollieren, und starb in Cāng-Wú; Yǔ zog in den Osten, um die Gewässer zu kontrollieren, und starb in Kuàijī" (实、舜、禹之时，鸿水未治。尧传于舜，舜受为帝，与禹分部，行治鸿水。尧崩之后，舜老，亦以传于禹。舜南治水，死于苍梧；禹东治水，死于会稽).
808 ‚Lièzǐ 列子 [Meister Liè] – Tiānruì 天瑞 [Himmlische Vorzeichen]': „Manche Menschen verlassen ihre Heimaterde, sie sagen sich von Familie und nahen Verwandten los, geben ihren Familienbesitz auf, reisen in alle Himmelsrichtungen und kehren nicht mehr zurück – was sind das für Menschen?" (有人去乡土，离六亲，废家业，游于四方而不归者，何人哉?)

besteht, den Zusammenhalt des Ganzen zu stärken und dem Auseinandergehen und Entfremden entgegenzuwirken. Die Interessen des Ganzen, die Aufrechterhaltung der Harmonie und Einheit des Kollektivs, die moralische Verpflichtung des Einzelnen gegenüber dem Kollektiv und die Wertschätzung von Öffentlichkeit und Loyalität wurden von der traditionellen chinesischen Kultur stets betont.

Obwohl die Ideologien der Vor-Qín-Schulen teils sehr unterschiedlich waren, herrschte im Großen und Ganzen eine holistische und gesamtheitliche Betrachtungsweise der Dinge vor. Es ist wichtig zu beachten, dass im Kontext des traditionellen chinesischen politischen Systems sich die herrschende Klasse und ihre Denker stets auf Shèjì 社稷[809], Guójiā 国家[810] und Tiānxià 天下 beriefen. So heißt es etwa im Shàngshū 尚书 [oder Shūjīng 书经, Buch der Urkunden], dass „sie den Göttern des Himmels und der Erde Opfer darbrachten, dem Gott des Landes und dem Gott des Getreides, aber auch den Wächtern der Ahnentempel"[811]. Aus dieser holistischen Betrachtungsweise erwuchs der patriotische Geist des chinesischen Volkes, die Bereitschaft, die Einheit des Vaterlandes zu verteidigen, die nationale Einheit zu bewahren und gefährlichen Einflüssen von außen stets zu widerstehen.

---

809 Shèjì 社稷 – allgemeiner Name des Tǔshén 土神 [Gott des Landes] und Gǔshén 谷神 [Gott des Getreides], die wichtigsten primitiven Kultobjekte des chinesischen Volkes, die auf der Landwirtschaft basieren. Im Altertum Chinas brachten die Monarchen den Göttern der Erde und des Getreides Opfer dar und huldigten ihnen; später wurden diese Götter zur Repräsentation des Staates verwendet.

810 Guójiā 国家 – Staat, Land; Einheit von Menschen, die dauerhaft ein festes Territorium bewohnen und politisch unter einer souveränen Regierung vereint sind; das Gemeinwesen oder die politisch organisierte Gesellschaft.

811 ‚Shàngshū 尚书 [oder Shūjīng 书经, Buch der Urkunden] – Tàijiǎ Shàng 太甲 上 [König Tàijiǎ – Teil 1]': ‚Dass die weisen Herrscher der Antike sich um den Willen des Himmels kümmerten, war angemessen; so brachten sie den Göttern des Himmels und der Erde Opfer dar, dem Gott des Landes und dem Gott des Getreides, aber auch den Wächtern der Ahnentempel, alle mit aufrichtiger Ehrfurcht" (先王顾諟天之明命，以承上下神祇。社稷宗庙，罔不祇肃).

Tradition der nicht-religiösen Kultur

In der chinesischen Kultur findet sich der starke Glaube, dass übernatürliche Wesen und Kräfte sich in menschliche Angelegenheiten einmischen. Von Dé 德 [moralische Integrität und Tugend], Gōng 功 [verdienstvolle Taten] und Yán 言 [Worte, Sprechen], den sogenannten Sānbùxiǔ 三不朽 [Drei Unvergänglichkeiten][812] im Zuǒzhuàn 春秋左传 [Überlieferungen des Zuǒ], bis zur lebenslangen Aufgabe im Konfuzianismus, sich die „Verwirklichung der Menschlichkeit und Rechtschaffenheit zur eigenen Verantwortung zu machen"[813] – diese Kernelemente des Rückgrats der traditionellen chinesischen Kultur folgen mit ihrem sehr praktisch ausgeprägten Charakter seit jeher der Tradition von Yòngshì 用世[814] und Rùshì 入世[815].

---

[812] ‚Zuǒzhuàn 春秋左传 [Überlieferungen des Zuǒ] – 24. Jahr von Herzog Xiāng 襄公二十四年': „Das höchste ist die Begründung von Dé, gefolgt von der Begründung von Gōng, gefolgt von der Begründung von Yán. Wenn man in der Lage ist, dies zu tun, wird, obwohl im Laufe der Zeit wohl vieles vergeht, dieser Ruhm doch nicht vergessen; das nennt man Unvergänglichkeit" (大上有立德，其次有立功，其次有立言。虽久不废，此之谓不朽).

[813] ‚Lúnyǔ 论语 [Analekten des Konfuzius] – Tài Bó 泰伯 [Ältester Sohn von König Tài von Zhōu]': „Sich die Verwirklichung der Menschlichkeit und Rechtschaffenheit zur eigenen Verantwortung zu machen – ist das nicht von großer Bedeutung? Ein Leben lang zu kämpfen, bis der Tod ein Ende setzt – ist das nicht ein langer Weg?" (仁以为己任，不亦重乎？死而后已，不亦远乎?)

[814] Im Konfuzianismus bezeichnet der Begriff Yòngshì 用世 die aktive und bewusste Nutzung der eigenen Lebenszeit eines Menschen, seine Lebenseinstellung, die Übernahme von Verantwortung, was durch Xiūqí-Zhìpíng 修齐治平 erreicht wird: Xiūshēn 修身 [Selbstkultivierung der eigenen moralischen Integrität], Qíjiā 齐家 [Schaffung von Harmonie in der Familie], Zhìguó 治国 [gute und stabile Staatsführung], Píngtiānxià 平天下 [Befriedigung des Landes].

[815] Der Konfuzianismus gilt traditionell als Befürworter von Rùshì 入世, des aktiven Engagements des Einzelnen in der Gesellschaft, das auf den Grundsätzen von Qíjiā 齐家 [Schaffung von Harmonie in der Familie], Zhìguó 治国 [gute und stabile Staatsführung] und Píngtiānxià 平天下 [Befriedigung des Landes] beruhte.

Abb. 61 Táng Bóhǔ 唐伯虎 (Höflichkeitsname von Táng Yín 唐寅) schwelgt lässig und gewandt in der Landschaft (Bildvon Táng Yín 唐寅, 1470–1524, chinesischer Maler, Kalligraf und Dichter aus der Míng-Dynastie)

Der Daoismus nutzt die Lebensweisheit von Bìshì 避世[816], um sich durch Zurückziehen aus der Welt, die Vermeidung von Hektik und den Abstand zu den Menschen den Realitäten des gesellschaftlichen Lebens zu stellen sowie der Hilflosigkeit des realen Lebens mit der absoluten Freiheit des Geistes zu widerstehen und sie aufzulösen. Er bot damit ein Modell für die Regierung einer Nation und brachte dies auf die politische Weisheit: „Ein großes Land zu regieren ist wie die Zubereitung eines kleinen Fisches."[817]

---

816 ‚Zhuāngzi 庄子 [Meister Zhuāng] – Kèyì 刻意 [Stärkung des Willens]': „Das sind die Einsiedler, die sich in abgelegene Gebiete zurückziehen und dort leben, Menschen, die sich der Realität der Welt entziehen, die Gesellschaft der Welt meiden und in Ruhe leben wollen" (此江海之士，避世之人，闲暇者之所好也).
817 ‚Dàodéjīng 道德经 – Kapitel 60': „治大国若烹小鲜."

Obwohl die Denker der Frühlings- und Herbstperiode die Existenz übernatürlicher Wesen und einer alles beherrschenden Kraft nicht leugneten, betonten sie die Bedeutung des Menschen, der menschlichen Angelegenheiten und des ‚menschlichen Weges'[818] und schrieben die Ursache von Glück, Unglück, Herrschaft und Chaos dem Menschen selbst zu.

D. Bedeutung der kulturellen Identität für die Gestaltung der politischen, sozialen und wirtschaftlichen Landschaft Chinas in der Vor-Qín-Zeit

Die reiche kulturelle Identität Chinas hat die politische, soziale und wirtschaftliche Landschaft des Landes über Jahrhunderte hinweg maßgeblich geprägt. In der Vor-Qín-Zeit war Tiānxià 天下 [alles unter dem Himmel, die chinesische ‚Welt'] in verschiedene Staaten mit eigenen kulturellen Praktiken und Glaubensvorstellungen unterteilt. Trotz ihrer Unterschiede teilten diese Staaten ein gemeinsames kulturelles Erbe, das ihre politischen, sozialen und wirtschaftlichen Systeme beeinflusste. Die Vor-Qín-Periode war zugleich Zeuge des Aufstiegs und des Niedergangs mächtiger Dynastien, der Entwicklung wichtiger philosophischer Denkschulen und der Schaffung kultureller, künstlerischer und wissenschaftlicher Errungenschaften, die die nationale Identität Chinas bis heute prägen. Die Bedeutung der kulturellen Identität in dieser Zeit war immens, da sie eine entscheidende Rolle bei der Gestaltung der politischen, gesellschaftlichen und wirtschaftlichen Landschaft Chinas spielte.

Gemäß den historischen Aufzeichnungen und Berichten begann die Xià-Periode 夏朝, also die Herrschaft der ersten Dynastie in der chinesischen Geschichte von etwa 2070 bis 1600 v. Chr., mit Dàyǔ

---

818 Réndào 人道 meint die Wahrheit des Menschseins, die Art und Weise des Menschseins, die auf den Prinzipien der Liebe zum menschlichen Leben, der Sorge um das menschliche Wohlergehen, der Wahrung der Menschenwürde, der Sicherung der menschlichen Freiheit usw. beruht.

大禹[819] [Yǔ der Große], dem Anführer vom Xiàhòu-Clan 夏后氏. Er wurde von Shùn 帝舜 [Lebenszeit ungefähr zwischen 2294 und 2184 v. Chr.], dem letzten der sogenannten Wǔdì 五帝 [Fünf Kaiser], beauftragt, die schrecklichen Überschwemmungen, welche die nordchinesische Ebene plagten und viele Menschenleben forderten, zu bekämpfen. Die Historizität dieser Dynastie ist jedoch umstritten, da es nur wenige archäologische Beweise für ihre Existenz gibt.

Die Fundamente der Xià-Dynastie wurden auf einem primitiven Stammessystem bei Aufrechterhaltung der alten Blutsbande und strenger Unterscheidung der einzelnen Clans errichtet. Das Herrscherhaus des Xiàhòu-Clans belehnte die einzelnen Clans (ihre adeligen Verwandten und Nachkommen) mit Ländereien und teilte ihnen – neben der Beibehaltung der bisherigen Abstammungsnamen – neue Clannamen entsprechend den ihnen zugewiesenen Lehen zu. Der Xiàhòu-Clan bzw. der Xià-Herrscher war der oberste Souverän und vereinte die militärische und die politische Macht in einer Person; die ihm unterstehenden Armeen, Beamten und das Strafwesen waren die Säulen der Staatsmacht. Er hatte Macht über seine Untertanen und war für die Gewährleistung von Frieden und Stabilität im Reich verantwortlich. Diese Macht wurde jedoch durch die regionalen Herrscher-Clans, die ihm loyalen Adligen, eingeschränkt, insofern sie über ihre jeweiligen Territorien bestimmten und regierten. Diese regionalen Herrscher mussten dem Xià-Souverän militärische Unterstützung leisten und konnten im Gegenzug von den Bauern, die sie die ihnen zugeteilten Ländereien bewirtschaften ließen, Steuern einheben.

---

819 Dàyǔ 大禹 (ca. 2123–2025 v. Chr.), Familienname Sì, Vorname Wén Mìng 文命, Xiàhòu-Clan 夏后, gebürtig aus Ānyì 安邑 (im heutigen Kreis Xià 夏县, Provinz Shānxī 山西省省), Gründerkönig der Xià-Dynastie.

Im Lǐjì 礼记 [oder Lǐjīng 礼经 – Buch der Riten] wird erwähnt, dass in alten Zeiten der Xiàhòu-Clan die Angehörigen des Adels verehrt und die Alten respektiert habe.[820] Das spiegelt die Bedeutung wider, die die Xià-Gesellschaft offiziellen Positionen beimaß, und zeigt auch, dass es bereits in der Xià-Periode eine klare Unterscheidung zwischen höheren und niedrigeren Rängen von Beamten gab. So finden sich in den historischen Aufzeichnungen etwa die Ränge eines Tàishǐlìng 太史令 [Großannalist, zuständig für Astronomie und kalendarische Berechnungen][821], Beamte, die für die vier Jahreszeiten des Himmels und der Erde zuständig waren[822], sowie Beamte, die im Bedarfsfall mit besonderen Aufgaben betraut wurden.

---

820 ‚Lǐjì 礼记 [oder Lǐjīng 礼经 – Buch der Riten] – Jìyì 祭义 [Die Bedeutung von Opfergaben]': „In alten Zeiten verehrte der Yǒuyú-Clan tugendhafte Menschen und respektierte die Älteren; der Xiàhòu-Clan verehrte die Angehörigen des Adels und respektierte die Älteren; die Menschen der Yīn [Anm.: Shāng-Dynastie] verehrten die Reichen und Mächtigen und respektierten die Älteren; die Menschen der Zhōu schätzten die Blutsverwandtschaft und respektierten die Älteren" (昔者，有虞氏贵德而尚齿，夏后氏贵爵而尚齿，殷人贵富而尚齿，周人贵亲而尚齿).

821 ‚Lǚshì-Chūnqiū 吕氏春秋 [Frühling und Herbst des Lǚ Bùwéi] – Xiānshí-Lǎn 先识览 [Betrachtungen über das Vorwissen] – Xiānshí 先识 [Vorwissen]': „Der Tàishǐlìng der Xià namens Zhōng Gǔ nahm die Verzeichnisse und Gesetzestexte hervor und hielt sie weinend in seinen Händen" (夏太史令终古，出其图法，执而泣之).

822 ‚Shǐjì 史记 [Aufzeichnungen des Großen Historikers] – Xià Běnjì 夏本纪 [Biografien der Xià-Dynastie]': „Während der Regierungszeit von Kaiser Zhòng Kāng [Anm.: 中康, vierter Herrscher der Xià] vernachlässigten die hohen Beamten Xī und Hé, die sich dem Wein und der Ausschweifung hingaben, die Jahreszeiten und brachten die ersten beiden der zehn himmlischen Stämme der vier Jahreszeiten und Tage des Kalenders durcheinander" (帝中康时，羲、和湎淫，废时乱日).

Sowohl im Zuǒzhuàn 春秋左传 [Überlieferungen des Zuǒ][823] als auch im Shǐjì 史记 [Aufzeichnungen des Großen Historikers][824] wird beschrieben, dass Shào Kāng, der sechste Herrscher der Xià, ein Ackerland von der Fläche von Yī Chéng 一成 [in der Antike eine Landfläche von 10 Lǐ 里[825] im Quadrat] besaß. Das weist darauf hin, dass bereits in der Xià-Periode ein Gemeindesystem und eine klare Eigentumsordnung bestanden haben dürften, die auf einer Zuteilung der zu bewirtschaftenden Landflächen, dem Jǐngtián 井田 [Brunnenfeldsystem], basierte.

Das politische System der Shāng-Dynastie beruhte auf zahlreichen Clan- bzw. Abstammungsgruppen und verschiedenen einzelnen Zú 族 [Familienclan, ethnische Gruppe, Stamm] bzw. Zōngzú 宗族 [Clan], wobei der Shāng-König einer Konföderation von patrilinearen Abstammungsgruppen vorstand. Diese Zú 族 fungierten als soziale und politische Einheiten, deren Mitglieder durch eine differenzierte Hierarchie von verwandtschaftlichen Beziehungen, Vorteilen, Privilegien und Pflichten mit dem König verbunden waren; angeführt von ihren Stammesoberhäuptern dienten sie dem König in der Kriegsführung,

---

823 ‚Zuǒzhuàn 春秋左传 [Überlieferungen des Zuǒ] – Āi-Gōng Yuánnián 哀公元年 [Erstes Jahr der Herrschaft von Herzog Āi von Lǔ]': „Er besaß ein Chéng Land, eine Arme von ein Lǚ, so konnte er sein Wohlwollen und seine Tugenden weit verbreiten und einen Plan zur Wiederherstellung des Landes in Angriff nehmen, um das Volk von Xià wieder zu sammeln und dessen abgeschaffte Ämter wieder zu beleben" (有田一成，有众一旅，能布其德，而兆其谋，以收夏众，抚其官职).

824 ‚Shǐjì 史记 [Aufzeichnungen des Großen Historikers] – Wú Tàibó Shìjiā 吴太伯世家 [Biografie des Hauses von Wú Tàibó]': „Shào Kāng hatte die Funktion eines ‚Mù-Zhèng' [牧正, zuständig für den Viehbestand, oberster Hirte] in Yǒu Réng [有仍, antiker Staat, bei der heutigen Stadt Jìníng 济宁市, Provinz Shāndōng 山东省] inne. Als der Yǒuguò-Clan versuchte ihn zu töten, flüchtete er zum Yǒuyú-Clan. Der Herrscher von Yǒuyú war dankbar für die Freundlichkeit des Staates Xià in der Vergangenheit und vermählte zwei seiner Töchter mit Shào Kāng, gab ihm feudales Lehensgut in Lún 纶 [30 Lǐ südöstlich vom heutigen Kreis Yúchéng 虞城, Provinz Hénán 河南省] mit einem Ackerland von 10 Lǐ im Quadrat sowie einer Armee von 500 Mann" (少康为有仍牧正。有过又欲杀少康，少康奔有虞。有虞思夏德，于是妻之以二女而邑之于纶，有田一成，有众一旅).

825 Lǐ 里, alte chinesische Längeneinheit; die Werte waren in Xià (405 m), Westliche Zhōu (358 m), Östliche Zhōu (416 m) usw. unterschiedlich.

bei der Jagd und bei der Erbringung von Tributen und erhielten im Gegenzug seine geistige und militärische Unterstützung.[826] Die Shāng-Könige regierten mit dem Verständnis eines göttlichen Rechts, wobei die Regentschaft von Vater zu Sohn und von Bruder zu Bruder weitergegeben wurde. Was das Verwaltungssystem der Shāng betrifft, dürfte dies im Wesentlichen als eine Ansammlung von nicht klar unterschiedenen Rollen verstanden werden, die von schamanistischen ‚Beamten' im Dienst des Königs ausgefüllt wurden, der selbst der ‚Oberschamane' war. Die Herrschaft der Shāng hing also im Wesentlichen von der persönlichen Herrschaft des Shāng-Königs ab, der von einer großen Gruppe von Wahrsagern unterstützt wurde, die kaum mehr als seine persönlichen Diener waren.[827]

Das politische System der Westlichen Zhōu-Dynastie basierte auf den vier Systemen Fēnfēng 分封 oder Fēngjiàn 封建 [Feudalsystem][828], Zōngfǎ 宗法 [Abstammungs- oder Patriarchatssystem], Jǐngtián 井田[829] [Brunnenfeldsystem] sowie Lǐyuè 礼乐[830] [System der Riten und Musik].

---

826 Siehe Keightley, „The Shang: The Dynastic State".
827 Siehe: Li Feng 李峰, „The Underdevelopment of the Shang Government", in: *Early China. A Social and Cultural History*, Cambridge: Cambridge University Press, 2013, S. 106.
828 Fēnfēng-Zhì 分封制 steht für Feudalismus, Belehnungssystem.
829 Jǐngtián 井田, das Brunnenfeldsystem, war ein System des Landbesitzes in der alten chinesischen Gesellschaft, das in der Shāng-Dynastie aufkam und bis zur Westlichen Zhōu-Dynastie gut entwickelt war: Dazu wurden Straßen und Kanäle kreuz und quer angelegt, um das Land in Quadrate zu unterteilen, die wie das Zeichen Jǐng 井 [Brunnen] geformt sind, daher der Name Jǐngtián 井田 [Brunnenfeld]. Während der Frühlings- und Herbstperiode löste sich das System der Brunnenfelder allmählich auf, unter anderem aufgrund des Aufkommens von eisernen landwirtschaftlichen Werkzeugen und der Beliebtheit des Pflügens mit Ochsen.
830 Das Lǐyuè 礼乐 [System der Riten und Musik] besteht aus zwei Teilen: Lǐ 礼 [Ritual] und Yuè 乐 [Musik]. Lǐ 礼 ist dabei in erster Linie formaler Natur und bezieht sich darauf, was ein angemessenes soziales Verhalten nach außen hin darstellt. Dazu gehört auch, welche Rituale und Pflichten der jeweilige Status erfüllen sollte, was sich schließlich in der gesellschaftlichen Rangordnung ausdrückt. Yuè 乐 ist die Bündelung der psychosozialen Orientierungen innerhalb der Herrschaftssphäre, vor allem in emotionaler Hinsicht, wodurch die Schaffung einer einheitlichen und harmonischen sozialen Atmosphäre durch die

Sie sollten ein wirksames und stabiles Regieren des Zhōu Tiānzǐ 周天子 [Sohn des Himmels von Zhōu; Zhōu-König] gewährleisten. Mittels Fēngjiàn 封建 [Feudalsystem] gründeten die Zhōu-Könige Vasallenstaaten, indem sie ihren adeligen Familienmitgliedern, verdienstvollen Beamten und Herrschern aus früherer Zeit Land und Bevölkerung von Gebieten außerhalb von Wángjī 王畿[831], der kaiserlichen Domäne, also außerhalb der Hauptstadt und dem Sitz des Regenten, zuteilten. Die Vasallen unterstanden dabei den Befehlen des Zhōu-Herrschers und hatten die Aufgabe, das Territorium für ihn zu bewachen, ihn im Kampf zu begleiten, Tribut zu zahlen und anlässlich von Audienzen ihrem Souverän Respekt zu zollen und ihm Bericht zu erstatten. Im Gegenzug waren die Feudalherren ermächtigt, ihre Verwaltungsgebiete wiederum an die ihnen unterstellten Qīngdàfū 卿大夫, [hohe Beamte und Minister] aufzuteilen. Dadurch entstand eine strenge Hierarchie innerhalb der Aristokratie, die Stabilität und Gehorsam gegenüber dem Himmelssohn garantierte. Gleichzeitig konnte der Vasall innerhalb seines eigenen Lehens Beamte einsetzen, Soldaten aufstellen, Steuern erheben usw. Die Lehensgebiete waren hauptsächlich für Verwandte desselben Nachnamens bestimmt und befanden sich überwiegend in den fruchtbaren und wohlhabenden Gebieten von Zhōngyuán 中原[832], der Zentralchinesischen Ebene.

Entwicklung eines beispielhaften poetischen Repertoires und die Durchführung kollektiver Musik erreicht werden sollte.
831 Wángjī 王畿 bezeichnete im Altertum das Gebiet von tausend Lǐ um die Hauptstadt des Regenten. Während der Westliche-Zhōu-Periode 西周 (1045–770 v. Chr.) bezog es sich auf das Gebiet, das direkt unter der Herrschaft des Zhōu-Königs in und um die Hauptstadt Hàojīng 镐京 stand; während der Östliche-Zhōu-Periode 东周 (770–256 v. Chr.) war es das entsprechende Gebiet in und um die Hauptstadt Luòyì 洛邑 (Luòyáng 洛阳).
832 Zhōngyuán 中原 oder Zentralchinesische Ebene, Im Chinesischen auch bekannt als das Zhōngtǔ 中土, Zhōngzhōu 中州 und Huáxià 华夏, bezieht sich auf den Mittel- und Unterlauf des Gelben Flusses mit dem Gebiet von den Städten Luòyáng 洛阳 bis Kāifēng 开封 als Zentrum. Im engeren Sinne handelt es sich um die heutige Provinz Hénán 河南省. In Bezug auf fremde Ethnien und Clans meint Zhōngyuán auch Zhōngguó 中国 im Allgemeinen.

Das Zōngfǎ-System 宗法[833] [Abstammungs- oder Patriarchatssystem] nutzte die Nähe der patrilinearen Blutsverwandtschaft, um die politische Hierarchie aufrechtzuerhalten und die staatliche Herrschaft zu festigen. Dadurch wurde die durch Fēngjiàn 封建 [Feudalsystem] geschaffene Herrschaftsordnung gestärkt und die Beilegung von Konflikten zwischen Adligen über Machtansprüche, Eigentum und Landvererbung erleichtert. Im Zōngfǎ-System wurde die Regentschaft an den erstgeborenen Sohn der ersten Frau des Herrschers vererbt, der den Hauptclan oder Dàzōng 大宗 darstellte; die übrigen Söhne galten als Nebenclans oder Xiǎozōng 小宗 und wurden als Vasallen mit verschiedenen Gebieten belehnt. Im eigenen Lehensgebiet galten sie wiederum als Dàzōng 大宗, dem Regenten gegenüber jedoch als Xiǎozōng 小宗. Der Thron eines Zhūhóu 诸侯 [Vasallenherrscher] wurde ebenfalls an den erstgeborenen Sohn vererbt, der jeweils Dàzōng 大宗 darstellte; die restlichen Söhne wurden mit dem Titel Qīngdàfū 卿大夫, [hohe Beamte und Minister] belehnt, erhielten ihre eigenen Lehen und galten gegenüber dem Vasallenherrscher als Xiǎozōng 小宗. Das Gleiche galt für die Beziehung zwischen den Qīngdàfū 卿大夫 und den Shì 士 [Gelehrten-Amtsträger].

Durch die Verbindung von Blutsbanden und politischen Bindungen wurde eine Einheit zwischen dem Herrscherhaus und den übrigen Gebieten geschaffen; der Schwerpunkt lag dabei auf der engen patrilinearen Abstammung, wobei die Primogenitur im Mittelpunkt des Systems stand. Dàzōng und Xiǎozōng standen in einem dualen Verhältnis zueinander, das im Allgemeinen auf der Blutsverwandtschaft aufbaute, im politischen Kontext jedoch eindeutig monarchisch strukturiert war. Mit anderen Worten: Dàzōng und Xiǎozōng repräsentierten nicht nur Familienhierarchien, sondern auch politische Zugehörigkeiten. Dies sicherte das politische Monopol und die privilegierte Stellung des Adels auf allen Ebenen, sorgte für Stabilität

---

833 Zōngfǎ 宗法 meint das Abstammungs- oder patriarchalische System bzw. das Verwandtschaftssystem

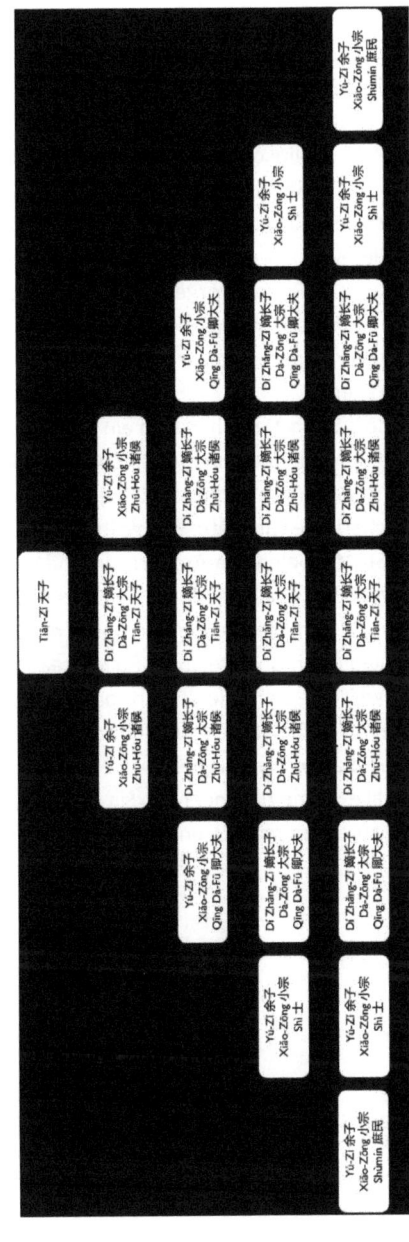

Abb. 62 *Beziehung zwischen Dàzōng* 大宗 *und Xiǎozōng* 小宗 *im Zōngfǎ-System der Westlichen Zhōu-Dynastie*

und festigte die Einheit innerhalb der herrschenden Gruppe, was die Durchsetzung des Fēngjiàn-Systems garantierte.

Das Lǐyuè 礼乐 diente dazu, das Belehnungssystem und das patriarchalische System zu stabilisieren und aufrechtzuerhalten. Dabei wurden für die täglichen politischen und sozialen Aktivitäten der herrschenden Klasse klare Regeln und Rituale festgelegt, wie die Anbetung von Göttern, Hochzeiten und Beerdigungen, dies stets unter Einsatz spezieller Musik, wobei für die verschiedenen Ränge des Adels unterschiedliche Rituale vorgeschrieben waren. Dieses System wurde zu einem Mittel, um die Hierarchie aufrechtzuerhalten, Usurpationen zu verhindern und zur Stabilität der herrschenden Ordnung beizutragen.

Die Westliche Zhōu-Dynastie sicherte so ein strenges System des Patriarchats und der Primogenitur, das eine Abfolge der Herrschaft vom Tiānzǐ 天子 [Sohn des Himmels; König] über die Zhūhóu 诸侯 [Vasallenherrscher], die Qīngdàfū 卿大夫 [hohe Beamte und Würdenträger], die Shì 士 [Gelehrten-Amtsträger] und die Shùrén 庶人 [das gemeine Volk, der einfache Mann, die Bürgerlichen] vorsah. Dieses politische System stärkte die Herrschaft des Tiānzǐ 天子 über die unterschiedlichen Gebiete und Vasallenstaaten, festigte seine Position, erweiterte seine Herrschaft, baute die Grenzen aus und formte eine politische Struktur, in der das Haus der Zhōu mit dem „nördlichen Polarstern verglichen wurde, der seinen Platz behält und dem sich alle Sterne zuwenden"[834]. Sie machte die Westliche Zhōu-Dynastie zu einem mächtigen Reich, das Jahrhunderte überdauern sollte.

---

834 ‚Lúnyǔ 论语 [Analekten des Konfuzius] – Wéizhèng 为政 [Regieren des Landes]': „Derjenige, der durch seine Tugend regiert, kann mit dem nördlichen Polarstern verglichen werden, der seinen Platz behält und dem sich alle Sterne zuwenden" (为政以德，譬如北辰，居其所而众星共之).

E. Wichtige chinesische Kulturdimensionen und Rationalitäten im heutigen Kontext

Die kulturellen Dimensionen Chinas, darunter Miànzi 面子 [Gesicht, Ruf, Reputation, Leumund], Guānxì 关系 [Verbindung oder Beziehung irgendeiner Art zwischen Personen], Rénqíng 人情 [menschliche und wechselseitige Gefühle und Emotionen] und Kèqì 客气 [Bescheidenheit, Höflichkeit, Zuvorkommenheit], spielen auch heute noch eine wichtige Rolle. Diese und weitere charakteristische Eigenschaften, die in der zwischenmenschlichen Kommunikation und vor allem der Eigen- und Fremdbetrachtung täglich zum Ausdruck kommen, sind ein Ergebnis der jahrtausendelangen Entwicklung, Angleichung und Optimierung der Grundelemente der chinesischen Identität. Das Verständnis dieser kulturellen Werte und Dimensionen ist für jeden, der ein tiefes Verständnis für interkulturelle Verständigung mit dem chinesischen Kulturraum sucht, aber auch für den, der in China Geschäfte macht, lebt oder arbeitet, von entscheidender Bedeutung.

Miànzi 面子 [Gesicht, Ruf, Reputation, Leumund]: Ausdruck der Selbstachtung, der Würde und des Selbstbildes einer Person und ihrer ethischen Gefühle, die Moral über Utilitarismus stellen

Abb. 63 Miànzi 面子

In der chinesischen Kultur ist das Konzept von Miànzi 面子 ein wichtiges soziales Konstrukt, das sich auf den Ruf, die Würde und das Prestige einer Person bezieht. Es stellt die Eigenbetrachtung des sozialen Status in Bezug auf die Mitmenschen bzw. der Gesellschaft dar, also das soziale Ansehen, vor allem die Fremdbetrachtung des eigenen Wertes (Macht, Schönheit, Reichtum) im sozialen Beziehungsgefüge. Diese Gesamtheit von Miànzi zeigt den gesellschaftlichen Wert einer Person; ein hoher Wert bedeutet hohes Vertrauen, das eine Person vom gesellschaftlichen Beziehungsumfeld erwarten kann. Miànzi' ist deshalb ein komplexes und vielschichtiges Konzept, das sich nur schwer vollständig begreifen lässt, aber für das Verständnis chinesischer sozialer Interaktionen und Beziehungen von entscheidender Bedeutung ist.

Der Ursprung des Konzepts von Miànzi in der chinesischen Kultur lässt sich auf die konfuzianische Philosophie zurückführen, welche die moralischen Prinzipien wie Rén 仁 [Menschlichkeit], Yì 义 [Rechtschaffenheit], Lǐ 礼 [Sittlichkeit], Hé 和 [Harmonie] und Xìn 信 [Aufrichtigkeit] betont. Konfuzius war der Ansicht, dass die Aufrechterhaltung der sozialen Harmonie und Ordnung von jedem Einzelnen verlange, sich in einer sozial angemessenen Weise zu verhalten und seinen Ruf und seine Würde zu wahren.[835] Im Laufe der Zeit hat sich das Konzept von Miànzi tief in der chinesischen Kultur und Gesellschaft verankert und ist heute ein allgegenwärtiger und wichtiger Bestandteil der chinesischen sozialen Interaktionen. In der modernen chinesischen Gesellschaft gilt Miànzi als Maßstab für den sozialen Status und als Mittel, um von anderen respektiert, bewundert und geachtet zu werden. Auch wird es häufig als Mittel

---

835 ‚Lúnyǔ 论语 [Analekten des Konfuzius] – Xué-Ér 学而 [Lernen]': „Der Zweck von Sittlichkeit und Ritualen ist es, menschliche Beziehungen noch harmonischer zu gestalten. Hier liegt das Kostbare der Art und Weise des Regierens der weisen Herrscher der Antike. Einfach nur die Dinge auf harmonische Weise zu tun, egal wie groß oder klein sie seien, funktioniert manchmal nicht. Denn Harmonie nur um der Harmonie willen, ohne sie durch Sittlichkeit zu mäßigen, ist ebenfalls nicht praktikabel" (礼之用，和为贵。先王之道斯为美，小大由之。有所不行，知和而和，不以礼节之，亦不可行也).

zur Bewertung des eigenen sozialen Status und zur Beurteilung des Wertes anderer verwendet. Das kann sich je nach Situation und den beteiligten Personen auf unterschiedliche Weise manifestieren. Es kann beispielsweise durch Gesten wie Verbeugung oder Nicken oder durch Sprache wie höfliche Begrüßung oder Danken zum Ausdruck gebracht werden, ebenso aber auch durch Handlungen, etwa durch Geschenke oder Gastfreundschaft.

In der chinesischen Kultur ist Miànzi oft eng mit dem Konzept des Miànzi-Gōngchéng 面子工程 verbunden. Dieses bezieht sich auf die Praxis, den eigenen Ruf und das eigene Ansehen angesichts der vielfältigen täglichen Herausforderungen oder Widrigkeiten ständig zu wahren und zu optimieren; als Unterfangen, seine äußere (sichtbare) Oberfläche, sein Prestige und sein Ansehen in der Gesellschaft laufend zu pflegen und zu verbessern, kann es durchaus auch mit einem Hang zu Selbstgefälligkeit und Eitelkeit einhergehen. Ebenso kann es darum gehen, Konfrontationen oder Konflikte zu vermeiden, (vorgetäuscht) freundlich und höflich zu sein oder Wege zu finden, um schwierigen Situationen aus dem Weg zu gehen oder sie zu meistern.

Das Konzept von Miànzi kann auch negative Auswirkungen haben, insbesondere wenn es dazu benutzt wird, andere zu manipulieren oder zu kontrollieren. So kann eine Person beispielsweise ihren sozialen Status oder ihr Ansehen nutzen, um von anderen eine Sonderbehandlung oder Gefälligkeiten zu verlangen oder um sich vor der Verantwortung für ihr Handeln zu drücken. Das führt unter Umständen zu einer Kultur der Hierarchie und des Statusstrebens statt zu einer Kultur des gegenseitigen Respekts und der Zusammenarbeit.

Das Verständnis von Miànzi ist ein komplexer und wichtiger Bestandteil der chinesischen Kultur und Gesellschaft. Es spiegelt den Wunsch nach sozialer Harmonie und Ordnung wider und unterstreicht die Bedeutung von Ansehen, Würde und Respekt. Es kann ein nützliches Mittel sein, um sich in sozialen Interaktionen und Beziehungen zurechtzufinden, aber auch dazu benutzt werden, andere zu kontrollieren oder zu manipulieren. Das Verständnis der Nuancen von Miànzi kann dem Einzelnen helfen, sich in chinesischen sozialen Situationen zurechtzufinden und starke Beziehungen aufzubauen, die auf gegenseitigem Respekt und Zusammenarbeit beruhen.

Guānxì 关系 [Verbindung oder Beziehung zwischen Personen]: Schaffung eines gegenseitig nutzbringenden Netzwerks sowohl für persönliche als auch geschäftliche Beziehungen.

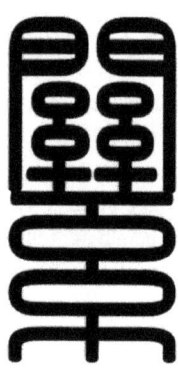

Abb. 64 Guānxì 关系

In der chinesischen Kultur bildet das Konzept von Guānxì 关系 ein wichtiges soziales Konstrukt, das sich auf persönliche Beziehungen und Netzwerke bezieht, die durch soziale Interaktionen, gegenseitige Verpflichtungen und Wechselseitigkeit entstehen. Es ist ein komplexes und vielschichtiges Konzept, das schwer zu verstehen, aber für das Verständnis chinesischer sozialer Interaktionen und Beziehungen von entscheidender Bedeutung ist. Im Laufe der Zeit hat sich das Konzept von Guānxì, das seine Wurzeln in der konfuzianischen Philosophie hat, tief in der chinesischen Kultur und Gesellschaft verankert und ist heute ein allgegenwärtiger und wichtiger Bestandteil der chinesischen gesellschaftlichen Interaktionen. In der modernen chinesischen Gesellschaft kann Guānxì als Maß für den sozialen Status und als Mittel zur Erlangung von Respekt und Bewunderung durch andere angesehen werden. Es wird oft als Mittel zur Bewertung des eigenen sozialen Status und zur Beurteilung des Wertes anderer verwendet und ist insofern eng mit dem Konzept von Miànzi verbunden. Guānxì kann in der Regel allerdings erst nach Schaffung eines vertrauenswürdigen und werthaltigen Miànzi erfolgreich aufgebaut und gehalten werden – und dies braucht Zeit.

Der erfolgreiche Aufbau und die langfristige Pflege von Guānxì ist die Fähigkeit, eigenes Miànzi und Kèqì 客气 [Bescheidenheit, Höflichkeit, Zuvorkommenheit] zur Gestaltung eines sozialen Netzwerks enger und zuverlässiger Freunde einzusetzen. Dies stellt eine wesentliche kulturelle Dimension in China dar. Beeinflusst wird das von vielen Aspekten des täglichen Lebens einer Person, es hängt jedoch gänzlich vom eigenen Miànzi und dem Bewahren von Kèqì ab. Auch heute noch ist Guānxì ein entscheidender Faktor in der chinesischen Gesellschaft und Wirtschaft. Starke Verbindungen zu Personen mit Machtbefugnissen oder in einer bestimmten Branche können einem dabei helfen, sich in der komplexen Bürokratie zurechtzufinden und Zugang zu Ressourcen zu erhalten, die sonst nur schwer zu bekommen wären. Gute Guānxì können also in vielen Bereichen über Erfolg und Misserfolg entscheiden. Zu beachten ist, dass Guānxì im zwischenmenschlichen Austausch nur dann nachhaltig ein Gleichgewicht herstellen kann, wenn es auf den Prinzipien von Huíbào 回报 [Reziprozität] beruht. Beim Aufbau und der Pflege von Guānxì spielt Lǐ 礼 [Ritual, Zeremonie] eine wichtige Rolle, also ein angemessenes soziales Verhalten nach außen hin, wodurch die Einhaltung der gesellschaftlichen Rangordnung gewährleistet wird.

Auch negative Auswirkungen des Guānxì-Konzepts sind möglich. Beispielsweise können Personen ihre Guānxì nutzen, um von anderen eine Sonderbehandlung oder Gefälligkeiten zu verlangen oder um Eigenverantwortung von sich zu schieben. Dies kann zu einer Kultur der Vetternwirtschaft und Günstlingswirtschaft führen statt zu einer Kultur der Leistung und Chancengleichheit.

Trotz dieser Komplexität ist das Konzept von Guānxì nach wie vor ein fester Bestandteil der chinesischen Kultur und Identität. Es spiegelt den tief verwurzelten Wunsch nach sozialer Harmonie und Verbundenheit wider, der die chinesische Gesellschaft seit Jahrhunderten prägt. Es unterstreicht auch die Bedeutung persönlicher Beziehungen und gegenseitiger Verpflichtungen für den Aufbau von

Vertrauen und Erfolg. Das Verständnis der Nuancen von Guānxì kann dem Einzelnen helfen, starke Beziehungen aufzubauen und seinen Platz in der chinesischen Gesellschaft zu finden.

Rénqíng 人情 [menschliche und wechselseitige Gefühle und Emotionen]: Erwartung der Einhaltung von Regeln und Verhaltensnormen

Abb. 65 Rénqíng 人情

Auch die Ursprünge der umfangreichen Bedeutung von Rénqíng 人情 im sozialen Kontext lassen sich auf die Lehren von Konfuzius zurückverfolgen, wo sich im Lǐjì 礼记 [Buch der Riten] die Aussage findet, dass „die Gefühle und Emotionen der Menschen zum (zu bebauenden) Feld zu machen sind"[836]. Damit wird ausgedrückt, dass persönliche Beziehungen der Schlüssel zur Schaffung einer harmonischen und stabilen Gesellschaft sind. Der Konfuzianismus betont die Wichtigkeit von Freundlichkeit und Respekt im Umgang mit anderen Menschen, und er lehrt, dass Einfühlungsvermögen und Mitgefühl, also Empathie und Emotionen, für den Aufbau starker und sinnvoller Beziehungen unerlässlich sind. Auch langfristig nachhaltiges Rénqíng muss auf den Grundlagen von Reziprozität beruhen,

---

836 Lǐjì 礼记 [Buch der Riten] – Lǐyùn 礼运 [Durchführung der Riten]': „人情以为田."

und eine Nichterfüllung von Rénqíng bedeutet, dass die sozialen Regeln von Kèqì 客气 [Bescheidenheit, Höflichkeit, Zuvorkommenheit] verletzt wurden. Das wiederum führt zu einem Verlust von Miànzi 面子 und macht somit die Aufrechterhaltung von guten Guānxì 关系 unmöglich.

Chinesen verwenden den Begriff Rénqíng häufig, um das komplexe Geflecht persönlicher Beziehungen zu beschreiben, das ihren sozialen Interaktionen zugrunde liegt, unabhängig davon, ob es sich um private oder berufliche Beziehungen handelt. Die Bedeutung von Rénqíng umfasst ein breites Spektrum von Gefühlen und Verhaltensweisen. Es geht grundsätzlich darum, andere mit Freundlichkeit, Mitgefühl und Respekt zu behandeln und oft über das Erwartete hinauszugehen, etwa um anderen in Not zu helfen.

Die traditionelle chinesische Gesellschaft ist eine Guānxì-Gesellschaft. Rénqíng, Guānxì und Miànzi sind stets miteinander verflochten und in der jahrtausendealten Geschichte Chinas und in allen gesellschaftlichen Bereichen tief verankert. Die genannten Begriffe haben dabei vielfältige und komplexe Bedeutungen, und ein Verständnis der moralischen Werte, Standards und ethischen Normen der traditionellen chinesischen Gesellschaft ist ohne Kenntnis von Rénqíng, Guānxì und Miànzi kaum möglich. Deshalb ist es auch schwierig, das Wesen der traditionellen chinesischen Kultur zu verstehen, ohne die tiefe Bedeutung und die feinen Nuancen der kulturellen Dimensionen, die über Jahrtausende in beständigem Nebeneinander und Miteinander sich gegenseitig ergänzt und befruchtet haben, zu begreifen.

In persönlichen Beziehungen wird Rénqíng häufig als Mittel zum Aufbau von Vertrauen und gegenseitigen Verpflichtungen angesehen. Chinesen betonen oft seine Bedeutung dafür, starke Freundschaften und Familienbande zu gründen sowie komplexe soziale Situationen zu bewältigen. Dazu kann es gehören, Geschenke zu machen, Gastfreundschaft zu gewähren oder anderen emotionale Unterstützung zu bieten. In der Geschäftswelt ist Rénqíng eine Möglichkeit, Vertrauen aufzubauen und langfristige Beziehungen zu etablieren. Es geht darum, Respekt und Rücksicht auf andere zu nehmen, oft aber auch darum, persönliche Beziehungen zu einflussreichen Personen aufzubauen. Negative Auswirkungen kann das Konzept des Rénqíng insbesondere dann haben, wenn es zur Manipulation oder Ausbeutung anderer verwendet wird. In einigen Fällen kann Rénqíng zu einem Instrument für Korruption oder Vetternwirtschaft werden und zu einer Kultur der Bevorzugung und Ungleichheit führen.

Kèqì 客气 [Bescheidenheit, Höflichkeit, Zuvorkommenheit]: Höflichkeitssystem zur Regelung des sozialen Verhaltens der Menschen durch Bescheidenheit und Zurückhaltung

Abb. 66 Kèqì 客气

In der chinesischen Kultur sind die konfuzianischen moralischen Prinzipien Lǐ 礼 [Sittlichkeit] und Kèqì 客气 eng miteinander verwandte Begriffe, die oft austauschbar oder in Verbindung miteinander verwendet werden. Lǐ bezieht sich auf das Gesamtsystem der rituellen Anstandsregeln und sozialen Normen, die das Verhalten in der chinesischen Gesellschaft bestimmen. Es umfasst ein breites, tief in der chinesischen Kultur verwurzeltes Spektrum an Praktiken, von der Art und Weise, wie Menschen einander begrüßen, bis hin zu jener, wie sie essen und trinken, sich kleiden und sich in der Öffentlichkeit verhalten. Kèqì meint speziell die Praxis der Höflichkeit, der Bescheidenheit und der Rücksichtnahme auf andere in der sozialen Interaktion. Es beinhaltet die Verwendung einer angemessenen Sprache und eines angemessenen Verhaltens oder auch das Herunterspielen des eigenen Status sowie des Status von Familie, Freunden, Mitarbeitern etc., um anderen Respekt zu erweisen und Beleidigungen oder Peinlichkeiten zu vermeiden. Kèqì ist eng mit dem Konzept des Miànzi verbunden, da dieses nur durch ein angemessenes Kèqì aufrechterhalten werden kann. Kèqì verlangt vom Einzelnen die Fähigkeit, höflich, zuvorkommend, bescheiden, demütig, verständnisvoll und besonnen zu sein und gute Umgangsformen zu haben.

Durch die enge Verbindung von Miànzi und Kèqì wird ein ‚Druck' der chinesischen Gesellschaft zur Sicherstellung des rücksichtsvollen Handelns des Einzelnen, also des ‚angebrachten' Sozialverhaltens des Individuums in der Gesellschaft, erzeugt: Miànzi gewährleistet das wohlwollende Verhalten einer Person, Kèqì stellt zusätzlich sicher, dass die Person den kulturell definierten Regeln von Hierarchie und Autorität folgt. Wird in der zwischenmenschlichen Interaktion gegen die Regeln von Kèqì verstoßen, so kann dies zu einem ‚Gesichtsverlust' führen.

Kèqì ist ein wichtiger kultureller Wert in China. Höflichkeit und Bescheidenheit zu zeigen, gilt als Zeichen von Respekt und Demut, was beides in der chinesischen Gesellschaft sehr geschätzt wird. Gute Manieren und anderen gegenüber Respekt zu zeigen, ist wichtig für den Aufbau und die Pflege von Beziehungen. Ein bescheidener Mensch zeigt Respekt vor anderen und neigt dazu, Konflikte zu vermeiden. In der chinesischen Kultur wird es als unangemessen betrachtet, direkt mit seinen eigenen Leistungen zu prahlen oder seine Meinung zu direkt oder zu stark zu äußern.

Die vielfältigen und vielschichtigen kulturellen Dimensionen Chinas, die in der frühesten Antike bereits geprägt und über Jahrtausende geformt und verankert wurden, einschließlich Miànzi 面子, Guānxì 关系, Rénqíng 人情 und Kèqì 客气, sind auch heute noch von großer Bedeutung. Jede dieser kulturellen Dimensionen spielt eine einzigartige Rolle beim Aufbau und der Pflege von Beziehungen, bei der Bewältigung komplexer sozialer und geschäftlicher Situationen und bei der Wahrung von Harmonie und Respekt. Jeder, der in China erfolgreich sein will, muss daher lernen, diese kulturellen Werte zu schätzen und effektiv zu nutzen. Für ein tieferes Verständnis auch des heutigen China und seiner kulturellen Identität sind sie ohnehin unerlässlich.

F. Bedeutende kulturelle Errungenschaften und Artefakte aus der Vor-Qín-Zeit

Die Xià-, die Shāng- und die Westliche Zhōu-Dynastie, die Frühlings- und Herbstperiode sowie die Zeit der Streitenden Reiche gehören zu den wichtigsten Epochen in der Geschichte des alten China. Während dieser Zeit kam es zu bedeutenden kulturellen Errungenschaften und einer Fülle wichtiger Artefakte, die die Geschichte und Kultur des Landes nachhaltig beeinflusst haben.

Die Xià-Periode gilt als die früheste aufgezeichnete Dynastie in der chinesischen Geschichte. Auch wenn ihre Existenz umstritten ist, gibt es doch einige wichtige kulturelle Errungenschaften aus dieser Zeit. Es wird angenommen, dass es sich um eine bronzezeitliche Gesellschaft handelte, die im Tal des Gelben Flusses florierte. Eines der bedeutendsten Artefakte aus dieser Zeit ist die Kultur von Èrlǐtou 二里头[837], die in der Provinz Hénán 河南省 in China entdeckt wurde. Diese Kultur ist bekannt für ihre fortschrittliche Bronzegusstechnik, mit der schöne und komplizierte Gefäße, Waffen und Ornamente hergestellt wurden. Außerdem geht man davon aus, dass die Entwicklung der Jiǎgǔwén 甲骨文 [Knochenpanzerschrift], der frühesten Form der chinesischen Schrift, ihren Ursprung in der Xià-Dynastie hat. Diese Schrift wurde verwendet, um Weissagungen auf Schildkrötenpanzer und Tierknochen zu schreiben, die

---

837 Die archäologische Fundstätte Èrlǐtou 二里头遗址, die auf eine städtische Gesellschaft der Frühen Bronzezeit hinweist, die in China auf 2000–1500 v. Chr. datiert wird, befindet sich im östlichen Teil des Luòyáng-Beckens 洛阳盆地 im Bezirk Yǎnshí 偃师区, Stadt Luòyáng 洛阳市, Provinz Hénán 河南省.

dann erhitzt wurden, bis sie platzten. Die Zeichen, die aus diesen Rissen entstanden, wurden als Antworten auf Fragen zur Zukunft oder als Bitten um Führung gedeutet. Diese Inschriften gehören zu den frühesten schriftlichen Aufzeichnungen der chinesischen Zivilisation und bieten wertvolle Einblicke in die Gesellschaft und Kultur der damaligen Zeit.

Abb. 67 Hòumǔwù-Dǐng 后母戊鼎 (Chinesisches Nationalmuseum Peking)

Die Shāng-Dynastie löste die Xià-Dynastie ab und gilt als die erste bestätigte Dynastie der chinesischen Geschichte. Sie ist bekannt für ihre Beiträge zur chinesischen Literatur, Musik und Kunst sowie für ihre hochentwickelte Bronzemetallurgie und ihre exquisiten Jadeschnitzereien, die wegen ihrer Schönheit und spirituellen Bedeutung sehr geschätzt wurden. Die Shang-Bronzegefäße, Shāngdǐng 商鼎, also ‚dreibeinige Bronzekessel' genannt, wurden sowohl für zeremonielle als auch für praktische Zwecke verwendet, etwa zum Kochen, Servieren von Speisen und Aufbewahren von Wein. In der chinesischen Geschichte und Kultur wird der Besitz eines oder mehrerer alter Dǐng oft mit Macht und Herrschaft über das Land in Verbindung gebracht. Daher wird Dǐng oft als implizites Symbol für Macht verwendet. Eines der bedeutendsten Bronzegefäße aus dieser Zeit ist das Hòumǔwùdǐng 后母戊鼎, früher Sīmǔwùdǐng 司母戊鼎 genannt, ein rechteckiges Opfergefäß aus Bronze und das größte seiner Art in der antiken Welt, das mit komplizierten Tier- und Menschenfiguren verziert ist. Von Jade wiederum glaubte man, dass sie schützende Eigenschaften hätte; sie wurde daher oft mit den Toten begraben, um einen sicheren Übergang ins Jenseits zu gewährleisten.

Eine der berühmtesten kulturellen Errungenschaften aus der Shāng-Periode ist die Jiǎgǔwén 甲骨文 [Knochenpanzerschrift], eine Form der Schrift, die von den Shāng zur Kommunikation mit ihren Ahnen verwendet wurde. Diese Orakelknochenschrift ist die früheste bekannte Form der chinesischen Schrift und diente der Aufzeichnung von Weissagungen und anderen wichtigen Ereignissen. Da es sich dabei um ein voll funktionsfähiges Schriftsystem handelt, muss es Jahrhunderte gedauert haben, bis die Schrift diesen Reifegrad erreicht hatte, der in der Shāng-Dynastie zu finden ist. Daher kann davon ausgegangen werden, dass die frühen Ursprünge der Orakelknochenschrift eine ganze Weile vor der Shāng-Dynastie liegen müssen – ihre Anfänge werden deshalb in der Xià-Periode vermutet.[838]

---

838 Li Feng 李峰, „Cracking the secret bones: literacy and society in late Shang", in: *Early China. A Social and Cultural History*, Cambridge: Cambridge University Press, 2013, S. 90.

Abb. 68 Grab von Fù Hǎo 妇好 in den Yīn-Ruinen

Ein besonderes Augenmerk verdient das 1976 entdeckte Grab von Fù Hǎo 妇好[839] in den Yīn-Ruinen[840], das als das einzige gut erhaltene Grabmal einer adligen Persönlichkeit aus der Shāng-Dynastie gilt. Von den fast 2.000 Grabbeigaben, die darin entdeckt wurden, gehören mehr als 100 zur Klasse der Nationalschätze Chinas und machen fast die Hälfte der bisherigen Relikte der Shāng-Dynastie im Chinesischen Nationalmuseum aus. Drei der bedeutendsten Artefakte sind

---

839 Fù Hǎo 妇好 (?–1200 v. Chr.) gilt als die erste weibliche militärische Befehlshaberin in der chinesischen Geschichte, die auf Orakelknocheninschriften dokumentiert ist und auch eine herausragende Politikerin gewesen sein soll. Zahlreiche ausgegrabene Orakelknochen deuten darauf hin, dass ‚Fù Hǎo' während einer Reihe von Kriegen zwischen Wǔ Dīng 武丁 (?–1192 v. Chr.), dem 22. Herrscher der Shāng-Dynastie, und seinen Nachbarstaaten und -stämmen mehrfach den Auftrag erhielt, im Namen des Shāng-Königs Soldaten zu rekrutieren, und wiederholt als Generalin zum Kampf auf dem Schlachtfeld eingesetzt wurde. Das Grab von Fù Hǎo wurde 1976 bei Ausgrabungen bei den Überresten der Shāng-Hauptstadt Yīn 殷, südwestlich des Ahnentempelbereichs des Yīnxū-Palastes 殷墟宫 im heutigen Ānyáng 安阳市, Provinz Hénán 河南省, entdeckt.
840 Yīnxū 殷墟 [Yīn-Ruinen], ursprünglicher Name Běiméng 北蒙, meint die Ruinen der Hauptstadt der späten Shāng-Dynastie, gelegen in der Stadt Ānyáng 安阳市, Provinz Henan 河南省.

Qīngyùguǐ 青玉簋 [grünes Jade-Speisegefäß], Jìzuò-Yùrén 跽坐玉人 [kniende Jadestatuette] und Yùchán 玉蝉 [Jadezikade].

Die Westliche-Zhōu-Periode war eine Zeit politischer und sozialer Stabilität in China, ist aber auch für ihre Beiträge zur chinesischen Philosophie bekannt, insbesondere für die Entwicklung des Konzepts des Tiānmìng 天命 [Mandat des Himmels]. Dieses Konzept, dem zufolge der Herrscher Chinas vom Himmel auserwählt wurde und die Pflicht hatte, gerecht zu regieren, sollte in den folgenden Jahrhunderten eine wichtige Rolle im politischen Denken Chinas spielen. Eine weitere wichtige kulturelle Errungenschaft aus dieser Zeit ist das Shījīng 诗经 [Buch der Lieder], eine Sammlung alter chinesischer Poesie, die einen wertvollen Einblick in den Glauben und die Werte des Zhōu-Volkes bietet.

Die Westliche Zhōu-Dynastie ist bekannt für ihre Bronzegefäße, die zu den besten Beispielen antiker chinesischer Bronzekunst zählen und, wie auch in der Shāng-Dynastie, meistens für die Verwendung bei Tempelopfern gegossen wurden, während einige als Grabbeigaben dienten. Diese Gefäße waren mit komplizierten Mustern und Inschriften verziert, die die Geschichte und die Errungenschaften der Dynastie dokumentierten. Zu den Bronzen aus der Westliche-Zhōu-Zeit gehören bronzene Zeremonialgefäße, Musikinstrumente, Waffen, Werkzeuge und andere verschiedene Alltagsgegenstände. Zudem führten die Zhōu neue dekorative Motive ein, darunter prächtige langschwänzige Vögel und große eckige Flansche. Darüber hinaus erweiterten sie die Praxis der späten Shāng, ihre rituellen Bronzegefäße mit Inschriften zu versehen, die den Schutzherrn und den Ahnen, dem das Gefäß gewidmet war, angeben. Bis zu 400 Zeichen konnten in einer einzigen Inschrift verwendet werden. Außerdem wurden weiterhin zahlreiche Ornamente und Gegenstände aus Jade sowohl für rituelle Zeremonien als auch für dekorative Zwecke hergestellt, und auch die Keramikkunst blühte weiter auf. Ebenfalls wurden chinesische Lackwaren (einschließlich Gold- und Silberintarsien) während der Zhōu-Dynastie voll entwickelt.

Die Frühlings- und Herbstperiode war eine Zeit politischer Unruhen und Kriege, aber auch eine Zeit großer kultureller und intellektueller Errungenschaften. Sie ist bekannt für ihre Beiträge zur chinesischen Militärtaktik und -philosophie, insbesondere für die Lehren von Sūnzǐ 孙子[841] mit seinem Meisterwerk der Kriegskunst Sūnzi Bīngfǎ 孙子兵法 [Sūnzis Kunst des Krieges][842]. Dieses Buch, das auch heute noch studiert wird, beschreibt die Strategien und Taktiken, die für eine erfolgreiche Kriegsführung erforderlich sind, und hat das militärische und politische Denken Chinas nachhaltig beeinflusst. In dieser Zeit entwickelten sich aber auch die sogenannten Zhūzǐ-Bǎijiā 诸子百家 [Hundert Denkschulen][843], zu denen unter anderem der Konfuzianismus, der Daoismus und der Legalismus gehörten. Diese philosophischen Denkschulen prägten die chinesische Kultur und Gesellschaft über Jahrhunderte hinweg. Als die beiden wichtigsten Meilensteine in der Literatur der Frühlings- und

---

841 Sūn Wǔ 孙武 (ca. 545 – ca. 470 v. Chr.), stammte aus Lè'ān 乐安 im Staat Qí 齐国 (nördlicher Teil der heutigen Provinz Shāndōng 山东省) am Ende der Frühlings- und Herbstperiode (770–476 v. Chr.); berühmter General, Militärexperte, Philosoph und Staatsmann, wurde er ehrerbietig als der ‚Weiser des Krieges' oder Sūnzǐ 孙子 (Meister Sūn) bzw. Sūn Wǔzǐ 孙武子 sowie als ‚Weiser der Militärstrategen' tituliert; bekannt ist er als ‚Lehrer von hundert Generationen von Militärstrategen' und ‚Begründer der fernöstlichen Militärwissenschaft'.

842 Sūnzǐ Bīngfǎ 孙子兵法 [Sūnzis Kunst des Krieges], auch bekannt als Bīngcè 兵策 [Taktikplanung für den Krieg], Wú Sūnzǐ 吴孙子, Sūn Wǔ Bīngfǎ 孙武兵法 [Sūn Wǔs Kunst des Krieges] oder ‚Sūnzǐ Shísān Piān 孙子十三篇 [Die dreizehn Kapitel des Sūnzǐ], ist eine chinesische militärische Abhandlung, die im 6. Jahrhundert v. Chr. von Sūn Wǔ 孙武, besser bekannt unter dem Namen Sūnzǐ 孙子 (ca. 545–ca. 470 v. Chr.), einem hochrangigen Militärgeneral, Strategen und Taktiker, verfasst wurde und in dreizehn Kapiteln die wichtigsten Erfolgsgeheimnisse, Einfallsreichtum, Weisheit und Intelligenz des Einsatzes von Truppen für den Kampf beschreibt. Es ist eines der einflussreichsten Werke in der Geschichte der chinesischen Militärstrategie und wird auch heute noch häufig gelesen und studiert, nicht nur in China, sondern auch in anderen Ländern.

843 Zhūzǐ-Bǎijiā 诸子百家 [Hundert Denkschulen] meint Philosophien und Denkschulen, die vom 6. Jahrhundert bis 221 v. Chr. während der Frühlings- und Herbstperiode und der Zeit der Streitenden Reiche blühten.

Herbstperiode gelten das Shījīng 诗经 [Buch der Lieder][844] und die Chūnqiū 春秋 [Frühlings- und Herbstannalen][845].

Die Zeit der Streitenden Reiche ist für ihre Beiträge zur chinesischen Philosophie bekannt, insbesondere für die Entwicklung des Legalismus, der die Auffassung vertrat, dass strenge Gesetze und harte Strafen zur Aufrechterhaltung der sozialen Ordnung notwendig seien. In dieser Zeit entstand auch die daoistische Philosophie, die die Bedeutung eines Lebens in Harmonie mit der Natur und dem Universum betonte. Eines der bedeutendsten Artefakte aus dieser Zeit ist die Grabanlage des ersten Kaisers von China, Qín Shǐhuáng 秦始皇[846], mit der sogenannten Terrakotta-Armee; begonnen wurde der Bau 246 v. Chr. Die Terrakotta-Armee gilt als eine der wichtigsten archäologischen Entdeckungen in der chinesischen Geschichte und bietet wertvolle Einblicke in die Kultur und die militärischen Praktiken der Qin-Dynastie.

---

844 Shījīng 诗经 [Buch der Lieder] ist die älteste Sammlung von chinesischen Gedichten, entstanden zwischen dem 10. und dem 7. Jahrhundert v. Chr.; sie umfasst 305 Lieder, die in 160 Fēng 风 [Volkslieder], Xiǎoyǎ 小雅 [kleinere Festlieder], Dàyǎ 大雅 [größere Festlieder] und Sòng 颂 [Hymnen] unterteilt sind und das politische, soziale und kulturelle Leben der damaligen Zeit widerspiegeln.
845 Chūnqiū 春秋 [Frühlings- und Herbstannalen], auch bekannt als Chūnqiūjīng 春秋经, Línjīng 麟经 bzw. Línshǐ 麟史, ist die offizielle Chronik des Staates Lǔ 鲁国 während der Zhōu-Dynastie im Zeitraum 722–481 v. Chr. mit den Ereignissen und Reden dieser Zeit sowie mit moralischen Überlegungen; es handelt sich um den ältesten erhaltenen chinesischen Text, der nach dem Prinzip der Annalen aufgebaut ist.
846 Yíng Zhèng 嬴政 (259–210 v. Chr.), auch bekannt als Zhào Zhèng 赵政, Zǔ Lóng 祖龙 usw., manchmal Lǚ Zhèng 吕政, Sohn von König Zhuāngxiāng von Qín und Zhào Jī 赵姬, herausragender Politiker, Stratege und Reformer im alten China, ein Politiker, der die Vereinigung Chinas zum ersten Mal vollendete und auch der erste Monarch war, der in China Kaiser genannt wurde, schließlich bekannt als Qín Shǐhuáng 秦始皇.

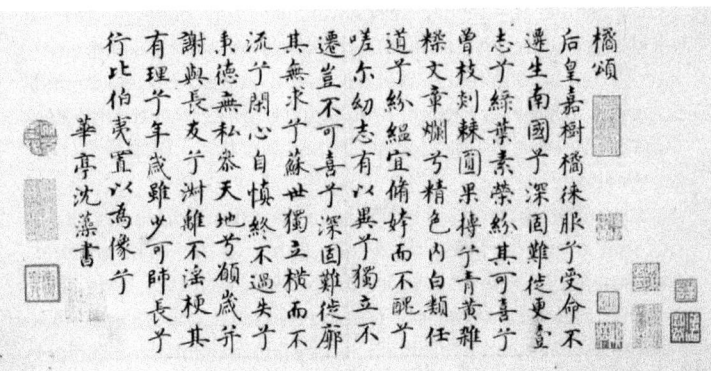

Abb. 69 ‚Chǔcí 楚辞 [Elegien aus Chǔ] – Jiǔ-Zhāng 九章 [Neun Gedichte] – Jú-Sòng 橘颂 [Ode an den Orangenbaum]'

Die Zeit der Streitenden Reiche war auch eine Zeit großer literarischer Leistungen in China. Eines der wichtigsten Werke ist hier das Chǔcí 楚辞 [Elegien aus Chǔ][847], eine Sammlung von Gedichten und Liedern, die dem Dichter Qū Yuán 屈原[848] zugeschrieben werden. Das Werk drückt ein Gefühl der Sehnsucht und Melancholie sowie eine tiefe Verbundenheit mit der Natur und der natürlichen Welt aus. Eine weitere herausragende kulturelle Errungenschaft ist die Erstellung der Lúnyǔ 论语 [Analekten des Konfuzius], einer Sammlung von Zitaten, Sprüchen bzw. Gesprächen, die von den Schülern und Nachschülern von Konfuzius zusammengestellt wurden und die Worte und Handlungen von Konfuzius und seinen Schülern aufzeichneten. Das Lúnyǔ gilt als eines der wichtigsten Werke der chinesischen Philosophie und hat die chinesische Kultur und Gesellschaft nachhaltig beeinflusst.

---

847 Chǔcí 楚辞 [Elegien aus Chǔ], eine Anthologie von Gedichten, die als das früheste vollkommene schriftliche Zeugnis der schamanischen Kultur Zentralasiens gilt und deren Entstehung auf ungefähr 300–150 v. Chr. geschätzt wird.
848 Qū Yuán 屈原 (ca. 340–278 v. Chr.), Dichter und Staatsmann des Staates Chǔ während der Zeit der Streitenden Reiche.

Die Zeit der Streitenden Reiche war auch durch bedeutende Entwicklungen in der militärischen Strategie und Taktik gekennzeichnet. Zu den berühmtesten Werken über militärisches Denken und Strategie aus dieser Zeit gehören Sīmǎfǎ 司马法 [Methoden des Sīmǎ][849], Wúzi 吴子 [Meister Wú][850] und Wèi Liáozi 尉缭子 [Meister Wèi Liáo][851].

Zusammenfassend lässt sich sagen, dass die Perioden der Xià-, der Shāng- und der Westlichen Zhōu-Dynastie, die Frühlings- und Herbstperiode sowie die Zeit der Streitenden Reiche von bedeutenden kulturellen Errungenschaften und der Schaffung wichtiger Artefakte geprägt waren, die noch heute einen nachhaltigen Einfluss auf die chinesische Kultur und Gesellschaft haben. Diese Perioden waren von wichtigen Entwicklungen in Philosophie, Literatur, Kunst und Technologie geprägt, und ihre Beiträge haben den Verlauf der chinesischen Geschichte über Tausende von Jahren mitbestimmt.

---

[849] Sīmǎfǎ 司马法 [Methoden des Sīmǎ] ist die älteste Überlieferung militärischer Denkkunst, älter als die berühmte Sūnzi Bīngfǎ 孙子兵法 [Sūnzi Kunst des Krieges]. Sie umfasst einige sehr klassische Prinzipien der Kriegsführung aus der Zeit vor der Frühlings- und Herbstperiode, die als Ideal von Lǐ 礼 [Höflichkeit und Rücksichtnahme] galten und auch eine fundamentale Grundlage von kriegerischen Auseinandersetzungen bildeten. In China stellt das Sīmǎfǎ neben Sūnzi Bīngfǎ 孙子兵法 [Sūnzi Kunst des Krieges] und Wúzi 吴子 [Wúzi Kunst des Krieges] eines der wichtigsten militärischen Werke der Frühlings- und Herbstperiode 春秋时代 (770–476 v. Chr.) Chinas dar.

[850] Wúzi 吴子 [Meister Wú], ein Meisterwerk der alten Militärkunst Chinas, auch bekannt als Wú Qǐ 吴起, ‚Wúzi Kunst des Krieges' 吴子兵法 oder ‚Wú Qǐ Kunst des Krieges' 吴起兵法, wurde von Wú Qǐ 吴起 (440–381 v. Chr.), einem berühmten General und Militärstrategen während der Zeit der Streitenden Reiche, verfasst und zählt zu den sogenannten Wǔjīng-Qīshū 武经七书 [Sieben Militärklassiker des alten China]

[851] Wèi Liáozi 尉缭子 [Meister Wèi Liáo] ist ein bedeutendes altes chinesisches Werk der Militär- und Strategiekunst, ein wichtiger Teil des klassischen chinesischen militärischen Kulturerbes und eines der sogenannten Wǔjīng-Qīshū 武经七书 [Sieben Militärklassiker des alten China].

ABSCHLUSS & VORAUSSCHAU

Auf den vorangegangenen Seiten haben wir eine Reise durch die Annalen der Zeit unternommen und die historischen Grundlagen, die Entwicklung und die Wurzeln der kulturellen Identität Chinas, die fest in der Vor-Qín-Periode verankert sind, zu enträtseln versucht. Unsere Expedition in die ferne Vergangenheit hat ein komplexes und doch in sich geschlossenes Netz von Einflüssen offenbart, die eine der ältesten Zivilisationen der Welt geformt und eine einzigartige und dauerhafte kulturelle Identität geschaffen haben, die bis heute fasziniert und inspiriert.

Von den alten Xià-, Shāng- und Zhōu-Dynastien an haben wir die Entstehung der sozialen, politischen und philosophischen Systeme Chinas miterlebt, die den Grundstein für die tiefgreifenden kulturellen Elemente legten, die die mannigfaltigen Herausforderungen der Jahrtausende überdauert haben. Die Lehren des Konfuzianismus, des Daoismus und des Legalismus haben das moralische Gefüge der chinesischen Gesellschaft geprägt und Weisheit und Leitprinzipien vermittelt, die bis heute in den Herzen der Menschen nachhallen.

Durch die Pinselstriche der Kalligrafie und die Ausdrucksformen der traditionellen Kunst haben wir die Essenz der chinesischen Ästhetik erkannt und die Schönheit der Natur und das Wesen des Lebens selbst eingefangen. Die Entwicklung des chinesischen Schriftsystems spiegelt ein tiefes Engagement für die Bewahrung historischer Aufzeichnungen und kultureller Kontinuität wider und ist ein Zeugnis für den beständigen Geist der historischen und kulturellen Identität des chinesischen Volkes.

Darüber hinaus haben der spirituelle Glaube der Ahnenverehrung, die Ehrfurcht vor der Natur und die kosmische Weltsicht ein tiefes Gefühl der Verbundenheit mit dem Universum vermittelt. Diese spirituelle Grundlage hat dem chinesischen Volk Widerstandsfähigkeit und Weisheit angesichts von Widrigkeiten verliehen und zu einem kollektiven Ethos beigetragen, das den Schwerpunkt auf Harmonie, Gleichgewicht und das Streben nach einem sinnvollen Leben legt.

Am Ende unserer Reise haben wir ein besseres Verständnis dafür gewonnen, dass die Vor-Qín-Periode nicht nur eine ferne Epoche in Chinas reichhaltiger und langer Geschichte ist, sondern ein lebendiges Erbe, das jede Facette der heutigen chinesischen Gesellschaft durchdringt. Von den geschäftigen Metropolen bis hin zu den ruhigen Landschaften hallt der Puls des alten China in den Herzen seiner modernen Bewohner wider.

Die historischen Grundlagen und die Entwicklung der kulturellen Identität Chinas haben eine Nation geformt, die ihre Vergangenheit schätzt und sich gleichzeitig den Herausforderungen und Chancen der Zukunft stellt. Es ist eine Geschichte der Widerstandsfähigkeit, der Anpassungsfähigkeit und eines unerschütterlichen Identitätsgefühls, das Grenzen überwunden und Menschen auf der ganzen Welt miteinander verbunden hat.

Indem wir versucht haben, Chinas dauerhafte kulturelle Identität ausfindig zu machen, haben wir uns bemüht, Licht in das komplizierte Geflecht der Geschichte und des Erbes Chinas zu bringen und einen Blick in die Seele einer Zivilisation zu werfen, die nach wie vor inspiriert und fasziniert. Ich hoffe, dass diese Reise durch die Zeit ein tieferes Verständnis und eine größere Wertschätzung für Chinas bemerkenswerten Weg und die tiefgreifenden Beiträge, die es zum kollektiven kulturellen Mosaik der Welt geleistet hat, geweckt hat.

Das Verständnis der chinesischen Identität ist ein komplexes Unterfangen, das einen vielschichtigen Ansatz erfordert. Während die Untersuchung der historischen Entwicklung und der Grundlagen der kulturellen Identität in der Vor-Qín-Zeit wertvolle Erkenntnisse liefert, ist es für ein umfassendes Verständnis der chinesischen Identität ebenso wichtig, die Ursprünge und die Entwicklung von Diplomatie, der Kunst der Täuschung und Überzeugungsarbeit, Lobbying, Verhandlungstaktiken, sowie Kriegsführung und militärischen Strategien zu untersuchen.

So bietet die Erforschung der Ursprünge und der Entwicklung der chinesischen Diplomatie und Verhandlungstaktiken wichtige Einblicke in die Art und Weise, wie China vor allem heute die internationalen

Beziehungen gestaltet. Die Geschichte der chinesischen Diplomatie, die von komplizierten Protokollen, hierarchischen Strukturen und der Achtung von Traditionen geprägt ist, hat bis heute eine zentrale Rolle bei der Gestaltung der Außenpolitik des Landes gespielt. Das Verständnis dieser Taktiken hilft dabei, Chinas Position im globalen Umfeld und seine Herangehensweise an Konflikte und Zusammenarbeit zu verstehen.

Mit ihrem Schwerpunkt auf strategischem Denken, Täuschung und Überredungskunst, hat die chinesische Militärgeschichte sowohl die Prägung und Ausformung der nationalen Identität als auch die Gestaltung der Außenbeziehungen und die Führung von Kriegen maßgeblich beeinflusst. Berühmte antike Texte wie Liù Tāo 六韬 [Sechs Geheime Lehren], auch genannt Jiāng Tàigōng Liù Tāo 姜太公六韬 [Jiāng Tàigōngs Sechs Geheime Lehren] oder Tàigōng Bīngfǎ 太公兵法 [Tàigōngs Kunst des Krieges], Sīmǎfǎ 司马法 [Die Methoden des Sīmǎ], Sūnzi Bīngfǎ 孙子兵法 [Sūnzis Kunst des Krieges], Wú Qǐ Bīngfǎ 吴起兵法 [Wú Qǐ Kunst des Krieges] und Wèiliáo-Zi 尉缭子 [Meister Wèi Liáo], dem westlichen Leser mit Ausnahme der 'Kunst des Krieges' von Sūnzi noch immer weitgehend unerschlossen, sind vor allem in China zu ikonischen Quellen der militärischen Weisheit geworden. Vor allem entstand mit Guǐgǔzi 鬼谷子, dem 'Meister aus dem Dämonental', eine gänzlich neue Betrachtungsweise der Einbindung psychologischer Faktoren in Strategie und Diplomatie.

Die Untersuchung von Chinas militärischem Erbe offenbart seine Anpassungsstrategien, seine Verteidigungsphilosophien und seine Haltung gegenüber Aggressionen und spiegelt damit wichtige Aspekte der chinesischen Identität wider.

Mit diesen Betrachtungen wollen wir uns in einem nächsten Buch befassen.

ABBILDUNGVERZEICHNIS

Abb. Nr.	Beschreibung	Quelle:
Abb. Cover	Hòumǔwùdǐng 后母戊鼎 (Opfergefäß aus Bronze, Shang-Dynastie)	Wikimedia Commons, Yan Li
[Abb. 01]	Landkarte Geschichte China	Nations Online Project; The Minneapolis Institute of Arts
[Abb. 02]	Bīng 兵 – Orakelknocheninschrift aus der späten Shāng-Periode	Wikimedia Commons
[Abb. 03]	Kapitel 1	Zhouyi prediction culture network周易预测文化网www.csdwj.com; University of Maryland; Australia Queensland Shandong Association; Fremdenverkehrsamt der Volksrepublik China
[Abb. 04]	König Chéng Tāng 商汤王, dargestellt von Mǎ Lín 马麟, chinesische Hofmaler der Südlichen Sòng-Dynastie (1127-1279)	Wikipedia; Shuge.org (www.shuge.org)
[Abb. 05]	Tiānmìng 天命 im Kapitel ‚Tiān-Lùn' 天论 [Abhandlung über den Himmel] bei,Xúnzi' 荀子 [Meister Xún]	Cidianwang (www.cidianwang.com)
[Abb. 06]	Kapitel 2	Academy of Chinese Studies 中國文化研究院; Wikimedia Commons; Library of Congress
[Abb. 07]	Yǒucháo-Clan	Academy of Chinese Studies 中國文化研究院
[Abb. 08]	Suìrén-Clan	Shanghai Daily
[Abb. 09]	Fúxī-Clan	Wikimedia Commons
[Abb. 10]	Shénnóng-Clan	Wikimedia Commons
[Abb. 11]	Xuānyuán-Clan	Wikimedia Commons; Li Ung Bin, Outlines of Chinese History, Shanghai 1914
[Abb. 12]	Drei Souveräne und Fünf Kaiser	Zhihu (www.zhihu.com)
[Abb. 13]	Höchste Gottheiten der fünf Regionen	Wikimedia Commons
[Abb. 14]	Dàyǔ 大禹 [Yǔ der Große]	Darstellung des Yu aus der Han-Dynastie aus dem Wúliàng-Schrein 武梁祠 (Wikimedia Commons)
[Abb. 15]	Shāng Chéngtāng 商成汤	Zhihu (www.zhihu.com)

[Abb. 16]	Pán Gēng zieht nach Yīn	Abbildung 'Pan Geng auf dem Weg nach Yin', aus „Illustrierte Erläuterungen zu Buchschriften" 书经图说 von Sūn Jiā'ài 孙家鼐 und anderen, Qing-Dynastie
[Abb. 17]	Alte Darstellung der Wǔfú-Regionen	Wikimedia Commons; eigene
[Abb. 18]	Hòujì 后稷	Wikimedia Commons; Shibo77
[Abb. 19]	König Wén von Zhōu 周文王	Wikimedia Commons
[Abb. 20]	'Mit fünfzig kannte ich die Weisungen des Himmels [Tiānmìng]' (Konfuzius)	Laitimes 天天看點
[Abb. 21]	Fēnfēng-System 分封 [Belehnungssystem]	Josef Mondl
[Abb. 23]	König Mù von Zhōu 周穆王	DayDayNews
[Abb. 24]	Struktur des Brunnenfeldsystems 井田	Josef Mondl
[Abb. 25]	Tanz mit musikalischer Begleitung	Darstellung auf einem Bronzetopf aus der Zeit der Streitenden Reiche
[Abb. 26]	König Lì von Zhōu 周厉王姬胡	Tianxiawushi-Netzwerk 天下吴氏网
[Abb. 27]	König Yōu von Zhōu 周幽王 und seine Lieblingskonkubine Bāo Sì 褒姒	DayDayNews; Sohu.com
[Abb. 28]	König Píngs 周平王 Umzug nach Osten	Phoenix New Media Limited
[Abb. 29]	Fünf Hegemonen der Frühlings- und Herbstperiode 春秋五霸	HubPages
[Abb. 30]	Kopie der Veröffentlichung der Chroniken des Staates Lǔ des berühmten Generals Zhāng Dēngyún 张登云 während der Zeit von Kaiser Wànlì 万历 (1563-1620), 13. Kaiser der Míng-Dynastie	Library of Congress
[Abb. 31]	Statue des berühmten Reformers Shāng Yāng 商鞅	Sinocademy
[Abb. 32]	Sieben Mächte der Streitenden Reiche 战国七雄	Reddit; Josef Mondl
[Abb. 33]	Herzog Xiào von Qín 秦孝公 mit Shāng Yāng 商鞅 und dem Eunuchen Jǐng Jiān 景监, der wiederholt Shāng Yāng dem Herzog Xiào empfahl	Baike 抖音百科
[Abb. 34]	Jīng Kēs 荆轲 Attentat auf Qín Shǐhuáng 秦始皇 (Steinabreibung; 3. Jahrhundert, Östliche Hàn-Dynastie 东汉)	Britannica

[Abb. 35]	Sūnzi Kunst des Krieges 孙子兵法 (Bambusrohling-Fragmente ausgegraben 1972 im Yínquèshān-Grab 银雀山汉墓 aus der Westlichen Hàn-Dynastie 西汉 (207 v. – 9 n. Chr.)	Baijiahao百家号
[Abb. 36]	Das Zeichen Shì 士 – Bronzeinschrift aus der Frühperiode der Westlichen Zhōu-Dynastie 西周	Mit freundlicher Genehmigung & Copyright von Richard Sears Website © 2003 (siehe Richard Sears Agreement). Bild aus der Sinica-Datenbank ist unter CC0 1.0 Universal Public Domain Dedication
[Abb. 37]	Konfuzius befragt Lǎozi nach dem Dào 道	lbzoo.com
[Abb. 38]	Fundamente der Fundstelle der Jìxià-Akademie稷下学宫, westlich des Dorfes Xiǎoxú 小徐村, Stadt Qídōu 齐都镇, Bezirk Línzī 临淄区, Stadt Zībó 淄博市, Provinz Shāndōng 山东省	Renminpinpaiwang人民品牌网
[Abb. 39]	Konfuzius	China Confucius Foundation
[Abb. 40]	Kapitel III	Wikimedia Commons; Baidu
[Abb. 41]	Steinanbrieb von Pángǔ 盤古 aus dem 1971 im Landkreis Tánghé 唐河县 (Provinz Hénán 河南省) entdeckten Grab aus der Hàn-Dynastie	Wikimedia Commons
[Abb. 42]	Holzschnittbild von Shénnóng Yándì 神农炎帝 aus der Táng-Dynastie 唐朝 (618-907)	Wikimedia Commons
[Abb. 43]	Darstellung der mythologischen Figur Xià Gēng 夏耕 im Shānhǎi-Jīng 山海经	Shānhǎijīng 山海经 (Klassiker der Berge und Meere)
[Abb. 44]	Shén Nóng, einen Zweig kauend, als Heiler (Gemälde von Guō Xǔ 郭诩 (1456-1532), Landschaftsmaler aus der Míng-Dynastie (1368-1644)	Wikimedia Commons; Shanghai Museum
[Abb. 45]	Knocheninschrift zur Weissagung aus der späten Shāng-Periode (Ausstellungsstück Chinesisches Nationalmuseum Peking)	Chinese Cultural Research Institute
[Abb. 46]	Inschrift auf einem Dàyúdǐng大盂鼎 (kreisförmiges Gefäss aus Bronze) aus der Westlichen Zhōu-Dynastie	Daily Media
[Abb. 47]	Entwicklung des Zeichens Dì 帝	www.zdic.net; Josef Mondl
[Abb. 48]	Künstlerische Darstellung von Fúxī 伏羲	Wikimedia Commons; National Palace Museum國立故宮博物院
[Abb. 49]	Konfuzius – Porträt von Wú Dàozi 吴道子 (680-759), berühmter Maler der Táng-Dynastie 唐朝 (618-907)	Wikimedia Commons; Wu Daozi吴道子, 685-758, Tang Dynasty

[Abb. 50]	Darstellung von Herzog Wén von Zhōu 周公旦 im Sāncái Túhuì 三才图会, einem Nachschlagewerk aus dem Jahr 1609 während der Míng-Dynastie 明朝 (1368-1644)	Kopie von Sāncáitúhuì 三才图会 aus der asiatischen Bibliothek der Universität von British Columbia
[Abb. 51]	Koreanische Weltkarte aus dem 18. Jahrhundert zeigt China (weiss markiertes Gebiet im Zentrum) bzw. Zhōngyuán 中原 als Mittelpunkt der Welt.	picture-alliance; CPA Media
[Abb. 52]	Yǔ Gòng-Karte der ‚Jiǔzhōu' 九洲 [Neun Regionen]	Wikipedia
[Abb. 53]	Schematische Darstellung der ‚Huáyí-Zhìxù' 华夷秩序 bzw. ‚Yí-Xià Zhī-Biàn' 夷夏之辨 (Chinesisch-barbarische Dichotomie): historisches chinesisches Konzept, das ein kulturell definiertes ‚China' (bzw. das ‚Huáxià'-Volk 华夏) von kulturellen oder ethnischen Außenseitern (den sogenannten 'Mán-Yí' 蛮夷) unterschied.	Josef Mondl
[Abb. 54]	‚Yǔgòng-Karte' 禹贡图	Wikimedia Commons
[Abb. 55]	Antikes Siedlungsgebiet der ‚Huáxià' 华夏, umgeben von den sogenannten Sìyí 四夷 (vier fremde Völker, Barbaren)	Wikipedia; Josef Mondl
[Abb. 56]	Yěrén 野人 verantwortlich für landwirtschaftliche Produktion, Guórén 国人 eher zuständig für Armee und Militärdienst	Baidu; Josef Mondl
[Abb. 57]	'Frühling auf einem friedlichen Markt' 太平春市图 von Dīng Guānpéng 丁观鹏 (?-?), chinesischer Maler während der Qīng-Dynastie 清朝 (1636-1912)	Netzwerk für chinesische Malerei und Kalligrafie 中国书画网 (www.chinashj.com/)
[Abb. 58]	‚Mèngzǐ 孟子 [Menzius] – Gōngsūn Chǒu Xià 公孙丑下 [Gōngsūn Chǒu – II]': 孟子曰：„天时不如地利，地利不如人和."	Cídiǎnwǎng (www.cidianwang.com)
[Abb. 59]	Biānzhōng des Markgrafen Yǐ von Zēng (曾侯乙编钟), oder Zēnghóuyǐ-Glocken	City University of Hong Kong
[Abb. 60]	Kalligraphie der ersten Sätze aus dem Kapitel 'Xiāoyáoyóu 逍遥游 [Ein unbekümmerter Ausflug] des ‚Zhuāngzi 庄子': ‚Zhuāngzi 庄子 – Nèipiān 内篇 [Innere Kapitel] – Xiāoyáoyóu 逍遥游 [Ein unbekümmerter Ausflug]'	Sōuhú 搜狐

[Abb. 61]	Táng Bóhǔ 唐伯虎 (Höflichkeitsname von Táng Yín 唐寅) schwelgt lässig und gewandt in der Landschaft (Bild von Táng Yín 唐寅, 1470-1524, chinesischer Maler, Kalligraph und Dichter aus der Míng-Dynastie)	Baidu
[Abb. 62]	Beziehung zwischen Dàzōng 大宗 und Xiǎozōng 小宗 im Zōngfǎ-System der Westlichen Zhōu-Dynastie	sanomarekisi のブログ
[Abb. 63]	Chinesisches Zeichen 'Miànzi' 面子	Josef Mondl
[Abb. 64]	Chinesisches Zeichen 'Guānxì' 关系	Josef Mondl
[Abb. 65]	Chinesisches Zeichen 'Rénqíng' 人情	Josef Mondl
[Abb. 66]	Chinesisches Zeichen 'Kèqì' 客气	Josef Mondl
[Abb. 67]	Hòumǔwù-Dǐng 后母戊鼎	Chinesisches Nationalmuseum Peking
[Abb. 68]	Grab von Fù Hǎo 妇好 in den Yīn-Ruinen	Mafengwo.cn; Wikimedia Commons
[Abb. 69]	‚Chǔcí 楚辞 [Elegien aus Chǔ] – Jiǔ-Zhāng 九章 [Neun Gedichte] – Jú-Sòng 橘颂 [Ode an den Orangenbaum]'	Wikimedia Commons

INDEX

A
Ài 爱 231
Altherzog Dǎnfù 古公亶父 92, 93
Ānhuī 安徽 146, 162
Ānyáng 安阳 84, 94
Ānyáng 安阳市 69, 74, 88, 299, 339
Ānyì 安邑 17, 147, 152, 160, 168, 238, 242, 319
Áo 隞 77, 78, 80

B
Bāguà 八卦 48
Báidì 白帝 60, 216
Báihǔtōngdélùn 白虎通德论 49, 57, 61
Báihǔtōngyì 白虎通义 49
Bǎijiā-Zhēngmíng 百家争鸣 170, 180
Báilóng 白龙 61
Bái Qǐ 白起 157, 158, 169, 170
Báishí-Berg 白石山 250
Báishǐ 白矢 176
Báizhāojù 白招拒 60, 216
Bambusannalen 竹书纪年 79, 80
Bāngbó 邦伯 [Oberhäupter der Vasallen] 84
Bān Gēng 盘庚 73
Bān Gù 班固 49, 57
Bǎnquán 阪泉 198
Bǎojī 宝鸡 50
Bǎojī 宝鸡市 93
Bāo Sì 褒姒 125
Bāoxī 包牺 48, 49
Bāoxī 包羲 57
Bào 报 219
Bā-Shǔ 巴蜀 151
Bàwáng 霸王 262
Bā 巴人 278
Bā 巴国 278

Bà 霸 129
Běidí 北狄 43, 131, 189, 270
Běihénghé 北横河 243
Běijīng 北京 147
Běiméng 北蒙 69, 79, 88, 339
Benjamin T. Fuller 232
Bīnfú 宾服 84, 256
Bīngcè 兵策 33, 137, 169, 341
Bīngjiā 兵家 180
Bīng 兵 11, 15, 16, 17, 18
Bīnkè 宾客 171, 178
Bīnlǐ 宾礼 176
Bīnzhōu 彬州 92
Bīn 豳 92
Bīn 邠 92
Bìshì 避世 317
Bì 庇 78, 79, 80
Bǐ 鄙 [Außenbezirk, Stadtrandgebiet] 85
Bó Guàn 柏灌 278
Bóhǎi-Meer 渤海 245
Bó Jiē 伯喈 62
Bójué 伯爵 [Graf] 86, 98
Bōshān 嶓山 251
Bóyí Fù 伯夷父 62
Bōzhǒngshān 嶓冢山 251
Bó 亳 77, 79, 80
Bó 伯 172
Bó 博 290
Bó 镈 176
Bǔguān 卜官 208
Bùshǒu 部首 16
Bùyī-Qīngxiāng 布衣卿相 192, 193
Bù Zhú 不窋 92

C
Cǎifú 采服 107
Càijiāshān 蔡家山 251
Cài Yōng 蔡邕 62

Cài 蔡 135, 177, 241, 251, 257
Cán Cóng 蚕丛 278
Cāngtiān 苍天 215
Cānlián 参连 176
Cáo 曹 135, 280
Carl Whiting Bishop 235
Chàfēn 差分 178
Cháng'ān-Bezirk 长安区 95
Chángjiāng 长江 135, 136, 236, 237, 242
Chángpíng 长平 158
Chángshā 长沙 48
Chángyángshan 常羊山 51
Chánhé 瀍河 250
Chánshuǐ 瀍水 250
Cháohú-Seebecken 巢湖流域 44
Cháotíng 朝廷 178
Cháo 巢 44, 46
Chēmǎ 车马 178
Chéng Táng 成唐 69
Chéng Tāng 成汤 17, 27, 69, 72, 80, 201, 214, 219
Chéngxiàng 丞相 155
Chéngyì 城邑 129
Chéngzhōu 成周 87, 96, 105
Chén Liáng 陈良 270
Chén Mèngjiā 陈梦家 220, 277
Chén Pán 陈槃 135
Chén 陈 135, 241, 280
Chìdì 赤帝 51, 60
Chī Yóu 蚩尤 199, 200
Chǐ 耻 231
Chóngqìng 重庆 136, 146, 147, 202
Chóng Zhēn 崇祯 215
Chóng 崇国 95
Chóuchíshan 仇池山 51
Cho-yun Hsu 129, 133
Chǔbóshū 楚帛书 48
Chǔcí 楚辞 343
Chūnqiū-Gōngyángzhuàn 春秋公羊传 264
Chūnqiū-Gǔliánzhuàn 春秋穀梁传 264
Chūnqiū-Sānzhuàn 春秋三传 264
‚Chūnqiū Wàizhuàn' 春秋外传 34
Chūnqiū-Wǔbà 春秋五霸 131, 150
Chūnqiū-Zuǒshìzhuàn 春秋左氏传 264
Chūnqiū-Zuǒzhuàn 春秋左传 34, 50, 133, 189, 191, 293
‚Chūn-Qiū Zuǒ-Zhuàn 春秋左传 [Überlieferungen des Zuǒ] 189, 191
Chūnqiū 春秋 59, 103, 184, 215, 229, 230, 309, 342
Chunsheng Zhao 232
Chún 錞 176
Chǔ 楚 32, 132, 135, 138, 150, 152, 156, 177, 282
Chǔ 楚国 136, 145, 146, 157, 161
Chǔ 楚族 278
Cí 慈 231
Clara Wing-chung Ho 41
Constance A. Cook 212

D

Dàcháo 大巢 25
Dàchù 大畜 286
Dàdài-Lǐjì 大戴礼记 59, 65, 90
Dà Dīng 大丁 72, 73
Dàdùhé 大渡河 251
Dàhào 大暭 60, 218
Dài Dé 戴德 59
Dài Tuó 带佗 157
Dàliáng 大梁 147, 155, 160
Dàlùzé 大陆泽 247
Dà Náo 大挠 62
Dānshān 丹山 278
Dànshíhú 担石湖 248
Dānshuǐ 丹水 278
Dān 单 85
Dàodéjīng 道德经 44, 55, 166, 288, 289, 305, 317
Dàodé-Zhēnjīng 道德真经 166
Daoismus 31, 32, 44, 55, 57, 58, 62, 127, 133, 136, 165, 180, 185, 221, 222, 223, 242, 245, 270, 290, 298, 317, 341, 345
Dàojiā 道家 58, 133, 180, 183

Dǎoyí 岛夷 244
Dàshénshān-Bergen 大神山 92
David N. Keightley 86, 87
David S. Nivison 41, 100
Dàwènhé-Fluss 大汶河 246
Dàwú 大吴 136
Dàyǎ 大雅 32, 88, 89, 91, 93, 197, 270, 275, 308, 342
Dàyǎ 大雅 [Große Festlieder des Königreichs] 93
Dàyězé 大野泽 247
Dàyìshāng 大邑商 70, 82, 85, 220
Dàyǐ 大乙 17, 27, 63, 69, 201, 214, 219
Dàyì 大邑 220
Dàyǒu 大有 286
Dàyǔ 大禹 17, 26, 27, 64, 66, 67, 214, 238, 242, 312, 313, 319
Dàzhuàn 大篆 177
Dàzōng 大宗 109, 173, 308, 310, 324, 352
Dēngfēng 登封 67
Diànfú 甸服 84, 107, 256
Diàn 甸 [äußere Stadtbezirke] 85
Diéjì 牒记 56
Dìhóng-Clan 帝鸿氏 61
Dìhóngshì 帝鸿氏 53
Dìhuáng 地皇 38, 54, 56, 57, 114, 202
Dì Jiǎ 帝甲 73
Dì Kù 帝喾 26, 38, 58, 59, 67, 115, 199, 202, 214, 219, 312
Dìlì 地利 6, 295, 297
Dì Qǐ 帝启 68
Dì Shùn 帝舜 65, 90
Dìwángcūn 帝王村 78
Dìwáng-ShìJiā 帝王世家 56
Dìwáng-Shìxì 帝王世系 56, 59
Dìwáng 帝王 56
Dì Xīn 帝辛 53, 72, 74, 94, 106
Dì Yǐ 帝乙 73
Dì Yǔ 帝禹 [Kaiser Yǔ] 67
Dì 地 295, 297
Dí 夷 84, 92
Dì 帝 88, 89, 211, 212, 213, 215

Dī 氐 283
Dí 狄 241, 258, 275
Dì 禘 213
Dì 蒂 213
Dōngméng 东蒙 246
Dōngshān 东山 246
Dòngtínghú 洞庭湖 247
Dōngxià 东夏 241
Dōngyáng 东阳地区 159
Dōngyí 东夷 43, 123, 131, 189, 270, 278
Dǒng Zhòngshū 董仲舒 184
Drei Reiche 三国 (220–280) 196
D. S. Nivison 71
Duān Mùcì 端木赐 283
Dúduàn 独断 62, 63
Dūjiāngyàn 都江堰 40
Dūnhuáng 敦煌 253
Dūnwùshān 惇物山 253
Duó 铎 176

E

È Bó 阏伯 219
Edward L. Shaughnessy 41
Eklektiker-Schule 58, 133, 180
E. L. Shaughnessy 71
É'méishān 峨嵋山 251
Ēnshī 恩施 278
Èrlǐgǎng-Kultur 二里岗文化 70
Èrlǐtou 二里头遗址 66, 336
Èrshísìshǐ 二十四史 215

F

Fǎjiā 法家 58, 133, 180, 183
Fānfú 藩服 107
Fāngchéng 方程 178
Fāngguó-Stamm 方国部落 85
Fāngguó 方国 85
Fāngtián 方田 178
Fāng 方 277
Fānwáng 藩王 108
Fā 发 67, 72
Fēnfēng 分封 5, 101, 276, 322
Fēngchánshū 封禅书 218

Fēnghé 沣河 95, 253
Fēngjiàn-System 封建制度 31, 101, 108, 132, 276
Fēngjiàn 封建 276, 322, 324
Fēngshuǐ 沣水 252, 253
Fēngsú-Tōngyì 风俗通义 55, 56
Féng Xīn 冯辛 73
Fēngyì 丰邑 95
Fēngyùhé 沣峪河 95
Fēng 丰 95
Fēng 沣河 95
Fēng 风 32, 115, 197, 342
Frühlings- und Herbstperiode 春秋时期 5, 18, 22, 26, 35, 39, 56, 87, 127, 133, 140, 268
Früh-Shāng 早商 70
Fúfēng 扶风 93
Fùguó-Qiángbīng 富国强兵 151, 170, 182
Fù Hǎo 妇好 339
Fünf Hegemonen der Frühlings- und Herbstperiode 131, 140, 150
Fú Shèng 伏胜 46
Fúxī-Clan 伏羲氏 5, 38, 47
Fúxì 伏戏 48
Fúxī 伏羲 54, 56, 57, 60, 61, 114, 216, 218, 313
Fúxī伏羲 26, 38, 202, 216, 313
Fúxī伏羲氏 25, 42, 44, 202
Fúxī 虙牺 62

G
Gāngjiàn 刚健 6, 285
Gānsù 甘肃 50, 51, 123, 151, 279
Gāolíng 高陵 252
Gāoxīn 高辛 61, 63
Gāoyáng 高阳 62, 63, 67, 218
Gāozǔ 高祖 62
Gāo Zǔ 高组 57
Gāo 皋 67
Gemeinde Liúdiànjí 刘店集乡 190
Gemeinde Wángxiǎn 王显乡 152, 168
Gènfāng 亘方 279
Gēng Dīng 庚丁 73

Gěng-Königreichs 耿国 78
Gěng 耿 78, 80
Gesetz der Shíwǔ-Kollektivbestrafung 151
Gōngfāng 古方 279
Gōngjué 公爵 [Herzog] 86
Gōngsūn Qǐ 公孙起 157, 170
Gōngsūn Yǎn 公孙衍 153
Gōngsūn 公孙 61
Gōngtiānxià 公天下 115
Gōngwú 工吴 136
Gōngwú 攻吾 136
Gōngzǐ Jiū 公子纠 284
Gōng 公 152, 172
Gōng 功 316
Gǒng 廾 16
Gōuwú 勾吴 136
Guǎngxī Zhuàngzú 广西壮族自治区 165
Guǎngxī 广西 146
Guǎngyězé 广野泽 247
Guānlǐ-Zeremonie 冠礼 287
Guāntínghú 官亭湖 248
Guānxi 关系 6, 327, 330, 335
Guānzhōng-Region 关中地区 123
Guǎn Zhòng 管仲 194, 284
Guǎnzi 管子 193, 194
Gù Dònggāo 顾栋高 135
Guǐfāng 鬼方 279
Guǐgǔzǐ 鬼谷子 33, 152, 167, 168, 347
Guǐgǔ 鬼谷 33, 167
Guījiǎshòugǔwén 龟甲兽骨文 27, 35, 70
Guījiǎshòugǔwén 龟甲兽骨文 龟甲兽骨文 207
Guǐsì 癸巳 79
Gǔn 鲧 67, 312, 313
Guójiā 国家 315
Guòjūnbiǎo 过君表 177
Guō Kāi 郭开 158
Guórén 国人 122, 280, 281
Guóyǔ 国语 34, 65, 90, 119, 241, 275, 276, 291
Gǔshén 谷神 315
Gǔwén 古文 177

H

Hǎihé 海河 243
Hǎinèi-Huáyítú 海内华夷图 267
Hándān 邯郸 147, 157
Hàndì-Jiǔzhōu 汉地九州 239, 241
Hàndì 汉地 240, 241
Hàn-Dynastie 汉朝 32, 165, 227, 239, 241
Hánfēizi 韩非子 44, 45, 46, 190, 191
Hán Fēizi 韩非子 33, 167, 183
Hángjiāhú-Ebene 杭嘉湖平原 44
Hángǔ-Pass 函谷关 151, 152, 156
Hànjiāng 汉江 135, 248
Hánliàng 寒亮村 250
Hán Qián 韩虔 142
Hànshuǐ 汉水 111, 135, 248
Hànshū 汉书 115, 122, 127, 129, 131, 141, 144, 183, 184, 192, 263, 264
Hán Wǔ 韩武 156
Hànzú-Jiǔzhōu 汉族九州 241
Hàn 汉 62, 63
Hán 韩 32, 138, 140, 150, 152, 156, 157
Hán 韩国 145, 147, 156, 157, 160
Hàochí 镐池 96
Hàojīng 镐京 71, 84, 95, 96, 122, 255, 323
Hàoshén 昊神 212
Hàotiān 昊天 212, 215
Hào 镐 96
Héběi 河北 146, 147, 198, 199, 271
Héběi 河北省 67, 78, 158, 243, 268
Hèbì 鹤壁 147, 157
Hèbì 鹤壁市 283
Hé Dǎnjiǎ 河亶甲 72, 75, 78, 79, 80
Hēidì 黑帝 60, 218
Hēilóngjiāng 黑龙江 277
Hēishuǐ 黑水 252, 277
Hénán-Provinz 河南省 245
Hénán 河南 101, 136, 146, 199, 271
Héngshān 衡山 242, 245, 248
Héngshuǐ 恒水 243
Héngshuǐ 横水镇 250
Herbert Chatley 40, 71
Herzog Huán von Qí 齐桓公 131, 186, 284
Herzog Jǐng von Qí 齐景公 191
Herzog Líng von Qín 秦灵公 218
Herzog Mù von Qín 秦穆公 131, 150
Herzog Píng von Jìn 晋平公 141
Herzog von Zhōu 周公 30, 96
Herzog Wén von Jìn 晋文公 131, 140, 141
Herzog Wén von Zhōu 周公旦 105, 118, 122, 181, 225
Herzog Wǔ von Qín 秦武公 148
Herzog Xiāng von Lǔ 鲁襄公 246
Herzog Xiāng von Qín 秦襄公 216, 260
Herzog Xiāng von Sòng 宋襄公 131
Herzog Xiàn von Qín 秦献公 148
Herzog Xiào von Qín 秦孝公 149, 150, 170, 182
Herzog Xuān von Qín 秦宣公 218
Héshén 河神 219
Héxié 和谐 6, 291
Hézé 菏泽 247, 250
Hézòng 合纵 152, 168
Hé 和 251, 291, 292, 328
Hóufú 侯服 84, 107, 256
Hòujì 后稷 88, 89, 90, 91, 92
Hóujué 侯爵 [Marquis oder Markgraf] 86
Hòujūn 后军 141
Hòumǔwùdǐng 后母戊鼎 338
Hòushēng 厚生 6, 293, 294, 295
Hóu 侯 84, 107, 172
Huáihé 淮河 135, 237, 242, 246, 248, 282
Huáishuǐ-Fluss 淮水 247
Huáishuǐ 淮水 135
Huáiyí 淮夷 247, 282
Huángdì-Nèijīng 黄帝内经 197, 201, 237, 239, 312
Huángdì 黄帝 25, 26, 38, 55, 56, 58, 59, 61, 62, 64, 65, 67, 71, 90, 110, 115, 199, 202, 215, 218, 253, 312, 313
Huángfǔ Mì 皇甫谧 56
Huāngfú 荒服 84, 257, 258, 264

Huánghé-Fluss 黄河 236
Huánghé 黄河 237, 242, 244, 250
Huánglóng 黄龙 61
Huángtiān-Shàngdì 皇天上帝 212
Huángwáng-Shìjì 皇王世纪 56
Huángwú 皇吴 136
Huáng Xiē 黄歇 171
Huángxī 皇羲 48
Huánshuǐ 桓水 252
Huán von Qí 齐桓公 284
Huàshān-Berg 华山 250
Huáshān 华山 242, 245
Huáxià-Ethnie 华夏民族 43
Huáxià 华夏 86, 136, 197, 200, 237, 269, 274, 279, 283, 323
Huáyí-Karte 华夷图 267
Huá 华 43, 264, 265, 266, 269, 274
Húběi 湖北 136, 146, 156, 162, 202, 278
Huíbào 回报 331
Hùjí 户籍 148, 149
Húkǒu 壶口 243
Hùkǒu 户口 149
Húnán-Provinz 湖南省 245
Húnán 湖南 136, 146, 202
Hundert Denkschulen 32, 39, 58, 133, 136, 146, 170, 179, 180, 181, 184, 185, 188, 190, 270, 341
Huòshān 霍山 242
Huǒ 火 236
Hùyì-Bezirk 鄠邑区 95

I

Innere Mongolei 内蒙古 147

J

'Jahrhundert der Schande' 百年国耻 20
Jangtse 长江 248, 249, 250
Jiǎ Dān 贾耽 267
Jiǎgǔbǔcí 甲骨卜辞 207
Jiǎgǔ-Bǔcí 甲骨卜辞 27, 35, 70
Jiǎgǔwén 甲骨文 27, 35, 70, 177, 207, 228, 336, 338

Jiālǐ 嘉礼 176
Jiānghàn-Ebene 江汉平原 249
Jiānglíng 江陵 162
Jiāng Shàng 姜尚 163, 168
Jiāngshuǐ 姜水 50
Jiāngsū 江苏 136, 146, 199, 237, 266
Jiāng Tàigōng 姜太公 163
Jiāngtuó 江沱 249
Jiāng Wàng 姜望 163, 168
Jiāngxī 江西 146
Jiāng-Yán-Stamm 姜炎族 50
Jiāng Yuán 姜嫄 88, 89
Jiāng Ziyá 姜子牙 95, 96, 99, 105, 163, 168
Jiān Jiǎ 戋甲 78
Jiànshuǐ 涧水 250
Jiāoyě 郊野 85
Jiāo 郊 [Vorstadt] 85
Jī Chāng 姬昌 17, 94
Jī Dǎn Fù 姬亶父 92
Jiě Ài-Qín 解爱芹 131
Jiéshéng-Jìshì 结绳记事 48
Jiéshíshān 碣石山 244
Jié von Xià 夏桀 27, 201, 202
Jié 桀 27, 67, 201
Jī Gōngshēng 姬宫湦 101, 123
Jìhé-Fluss 济河 241
Jī Hú 姬胡 100, 120
Jī Jiān 姬囏 100, 120
Jī Jìng 姬静 101, 123
Jílǐ 吉礼 176
Jī Lì 姬历 94
Jì Lì 季历 94
Jī Mǎn 姬满 99
Jìn-Dynastie 晋朝 56
Jīnghé-Fluss 泾河 124, 252
Jīng Kē 荆轲 163, 164
Jīngmáo 菁茅 249
Jīngshān 荆山 248, 253, 278
Jīngshuǐ 泾水 252
Jǐngtián-System 井田制 116, 224
Jǐngtián 井田 5, 40, 101, 102, 116, 117, 144, 224, 321, 322

Jǐngxíng 井陉 158
Jǐngyí 井仪 176
Jīngzhōu 荆州 146, 241, 248
Jǐng 井 40, 102, 116, 176, 224, 322
Jīng 荆 161, 241
Jīntiān-Clan 金天氏 62
Jīntiān 金天 60, 62, 216
Jīnwén 金文 177
Jìnyáng 晋阳 159
Jìnzhōng 晋中 268
Jìnzhōng 晋中地区 159
Jīn 斤 16
Jìn 晋 132, 140, 241
Jìn 晋国 275, 293, 294
Jīn 金 236
Jī Pìfāng 姬辟方 100, 120
Jìshèn 稷慎 277
Jīshíshān 积石山 253
Jīshuǐ-Fluss 姬水 92
Jìshuǐ 济水 242, 244, 250
Jìsì 祭祀 178
Jī Sòng 姬诵 96, 99, 105
Jìsūn-Clan 季孙氏 191
Jiǔ-Fú 九服 258
Jiǔgào 酒诰 84
Jiǔjiāng 九江 249
Jiǔliú 九流 58, 180
Jiǔlí 九黎 199
Jiǔquán 酒泉 254
Jiǔshù 九数 175, 178
Jiǔzé 九泽 247, 250
Jiǔzhōu 九洲 238, 240, 241, 257, 258, 259, 260, 262, 264, 267
Jìxià-Akademie 稷下学宫 186
Jī Xiá 姬瑕 99, 110
Jī Xiè 姬燮 100, 120
Jī Xuānyuán 姬轩辕 61
Jī Yīhù 姬繄扈 100, 120
Jī Yíjiù 姬宜臼 120, 128
Jī Zhāo 姬钊 99
Jìzhōu 冀州 241, 242, 243
Jìzuò-Yùrén 跽坐玉人 340
Jī 姬 61, 71, 72, 91, 92, 105, 120
Jī 蓟 147

John S. Major 212
Jūngōngjué-System 军功爵制 143
Jūnlǐ 军礼 139, 176
Jūnlǚ 军旅 178
Jūnshū 均输 178
Jùnxiàn-System 郡县制 132, 142, 149
Jūnzǐ 君子 104
Jǔshuǐ 沮水 244
Jūyánhǎi 居延海 252
Jùyězé 巨野泽 247
Jǔ 沮 92

K

Kāifēng 开封 86, 136, 229, 237, 279, 323
Kāi Jiǎ 开甲 72
‚Kaiser der Suí' 燧皇 46
Kaiser Wǔ von Hàn 汉武帝 71, 110, 184, 199
Kaiser Zhuānxū 颛顼 62
Kāng Dīng 康丁 73
Kāng Qiě Dīng 康且丁 73
Karl Jaspers 214
Kèqì 客气 6, 327, 333, 334, 335
Konfuzianismus 16, 31, 32, 55, 58, 127, 133, 136, 172, 180, 184, 187, 188, 191, 215, 216, 221, 222, 223, 228, 230, 291, 292, 298, 309, 316, 332, 341, 345
Konfuzius 34, 36, 39, 103, 104, 133, 137, 138, 144, 165, 171, 179, 183, 184, 188, 190, 191, 192, 197, 200, 222, 230, 259, 283, 284, 287, 288, 289, 290, 292, 293, 303, 304, 309, 311, 316, 326, 328, 332, 343
Kǒngzǐ 孔子 165, 183, 190
König Ān von Hán 韩王安 156
König Chéng von Zhōu 周成王 96, 99, 105, 110
König Dà Yǐ 大乙 219
König Fū Chāi von Wú 吴王夫差 155

König Gòng von Zhōu 周共王 100, 120
König Gōng 龔王 100
König Huì von Liáng 梁惠王 153, 160
König Huì von Wèy 魏惠王 153, 160
König Huìwén von Qín 秦惠文王 152
König Huì Wén von Zhào 赵惠文王 157
Königin Jiāng 姜后 97, 101, 123
König Jiàn von Qí 齐王建 164
König Jiǎ von Wèy 魏王假 161
König Jié von Xià 夏桀 202
König Kāng von Zhōu 周康王 99, 110
König Kāng von Zhōu 周康王 109
König Lì von Zhōu 周厉王 71, 100, 101, 122
König Mǐn von Qí 齐湣王 155
König Mù von Zhōu 周穆王 99, 100, 111, 112
König Píng von Zhōu 周平王 87, 126, 128, 129, 143
König Qiān von Zhào 赵王迁 159
Königreich von Zhù 铸国 53
Königreich Yǒuxióng 有熊国 53
König Tài von Zhōu 周太王 93, 94
König Wēiliè von Zhōu 周威烈王 142
König Wēi von Qí 齐威王 163
König Wén von Zhōu 周文王 17, 163
König Wǔ von Zhōu Jī Fā 周武王姬发 17, 30, 72, 96, 105, 224
König Wǔ von Zhōu 周武王 53, 99, 110
König Wǔ 周武王 172
König Wǔ 珷王 17, 30, 72, 96, 105, 224
König Xiào von Zhōu 周孝王 100, 120
König Xǐ von Yàn 燕王喜 164
König Xuān von Zhōu 周宣王 97, 101, 122, 123
König Xú Yǎn 徐偃王 113
König Yīn Zhòu 殷纣王 72, 94
König Yì von Zhōu 周懿王 100, 120
König Yōumiào von Zhào 赵幽缪王 159
König Yōu von Zhōu 周幽王 87, 97, 101, 123, 124
König Zhāo von Zhōu 周昭王 99, 110
König Zhèng von Qín 秦王政 163, 164
König Zhòu von Shāng 商纣王 53, 72, 74, 94, 106
König Zhuāng von Chǔ 楚庄王 131
König Zhuāngxiāng von Qín 秦庄襄王 153, 154
Kreis Chéng 成县 263
Kreises Níngyáng 宁阳县 53
Kreises Tóngguān 同官县 92
Kreis Guǎngzōng 广宗县 78
Kreis Héshùn 和顺县 157
Kreis Huángpíng 黄平县 263
Kreis Huàshān 华山县 268
Kreis Hù 户县 95
Kreis Jǐngxíng 井陉县 158
Kreis Jùn 浚县 283
Kreis Jùyě 巨野县 247
Kreis Liángshān 梁山县 92
Kreis Línquán 临泉县 162
Kreis Lújiāng 庐江县 282
Kreis Mèngjīn 孟津县 250
Kreis Níngqiáng 宁强县 251
Kreis Qìng-Chéng 庆城县 92
Kreis Qióngdōu 邛都县 263
Kreis Qíshān 岐山县 92, 96, 99, 105, 243
Kreis Qí 淇县 94
Kreis Qǔyáng 曲阳县 243
Kreis Sù 宿县 162
Kreis Wànróng 万荣县 152, 168
Kreis Wēn 温县 243, 250
Kreis Wǔgōng 武功县 91
Kreis Xiàyì 夏邑县 190
Kreis Xià 夏县 17, 238, 242, 319
Kreis Xīhé 西和县 51
Kreis Xīn'ān 新安县 250
Kreis Xìng'ān 兴安县 165
Kreis Yǐngchuān 颍川郡 156
Kreis Yíyuán 沂源县 246
Kreis Yuánqū 垣曲县 279

Kreis Yúchéng 虞城 321
Kreis Yútái 鱼台县 191
Kronprinz Dān von Yàn 燕太子丹 163
Kronprinz Zhāo 太子钊 109
Kuàijīshān 会稽山 242
Kuáng 狂 220
Kuíkuí-Clan 魁隗氏 50, 60
Kūnlún 昆仑 [Kūnlún-Gebirge] 254
Kù 喾 62, 65, 90, 216
Kwang-Chih Chang 68

L

Láiyí 莱夷 246, 282
Láizhōu-Bucht 莱州湾 246
Lángguān 郎官 49
Lángyá 琅琊 44
Lào Ǎi 嫪毐 154
Lǎotiānyé 老天爷 212
Lǎo-Zhuāng 老庄 55
Lǎozi Wǔqiānwén 老子五千文 166
Lǎozi 老子 136, 166, 183, 192, 194, 223, 305
Lè'ān 乐安 32, 137, 167, 341
Legalismus 31, 32, 44, 58, 127, 133, 136, 156, 180, 185, 187, 188, 190, 221, 222, 223, 341, 342, 345
Léixiàzé 雷下泽 245, 247
Léixià 雷夏 244
Léizé 雷泽 244, 247
Lèshān 乐山 263
Liang Chen 232
Liángshān 梁山 92
Liángzhōu 梁州 241, 251
Liángzhǔ 良渚 44
Liáng 梁 243
Liánhéng-Strategie 连横 152
Liánhéng 连横 152, 168
Lián Pǒ 廉颇 157, 170
Liánshān-Clan 连山氏 50, 60
Liánzuòfǎ 连坐法 151
Lián 廉 231
Liáodōng 辽东 147, 164
Liáoníng 辽宁 147
Liáoyáng 辽阳 147

Lièshān-Clan 列山氏 50, 60
Lièshan 烈山 50
Lièzǐ 列子 314
Li Feng 李峰 65, 98, 322, 338
Lǐjīng 礼经 65, 72, 90, 184, 227, 229, 230, 308, 309, 320
Lǐjì 礼记 59, 65, 70, 72, 86, 90, 103, 115, 184, 215, 227, 229, 230, 293, 299, 302, 303, 308, 309, 310, 320, 332
Lǐ Kuī Biànfǎ 李悝变法 160
Lǐ Kuī 李悝 160
Lǐ Mù 李牧 158, 169, 170
Línfén-Becken 临汾盆地 243
Língqú-Kanal 灵渠 165
Língwēiyǎng 灵威仰 60
Líng Wēiyǎng 灵威仰 218
Línxià 临夏州 253
Lǐn Xīn 廪辛 73
Línzī 临淄 186
Lí-Qiū 黎丘 46
Líshān 骊山 126
Lǐ Sī 李斯 155
Liùpánshān 六盘山 252
Liùqīng 六卿 122, 141
Liùshū 六书 175, 177
Liúshū 镏书 177
Liù Tāo 六韬 163, 168, 222, 347
Liǔ Yízhēng 柳诒徵 130, 132
Liùyí 六仪 175, 178
Liùyì 六艺 175
Liùyuè 六乐 175, 176
Lǐ Xìn 李信 161
Lǐ Xuéqín 李学勤 277
Lǐ Xuěshān 李雪山 85
Lìyáng 栎阳 147, 148
Lìyòng 利用 6, 293, 294, 295
Lǐyuè 礼乐 5, 101, 102, 118, 181, 225, 302, 322, 326
Lí 蠡 111
Lǐ 礼 118, 168, 181, 215, 223, 225, 230, 231, 302, 322, 328, 331, 334, 344
Lǐ 里 129, 255, 321

Lóngmén 龙门 243, 254
Lord Chūn Shēn 春申君 171, 179
Lord Huìwén von Qín 秦惠文君 152
Lord Mèng Cháng 孟尝君 171, 179
Lord Píng Yuán 平原君 171
Lord Xìn Líng 信陵君 171
Lǚ Bùwéi 吕不韦 58, 133, 154
Lǚ Guǐ 履癸 27, 201
Lǚlǎn 吕览 58, 133
Lùnhéng 论衡 155, 199, 314
Lúnyǔ 论语 104, 144, 179, 228, 230, 283, 284, 287, 290, 292, 303, 309, 311, 316, 326, 328, 343
Lún 纶 321
Luòhé-Fluss 洛河 124
Luòhé 洛河 114, 250
Luòshuǐ 洛水 249, 250, 251, 252
Luòshuǐ 漯水 245
Luòyáng-Beckens 洛阳盆地 66, 336
Luòyáng 洛阳 84, 86, 96, 129, 136, 229, 237, 255, 279, 323
Luòyì 洛邑 84, 87, 96, 129, 255, 323
Luòyuán 洛源 250
Lǚ Shàng 吕尚 163, 168
Lǚshì-Chūnqiū 吕氏春秋 58, 61, 62, 121, 133, 262, 320
‚Lǚshì-Chūnqiū' 吕氏春秋 [Frühling und Herbst des Lǚ Bùwéi] 262
Lǚ Wàng 吕望 163
Lǚ Zhèng 吕政 153, 342
Lǔ 鲁 135
Lǔ 鲁 53, 146, 241
Lǔ 鲁国 34, 71, 123, 133, 136, 146, 165, 190, 191, 270, 293, 342

M

Màiqiūyì 麦丘邑 282
Mandat des Himmels 5, 31, 72, 102, 103, 106, 119, 203, 272, 304, 340
Mánfú 蛮服 107
Mán 蛮 84, 241, 258, 275
Mán 蠻 282

Markgraf Āi von Hán 韩哀侯 142
Markgraf Jǐng von Hán 韩景侯 142
Markgraf Jìng von Zhào 赵敬侯 142, 147, 157
Markgraf Liè von Zhào 赵烈侯 142
Markgraf Wén von Wèy 魏文侯 142, 160
Markgraf Wǔ von Wèy 魏武侯 142
Markgraf Zhāo von Hán 韩昭侯 156
Marquis Wǔ von Wèy 魏武侯 153, 160
Ma 吗 [steht als Fragepartikel am Ende eines Satzes] 25
Mā 妈 [Mutter] 24
Mǎ 马 [Pferd] 24
Mà 骂 [schimpfen] 24
Má 麻 [Hanf] 24
Meister Fú 伏生 46
Mèngmén 孟门 243
Méngshān 蒙山 246, 251
Méng Tián 蒙恬 161
Mèngzhūzé 孟渚泽 247
Mèngzhūzé 孟猪泽 247
Mèngzhūzé 孟猪泽 250
Mèngzǐ 孟子 184, 192, 230, 270, 280, 296, 297, 304, 309
Ménkè 门客 171
Menzius 287, 288, 311
Miǎnshuǐ 沔水 248
Miànzi 面子 6, 327, 328, 333, 335
Michael Loewe 133
Michael P. Richards 232
Míng-Dynastie 明朝 96, 215
Mínghéluán 鸣和鸾 177
Míngjiā 名家 58, 133, 180, 183
Mínjiāng 岷江 250, 278
Mínshān 岷山 251
Mǐn 闽 258
Miùshū 缪书 177
Miùzhuàn 缪篆 177
Mìxī 宓羲 48
Mòdí 墨翟 190, 230
Mohismus 32, 58, 133, 180, 190, 191, 230

Mòjiā 墨家 58, 133, 180, 183
Móulüè 谋略 193
Móyìnzhuàn 摹印篆 177
Mòzǐ 墨子 183, 190, 230
Mò 貉 258
Mù Tiānzǐ 穆天子 99
Mù 木 236

N

Nánfú 男服 107
Nán Gēng 南庚 73, 76, 79, 80
Nánhé 南河 250
Nánhuā-Jīng 南华经 44
Nánhuā Zhēnjīng 南华真经 44
Nánjué 男爵 [Freiherr] 86
Nán Kuǎi 南蒯 191
Nánmán 南蛮 43, 131, 189, 269
Nánxià 南夏 241
Nányánzigōu 南研子沟 95
Nánzhuāngtóu 南庄头 46
Nán 男 84, 172
Náo 夒 219
Náo 铙 176
Nèifú 内服 [Gebiet innerhalb von Wángjī 王畿] 84
Nèihuáng 内黄县 78
Nèi Shǐshèng 内史胜 156
Nèi Shǐténg 内史腾 156
Nesthäuser 巢居 44
Niǎochóngshū 鸟虫书 177
Niǎoshǔshān 鸟鼠山 253
Niǎoshǔtóngxuéshān 鸟鼠同穴山 253
Niǎoyí 鸟夷 282
Ní Liáng 倪良 157
Níngshào-Ebene 宁绍平原 44
Níngxià 宁夏回族自治区 252
Noel Barnard 48
Nóngjiā 农家 58, 133, 100, 183
Nǚwā 女娲 56, 58
Nǚwā 女媧 26, 38, 48, 115, 202

O

Orakelknochenschrift 甲骨文 70
Östlichen Hàn-Dynastie 东汉 49, 56, 196, 219
Östlichen Hàn-Dynastie 东汉 (25–220) 196
Östliche Zhōu 东周 39, 87

P

Pán Gēng 盘庚 73, 74, 79, 80, 81
Páng Juān 庞涓 163
Pángǔ 盤古 196
Pángyào 旁要 178
Páoxī 庖牺 48
Pénglízé 彭蠡泽 247, 248
Péngzé 彭泽 248
Píngtiānxià 平天下 316
Píngyǔ 平舆 161
Pínyáng 频阳 161
‚Pīnyīn' 拼音 24
Pí Xīruì 皮锡瑞 55
Póyánghú 鄱阳湖 247, 248
Póyáng-See 鄱阳湖 249
Präfektur Guìjī 会稽郡 162
Präfektur Guìjī 会稽郡 162
Präfektur Hénèi 河内郡 158
Präfektur Hénèi 河内郡 158
Präfektur Nánjùn 南郡 156
Präfektur Shàngjùn 上郡 151
Präfektur Shàng 上郡 158
Prof. Dr. Dr. Harro von Senger 11, 12
Prof. Dr. Kuno Schedler 13, 14
Provinz Ānhuī 安徽省 44, 146, 268, 282
Provinz Chahar 察哈尔省 198
Provinz Gānsù 甘肃省 251, 252, 253, 254, 263
Provinz Guìzhōu 贵州省 263
Provinz Héběi 河北省 67, 243, 244, 245, 250
Provinz Hēilóngjiāng 黑龙江 252
Provinz Hénán 河南省 46, 53, 66, 67, 74, 86, 135, 136, 158, 160, 190,

229, 237, 243, 244, 245, 250, 268, 279, 282, 283, 321, 323, 336, 339
Provinz Húběi 湖北省 50, 67, 146, 248, 249, 268
Provinz Húnán 湖南省 48, 249
Provinz Jiāngxī 江西省 248, 249
Provinz Jílín 吉林省 277
Provinz Liáoníng 辽宁省 147
Provinz Qīnghǎi 青海省 252
Provinz Shǎanxī 陕西省 50, 92, 93, 96, 99, 125, 135, 161, 243, 250, 251, 253, 279
Provinz Shǎanxī陕西省 92, 96, 99, 105, 148
Provinz Shāndōng 山东省 32, 53, 74, 92, 133, 135, 136, 137, 146, 165, 167, 186, 191, 217, 244, 245, 247, 268, 321, 341
Provinz Shānxī 山西省 67, 152, 157, 168, 268
Provinz Shānxī 山西省省 17, 71, 122, 136, 159, 238, 242, 243, 279, 319
Provinz Sìchuān 四川省 40, 249, 251, 263
Provinz Zhèjiāng 浙江省 44, 136
Pǔdié 谱牒 56

Q

Qaidam 柴达木河 254
Qiánfūlùn 潜夫论 51, 52
Qiāngfāng 羌方 86, 279
Qiāng Huì 羌瘣 158
Qiāng Jiǎ 羌甲 72
Qiánjūn 前军 141
Qiánshuǐ 潜水 249, 251
Qiánwéi 犍为郡 263
Qián 乾 285, 287
Qiě Dīng 且丁 73
Qiě Jiǎ 且甲 73
Qīhé 漆河 92
Qíjiā 齐家 316
Qījǔshuǐ 漆沮水 252
Qíliánshān-Gebirge 祁连山 253

Qín-Dynastie 秦朝 17, 22, 25, 39, 154, 165
Qīngdàfū 卿大夫 56, 109, 169, 173, 174, 191, 323, 324, 326
Qīngdì 青帝 60, 218
Qīng-Dynastie 清朝 55, 216
Qīnghǎi-See 青海湖 249
Qīnghǎi 青海 50
Qīngjìng-Wúwéi 清静无为 290
Qīngquèshān 青雀山 253
Qīngyùguī 青玉簋 340
Qīngzhānghé 清漳河 243
Qīngzhōu 青州 241, 242, 245, 278
Qínjìn-Schlucht 秦晋峡谷 243
Qínlǐng-Bergkette 秦岭 125
Qínlǐng-Gebirge 秦岭 95
Qínlǐngshān 秦岭山 253
Qín Shǐhuáng 秦始皇 153, 154, 158, 163, 165, 342, 349
Qīn 亲 231
Qīn 寝 162
Qín 秦 32, 135, 138, 140
Qín 秦国 145, 148, 154, 157, 216, 218
Qíshān 岐山 92, 93, 243, 253
Qiúxián-Dekret 求贤令 150
Qìwén 契文 27, 35, 70, 207
Qíxià 岐下 95
Qíyì 岐邑 93
Qízhōu 岐周 93, 96, 99, 105
Qízì 奇字 177
Qì 弃 88, 90
Qī 漆 92
Qí 蕲 162
Qí 齐 32, 132, 135, 138, 150, 153, 156, 159, 163, 168, 241, 284, 297
Quǎnróng 犬戎 87, 113, 123, 126
Qūfù 曲阜 74
Qúsōu 渠搜 254
Qū Yuán 屈原 343

R

Rǎngchǐ 攘尺 176
Rǎngyí 攘夷 131
Reformen des Shāng Yāng 150, 170
Rénběn 仁本 139
Réndào 人道 318
Rénfāng 人方 279
Rénhé 人和 6, 295, 297
Rénhuáng 人皇 54, 57, 60
Rénqíng 人情 6, 327, 332, 335
Rèn Sì 妊姒 51
Rén 人 295, 297, 298, 300, 304, 305
Rén 仁 223, 230, 328
Republik China 中华民国 20
Robert Bagley 234
Robert H. Gassmann 173
Róng Yí Gōng 榮夷公 121
Róngyǔ 戎禹 214
Róng 戎 84, 92, 241, 258, 275, 283
Rújiā 儒家 58, 133, 180, 183
Ruòshuǐ 弱水 252
Rùshì 入世 316

S

Sānbùxiǔ 三不朽 316
Sāndé 三德 175
Sàngjì 丧纪 178
Sānhuáng 三皇 5, 26, 38, 41, 42, 54, 55, 56, 57, 114, 202, 313
Sānjiā-Fēnjìn 三家分晋 140, 157
Sānjiāngyíng 三江营 237, 282
Sānjūn-Liùqīng 三军六卿 140, 141
Sānjūn 三军 140, 275
Sānmiáo 三苗 253
Sānwēi 三危 253
Sānxīngduī 三星堆 233
Sānxíng 三行 175
Sānzìjīng 三字经 55, 56
Sarah Allan 212
Schlacht von Guìlíng 桂陵之战 160
Schlacht von Mǎlíng 马陵之战 160, 163
Schlacht von Mùyě 牧野之战 72
Schlacht von Zhuōlù 涿鹿之战 200
Schule der Ackerbauern 58, 133, 180
Schule der Militärstrategen 180
Schule der Namen 58, 133, 180
Schule der Taoisten 道家学派 44
Schule der vertikalen und horizontalen Allianzen 58, 133, 152, 153, 167, 168, 180, 187
Sechs Königreiche von Shāndōng 150, 153, 156, 164
Shǎanxī-Provinz 陕西省 245
Shǎanxī 陕西 50, 95, 101, 114, 123, 151, 188, 266, 278, 279
Shāndōng-Liùguó 山东六国 150
Shāndōng 山东 101, 150, 156, 199, 246, 271
Shànfū 膳夫 111
Shāng Chéngtāng 商成汤 69, 70, 77
Shāng-Clans 商族部落 69
Shāngdǐng 商鼎 337
Shàngdì 上帝 212, 213, 215, 219
Shāng-Dynastie 商朝 5, 15, 27, 35, 68, 107, 207, 228, 299
Shānggōng 商功 178
Shàng Jiǎwēi 上甲微 219
Shàngjūn 上军 141, 275
Shàngqīng 上卿 293
Shāngqiū 商丘 46, 77, 250, 303
Shàngshū-Dàzhuàn 尚书大传 54, 56
Shāngshū 商书 74, 77, 78, 272
Shàngshū 尚书 32, 46, 55, 59, 74, 76, 77, 78, 80, 84, 103, 105, 106, 109, 110, 123, 175, 184, 197, 200, 215, 216, 227, 229, 230, 238, 240, 241, 242, 243, 244, 245, 246, 247, 248, 251, 252, 253, 254, 257, 260, 263, 266, 272, 283, 294, 300, 302, 309, 315
Shāng Yāng Biànfǎ 商鞅变法 150, 170
Shāng Yāng 商鞅 142, 149, 150, 182, 194
Shāng 商 18, 22, 278
Shānhǎijīng 山海经 196, 201, 202, 237, 239, 312

Shànràng-System 禅让制 114
Shànshàn 鄯善 254
Shānwángcūn 山王村 78
Shào Gōngshì 召公奭 105, 122
Shǎoguǎng 少广 178
Shǎohào 少昊 58, 59, 60, 61, 62, 216
Shào Hū 召忽 284
Shèjì 社稷 315
Shēn Bùhài 申不害 156
Shēngmín 生民 88, 91
Shénnóng-Clan 神农氏 5, 38, 49, 60, 62
Shénnóng 神农 50, 54, 56, 57, 61, 216, 313
Shén-Yǔ 神禹 [Göttlicher Yǔ] 67
Shénzhōu 神州 240
Shìběn 世本 61, 65
Shǐ Bó 史伯 291
Shìdié 世牒 [genealogische Bücher] 56
Shí'èrzhōu 十二州 240
Shījīng 诗经 32, 59, 88, 89, 91, 93, 96, 103, 108, 124, 184, 197, 215, 228, 229, 230, 265, 266, 267, 270, 275, 308, 309, 340, 342
Shìjì 世纪 56
Shǐjì 史记 52, 53, 54, 56, 59, 65, 67, 71, 77, 78, 80, 81, 90, 91, 94, 95, 97, 110, 113, 120, 121, 122, 126, 140, 148, 154, 155, 157, 159, 161, 162, 164, 187, 192, 198, 199, 200, 218, 223, 229, 255, 256, 257, 263, 288, 305, 313, 320, 321
Shǐ-Jì 始计 [Planung und Vorbereitung] 18
Shìqīngshìlù-System 世卿世禄制 132, 142
Shī Shàngfù 师尚父 163
Shíwǔ-Liánzuòfǎ 什伍连坐法 151
Shìxì 世系 56
Shí 什 151
Shǐ 史 112
Shì 士 109, 137, 170, 171, 172, 173, 174, 179, 185, 324, 326

Shī 师 111
Shǒucángshǐ 守藏史 192
Shòuchūn 寿春 146, 162
Shūchéng 舒城 282
Shūguó 舒国 282
Shuǐ 水 236
Shūjīng 书经 32, 46, 55, 59, 74, 76, 78, 80, 84, 103, 106, 110, 123, 175, 184, 215, 227, 229, 230, 238, 240, 242, 243, 244, 245, 246, 247, 248, 251, 252, 253, 254, 257, 260, 266, 294, 300, 302, 309, 315
Shū Liánggē 叔梁纥 190
Shùn 舜 17, 26, 58, 59, 62, 65, 67, 90, 91, 114, 253
Shùrén 庶人 281, 326
Shǔ 蜀人 278
Shǔ 蜀国 151, 278
Sì Bùjiàng 姒不降 67
Sìdú 四渎 242
Sìfāng-Sìtǔ 四方四土 220
Sìfāng 四方 220
Sì Huái 姒槐 67
Sì Jǐn 姒廑 67
Sì Jiōng 姒扃 67
Sì Kǒngjiǎ 姒孔甲 67
Sīkōng 司空 111
Sīmǎ Cuò 司马错 278
Sīmǎfǎ 司马法 139, 168, 344, 347
Sì Máng 姒芒 67
Sīmǎ Qiān 司马迁 71, 110, 198, 229
Sīmǎ Shàng 司马尚 158
Sīmǎ Tán 司马谈 71
Sī-Mǎ Tán 司马谈 110, 198
Sīmǎ 司马 111
Sīmǔwùdǐng 司母戊鼎 338
Sì Qǐ 姒启 68
Sì Shǎokāng 姒少康 67
Sìshuǐ-Fluss 泗水 247, 248
Sì Tàikāng 姒太康 67
Sītú 司徒 111
Sìtǔ 四土 220
Sì Xiāng 姒相 67
Sì Xiè 姒泄 67

Sìyíshù-System 泗沂沭水系 246
Sìyí 四夷 43, 131, 189, 269, 273, 275
Sì Zhòngkāng 姒仲康 67
Sì Zhù 姒杼 67
Sōnghuājiāng 松花江 277
Sōngshān 嵩山 242, 245
Sòng 宋 135, 146, 177, 241, 280
Sòng 颂 32, 96, 108, 197, 266, 342
Spätere Hàn-Dynastie 后汉 62
Spät-Shāng 晚商 70
Staat Chǔ 楚国 113, 171
Staat È 噩 114
Staat Lǔ 鲁国 133
Staat Shěn 沈国 161
Staat Shēn 申国 126
Staat Sòng 宋国 44, 55, 190, 229, 303
Staat Wèy 魏 133
Staat Zēng 缯国 126
Stadt Fèiyì 费邑 191
Stadt Gāopíng 高平市 158
Stadt Hèbì 鹤壁 94
Stadt Hézé 菏泽市 244, 245, 247
Stadt Huáiběi 淮北 268
Stadt Huòzhōu 霍州市 71, 122
Stadt Jǐníng 济宁市 191, 321
Stadt Kāifēng 开封市 160
Stadt Liányúngǎng 连云港市 217
Stadt Línyí 临沂市 246, 247
Stadt Lìyì 栗邑 190
Stadt Qìnyáng 沁阳市 243
Stadt Qūfù 曲阜市 165
Stadt Shāngqiū 商丘市 190
Stadt Xíngtái 邢台市 78
Stadt Xīnxiāng 新乡市 158
Stadt Xīnzhèng 新郑市 53
Stadt Zhèngzhōu 郑州市 53, 77
Stadt Zībó 淄博市 146, 186
Stadt Zōuyì 陬邑 165
Suìfú 绥服 84, 256
Suìmíngchéng 燧明城 46
Suìmíng 燧明国 46
Suì-Míng 燧明国 46
Suìrén-Clan 燧人氏 5, 25

Suìrén 燧人 55
Suìrén 燧人 54, 56, 57, 61, 313
Suìrén 燧人氏 25, 42, 44, 202
Suíshū 隋书 183
Sùmǐ 粟米 178
Sūn Bìn Bīngfǎ 孙膑兵法 163, 297
Sūn Bìn 孙膑 157, 163, 297
Sūn Wǔ Bīngfǎ 孙武兵法 33, 137, 169, 341
Sūn Wǔzǐ 孙武子 32, 137, 167, 341
Sūn Wǔ 孙武 32, 33, 137, 167, 169, 341
Sūnzi Bīngfǎ 孙子兵法 18, 33, 137, 168, 169, 341, 344, 347
Sūnzi Shísān Piān 孙子十三篇 33, 137, 169, 341
Sūnzi 孙子 32, 33, 137, 167, 169, 194, 341
Sū Qín 苏秦 158, 167, 169
Sùshèn 肃慎 277
Sùshū 素书 163

T

Tàibáishān 太白山 253
Tài Bó 泰伯 94, 316
Tài Dīng 太丁 72, 73
Tài Gēng 太庚 72
Tài Gōng Bīngfǎ 太公兵法 163
Tàigōng Liù Tāo 太公六韬 163
Tàigōng Wàng 太公望 163
Tàihào-Clan 太昊氏 62
Tàihào 太昊 58, 59, 60, 62, 218
Tàihuáng 泰皇 38, 56, 115
Tàihú 太湖 247
Tài Jiǎ 太甲 72
Tàipú 太仆 112
Tài Rèn 太任 51
Tàishān-Tal 泰山谷 246
Tàishān 泰山 242, 245
Tàishǐlìng 太史令 320
Tài Sì 太姒 51, 99
Tài Wù 太戊 72
Tàiyīshén 太一神 219
Tàiyī 太一 219

Tàiyǐ 太乙 219
Tàiyī 泰一 219
Tàiyuán-Becken 太原盆地 243
Tàiyuèshān 太岳山 243
Tái 邰 91, 92
Táng-Dynastie 唐代 267
Táng Kaiser Xuán Zōng 唐玄宗 44
Táng Yáo 唐堯 63
Táng Yáo 唐堯 17, 214
Táng Yáo 唐尧 313
Táng 唐 61
Tāng 汤 62, 63, 74
Tánhuái 覃怀 243
Táotáng-Clan 陶唐氏 63
Táotáng 陶唐 62, 91
Táowān 陶湾镇 250
Tiāndì 天帝 212, 213, 215, 216, 219
Tiānhé 天河 252
Tiānhuáng 天皇 38, 46, 54, 56, 57, 114
Tiānjīn 天津 147
Tián Jì 田忌 157
Tiānmìng 天命 5, 31, 72, 101, 102, 103, 106, 203, 272, 304, 340
Tián Ránjū 田穰苴 194
Tiānrén-Héyī 天人合一 6, 298
Tiānshí 天时 6, 104, 295, 297
Tián Wén 田文 171
Tiānwú 天吴 136
Tiānxià 天下 98, 128, 145, 164, 242, 264, 310, 315, 318
Tiān Yǐ 天乙 27, 69, 72
Tiānzǐ 天子 98, 108, 130, 140, 275, 310, 326
Tiān 天 59, 98, 105, 212, 215, 218, 295, 297, 298, 302, 303, 310
Tián 田 40, 102
Tóngbǎi-Gebirge 桐柏山 237
Tōngdiǎn 通典 215
Tóng 同 291, 292
Tǔdìgōng 土地公 219
Tǔdìpó 土地婆 219
Tǔdìshén 土地神 219
Tǔfāng 土方 86, 279
Tǔmén-Pass 土门关 253

Tuójiāng 沱江 249
Tuóshuǐ 沱水 249, 251
Tǔshén 土神 315
Tǔ 土 236

V

Victoria Tin-bor Hui 152
Victor von Strauß 89, 91
Volk der Huáxià 华夏族 197
Volksgruppe der Hàn 汉族 43, 269
Vor-Qín-Periode 5, 17, 22, 25, 26, 29, 30, 36, 40, 56, 87, 223, 262, 271, 272, 278, 308, 318, 345, 346
Vor-Shāng 先商 70

W

Wài Bǐng 外丙 72, 80
Wàifú 外服 [Gebiete außerhalb von Wángjī 王畿] 84
Wàijiāng 外江 249
Wài Rén 外壬 72, 75
Wàiyí 外夷 263, 264
Wáng Bēn 王贲 160, 164
Wáng Chéngzǔ 王成组 259
Wáng Chōng 王充 199, 314
Wángdào 王道 110
Wáng Fú 王符 51
Wánggōnglóu 王公楼村 190
Wáng Hài 王亥 219
Wang Hongxia 188
Wáng Jiǎn 王翦 158, 160, 161, 164, 170
Wángjī 王畿 5, 83, 84, 85, 107, 255, 258, 264, 323
Wáng Liào 王廖 157
Wáng Xiānqiān 王先谦 135
Wáng Xǔ 王诩 33, 167
Wáng Yùzhé 王玉哲 77
Wāng 尫 220
Wáng 王 152, 220
Wèifú 卫服 107
Wèihé Fluss 渭河 95
Wèihé-Fluss 渭河 124
Wéihé-Fluss 潍河 245

Wèihé 卫河 243
Wèihé 渭河 252, 253
Wèi Liáozi 尉缭子 155, 169, 231, 344
Wěilì 委吏 192
Wèishuǐ 卫水 244
Wèishuǐ 渭水 92
Wèishuǐ 潍水 245
Wèi Wújì 魏无忌 171
Wèiyuán 渭源县 253
Wèi 卫 84, 135, 146, 159, 241, 280
Wèi 卫国 94, 123, 146, 150
Wēnbó-Xuězǐ 温伯雪子 270
Wén Dīng 文丁 72, 73
Wènshuǐ 汶水 246
Wén von Zhōu 周文王 17, 59, 93, 94, 95, 285
Wénwáng Yǒu Shēng 文王有声 [Hohes Ansehen von König Wén] 96
Wénwáng Zhī Shén 文王之什 [Jahrzehnt von König Wén] 96
Westlichen Zhōu-Dynastie 西周 22, 35, 84, 99, 208
Westliche Zhōu-Dynastie 西周 (1046–771 v. Chr.) 26
Westliche Zhōu-Periode 西周 18
Westliche Zhōu 西周 39, 87
Wèy Sī 魏斯 142
Wèy 魏 32, 58, 138, 140, 150, 152, 153, 154, 156, 157, 160, 161, 163, 196, 297
William G. Boltz 208
William H. Nienhauser, Jr. 129
Wò Dīng 沃丁 72
Wò Jiǎ 沃甲 72, 76
Wǔ'ānjūn 武安君 158, 169, 170
Wùchén 戊辰 79
Wǔdāngshān-Gebirge 武当山 248
Wǔ Dīng 武丁 73, 219, 279, 339
Wǔdì 五帝 26, 38, 41, 42, 54, 57, 58, 59, 65, 67, 90, 199, 202, 214, 313, 319
Wǔdù 五蠹 33, 45, 46, 167, 183
Wǔdū 武都郡 263
Wǔfāng-Shàngdì 五方上帝 59, 218

Wǔfú 五服 83, 255, 258, 259, 260, 262
Wǔ-Fú 五服 5, 258
Wúguó 吴国 136, 146, 282
Wǔjiāoqú 舞交衢 177
Wǔjīng-Qīshū 武经七书 33, 169, 344
Wǔjīng 五经 215, 227, 229
Wǔlǐ 五礼 175, 176
Wǔqiānyán 五千言 166
Wú Qǐ Bīngfǎ 吴起兵法 169
Wú Qǐ Kunst des Krieges 吴起兵法 33
Wú Qǐ 吴起 33, 157, 167, 169, 344
Wǔqì 武器 16
Wūshān-Gebirge 巫山 202
Wúshān 吴山 242
Wǔshè 五射 175, 176
Wǔshì 五氏 5, 25, 38, 41, 42, 44, 202
Wú Sūnzi 吴孙子 33, 137, 169, 341
Wǔ Tāng 武汤 69
Wǔ von Zhōu Jī Fā 周武王姬发 (1076–1043 v. Chr.) 30, 96, 224
Wǔ von Zhōu 周武王 17, 30, 72, 92, 96, 99, 105, 224, 278
Wúwéi 无为 223, 289
Wǔ Yǐ 武乙 73
Wǔyuè 五岳 242, 245
Wǔyù 五驭 175, 177
Wǔzhèn 五镇 242
Wúzi Bīngfǎ 吴子兵法 169
Wúzi 吴子 33, 168, 169, 344
Wǔ 伍 151
Wú 吴 135, 177

X

Xià-Dynastie 夏朝 5, 17, 18, 22, 26, 42, 64, 67, 92, 114, 202, 214, 216, 278, 312
Xià Gēng 夏耕 202
Xiàguān-Sīmǎ 夏官司马 258, 262
Xiàhòu-Clan 夏后 238, 242, 319
Xiàhòu Qǐ 夏后启 68
Xiàhòu 夏后 62
Xiàjūn 下军 141, 275

Xiānghé 襄河 248
Xiàng Jiǎ 象甲 73
Xiāngōng 先公 72
Xiàng Yàn 项燕 158, 162, 169, 170
Xiāng 相 78, 79, 80, 156
Xiānwáng 先王 72
Xiǎnxué 显学 190, 191
Xiányáng 咸阳 147
Xiǎnyǔn 猃狁 123
Xī'ān 西安 71, 95, 125, 266
Xián 贤 138, 179
Xiǎo Jiǎ 小甲 72
Xiàojīng 孝经 230, 309
Xiǎoqīnghé 小清河 246
Xiǎorén 小人 104
Xiáoshān-Gebirge 崤山 156
Xiǎotún 小屯 84
Xiǎo Xīn 小辛 73
Xiǎoyǎ 小雅 32, 124, 197, 342
Xiǎo Yǐ 小乙 73
Xiǎozhuàn 小篆 177
Xiǎozōng 小宗 109, 173, 308, 324, 352
Xiāo 嚣 79, 80
Xiào 孝 223, 227, 230, 272
Xiàqí 下棋 290
Xià Qǐ 夏启 67, 68
Xià-Shāng-Zhōu-Datierungsprojekt 夏商周断代工程 66, 71
Xiàyǔ 夏禹 63, 214
Xià 夏 18, 22, 43, 91, 95, 264, 274, 278
Xī-Bó Chāng 西伯昌 17
Xīchāng 西昌市 263
Xiè 械 16
Xīhé-Schule 西河学派 188
Xīhé 西河 188, 252
Xīhuáng 牺皇 48
Xíngbōzé 荥波泽 250
Xíng-Tiān 刑天 51
Xíngzé 荥泽 247, 250
Xíng 荥 250
Xíng 邢 78, 80
Xīnshū 新书 95

Xīnzhèng 新郑 53, 278
Xìn 信 231, 328
Xiōnglǐ 凶礼 176
Xiōngnú-Stamm 匈奴族 123
Xīqīngshān 西倾山 252
Xì Quē 郤缺 293
Xīrǎng 息壤 312
Xīróng 西戎 43, 131, 189, 270
Xīshèn 息慎 277
Xīshuǐ 浙水 278
Xiū Jǐ 修己 67
Xiūshēn 修身 316
Xī von Qí 齐僖公 284
Xīxià 西夏 241
Xīzhī 析支 254
Xī-Zhū 悉诸 61
Xuándì 玄帝 60, 218
Xuánfāng 宣方 279
Xuánguī 玄圭 260
Xuánlóng 玄龙 218
Xuān Mèng 宣孟 294
Xuánxiāo 玄嚣 60, 216
Xuānyuán-Berg 轩辕之丘 53
Xuānyuán-Clan 轩辕氏 38, 42, 52, 61, 62
Xuānyuán 轩辕 52, 53, 62
Xuān Yuán 轩辕 279
Xuānyuán 轩辕氏 25, 44, 202
Xuézàiguānfǔ 学在官府 189
Xúguó 徐国 282
Xún Kuàng 荀况 16
Xún Yáo 荀瑶 140
Xúnzi 荀子 16, 17, 295
Xúróng 徐戎 111, 113, 282
Xúyí 徐夷 282
Xùyǒng 叙永 278
Xǔ Yóu 许由 62
Xú Zhěng 徐整 196
Xúzhōu 徐州 241, 246, 278
Xú 徐 135, 177, 282
Xū 需 285, 286

370

Y

Yǎ'ān 雅安 251
Yàdài 亚岱 246
Yándì 炎帝 25, 50, 58, 59, 60, 62, 198, 218
Yángchéng 阳城 67
Yáng Duānhé 杨端和 158
Yángfāng 羊方 279
Yang Honglie 11
Yáng Jiǎ 阳甲 73, 76, 81
Yánglán 扬澜 248
Yáng Zhái 阳翟 68
Yángzhōu 扬州 241, 242, 248
Yáng 阳 196
Yán Jù 颜聚 159
Yǎnshī 偃师区 66, 336
Yānyīng 鄢郢 146
Yǎnzhōu 兖州 241, 244, 278
Yǎnzhù 剡注 176
Yǎn 奄 74, 79, 80
Yàn 燕 32, 135, 138, 150, 153, 156, 241
Yán 言 316
Yān 鄢 162
Yàofú 要服 84, 264
Yāofú 要服 257
Yaowu Hu 232
Yáo 尧 17, 26, 38, 58, 59, 62, 65, 67, 90, 91, 114, 199, 202, 214, 216, 253, 312
Yáo 帝尧 17, 63, 214
Yěrén 野人 280, 281
Yě 野 85
Yìbīng 议兵 16, 17
Yī Chéng 一成 321
Yíchéng 夷城 278
Yíchéng 宜城 162
Yífāng 夷方 278, 279
Yífú 夷服 107
Yíhé-Fluss 沂河 246
Yīhé 伊河 250
Yì Jiāng 邑姜 96, 99, 105
Yìjīng 易经 48, 59, 94, 103, 201, 211, 212, 215, 229, 285, 286, 287
Yì Jīng 易经 [Buch der Wandlungen] 285, 286, 287
Yí Jiù 126, 128
Yí Jiù 宜臼 126
Yìláng 议郎 49
Yíméng-Bergkreis 沂蒙山区 246
Yíngbùzú 赢不足 178
Yīngchéng 郢城 254
Ying Ma 232
Yīng Shào 应劭 55
Yíng Zhèng 嬴政 153, 154, 342
Yíngzhōu 营州 241
Yīng 郢 162
Yīn-Ruinen 殷墟 88
Yīnshāng-Clan 殷商氏 63
Yīnshāng 殷商 62, 69, 82, 299
Yīnxū-Kultur 殷墟文化 70
Yīnxūwénzì 殷墟文字 207
Yīnxū-Wénzì 殷墟文字 27, 35, 70
Yīnxū 殷墟 82, 88, 339
Yīnyángjiā 阴阳家 58, 133, 180, 183
Yīn-Yáng Schule 58, 133, 180
Yīn-Yáng-Schule 185, 187
Yīn 殷 5, 70, 72, 73, 74, 79, 80, 82, 86, 299, 339
Yīn 阴 196
Yírén 夷人 278
Yìshān-Berg 峄山 247
Yíshān 沂山 242
Yīshuǐ 伊水 250
Yíshuǐ 沂水 246
Yìwén-Lèijù 艺文类聚 57
Yìwénzhì 艺文志 183
Yīwūlǘshān 医巫闾山 242
Yìzhuàn 易传 65
Yì 义 223, 230, 272, 328
Yí 夷 84, 257, 258, 264, 265, 266, 274, 275
Yí 夷人 113
Yōngchéng 雍城 148
Yōng Jǐ 雍己 72
Yòngshì 用世 316
Yōngshuǐ 灉水 244
Yōngzhōu 雍州 241, 242, 252

Yǒucháo 有巢氏 25, 42, 44, 55, 202
Yǒulǐ 羑里 94
Yǒumiáo 有苗 253
Yǒushēn-Clan 有莘氏 67
Yóushuì 游说 33, 167, 182
Yǒuxióng-Clan 有熊氏 53
Yǒuyú-Clan 有虞氏 63
Yǒuyú 有虞 62
Yōuzhōu 幽州 241, 242
Yùchán 玉蝉 340
Yúchéng 鱼城 191
Yuèfāng 戉方 279
Yuèguī 越巂郡 263
Yuèjīng 乐经 184
Yuèshén 岳神 219
Yuè 乐 118, 181, 225, 302, 322
Yuè 越 135, 177
Yuè 越国 146
Yú Fú 鱼凫 278
Yǔgòng-Karte 禹贡图 266
Yǔjī-Karte 禹迹图 266
Yǔjì 禹迹 267
Yúnmèng-Bergen 云梦山 33, 167
Yúnmèngzé 云梦泽 247, 249
Yùqìng 玉磬 251
Yǔshān 羽山 247, 313
Yú Shùn 虞舜 65, 90, 313
Yùxīhé 裕溪河 252
Yǔyīrén 予一人 70
Yúyí 嵎夷 245
Yùyǔ 阋与 157
Yú Zhòng 虞仲 94
Yǔzhōu 禹州市 68
Yùzhōu 豫州 241, 250
Yǔ 禹 62, 67, 91, 214, 253, 313
Yú 虞 61, 91

Z

Zǎixiàng 宰相 111
Zájiā 杂家 58, 133, 180, 183
Zájiā 杂家 [Eklektiker-Schule] 58, 180
Zāngkē 牂柯郡 263
Zeit der Drei Reiche 三国 56, 196

Zeit der Streitenden Reiche 战国时期 5, 18, 22, 26, 35, 39, 87, 127, 140, 268
Zeit der Streitenden Reiche 战国时期 (475–221 v. Chr.) 22, 26
Zé 泽 250
Zhānghé 漳河 243
Zhāngshān-Berg 章山 202
Zhāngshuǐ 漳水 243
Zhànguó-Qīxióng 战国七雄 32, 35, 138, 140, 145, 150, 156, 168, 181
Zhànguó-Sìgōng 战国四公 171
Zhāng Yí 张仪 152, 168
Zhào Cōng 赵葱 159
Zhào Dǐngxīn 赵鼎新 130
Zhào Dùn 赵盾 294
Zhāogē 朝歌 94
Zhào Jī 赵姬 153, 154, 342
Zhào Jí 赵籍 142
Zhào Mù Gōng 召穆公 122
Zhào Shèng 赵胜 171
Zhào Shē 赵奢 157
Zhào Xuānzi 赵宣子 294
Zhào Zhèng 赵政 153, 342
Zhào 赵 32, 138, 140, 150, 152, 156, 157
Zhào 赵国 145, 157, 158, 170, 171
Zhào 赵国 147
Zhènfú 镇服 107
Zhèngdé 正德 6, 293, 294, 295
Zhèngzhōu 郑州 67
Zhèng 郑 135, 146, 241, 280
Zhènzé 震泽 247
Zhì Bó 智伯 155
Zhìguó 治国 316
Zhīpí 织皮 251
Zhīshēng 知生氏 56
Zhì 彘 71, 122
Zhòng Dīng 仲丁 72, 74, 75, 77, 79, 80
Zhōngguó 中国 6, 237, 262, 268, 270, 271, 274, 275, 279, 323
Zhōngguó 中国. 262
Zhōngguó中国 86, 270, 274, 275

Zhōnghuá 中华 270
Zhōngjiāng 中江 249
Zhōngjīng 忠经 283
Zhōngjūn 中军 141, 275
Zhōnglùn 中论 186
Zhōngmóu 中牟 147, 157
Zhōngnánshān 终南山 253
Zhòng Rén 仲壬 72
Zhōngshāng 中商 220
Zhōngtǔ 中土 240, 268
Zhōngtǔ 中土 86, 136, 237, 279, 323
Zhōngxià 中夏 43
Zhōngyōng 中庸 6, 291, 292, 293
Zhòng Yóu 仲由 283
Zhōngyuán 中原 43, 86, 136, 229, 237, 268, 279, 323
Zhōngzhōu 中州 268
Zhōngzhōu 中州 86, 136, 237, 279, 323
Zhōng 忠 272
Zhōng 钟 176
Zhōu Běnjì 周本纪 90, 91, 94, 110, 113, 120, 121, 126
Zhōu Dìng Gōng 周定公 100, 122
Zhōu-Dynastie 周朝 5, 23, 87, 197
Zhōufāng 周方 86, 279
Zhōuhé 洲河 252
Zhōulǐ 周礼 104, 107, 175, 230, 258, 262, 309
Zhōushào-Gònghé 周召共和 100, 122
Zhōushū 周书 84, 106, 110, 123, 197, 200, 300, 302
Zhòushū 籀书 177
Zhōu Tài Wáng 周太王 92
Zhōu Tiānzǐ 周天子 31, 173, 323
Zhòuwén 籀文 177
Zhōuyì 周易 59, 103, 184, 197, 201, 215, 229, 230, 237, 239, 285, 309, 312
Zhōuyuán Ebene 周原 93
Zhōuyuán 周原 93
Zhōu 周 18, 22, 62, 63, 146
Zhòu 纣 74

Zhuāng-Schule 庄学 44, 55
Zhuāngzi 庄子 44, 57, 223, 270, 271, 298, 299, 306, 307, 311, 317
Zhuāngzǐ 庄子 44, 55, 56
Zhuànshū 篆书 177
Zhuānxū 颛顼 26, 38, 58, 59, 60, 61, 62, 67, 199, 202, 214, 216, 218, 312
Zhùchéng 铸城 53
Zhù-Clan 铸氏 53
Zhǔguǐ 主癸 219
Zhūhóu 诸侯 56, 98, 108, 109, 173, 174, 262, 276, 324, 326
‚Zhūhuá' 诸华 269
Zhūhuá 诸华 43
Zhūlóng 朱龙 60
Zhúlóng 烛龙 196
Zhuózhānghé 浊漳河 243
Zhuó 镯 176
Zhúqínzuǒ 逐禽左 177
Zhǔrén 主壬 219
Zhùróng 祝融 55, 56, 57, 61, 313
Zhūshēng 诸生 49
Zhúshuǐqū 逐水曲 177
Zhúshū-Jìnián 竹书纪年 80
Zhūxiāng 朱襄 50, 60
Zhūxià 诸夏 43, 274, 276
Zhūyězé 猪野泽 253
Zhūzǐ-Bǎijiā 诸子百家 32, 39, 58, 133, 136, 179, 180, 190, 270, 341
‚Zi Gòng 子贡 283
Zīhé-Fluss 淄河 246
Zijué 子爵 [Burggraf] 86
Zi Lǚ 子履, 17, 27, 201
Zǐ Lù 子路 283, 287, 292
Zīshuǐ 淄水 245, 246
Zi Xià 子夏 103
Zǐzhōu Zhīfù 子州支父 62
Zi 子 74, 172
Zōngfǎ-System 宗法 101, 109, 173, 227, 324
Zōngfǎ 宗法 5, 101, 109, 132, 227, 276, 322, 324
Zònghéngjiā 纵横家 58, 133, 180, 183

Zònghéng-Schule 纵横家 153
Zōng-Zhōu 宗周 96
Zōngzú 宗族 310, 321
Zōng 宗 227
Zǔ Dīng 祖丁 72, 73, 76, 79, 81
Zǔ Gēng 祖庚 73
Zǔ Jiǎ 祖甲 73
Zǔ Lóng 祖龙 153, 342
Zūnwáng-Rǎngyí 尊王攘夷 131
Zūnwáng 尊王 131
Zuǒ Qiūmíng 左丘明 34, 133, 293
‚Zuǒshì Wàizhuà' 左氏外传 34
Zuǒshū 左书 177
Zuǒzhuàn 春秋左传 34, 133, 137, 260, 265, 274, 293, 294, 316, 321
Zǔ Xīn 祖辛 72, 75
Zǔ Yǐ 祖乙 72, 75, 78, 79, 80
Zú 族 321

Bewerten
Sie dieses **Buch**
auf unserer
Homepage!

www.novumverlag.com

Der Autor

Geboren 1961 in Oberösterreich, studierte Josef Mondl nach der Handelsakademie Sinologie und Volkswirtschaftslehre in Wien und Taipeh (Taiwan) und absolvierte ein Masterstudium in Business Administration der SMP St Gallen und Florida Gulf Coast University. Er schlug die Diplomatenlaufbahn ein und arbeitete in China und Westafrika. Seit 2001 lebt er in der Schweiz, wo er das China Kompetenz Zentrum der Universität St. Gallen aufbaute, als Dozent in verschiedenen Executive-Programmen der Universität St. Gallen und als international gefragter Experte und Referent zu China-relevanten Themen tätig ist, und sowohl europäische als auch chinesische Unternehmen, Finanzdienstleister und Regierungsstellen bei Strategiekonzepten unterstützt. 2022 war er Mitbegründer der World Association for Sustainable Digital Transformation. Mondls Arbeit spiegelt sein Engagement für das interkulturelle Verständnis wider und unterstreicht die Bedeutung der Vergangenheit, um die Gegenwart besser zu verstehen und die Zukunft in einer vernetzten Welt zu steuern.

novum VERLAG FÜR NEUAUTOREN

Der Verlag

*Wer aufhört
besser zu werden,
hat aufgehört
gut zu sein!*

Basierend auf diesem Motto ist es dem novum Verlag ein Anliegen, neue Manuskripte aufzuspüren, zu veröffentlichen und deren Autoren langfristig zu fördern. Mittlerweile gilt der 1997 gegründete und mehrfach prämierte Verlag als Spezialist für Neuautoren in Deutschland, Österreich und der Schweiz.

Für jedes neue Manuskript wird innerhalb weniger Wochen eine kostenfreie, unverbindliche Lektorats-Prüfung erstellt.

Weitere Informationen zum Verlag und seinen Büchern finden Sie im Internet unter:

w w w . n o v u m v e r l a g . c o m

www.ingramcontent.com/pod-product-compliance
Ingram Content Group UK Ltd.
Pitfield, Milton Keynes, MK11 3LW, UK
UKHW020644060526
12295UKWH00012B/170